HANDBOOK OF
LEADERSHIP DEVELOPMENT

Center for
Creative
Leadership
NORTH AMERICA EUROPE ASIA
www.ccl.org

C. D. McCAULEY　　R. S. MOXLEY　　E. V. VELSOR
C.D. マッコーレイ　R.S. モクスレイ　E.V. ヴェルサ [編]

リーダーシップ開発
ハンドブック

The Center for Creative Leadership: CCL

金井壽宏 [監訳]

嶋村伸明／リクルートマネジメントソリューションズ 組織行動研究所 [訳]

東京　**白桃書房**　神田

The Center for Creative Leadership: Handbook of Leadership Development
by
Cynthia D. McCauley, Russ S. Moxley, Ellen Van Velsor, Editors

Copyright ©1998 by Jossey-Bass Inc., Publishers
All right reserved.
Authorized translation from the English language edition published
by Jossey-Bass, Inc., a John Wiley & Sons, Inc. company.
Translation copyright ©2011 Hakuto-Shobo Publishing Company.
Japanese translation rights arranged
with John Wiley & Sons International Rights, Inc., New York
as agent and representative of Jossey-Bass, Inc.
through Tuttle-Mori Agency, Inc., Tokyo

Preface

序文

　センター・フォー・クリエイティブ・リーダーシップ（創造的リーダーシップ・センター，以下，CCL）は専門機関として，「より良いリーダーになりたいと望む人々をどのように支援すべきか」というテーマの探求に多大なエネルギーと資源を注いできた。CCLはこのテーマについて，研究と実践の両面からアプローチしてきている。リーダーシップ開発過程を体系的に研究することと，その開発過程に介入するというふたつの行為を同時にすすめてきたのだ。30年近くにおよぶ活動からCCLが得た多くの知見は，リーダーシップ開発モデル，ツール（手法や道具），そして研修プログラムの作成を通じて世界中のリーダーの学習と成長に積極的な影響を与えてきたと自負している。

　本書はリーダーシップ開発に関してCCLが獲得した知見の集大成である。本書のねらいは，読者に，リーダーシップを開発する要素についての概念的な理解を提供すること。そして，人々がどのようにしてリーダーシップを高めることができ，組織はそれにどのように寄与できるかということについて実践的なアイディアを提供することである。

　本書が想定する読者は，組織の中でさまざまな能力開発のプロセスをデザインし実施する役割を担っている人々（多くは人事とトレーニングの専門家）であるが，部下の育成に積極的に関与し，リーダーシップ開発の実践にさらに磨きをかけたいと考えている多くのライン・マネジャーの方々にも実用的なアイ

ディアを得ていただけることと思う。

本書のルーツ

　はじめに，本書で展開されている知見やアイディアの源泉についてふれておく。本書の執筆者たちはそれぞれが担当する章で自らの経験や専門的知識を用いているが，それらはまた CCL における数多くの研究・実践活動から影響を受けたり導き出されたりしたものでもある。ここで，本書のルーツとなっている研究，実践活動のいくつかを紹介しておこう。

　CCL の核となる活動のひとつに，中級あるいは上級レベルのマネジャーを対象とした「フィードバック・インテンシブ・プログラム（feedback-intensive leadership development program）」と呼ばれる 1 週間にわたるリーダーシップ開発プログラムがある。「集中的なフィードバック（個人の行動や態度，発揮能力などが周囲にどのような影響を与えているかに関する情報を提供したり，受け取ったりする情報の相互交換のプロセス）」を主体とするこの活動は，今日，CCL の主力プログラムとなった「リーダーシップ開発プログラム（Leadership Development Program: LDP）」とともに 1970 年代初頭に始まった。毎年 4000 人以上のマネジャーがこのプログラムを修了している。私たちの活動はさらに他のプログラムへと拡大していった。最高経営幹部向けに企画されたプログラム（Leadership at the Peak）や，会社経営のシミュレーションにチャレンジするプログラム（the Looking Glass Experience），あるいは，参加者自身が学んだことを実践し，学習と職場経験を統合していくプログラム（LeaderLab），その他，特定の組織向けに作られた数多くのカスタマイズプログラムなどである。

　私たちは，「フィードバック・インテンシブ・プログラム」を高く評価し，さらに改良を加えたいと思い，その効果についての研究を始めた。そこから得られた知見はプログラムの改善につながっただけでなく，時間の経過とともにリーダーシップ開発がどのように展開していくか，学習や変化を見極めるベストなやり方はどのようなものかを提示してくれた。効果測定に関する研究はCCL の主要な研究活動として現在も続いている。

CCLは，リーダーシップ開発に「360度フィードバック」手法を初めて持ち込んだ組織のひとつであり，これらのツールを組織に提供したり，その使い方について研修を行うことがCCLの活動の中核となっている。そして，ツールを開発するだけでなく，「360度フィードバック」のプロセスにおけるダイナミクスについても研究を続けている。

　本書に大きな影響を与えたもうひとつの研究は，最終的に『経験からの教訓（*Lessons of Experience*）』（McCall, Lombardo and Morrison, 1988）という書籍に結実することになったあるプロジェクトから始まった。インタビューと幅広いアンケートを通して，経営幹部たちが自らの成長の経験談――マネジャー，リーダーとして彼らを育ててくれた出来事や人々――を語ってくれたのだ。この最初の研究が，成長を促す仕事の割り当てや人間関係の発見だけでなく，「経験から学ぶ能力」の研究を生み出した。さらに私たちは，この研究を活用した人事の専門家向けプログラム「成功する経営幹部の育成ツール（Tools for Developing Successful Executives）」を提供しており，参加者が，私たちのコンセプトを使って自社の経営幹部開発をすすめていく過程からも多くのことを学んでいる。

　『経験からの教訓（*Lessons of Experience*）』は，若いマネジャーを上級幹部に「成長させる経験」に注目した研究であるが，もうひとつ重要なのは，上級マネジャーがトップレベルに到達した後も，どうやって学習と成長を継続できるかということにも焦点が当てられている点である。

　この研究の大部分は，上級マネジャーがフィードバックを得て，行動を変化させ，しっかりと根づかせていくのを促進する要因を体系的に研究するという「アクション・リサーチ（仮説構築と実践の相互循環的な実行から問題の実践的解決を図る社会工学的研究手法）」のモードで行われている。こうしたプロセスは今日CCLが提供する「経営幹部のための気づきのプログラム（Awareness Program for Executives: APEX）」に活用されている。

　最後に紹介する重要な研究は，女性や有色人種の人々が組織の中でより高いレベルのポジションに就くための能力開発課題に焦点を当てたものである。いわゆる「ガラスの天井（目に見えない壁）研究」と呼ばれるこの分野におけるCCLの活動については第10章にまとめてある。そして，このテーマについて

も，私たちは「女性のリーダーシッププログラム（The Women's Leadership Program）」や「アフリカ系米国人のリーダーシップ開発プログラム（The African-American Leadership Development Program）」などを通じて，研究と実践を結びつけるアプローチをとっている。

本書でカバーされていないもの

「ハンドブック」というタイトルから，特定の分野を広範囲にわたって徹底的に網羅したものであるような印象を与えるかもしれないが，本書はリーダーシップ開発の分野で研究されるべきことのすべてをカバーしているわけではない。リーダーシップや能力開発はさまざまな角度からアプローチできる広い概念である。独自の研究と実践の歴史から，私たちはリーダーシップ開発について一定の視界を持つようになった。本書はあくまでもその視界の範囲でリーダーシップ開発のさまざまな側面を取り上げる。したがって本書は，

- リーダーシップ理論を包括的にレビューするものではない。リーダーシップ研究におけるさまざまな学者のアプローチをレビューした素晴らしい論文は数多くある（Clark and Clark, 1994; Rost, 1991; Yukl, 1989参照）。序章では，リーダーシップ開発に関してCCLの中で進化してきた「見方」を共有している。この「見方」は，「特性論」「状況適合理論」「変革リーダーシップ論」などの古典的なリーダーシップ理論のカテゴリーのいずれともフィットしないものであろう。私たちはむしろ，いろいろな理論から考え方を拝借し，統合していこうとしている。
- リーダーシップの包括的なモデルを提供するものではない。リーダーシップ開発分野での多くの仲間たち（Bass, 1985; Covey, 1991; Kouzes and Posner, 1987）と異なり，私たちは影響力のあるリーダーの実践や原則，行動を構造化して描いた「たったひとつ」の詳細なリーダーシップ・モデルを示すわけではない。その理由のひとつは，私たちが総合的な視野を示したいと思っていることにある。CCLでは，効果的なリーダーはどのように考え行動するかを示すために特定のモデルを数多く活用する。私たちは，リーダーシッ

プの「スキル」であれ，「行動」であれ「コンピテンシー」であれ「実践」であれ（どのようなラベルのものであれ），それを改善していくには個人的成長が不可欠であるという前提を持っており，その前提によってさまざまなモデルを連合させている。人々が時間をかけて開発することができ，リーダーシップの役割をより効果的に果たすのを促すいくつかの大まかな能力については序章で言及している。

- リーダーシップ開発の手法をすべて網羅しているわけではない。本書では，CCLが組織として少なからぬ経験と専門性を有している手法に焦点を当てている。このため，ケース・スタディに重きを置く大学教育でよく使用されるような知識習得のための教育的経験，ナショナル・トレーニング・ラボラトリー（National Training Laboratories）［訳注：しばしばNTLと略省表記されるが，社会心理学者クルト・レヴィンによるグループ・ダイナミクスの理論とアクション・リサーチという方法論を人と組織の問題に応用し，その研究と実践に長年取り組んでいる米国の公益団体］で開発され，広く使用されている集団感受性訓練，アウトワード・バウンド社（Outward Bound）によって広められたアウトドア・アドベンチャー［訳注：自然の中での体を使ったエクササイズや集団活動を中心としたトレーニング］，レグ・レバンス（Reg Revans）が開発し，その派生プログラムがよく利用されているアクション・ラーニング・プログラム，そしてピーター・センゲ（Peter Senge）とMITのメンバーが広めたチーム・ラーニング・アプローチなどにはそれほど多くふれていない。しかし，私たちはこういったアプローチから多くのものを得ながら仕事をしているし，これらの専門知識に精通しているCCLスタッフもいる。

本書の構成

本書は主に四つのセクションから構成されている。最初のセクションは「序章」で，リーダーシップ開発に関する私たちの「見方」をまとめている。ご存知のように，リーダーシップや能力開発についてはさまざまな見解がある。本書が立脚している「見方」をまずは読者に知っていただくことが大切であると考え，私たちは序章を本書の組み立てを示す重要なセクションと位置づけると

ともに，リーダーシップ開発の鍵となる要素について基本的前提やモデルを紹介している。以降の章は，すべてこのモデルに沿って展開されているので，他の章に進む前に「序章」をレビューすることをぜひお勧めしたい。

ふたつ目のセクションである「パート1」では，成長を促す具体的な経験に焦点を当てる。本書で一番長い部分だが，リーダーシップ開発の手法に関してコアとなる知識が書かれている。「パート1」のそれぞれの章では，成長を促す経験のタイプについて説明している。前半の3章は，比較的構造のはっきりしたフォーマルな経験についてである。「360度フィードバック（第1章）」「フィードバック・インテンシブ・プログラム（第2章）」，そして，「スキル・トレーニング（第3章）」がそれにあたる。後半の3章では，もっと"自然発生的な"経験について書かれている。「仕事の割り当て（job assignment）〔訳注：ここでは単なる職務割り当てだけでなく，配属も含まれる〕（第4章）」「成長を促す人間関係（第5章）」，そして，「修羅場（第6章）」だ。

「パート2」ではリーダーシップ開発過程をより詳しく見ていく。第7章では，「どうすれば組織がリーダーシップ開発に体系的にアプローチできるか」について説明する。第8章では，成長プロセスにおける個人の要素である「学習能力」について見ていく。第9章では，組織におけるリーダーシップ開発の効果をどのように評価するかについて洞察する。

最後の「パート3」には三つの章があるが，ここではリーダーシップ開発における課題を掘り下げる。「パート1」で，私たちは研究と実践の経験から得たことを幅広く列挙するが，「パート3」では，リーダーシップ開発における私たちの経験がある意味では幅広いものの，別な意味ではまだ狭いことを省察する。米国外での活動や提携先もあるとはいえ，CCLのスタッフは基本的に米国出身者である。また，私たちのプログラムや研究プロジェクトへの参加者は，利潤を追求する米国ベースの企業で働く中級および上級レベルのマネジャーが主である。つまり大半が白人男性なのである。

白人男性中心ではなく，女性や有色人種（第10章）とともに働く機会が増えるにつれて，また，米国外の文化圏の人々や，グローバルな組織のリーダー（第11章）と働く機会が増えるにつれて，私たちはリーダーシップ開発についてますます多くのことを学ぶ必要がある。これらの章では，これまで私たち

が学んできたことや，まだ答えを模索中の問題について取り上げた。そして，こうしたますます多様性を増すリーダーの集団や（個々のリーダーではなく）チームそのものを対象とした活動から，私たちはリーダーシップに関する「新たな理解の仕方」を確立しつつある。最終章（第12章）では，リーダーシップに関するひとつの新しい展望と，それがリーダーシップ開発において持つ意味について提示する。

　本書をまとめる作業を通じて，私たちはリーダーシップ開発に関する自分たちの知識や視点を明確にし，整理統合することができた。私たちの第1の目標は，能力開発の機会やリーダーシップ開発プロセスを設計する人々が利用しやすい知識を紹介することである。同時に，これらの知識をまとめていく過程で新たな疑問や可能性も生まれてきた。私たちは本書を「ある時点におけるひとつの主要な見解をまとめたもの」と位置づけており，提示されている見解は将来の改訂版においてより広げられ，深められるべきものと考えている。

Acknowledgments

謝　辞

　本書に記載されている知識の獲得に貢献いただいた同僚や顧客の名前をここにすべてあげることは不可能である。長期間にわたる数々のプロジェクトやプログラムの積み重ねによって本書は完成した。著者として「CCL コミュニティ」に所属していることを誇りに思うと同時に，知識の源として本書の編集をサポートしてくれたすべてのコミュニティメンバーに感謝したい。
　注目されるべき何人かの同僚がいる。時間をかけて読み，熟考し，さまざまな章について貴重なフィードバックを与えてくれた人々だ。ジョン・アレクサンダー (John Alexander)，ステファン・ブルータス (Stéphane Brutus)，レオ・バーク (Leo Burke)，ビリー・キャンピシアーノ (Billy Campisciano)，マーティン・デビッドソン (Martin Davidson)，ロバート・C・ドーン (Robert C. Dorn)，アーウィン・L・ゴールドスタイン (Irwin L. Goldstein)，ギート・ホフスティード (Geert Hofstede)，ビル・ホーランド (Bill Howland)，ベッツィ・ジェイコブスン (Betsy Jacobson)，カレン・カークランド (Karen Kirkland)，エレン・アーンスト・コセック (Ellen Ernst Kossek)，アンセラ・リバース (Ancella Livers)，サム・マヌージャン (Sam Manoogian)，ジェニファー・マーチノー (Jennifer Martineau)，チャック・パルス (Chuck Palus)，シャロン・ロゴルスキー (Sharon Rogolsky)，ハロルド・シャーラット (Harold Scharlatt)，グレッチェン・スプライツァー (Gretchen Spreitzer)，ジョディ・

テイラー（Jodi Taylor），ジル・ワッチホルツ（Jill Wachholz），マーティン・ウィルコックス（Martin Wilcox），そしてミーナ・ウィルソン（Meena Wilson）に特に感謝する。さらに，5人の匿名の校正者に感謝したい。つたない原稿に目を通し，外部の視点から優れた批評を与えていただいた。

マギー・スタッキー（Maggie Stuckey）とエドナ・パロット（Edona Parrott），この才能ある2人の力なしには，本書はまとめ上げられなかったと思う。マギーは，"編集者の中の編集者"だ。彼女の貴重なライティング技術の知識，内容構成に対する質問，私たちのアイディアを読者に受け入れやすいものにする能力は，本書のあり方に根本的なレベルで貢献してくれた。エドナは，私たちの作業をコーディネートする力になってくれた。コンピュータファイルの管理能力，すべての著者たちから情報を引き出す能力，すべてを正しいフォーマットに収めてくれる力，仕事の流れに精通していることなど，原稿をひとつにまとめるにはとても貴重な力だった。マギーそしてエドナ，2人の仕事に深く感謝したい。

目　次　　　　　　　　　　　　　　　　Contents

序文
謝辞

序章：リーダーシップ開発についての私たちの見解　*001*
　　　エレン・ヴァン・ヴェルサ
　　　シンシア・D. マッコーレイ
　　　ラス・S. モクスレイ

パート *1*　リーダーシップ開発：経験　*027*

第1章　360度フィードバック　*029*
　　　クレイグ・T. チャペロー

第2章　フィードバック・インテンシブ・プログラム　*068*
　　　ヴィクトリア・A. ガスリー
　　　リリィ・ケリー－ラドフォード

第3章　スキル・トレーニング　*109*
　　　ダナ・G. マクドナルドマン

第4章　仕事の割り当て　*130*
　　　パトリシア・J. オーロット

第5章　成長を促す人間関係　*163*
　　　シンシア・D. マッコーレイ
　　　クリスティーナ・A. ダグラス

第6章　修羅場　*199*
　　　　ラス・S.モクスレイ

パート **2**　リーダーシップ開発：プロセス　*221*

第7章　リーダーシップ開発のシステム・アプローチ　*223*
　　　　ラス・S.モクスレイ
　　　　パトリシア・オコーナー・ウィルソン

第8章　経験から学ぶ能力の強化　*250*
　　　　エレン・ヴァン・ヴェルサ
　　　　ヴィクトリア・A.ガスリー

第9章　能力開発経験の効果測定　*271*
　　　　エレン・ヴァン・ヴェルサ

パート **3**　リーダーシップ開発：課題　*297*

第10章　人種と性別を越えたリーダーシップ開発　*299*
　　　　マリアン・N.ルーダーマン
　　　　マーサ・W.ヒューズ-ジェームズ

第11章　グローバルな役割を担うリーダーの育成　*346*
　　　　マキシン・A.ダルトン

第12章　リーダーシップ開発の未来へのアプローチ　*370*
　　　　ウィルフレッド・H.ドラス

あとがき
リーダーシップ開発の最新トレンド
監訳者解説
訳者あとがき
参考文献
著者紹介
センター・フォー・クリエイティブ・リーダーシップ（ＣＣＬ）の紹介
事項索引
人名索引

Introduction
Our View of Leadership Development

序章
リーダーシップ開発についての私たちの見解

エレン・ヴァン・ヴェルサ
Ellen Van Velsor

シンシア・D. マッコーレイ
Cynthia D. McCauley

ラス・S. モクスレイ
Russ S. Moxley

マネジャーと賢者

「経験は最良の先生なのでしょうか」才気あふれる若いマネジャーが賢者に尋ねた。「私は経験から学び，リーダーとして成長できるでしょうか」

「ある者は，経験が最良の先生だと言っている」賢者は答えた。「しかし，何も教えてくれない経験というものもある」

「では，経験が最良の教師というわけではないのですね」

「それは正確ではない」賢者は答えた。「すべての経験が，重要なリーダーシップの教えを授けてくれるわけではないというだけだよ」

「では，私は何から学べばよいのでしょう。どのような経験が私の役に立つのでしょうか」

「それは，君にとってチャレンジ（困難でやりがいのある挑戦的な課題）であり，成長を促してくれるような経験だよ」賢者は答えた。「君の力を目一杯働かせる経験であり，それを乗り越えて成功しようとする君に新たな能力の開発を強いるような経験さ」

「なるほど，わかりました」マネジャーは言った。「つまり，自分の限界まで本当に追い詰められる経験をしたときに，学べる。そういうことですね」

「それも正確ではない」賢者は答えた。「チャレンジは重要だ。自分の限界を試すのも必要だ。しかしチャレンジしたとしても，我々は学ぶとは限らないんだ」

「ということは……」マネジャーはやや当惑した面持ちで言った。「適切な経験，つまりチャレンジングな経験をしたとしても，学ばないこともあり得るということですか」

「その通り」賢者は答えた。「君がそこから学ぶ能力を備えていて初めて，チャレンジングな経験を通して成長するのだよ。すべての人が成長するわけではないんだ。かつて T. S. エリオット（アメリカの詩人）が気づかせてくれたように，『経験はしても，その意味に気づかない人もいる』のだ。チャレンジングな経験から速やかに学ぶ人もいる。一方で少ししか，場合によってはまったく学ばない人もいるのだよ。成長は自然に湧き起こるものではないんだ」

「わかった気がします」マネジャーは言った。「私が成長するためには，自分をチャレンジさせる経験をし，かつそこから学ぶ能力を持たねばならない，そういうことですね」

「それもまた正確ではない」賢者は答えた。「我々は，孤立した状況では学んだり成長したりしないのだよ。我々のほとんどは，大きな集団や組織の一員だ。成長のためのフィードバックやサポートを得る幸運に恵まれる場合もあれば，そうでない場合もある。他者のフィードバックを得て，自分の経験をふりかえることが必要なのだ。フィードバックと内省は，自分がどのようにやっているか，何がうまくいっているか，そしてどのように変える必要があるかを判断させるものだ。また成長を望むなら，他者からの受容，助言，勇気づけが必要であり，組織のサポートも必要なのだ。すべてを1人で行うことはまったく不可能なことなのだ」

「自分の理解を確かめさせてもらっても構いませんか。チャレンジングな経験を利用し，その経験から真剣に学ぼうとし，さらに社内の重要な人々からサポートとフィードバックを得たとき，私は必要なリーダーシップの重要な教えを学ぶことができるということですね」

「その通り」賢者ははっきりと答えた。「そこまでは正しい。しかし，まだ問題がある。それはリーダーシップ開発において何を開発するのかという問題

だ」

「それはどういうことですか」

「開発可能なものもあれば，変化しづらい，もしくは生まれながらのものと思われるものもあるのだ。たとえば，IQやある種の個性は大人になるまでに出来上がり，その後は変わらないように見え，そして開発するには限界もあるのだ。しかし一方で，ある種のスキルや能力は開発可能なのだ」

「ずいぶん複雑なようですね」マネジャーは応じた。

「ほんの少し複雑なだけだ。能力一杯働くのも，チャレンジも簡単なことじゃない。多様性と逆境は成長の鍵であり，ともに我々をチャレンジさせるものでもある。居心地の良い場所を抜け出したいと思う人はいないだろう。そして時間もかかる。実際に，数年間もかかる。さらに，チャレンジングな経験，組織のサポート，個人の準備など多くのことが組み合わなければならないのだ。我々は当初，ひとつの出来事――たとえばトレーニング――が優れたものであれば，人々の能力開発もより容易にできると考えていた。しかし，この見解は不適当なものだった。能力開発は，長い間に，プロセスやシステムの一部分として生じるものなのだ。リーダーの開発についてわからないことはまだ多い。しかし，我々は多くのことを学んできたし，これからも学んでいく。幸いなことに，我々は学び，成長し，そして変わることができるのだ」

「ありがとうございました」若いマネジャーが言った。「お時間を割いていただき，またお考えを聞かせていただいて感謝します。理解できたと思います。ご教授のすべてから，能力開発をもっと長い時間枠の中で理解しなければならないこと，それをサポートするいくつかの要素が必要であること，背景状況が異なればその結果も異なることがわかってきました」

「わかってくれたようだね」賢者は言った。「君の前途に幸多きことを」

＊＊＊

　この物語で若きマネジャーがした質問は，私たちセンター・フォー・クリエイティブ・リーダーシップ（以下，CCL）が長年にわたって問いかけてきた質問である。1970年代に，私たちは「フィードバック・インテンシブ・プロ

グラム（支援的な環境下で大量のフィードバックを参加者に提供するプログラム）」と呼ぶリーダーシップ開発プログラムを試し始めた。何年にもわたって，私たちはこのプログラムを修正し，新しい仕掛けを追加し，より洗練されたフィードバック・ツールや手法を開発してきた。また，プログラムが参加者に与える影響についても研究してきた。さらに，マネジャーがそのキャリア全体を通じてどのように学び，成長，変化するのかについて理解しようと試みてきた。すなわち，フォーマルなプログラムだけでなく，仕事やそれ以外の人生におけるチャレンジ，培ってきた人間関係，直面した困難などを含めてマネジャーの学習と成長を理解しようとする試みである。

　私たちは，リーダーシップ開発プロセスを理解し改善するために，多大なエネルギーと資源を投じ続けている。これらの研究，教育活動の根底にあるのは「リーダーシップの役割を効果的に果たすために必要なスキルや考え方を，人はどのように開発できるのか」という基本的な命題である。

　本書には，この命題への取り組みから学んだことの多くが記載されている。序章では，これ以降の章を理解するための枠組みを説明する。私たちは自分たちが学んだことからリーダーシップ開発のモデルを創り出した。このモデルは，この後の章で詳細に説明される概念のいわば「足場」となるものである。本章ではまず，基礎となる前提を説明し，モデルを紹介する。次に，モデルを構成する要素についてより詳細に見ていく。最後に，このモデルがどのようにリーダーシップ開発過程を強化するかを考察して締めくくる。

前提とモデル

　私たちはリーダーシップ開発を，「リーダーシップの役割とそのプロセスを効果的なものにするために個人の能力を伸ばすこと」であると定義する。ここでいうリーダーシップの役割とプロセスとは，人々の集団が生産的かつ意味あるやり方で協働することを促進する一連のことを指す。

　このリーダーシップ開発の定義では，次の3点に留意してほしい。まず，第1に私たちはリーダーシップ開発を個人の持つ潜在的能力を開発するものと考えている。CCLの研究や教育プログラムのほとんどは，個人に対して行われ

ている。チームや組織に介入する場合でも，主たる目標は個人の能力の向上にある。

　第2に，私たちはさまざまなリーダーシップの役割とプロセスにおいて，「何が人の影響力を効果的なものにしているのか」を考察しようとしている（「何が，その人を『リーダー』にしたのか」ではない）。これは，大多数の人はその人生において，より大きな社会団体（自分が働いている組織，属している社会的もしくは自主的な集団，住んでいる地域，あるいは同じ職能集団など）に対する自らの責務を果たすために，リーダーシップの役割を担い，リーダーシップを発揮するプロセスに関与しなければならないという前提に基づくものである。

　こうしたリーダーシップの役割は，実行や意思決定の権限を持つ公式な地位（たとえば，マネジャー，選出された高官，あるいは会議における集団の代表者など）かもしれないし，公式の権限をほとんど持たない非公式な役割（特定のチームの一員，地域のまとめ役，内部告発者など）かもしれない。リーダーは，タスク・フォースやプロジェクト・チームなどのはっきりとした変革プロセスに関与するかもしれないし，文化や風土作りなどのよりソフトで目立たないプロセスに関与するのかもしれない。私たちは，人を「リーダー」と「非リーダー」に峻別してリーダーを育成しようとするのではなく，どのような人でも，自身の担うさまざまなリーダーシップの役割を効果的に果たそうとする過程から学び，成長できるという前提でリーダー育成を考えている。この「リーダーシップの有効性を高めるための個人の能力開発プロセス」こそが，私たちがとらえる「リーダーシップ開発」である。

　第3は，あえて言うまでもないことだが，私たちは，リーダーシップ能力は伸ばすことができるものであると確信している。私たちのすべての活動の根底にある重要な前提は，「人は学び，成長し，変化できる」ということである。私たちは，優れたリーダーは生まれながらのものなのか，育つものなのかについての議論はしない。リーダーシップ能力が，一部は遺伝に，一部は幼少期の成長に，そして一部は大人になってからの経験に根ざしていることは疑いのないことである。しかしながら，私たちが焦点を当てたいのは，「成人はリーダーシップを効果的に発揮していくための重要な能力を開発することができる」

という事実である。これは長年の経験から実証されていることでもある。

もちろん、ここでは「どのようにしてそれがなされるか」という問いが核となる。人はどのようにしてこのリーダーシップ能力を獲得するのだろうか。組織（特に人材開発の専門家）は、その過程においてどのような支援ができるのだろうか。図序.1のモデルは、リーダーシップ開発の鍵となる要素について、私たちがこれまで学んできたことを集約したものである。

モデル(a)にあるアセスメント（評価・測定）、チャレンジ（困難を伴う課題）、サポート（支援）は、成長を促す経験をより強力なものとする要素である。つまり、どのような経験であれ、これらの三つの要素が含まれたものであれば、能力開発により大きな効果を持つ。

図序.1　リーダーシップ開発モデル

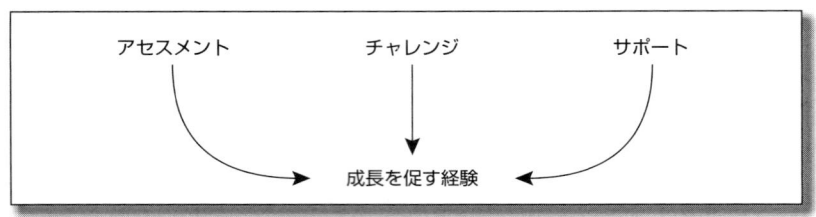

(a)　成長を促す経験

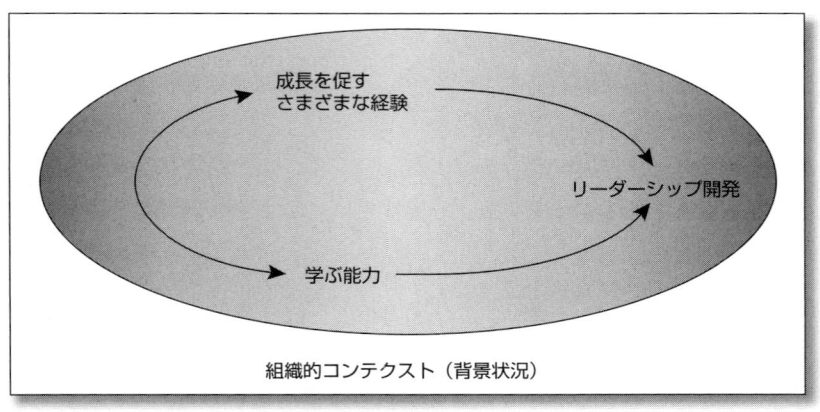

(b)　能力開発過程

Handbook of Leadership Development

リーダーは主に経験から学ぶことがわかっているが，すべての経験が等しく能力開発につながるわけではない。たとえば，通常，新しい仕事に就いて最初の1年間は，5年目や6年目よりも大きく成長するものだ。また建設的なフィードバックをしてくれる上司の下で働いている方が，そうでない上司の下よりも，より成長するものである。研修プログラムでいえば，参加者自身による実践と検討の機会が数多く含まれたプログラムの方が，情報提供だけで実践機会のないプログラムよりも能力開発に役立つ。能力のぎりぎりいっぱいまでを要求され，多くのフィードバックがあり，一方でサポートされている感覚がある状態の方が，そうした要素がまったくない状態よりも，個人のリーダーシップ開発を刺激する傾向がある。アセスメント，チャレンジ，そしてサポートの要素があれば，どんな経験でも（研修プログラムであろうと，仕事の割り当てであろうと，人間関係への対処であろうと），――より豊かで強力な能力開発機会にすることができるのだ。

　モデルの(b)は，リーダーシップ開発が，「成長を促すさまざまな種類の経験」と「経験から学ぶ能力」の両方を必要とする過程であることを示している。後者は，成長過程に個人が持ち込む要素である。私たちは多くの研究を通して，同じような経験をしても，「そこから学ぶ度合いや方法は人によって違う」ことに気づいた。このような違いが生じる背景は，経験から感じるチャレンジの程度が人によって異なるという理由で一部は説明できるが，その他は個人の「経験から学ぶ能力」に起因する。学ぶ能力には，「動機」「性格」，そして「個人の学習法」が複雑にからみあっているのである。

　同時に，(b)は，「成長を促す経験」と「学ぶ能力」が，相互に直接影響し合うことも示している。「成長を促す経験」をすることで「学ぶ能力」は高められ，反対に「学ぶ能力」が存在することで経験はより豊かな成長機会となる。たとえば，ジョーの例を考えてみよう。彼は米国人で，シンガポールの事務所での3年間の仕事を終えようとしている。この仕事は，それまでの5年間の本社勤務とは大きく違っており，上司を見かけることはめったになく，本社で何が起こっているかもよくわからなかった。彼の部下のほとんどはシンガポールか他の東アジアの国々の出身であった。彼はこの経験を，彼自身の能力に対するチャレンジであり，自分の文化的偏見を試す機会であるとして，ふた

つ返事で承諾したのだ。彼は，自分の判断で迅速に意思決定するにはどうすればよいか，文化的境界を越えて働くにはどうすればよいかといったことなど，多くのことを学んだ。彼はこの「成長を促す経験」がうまくいったので，自分自身を学習者としてとても有能であると感じ，意欲も高まった。彼は自尊心を高めるとともに，見知らぬ世界や不慣れな新しい環境に遭遇した際に学ぶための戦略を身につけたのだ。学ぶ機会を活かす能力をさらに蓄えたジョーは，次の新しいチャレンジを求めて仕事から戻ることになる。

　モデルでは，便宜上，「成長を促す経験」と学習者とを概念的に分けているが，ジョーの例で見たように，実際にはこれらは緊密に関係しあっている。つまり，成長を促す経験が人の学ぶ能力を高め，また学ぶ能力が高い人は，さまざまな成長を促す経験を探し出すのだ。

　さらに，(b)では，いかなるリーダーシップ開発過程も，特定の組織的コンテクスト（事業戦略や組織文化，さまざまな制度やしくみ，業務プロセスなど）の中に組み込まれていることを表している。この組織固有のコンテクストが，リーダーシップ開発の過程を方向づける。すなわち，リーダーシップ開発過程がどれほど焦点の絞られたものか，どれほどうまく統合され体系化されているか，そして，だれが責任を持っているかといったことは，この組織固有のコンテクストに依存するのだ。

効果的な「成長を促す経験」の要素

　研究や教育プログラムの実施を通して，私たちはリーダーシップ開発に重要な役割を果たす要素（アセスメント，チャレンジ，サポート）への理解を深めてきた。研修プログラムから仕事の割り当てに至るまで，いずれのタイプの経験を考察しても，三つの要素すべてが存在するとき，最も効果的であることがわかった。

　これらの要素は，能力開発過程に対してふたつの効果を与える。第1は，人々の関心を学習，成長，変化に集中させ，努力する気にさせることである。第2は，学ぶための生の素材，もしくはリソース（資源）を提供することである。情報や観察，反応などに代表されるこれら生の素材は，世界についてのよ

表序.1　成長を促す経験の要素

要素	動機づけの役割	リソースとしての役割
アセスメント	現在の自分と理想的な自分とのギャップを埋めたいと思う気持ち	変化が必要なことの明確化：どのようにしてギャップを埋めるかの手がかり
チャレンジ	課題を克服する必要性	実験や実践の機会：異なる考え方との接触
サポート	学習し成長する能力に対する自信：変化に対する肯定的な見方	獲得した教訓の確認と明確化

り複雑な見方，ときにはまったく異なった見方をもたらしてくれる。リーダー育成をより質の高いものにしていくために，私たちは，アセスメント，チャレンジ，サポートのすべてを備える幅広い学習経験を，人々が発見し，創造し形成できるような支援をしなければならない。

　表序.1は各要素が持つ動機づけの役割，および学習リソースとしての役割をまとめたものである。次は，それぞれの要素についてより深く見ていこう。

アセスメント

　成長を促す最も優れた経験にはアセスメント・データが豊富にある。アセスメントにより，人は自分の置かれている状況，自分の現在の強み，現在のパフォーマンスやリーダーシップのレベル，能力開発が最も必要とされる点を理解できるわけで，これは重要な要素である。

　多くの人は，日常の仕事の中で，「自分の態度や行動がどの程度効果的か」を意識することはないかもしれない。新しい課題に直面したとき，これまで通り変えなくてもよいことと，変えなければならないことがわからない場合もあるだろう。また，現在やっていることが効果的ではないことに気づいていても，もっとがんばれば何とかなると思い込んで，新しいやり方を試そうとしないこともあるかもしれない。

　しかし，経験が，自分の現状とその改善方法についてのフィードバックを伴ったものであったり，内省を促したりするようなものであれば，人々が学習機

会として活かせる可能性は高まる。

　アセスメント・データの重要な機能のひとつは，将来の能力開発のための基準点を提供することであり，もうひとつは，人々が自己評価を行うよう仕向けることである。「私はどのようなことをうまくやっているか。どのような点で改善が必要か」「他の人々は私をどう見ているか。私の行動は他の人々にどのような影響を与えているか」「目標に向かってどの程度達成できているか。私にとって大切なことは何か……」，そしてさらに，アセスメント・データには，人々がこうした質問への答えを見つけるのに役立つ情報を提供するという機能がある。この結果，人々は自分自身に対する現在の考え方から解放され，より幅広く複雑な理解ができるようになるのである。

　アセスメント・データは自分自身から得られる場合もあれば，他の人々から得られる場合もある。職場の同僚や上司，部下，配偶者，子供，両親，友人，顧客，カウンセラーや組織コンサルタントなど，情報源はいくらでもある。こうした情報の収集と解釈の過程には，フォーマル（公式）なものもインフォーマル（非公式）なものもあり，またそれらが混在したものもある。

　フォーマルなアセスメントには，業績評価，顧客評価，360度評価，従業員満足度調査，また，コンサルタントによるアセスメントや助言などが含まれる。

　インフォーマルなアセスメント・データは，さほど構造化されていないプロセスを通してより日常的に得ることができる。インフォーマルなアセスメント・データとしては，同僚にフィードバックを求める，自分の考えや行動に対する他者の反応を観察する，同じような問題解決の手伝いを繰り返し頼まれる，上司から注意を受ける，などがある。

　セルフ・アセスメント（自己評価）は，心理検査や日誌法（journaling）［訳注：自分自身についての記述を通じた自己対話手法］などのフォーマルで構造化されたものから得られることもあれば，内面観察や意思決定過程のふりかえり，失敗の分析など，インフォーマルで，しばしば瞬間的な過程を通じて得られる場合もある。

　アセスメント・データは，個人の現在の能力やパフォーマンスと，求められる状態や理想的能力レベルとのギャップを明らかにしてくれる。求められるレ

ベルは，仕事で何が求められているか，その人のキャリア目標が要求するものは何か，他者からの期待は何か，自分自身に何を期待しているか，といったことに基づいている。こうしたギャップは，人々を学習や成長，変化に動機づけていくひとつの重要な鍵である。アセスメントが示す分野が自分にとって重要な分野で，その情報が正確であると判断されれば，人は能力を伸ばしてその差を縮めようとする。反対に，ギャップがない，つまり，特定の分野において十分な能力があるとアセスメント・データが示せば，その結果は個人の自信を高める。その人は，その能力をもっと活用して磨きをかけることができるようなより多くの機会を探そうとするかもしれない。

　良いアセスメント・データは，何を学んだり，改善したり，変化させたりする必要があるかということも明確に示してくれる。そして，人々をギャップの解消に動機づけるだけでなく，どうすればそのギャップが縮められるかに関する手がかりも提供してくれる。たとえば，ある職場のリーダーが，職場のモラール（士気）が低い理由のひとつに，彼が重要な仕事をメンバーに任せないという実態があり，それが彼自身の完璧主義に起因していることに気づけば，職場のモラールの改善という課題は，どうやって仕事を手放すか，そして自分自身の完璧主義の性向にどう対処するかに関する学習を含んだものとなる。あるいは，職場でのフラストレーションの一定部分が，あいまいなことや不確実な状況に対する忍耐度が低いことから生じていることがわかれば，どうすれば「あいまいさへの耐性」を上げられるか，不確実性を低減するにはどのような状況把握をすればよいのかということに注力することができる。

チャレンジ

　能力開発の観点から最も優れた経験とは，人をストレッチ（能力を広げ）させ，難題を伴うような経験である。

　人は成長の過程で自分なりに強みとなる考え方や行動のしかたを習得し，それらに慣れ親しむうちに，そうした考え方や行動のしかたは習慣的なものとなっていく。周囲の状況が変化しない限り，人は自分にとって居心地の良い領域から踏み出して新しい強みを習得する必要性を感じない。

　自分が慣れた仕事では，得意とする強みを活かして組織のニーズに応える

が，そこから学ぶものはあまりない。居心地の良い人間関係，気分のいいフィードバック，あるいはすでに習得しているスキルに関する研修プログラムについても同様である。こうした状況では，「居心地の良さ」は，成長と持続的な成果追求を妨げるまったくの障害となってしまうのである。

チャレンジングな経験により，そうした居心地の良い領域から出ざるを得なくなる。チャレンジが求められる経験は不安定な状況を生み出し，人々は自分のスキルや考え方の枠組み，そしてやり方が適切かどうかについて疑問を持つようになる。こうした経験を乗り越えて成功するためには，新しい能力が必要とされるのである。

ビジネス上重要で成否がはっきりとわかるようなタスク・フォースへの任命，役員層への提言が求められるプロジェクト・チームなどはチャレンジを伴うため，能力開発に寄与する。特に，この種のチャレンジにかつて直面したことのない人にとっては，大きな成長を促す機会となる。

人は現在の自分のレベルを超えたスキルや能力が必要とされる状況に直面したとき，状況が非常に複雑で不透明なとき（つまり，現在のものの見方では通用しないとき），あまり関わり合いたくない状況に陥ったとき（たとえば，まったく正反対の解決を望んでいるふたつの部署の間で板ばさみになるなど），あるいは，自分がふさわしいと思う職責に昇進させてもらえないことがわかったときなどに，「チャレンジに直面している」と感じる。

経験不足が原因のチャレンジもある。このような場合，人は経験の幅を広げて新しいスキルや考え方を習得する必要がある。また，古い習慣に立ち向かわなければならないチャレンジもある。状況が変わって，従来のやり方では不適切な場合，あるいは従来のやり方が以前ほど効果的でなくなった場合などである。どのような状況が，リーダーたちをストレッチさせたり，混乱させたり，あるいは難しい課題に直面させたりするのだろうか。言い換えれば，チャレンジの源は何なのだろうか。一般的な源のひとつは，「新しさ」である。新しい経験は多くの場合，新しいスキルや，他人との関係における自分自身への新しい見方を要求するものである。新しい経験の多くは非常に不透明で，たくさんの発見と理解力が必要とされる。こうした「新しい経験」が持つパワーについては，ヒルによる詳細な研究（Hill, 1992）で示されている。初めて管理職に

就いた男女を対象としたこの研究では，マネジャーになるということは新しいスキルを学んだり，人間関係を築いたりすること以上の根底的な変化であり，新しい考え方や感じ方を要求するもの，実際には新しいアイデンティティ（自己認識）を形成することであることが示されている。

「困難な目標」は，自分が設定したものであれ，他人によるものであれ，チャレンジのもうひとつの源である。人はしばしば困難な目標に対して「がんばる」ことで克服しようとする。しかし，ただがむしゃらにがんばるだけでは不十分で，目標達成のためには，それまでとは違ったやり方で取り組まなければならないことに気づくこともある。企業の経営幹部たちの多くは，これまでのキャリアで最も困難だった仕事は，まったく何もないところから何かを始めるタイプの仕事だったと語っている。このような仕事は，ゼロから何かを作り上げるという困難な目標を伴い，しかもたいていの場合それを迅速に，ほとんど何の枠組みも経験もない中で達成しなければならない（McCall, Lombardo and Morrison, 1988）。こうした仕事を成功させるには，通常のやり方を捨て，問題解決に役立つものはだれでも，何でも利用して学んでいかなければならない。

フォーマルなリーダーシップ開発プログラムに参加しているリーダーたちは，自分自身の行動を変える，あるいは自分のグループのパフォーマンスや自分自身のキャリア目標を危うくするリスクを伴うような困難な目標にしばしば直面する。そして，このような困難な目標もチャレンジの源であり，学習や成長を促進する可能性を持っている。

他者あるいは自分自身との葛藤を伴う状況もチャレンジの源である。他者や他集団との葛藤に対処する場合，他人の考え方を理解したり，自分自身の観点を変えたりすることがしばしば求められる。また，相容れない複数の要求から自分自身の中に葛藤を抱えることもある。たとえば，仕事と家庭の両立，上司も部下も満足させるように働く，組織に過度な負担をかけるのを避けつつ顧客ニーズを満たすといったような場合である。

ハーバード大学ケネディースクールのリーダーシップ教育プロジェクトのディレクターであるハイフェッツは，「葛藤を表面化させ，それを統合することは，最も難しく，かつ最も価値のあるリーダーシップのタスクである」として

いる (Heifetz, 1994)。このような考え方に立てば，葛藤とは人々を新しいやり方の学習に向かわせる刺激であることがわかる。彼は，ある産業プラントを例にあげている。このプラントは地域にとって重要な雇用の受け皿になっているが，環境基準値を超える汚染源にもなっているというものだ。この地域社会のリーダーたちは雇用と健康という葛藤に対処するにあたって，問題に対する新しい考え方（いわば，地元経済の多角化）を生み出し，それによって彼らは新しい方向に向かってアクションを取ることができた。

　喪失，失敗，あるいは落胆などへの対処も人をストレッチさせる。職を失う，仕事上で間違いを犯す，人間関係を悪くするといったことにより，人はかなり混乱し，新しい手段や考え方を模索するようになる。私たちが，「修羅場（hardship）」と名づけたこのような経験によって，マネジャーたちは自分の間違いに正面から向かい合い，それを受け入れるようになることを私たちは発見した。「修羅場」はマネジャーたちに，困難な状況に耐え，それに対処する方法も教えてくれる。これは「予防接種効果」と呼ばれることもある。つまり，非常にストレスのかかる経験をしておくと，マネジャーはそうした状況に対処する術を身につけるため，将来同じような経験をしてもそれほど苦労しなくても乗り越えられるというものである。

　チャレンジの要素は，成長への動機づけと成長を促す機会提供という二重の効果をもたらす。チャレンジングな状況に直面すると，人はこれを克服したいという思いから動機づけられる。その状況がもたらす結果が自分にとって重要であれば，そのチャレンジをうまく乗り越える努力をしようという意欲を持つ。これは，新しい状況，困難な目標達成，葛藤の処理，喪失や失敗による苦痛の緩和といった能力を身につけられることを意味する。チャレンジを克服するためには，スキルや能力の習得，複雑な状況の把握，および考え方の修正といったことにエネルギーを注がなければならないからである。

　チャレンジングな経験は学習の機会も提供してくれる。人は実際に交渉する場がなければ，交渉のしかたを学ぶことはできない。さまざまな交渉戦略を試してみて，相手がそれにどう反応するかを確認する過程を通じて交渉のしかたを学ぶのだ。同様に，人は自分とは異なる考え方を持つ人と直接会ったり，自分のものの見方ではしっくりこないような状況に直面したりすることなしに視

野を広げることはできないし，実際に自分がストレスを感じ，どうすればそれを軽減できるかを発見することがなければ，ストレスへの対処について学ぶことはできない。

　チャレンジに従事することで，人は学習に必要な情報，観察，そして周囲からの反応が得られる状況に身を置くことになるのである。簡単に言えば，リーダーシップのチャレンジの苦痛を経験しなければ，リーダーシップに必要な能力を開発することはできないということである。そして，リーダーシップの役割やプロセスに関わることは，こうしたチャレンジを得るよい機会である。リーダーシップの役割やそのプロセスには，新しさ，困難，葛藤，失望などが豊富に含まれているからだ。言い換えれば，リーダーシップをとること自体が能力開発につながるチャレンジである。人々を主導すること自体が学習なのである。

　最後に，リーダーに必要な広範囲におよぶ能力を開発するには，チャレンジの多様性が重要であることを強調しておく。なぜならば，経験の種類が異なれば習得する教訓も異なることがわかっているからだ。何かを緊急に立て直すような仕事からは，当事者として物事に対峙する強靭さと意思決定力を学ぶことができる。ラインからスタッフへの異動は，自分の権限が直接およばない人々にどうすれば影響を与えられるかを学ぶ機会となる。フォーマルなリーダーシップ開発プログラムでは，日々の仕事から離れて，自分の好み，強み，および盲点について理解を深めることができる。リーダーたちは，優秀な上司から公平さや対人関係における感受性など大切な行動規範を学習するし，修羅場を経験することにより，自分の限界を知りストレスへの対処のしかたを学ぶ。これらはすべて，リーダーシップのための重要な教訓であり，それぞれ異なる種類の経験から学習されるものなのである。万能なリーダーを育成するには，キャリア全体を通じてさまざまなチャレンジを経験させることが重要なのだ。

サポート

　成長を促す経験は人々をストレッチさせ，その強みや弱点を明らかにするが，サポートという要素が加わればさらに強力なものとなる。チャレンジは人々を「変化しよう」と動機づけるのに必要な不安定さをもたらすが，サポー

トの要素は学習や成長のための努力が「価値あることなのだ」というメッセージを人々に送る。人は心の支えとなるサポートを得られなければ，また，変化への努力を他人が認めたり励ましたりしてくれなければ，学習に向かう前にチャレンジに押しつぶされてしまうかもしれない。部門横断の重要なタスク・フォースのメンバーに選ばれた営業マネジャーの場合，同じタスク・フォースに参加している製造部門の技術者の苦悩を理解し尊重することが視野を広げる最初のステップになるかもしれない。しかし，もしも彼が上司から「技術者のたわごとなんかに耳を貸すな」と折にふれて指示されていたらどうなるだろうか。あるいは，チームワークを高めたいといいながら，会社は相変わらず個人表彰を続けているとしたらどうだろうか。おそらく前進はできないはずだ。サポートは，人々が成長の過程で直面する苦悩や苦痛に対処していくためにも必要である。いわば，経験という重荷を一緒に担ぐわけである。サポートによって，人々は，自分はチャレンジを乗り切る実力があり，学習，成長できる価値ある人間なのだという，自分自身へのポジティブな姿勢を維持することができるのである。

　成長のための自分の努力を他者が評価してくれていると自覚できることは，人々が目標に向けた努力を継続するための重要なファクターである。サポートの多くは他の人々から提供される。たとえば上司や仕事仲間，家族，友人，自分と同じ分野の専門家，コーチ（指導者）やメンター（経験豊富な支援者），さらには好きな作家などといった人々である。このような人々は，苦労話に耳を傾け，チャレンジを明らかにし，対処するための戦略を助言し，自信を失いかけているときに自信を取り戻させてくれ，新しいやり方に気づかせてくれ，どんなに些細な成果でも誉めてくれ，そして観客席から喝采を送ってくれるのである。

　サポートがどこからくるかで，その中身も変わる。たとえば前出の新任マネジャーたちの研究では，彼らはやり場のないフラストレーションの発散相手として同僚を非常に頼りにし，感情面でのサポートを得ていた。また，かつての上司と緊密な人間関係ができていた人々は，困難な状況に直面するとしばしばかつての上司を頼っていた。また，行動を変えたり，新しいスキルを習得したりする場合には，現在の上司からのサポートが特に重要なファクターになって

いることもわかっている。

　組織の文化や「仕組み」からくるサポートもある。能力開発に理解のある組織は，働く人々が継続的に学習し成長することは，組織の成功を維持するための重要なファクターであるという信念を持っている。このような組織は個々人が能力開発ニーズを明確にし，そのためのプランを作成するのを支援する。そして，能力開発のためのさまざまな戦略を実行し，学習のための資源を提供し，学習や成長に向けた人々の努力を認めて報奨を与える。活発なフィードバックや部署を超えた知識，情報の共有，失敗からの学習などは，組織文化の一部をなすものである。

　サポートは，人々が学習や成長のためのモティベーションを維持するための鍵となる要素である。サポートによって学習に対する「自己効力感（self-efficacy）」が生まれ，人々は，自分は学習し，成長し，変化できるのだという信念を持つようになる。自己効力感が高ければ高いほど，人々はチャレンジを乗り越える努力をし，困難な状況にも強く耐えられるようになる（Bandura, 1986）。サポートは，人々の現状とこれから向かおうとしている方向性にポジティブな意味づけを与える役割も果たす。人々は「私がしていることをだれかが支援してくれるのであれば，それはやる価値のあるものに違いない」と考えるのだ。

　サポートのメカニズムも学習の材料をもたらす。自分の苦労について他者に語ったり，間違いについて率直に検討し合ったり，自分の変化を組織が前向きに受け止めていることを確認することにより，人々は自分が獲得した教訓をあらためて確認し明確にすることができる。人々は，自分の状況を他者と共有することで，状況に対する新しい見方を獲得し，フィードバックが正当なものであることを理解し，自分が正しい方向に向かっているとわかるのである。

　つまるところ，いかなる経験であれ，それをより一層能力開発に役立つものにする鍵となる要素は，アセスメント，チャレンジ，そしてサポートである。トレーニング・プログラムを設計する場合，360度評価を提供する場合，だれかに成長を促すような仕事を割り当てる場合，だれかにメンターをつける場合など，いかなる場合でもこれら三つの要素がその経験の中に確実に含まれているようにする必要がある。

リーダーシップ開発で何を開発するのか

　私たちは過去何年にもわたって，有能なマネジャーたちに，彼らのマネジメント方法に変化を生じさせるような，あるいは継続的に変化をもたらしたような学習経験はどのようなものかを尋ねてきた。仕事上の経験，仕事以外の経験，あるいはフォーマルなリーダーシップ開発プログラムでの経験を思い出して，そこで得た重要な教訓を取り上げてもらった。結果は明快なものであった。つまり，成長は実にさまざまな種類の経験から起こるということである。彼らは，チャレンジングな仕事，重要な人物との交流，修羅場，トレーニングや研修，さらにその他の出来事と，さまざまな経験から学習していた（McCall, Lombardo and Morrison, 1998; Morrison, White and Van Velsor, 1987）。彼らが学んだ教訓は，新しいスキル，価値観，能力，および知識を含むものである。学習を怠った人々は時間がたつにつれ，生活や仕事の中で成長が止まってしまう。

　しかし，IQや性格のようにある程度生まれつきのもので，時間がたっても変わらないものがあることも私たちは知っている。成人の能力開発においては（それが残念なことか望ましいことかは別にして），IQを大幅に上げたり，人格をそっくり取り換えたりすることはできない。長年の時間を経て，私たちは開発可能なリーダーシップの能力のいくつかを特定できるようになった。ここで，リーダーが時間をかけて獲得できる，あるいは獲得すべきと私たちが考える能力のいくつかをあげてみる。これらは特に順番があるわけではない。

- 自己認識（自己への気づき；self-awareness）
- 自信
- 幅広く，ものごとの全体をとらえる視野
- 社会的システムの中で効果的に働く能力
- 創造的に考える能力
- 経験から学ぶ能力

自己認識（自己への気づき）

　自己理解の上で鍵となるのは，自分の強み，弱みに気づくということである。つまり，何はうまくできて，何はうまくできないのか，どのような状況で力を最高に発揮でき，どのような状況への対処が苦手なのか，どんな場合に豊かな経験が活かせて，どんな場合に他の専門家の助けを借りた方がよいかといったことである。
　しかし，ここでいう自己認識とは，なぜ自分は「このようであるのか」ということについて，つまり，どのような性格や嗜好，積み重ねてきた経験，あるいは環境要因が自分の強みや弱みを形成してきたかについて理解し，さらに自分の強みや弱点が他人にどのように影響を与えるか，人生のさまざまな役割や目標の達成にどのような効果をもたらすかを理解することまでを意味する。このような幅広い自己認識を持つことで，リーダーは自分の役割や責任をどうすればうまく遂行できるか，集団にどのように貢献できるか，他人と働く場合に自分のどんな欠点に用心しなければならないかといったことを理解できるようになるのだ。

自信

　リーダーシップ開発プログラムの効果に関する研究から一貫して得られている結果のひとつは，「自信が高まった」という項目に人々が最も高い得点をつけるというものである。プログラムが進むにつれ，人々は自分固有の能力により気づくようになり，自分が他者に対して提供しなければならないことについて確信を強めていく。また，人々は新しい重要な任務での成功や修羅場の克服など，その他のチャレンジングな経験からも自信を強めていくことがわかった。一般的に，新しい経験や厳しい経験をうまく乗り切れたと感じたとき人は強い自信を得る傾向がある。このような自信を持つことによって，リーダーたちは困難な状況に取り組み，集団に対してリーダーシップ能力を発揮し，さらに複雑なチャレンジを引き受けるようになる。

幅広く，全体的な視野から人生を見る能力

　より広く複雑な視野で物事を見られるようになるというのは，ほとんどの人の場合，仕事の内外で多くの人生経験を積むことで開発できるもうひとつの能力である。「人間は成熟するにつれて賢くなっていく（要領のよさではなく）」という考え方は多くの文化に共通しており，この能力に関する一般的な理解である。この能力を身につけた人は，組織や社会をシステムとして見ることができ，あいまいで複雑な状況にうまく対処し，調整や統合のための仕組みを作り上げたり，問題を多様な枠組みから分析して長期的な戦略を立てたりすることができる。こうした能力を持つ人たちには，組織が複雑で多面的な問題に直面した際に，その解決を助ける大きな力が備わっているのだ。

社会的システムの中で効果的に働く能力

　人は人生を通じてたくさんの対人関係のスキルや社会的スキルを身につける。組織での経験からは，他人を動機づける方法や仕事の任せ方，また，上司とはどのような人々でどういう付き合い方をすればいいのかを学んでいく。ときがたつにつれて，同僚への影響力やチームづくり，外部組織と交渉する能力，難しい社員の扱い方や葛藤への対処方法も学ぶだろう。また，自分とは異なる生き方をしている人々や異なる文化の人々との交流は，さまざまな考え方に耳を傾け，尊重し，ともに働く能力を培ってくれる。リーダーシップの役割とプロセスは，そもそも社会的なもの（他者との関わりが必要なもの）であるため，社会システムの中で効果的に働く能力は，リーダーにとって基礎的なものであるといえる。

創造的に考える能力

　既成概念にとらわれずに考える能力も人々が開発できるものである。これは，問題のとらえ方を制限してしまうような個人の思い込みや枠組みから脱け出してものごとを考えられる能力である。創造性には，新しい可能性を見出したり，まったく異なると思われるふたつの考えの間につながりを見つけ出したり，問題に対する関係者のとらえ方を一変させてしまったりといったことが含

まれている。イノベーションや斬新なもの，難題を解決するようなアイディアを生み出す方策は学ぶことができるのだ。イノベーションの実行段階でも，慣れ親しんだ考えから抜け出して，未踏の分野に足を踏み入れるリスクテイクの要素が求められる。創造的に考える能力を開発することで，リーダーたちは組織が新しいチャンスや別の道を切り拓くような斬新な視点を提供できるようになる。

学習する能力

　私たちが，誰かを「経験から学ぶ能力を持っている」と言うとき，そこには，その人が，いつ新しいスキルや行動，あるいは姿勢が求められるかを理解している，新しいスキルや行動を学んだり試したりしている，そして，必要なスキルや行動を身につけられるようにいろいろな学習手法を工夫しているといった意味が含まれている。こうした行動を取るためには，ある程度の認知的能力が必要だが，性格，意欲，および学習手法も関わってくる。認知的要素と性格的要素は大部分が大人になるまでに完全に発達し安定しているが，学習意欲の要素は複雑である。これは，自尊心にある程度依存する。つまり，学習に際して「自分はチャレンジに立ち向かえるし，成功できるはずだ」という感覚を持てるかどうかは，その人が自分自身についてどう感じているかによって変わってくるということである。学習意欲は性格とも関係する。生まれつき学習に向いている人と，そうでない人がいる。さらに言えば，さまざまなライフイベントがある中で，どのようなタイミングで能力開発の経験をするかも学習意欲を左右させる。

　しかしながら，こうした制限があっても人は優れた学習者となることができる。学習する能力自体は，開発可能なものである。人は自分の学習のしかたについて理解を深め，学習についての新しい見方を得られるよう努力し，学習手法のポートフォリオを増やしていくことができる。

　ここまで述べてきたそれぞれの能力は，スキル，才能，そして視野から成り立っている。いずれの能力を開発する場合にも，人々はまず現在のスキルや視野では不十分であること，あるいはフル活用されていないことに気づかなければならない。この気づき自体が十分に大きな意味を持つ第一歩であり，ミスや

失敗，個人的な危機，あるいはアセスメント結果からのフィードバックなどがきっかけとなってもたらされる。次に必要なのは，開発する必要のあるスキルや視野を特定し，実際に試してみることである。一定期間の実践を重ねて新しいスキルや考え方がなじんでくるようになると，人々はそれらを効果的に活用できるようになる。このサイクルは，人々が各領域の能力を拡大するときに何度も繰り返される。私たちがリーダーシップ開発には時間がかかるとしているのはこのためである。

リーダーシップ開発の強化

私たちは，個人の学習，成長，変化の過程に「介入」することによって，リーダーシップ開発がさらに強化できると確信している。これは，私たちの研究の根底をなす重要な前提である。リーダーが時間とともに学習，成長，変化するのであれば，また，その成長過程に寄与するファクターを私たちが理解していれば，それらのファクターに働きかけることによって能力開発を強化することができる。

リーダーシップ開発モデルは，この過程を強化するための主要な三つの戦略を示している。

1. アセスメント，チャレンジ，サポートが含まれた多様で充実した「成長を促す経験」を作り出す。
2. 経験から学ぶ能力を強化する。
3. さまざまな，「成長を促す経験」を統合し，組織的コンテクスト（事業戦略や組織文化，制度や仕組み，業務プロセスなど）に組み込んでいくアプローチをとる。

充実した「成長を促す経験」を作る

リーダーシップの能力を開発する経験にはさまざまなタイプがある。中でも優れているのが，「360度フィードバック」「フィードバック・インテンシブ・プログラム」「スキル・トレーニング」「仕事の割り当て」「成長を促す人間関

係」、および「修羅場」だ（それぞれについては本書のパート2で詳しく取り上げる）。いずれの経験も、その成長を促す効果の可能性は、アセスメント、チャレンジ、およびサポートがうまくミックスされているかどうかによる。

たとえば、「フィードバック・インテンシブ・プログラム（集中的なフィードバックを主体とした研修プログラム）」は、言うまでもなくアセスメントに焦点を当てたものだが、合わせて参加者にチャレンジを与え、彼らをサポートするものでなければならない。チャレンジの要素は、プログラムで使用される演習やシミュレーション（これらは人々を自動的に「居心地の良い場所」から引きずり出す）、あるいは、自分とは異なる視点を持つ参加者との議論などから得られる。同時にこのようなプログラムでは、参加者が素直な姿勢で自分に対するネガティブな情報にも耳を傾けられるような協力的な雰囲気が作られるよう万全の注意を払うべきである。ポジティブな情報は、参加者の自信を高めるサポートとなる。

もうひとつ、「仕事の割り当て」を例にとれば、新しく割り当てられた仕事では実にたくさんのチャレンジが要求されるが、そこから学習するためには、チャレンジと格闘している過程で継続的にフィードバックを得る機会が必要である。チャレンジングな仕事に就いている人には、サポートを求めることができる他の人々が必要であり、また、組織が総合的にサポートしてくれていると感じられている必要がある。

学習する能力の強化

再度確認すると、経験からの学習には三つの独立した活動がある。①新しい行動、スキル、態度がいつ必要とされるかを判断する、②新しい行動やスキルを学習し、試す機会が得られる活動に参加する、③必要なスキルや行動を身につけられるよう、さまざまな学習方法を開発し活用する、というものである。

一般に、新しいスキルややり方が「いつ」必要とされるかを判断するのは簡単なことではない。ミスや失敗がきっかけでこれに気づく場合もあるが、多くの場合、人は新しい状況にあっても、過去にうまくいったスキルややり方に固執しがちである。新しい状況で迅速な対応が求められたり、なんらかの理由で強いストレスを受けていたりする場合には、すでに持っている強みに頼りたい

という誘惑が特に強くなりがちである。

　現在のスキルでは不十分であり，慣れ親しんだやり方では不適切であることを理解するためには，アセスメントやフィードバックが非常に重要になる。自分の現状について信頼できる情報を継続的に得ることは，変化の必要性に気づくために重要である。これは学習能力を強化するための重要な構成要素であるといえる。少し冷静に考えれば，ほとんどの人が，新しい状況下では古いやり方よりも新しいやり方を学ぶ方がメリットがあると思うはずである。しかし，実際に新しいチャレンジに直面すると，ほとんどの人がそれまで通りのやり方をとりがちだ。たとえば，新しい状況に直面したとき，その分野に精通している人にアドバイスを求めるのがより効果的なやり方であるにもかかわらず，すぐに飛び込んで行動を起こしてしまう人がいる。現場体験や実行がより有効な状況でも，常に本を読んで新しいことを学ぼうとする人もいる。新しい状況で慣れ親しんだやり方に依存すると，たいていの場合，成果や学習を制限してしまう。しかし，新しい学習方法を開発することは可能である。さまざまなチャレンジングな経験を与えられると，直面する新しい状況において新しい学習方法を開発する必要に迫られる。自分の現在の学習のしかたを評価し，他の学習方法を理解した上で，新しい学習方法を研修所や職場で試すことは，経験から学ぶ能力を高めるのに不可欠な柔軟性を育てる。この重要な能力の強化に関わる事柄については第8章で詳細に説明する。

能力開発経験をリンクさせる

　リーダーシップ開発を強化するための戦略として，充実した能力開発の経験を豊富に作ること，そして人々の学習能力を高めることのふたつを述べてきた。三つ目の戦略は，成長を促す経験を体系的に設計し実施することである。さまざまな能力開発経験をばらばらに扱うのではなく，それらの経験を相互に関連づけて，うまく積み重なるようにデザインしていくのである。たとえば，トレーニング・プログラムに先立って，期待される学習ゴールについて話し合う機会を設けたり，対象者を新しい仕事にチャレンジしやすくするためにトレーニング・プログラムの実施タイミングを計ったりすることなどがこれにあたる。また，新しい仕事の割り当てについても，継続的なフィードバックやコー

チング，あるいは，同じようなチャレンジに直面している人たちとの内省の機会などによって補強されているとより効果的な経験になるはずである。

多くの組織のリーダーシップ開発方法に対する私たちの最大の懸念は，このような体系的な視点を持っていないということである。たいていの組織は，能力開発をイベント的にとらえている。私たちが「イベントベース・アプローチ」と呼ぶこのやり方では，たとえば，「ポテンシャルの高い若いエンジニアの対人関係力を開発するにはどうすればよいか」という問いに対して，「研修に行かせよう」「なるべく短期間のプログラムがよいだろう」といった対処がなされる。そこには，彼の「学習への準備」に関する配慮はいっさいなく，トレーニング前のフィードバックも，職場に戻ったあとのサポートやフォローの計画もまったくない。期待されているのは，トレーニングで人々の「問題点を直す」ことである。トレーニングは強力な介入手段であり，能力開発システムの重要な部分を構成する。しかし，おわかりの通りこれは一部分でしかない。

多面評価（360度評価と呼ばれることもある）についても，同じことが言える。この場合もフィードバックを能力開発過程の一部としてではなく，独立したイベントとして活用する傾向がある。多面評価は効果的なアセスメント体験であり，人々を安定した状態から抜け出させ，その後の能力開発経験から学ぶための準備をさせる。しかし，単に調査結果をフィードバックするだけで終わってしまえば，実際の能力開発はほとんど生じない。

さらに，リーダーシップ開発の過程は，それぞれの能力開発経験をリンクさせることに加えて，組織全体の状況と関連性をもって位置づけられる必要がある。リーダーシップ開発とビジネス戦略はどのように関連しているか，組織的にみてだれを能力開発の対象とすべきなのか，能力開発の責任を担うのはだれか，組織の仕組みや制度は能力開発をどのようにサポートできるか，などの問いは，リーダーシップ開発を体系的にデザインする際に役立つだろう。このような幅広い戦略については，第7章でさらに説明する。

まとめ

　本章をまとめるにあたり，リーダーシップ開発モデルと，その背後にある前提について，もう一度ふりかえってみる。まず，リーダーシップ開発とは，「リーダーシップの役割とそのプロセスを効果的なものにするために個人の能力を伸ばすこと」であると私たちは定義する。次に，自己認識，全体的な思考，および創造性など，効果的なリーダーシップに必要な能力を開発するということは，しばしば「自己啓発（personal development）」と呼ばれていることと同じ意味であると私たちは考える。このような成長は時間をかけて現れてくるものであり，人々にチャレンジを与え，サポートを提供し，自身の現状について理解させるような経験を通して最大の効果が得られる。

　成長は，適切なレベルの学習能力を身につけているかどうかによっても左右される。そして，さまざまな経験を統合し，組織全体の観点から位置づけられたリーダーシップ開発プログラムがより高い効果を出す傾向がある。

　最後に，リーダーシップ開発に関する私たちの見解で鍵となる重要な考え，つまり私たちの活動の中心となるテーマをひとつ絞り込むとすれば，それは「リーダーシップ開発は継続的な過程である」ということである。それは，決して完結することのない能力開発のプロセスであり，経験の中に存在する。リーダーたちは，時間の経過とともに，自身の経験の幅を広げながら学んでいくということである。そのプロセスが，意義深く相互に関連しあった介入によって織り成されているときに効果を高めることができるのだ。

Part ONE
Leadership Development:
Experiences

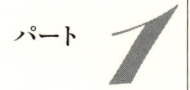

パート **1**

リーダーシップ開発
：経験

Chapter One
360-Degree Feedback

第1章
360度フィードバック

クレイグ・T. チャペロー
Craig T. Chappelow

　人生が変わるようなフィードバックを受けた日のことを，テリー・アンダーソンは非常にはっきりと思い出すことができる。そのフィードバックが尋常でないのは，それが上司の部屋でも，リーダーシップ開発の研修室で起きたのでもなく，ある刑務所の独房で起きたという点である。

　1980年代のはじめ，ジャーナリストとして中東を取材していた際に，彼はベイルートでシーア派の過激派に捕えられ7年近くの間収監された。『ライオンの洞穴（Den of Lions）』（Anderson, 1993）という著書の中で，彼は監禁されていたときの状況を詳述している。多くの時間，彼は目隠しされ，手錠と足枷をはめられていた。解放への希望と挫けてしまいそうな恐怖とともに始まる日々であった。

　このフィードバックの出来事があったとき，彼と3人の捕虜たちは幅約3.6メートル，奥行き4メートル弱の部屋に押し込められていた。彼らは互いに離れて居られる場所がなく，衝突することが増えていた。アンダーソンと捕虜仲間のディビッド・ヤコブセンの仲は特に険悪で，絶えず言い争い喧嘩していた。

　ある朝，看守がヤコブセンをトイレに連れていこうと房から連れ出したときのことをアンダーソンは回想している。この短い旅だけが，1日のうちで収監者同士が距離をおける唯一の時間であった。彼はその機会に他の2人の捕虜仲

間から意見（フィードバック）を求めた。

今朝，ディビッドがトイレに行った間に（他の2人の捕虜）トムとマーチン神父に，何が良くないのか，もっと上手くやるために何ができると思うかと聞いた。彼らの答えは私に対する激しい非難だった。
「いつだって君はディビッドを挑発している。自分が彼より優れているとでも思いたいんじゃないのか。彼に自分の力を誇示したがっているように見える。群れの中で支配権を争う雄牛みたいだ」
ショックを受けた。私は，彼らもディビッドが問題の原因だと考えているものとはなから決めてかかっていたのだ。落ち着いて言われたことを考えてみた。私が，論争的，頑固，人を傷めつけるような奴だなんて，まったく考えてもみなかった。特にこんな状態のときに。受け容れ難い。しかし受け容れなければならない。マーチン神父もトムもそう言っているのだから……。
もう一度，矛盾にじっくり向き合ってみる。私が信じている私と他人が思っている私との矛盾に。ここはまるで鏡の間で生活するようなものだ。他人から隠れることもできず，彼らが教えてくれた自分自身の姿を無視するわけにもいかない。(Anderson, 1993, pp. 138-139 より引用)

アンダーソンがこのフィードバックを受けた状況は，大部分のマネジャーが仕事上で出会うようなものよりずっと劇的なものであった。しかし彼の経験は，序章で概説したリーダーシップ開発過程の重要な三つの構成要素であるアセスメント，チャレンジ，サポートを例証している。

アセスメントは，複数の情報源（このケースの場合仲間の捕虜たち）からの「言葉によるフィードバック（verbal feedback）」という形で発生した。次に，アンダーソンにとってのチャレンジは劇的で非常にわかりやすいものだった。悲惨な状況を生き抜くために，彼らのグループには「変革」というチャレンジが必要であり，また行動を変革していかなければならないのは他ならぬアンダーソン自身なのだということをはっきりと理解するまでにそう多くの時間はかからなかった。そして彼が状況をより良くしようと努力しているのがわかると，捕虜仲間は彼をサポートしてくれるようになった（その内容は後に彼の著

書に詳述されている)。この対立の後，彼らはみんながうまくいくよう一層努力したのである。

いったい何が起きたのだろう。テリー・アンダーソンは簡素な形式の多面評価，すなわち自分の行動に関して，自分の意見と比較できるふたつの意見を受け取ったのである。自分の行動に対する自分の認知と他者の認知との違いは，驚くべきものであった。彼にとっては，必死でやってきたことの盲点だったのである。この点において，アンダーソンの例は決して特別なものではない。人の自分自身に対する見解はしばしば狭く，偏っているのである。フィードバックによって自己認識が高まることで，能力開発の努力をどこに集中させればよいかがわかり，自分の強みをさらに理解し，弱みを改善していくことへの動機が高まる。

本章では，CCLが過去20年以上の時間をかけて学んできたことの主なものに光を当てつつ，リーダーシップ開発過程における多面評価(「360度フィードバック」とも呼ばれる)の役割を探っていく。このため，ここでは360度フィードバックに関する専門的研究を広範囲にレビューしてはいない。そうした研究レビューに関心のある方は，最近出版されたいくつかの書籍を参考としていただきたい(たとえば *Maximizing the Value of 360-Degree Feedback,* Tornow, London, and CCL Associates, 1998 / *The Art and Science of 360° Feedback,* Lepsinger and Lucia, 1997 などだ)。

この章は，大きく三つの節で構成されている。最初の節では，360度フィードバックの目的と活用について考察する。すなわち，どのように進めるのか，なぜ必要なのか，リーダーシップ開発過程においてどういう役割を果たすか，組織はどんな目的で活用するのかなどについての考察である。2番目の節では，360度フィードバックの導入に必要なステップを説明する。ここでは，評価ツールの選定，データの収集，フィードバック，能力開発計画の策定などについてふれる。最後の節では，フォーマルなフィードバック活動を成功に導くためのガイドラインと，360度フィードバックの将来展望をまとめている。

360度フィードバックの目的と活用

私たちが「360度フィードバック」と呼んでいるのは，広範囲な仕事仲間からマネジャーのパフォーマンスについての意見を組織的に収集する方法のことである。意見を収集する対象者としては，同僚，直属の部下，上司，上司の同僚，さらに顧客，サプライヤー，ときには家族の一員など組織の外の人が含まれる場合もある。このように広範に情報を収集することによって，個人は自己認知よりも広い視野の認知が得られ，より正確な自画像をつかめるようになる。しかし，意見を求められる人の中で最も重要な人は，マネジャー本人であることも忘れてはならない。

より大規模なリーダーシップ開発過程にフォーマルな360度フィードバックが組み込まれると，そのインパクトは非常に大きなものとなる。360度フィードバックはパフォーマンスを向上させ，個人の行動を変化させることが研究から明らかになっている（Hazucha, Hezlett and Schneider, 1993; Atwater, Rousch and Fischatal, 1995; Smither and others, 1995）。

どのように進めるのか

一般的には，フィードバック・プロセスに協力してもらう何人かの同僚（以下，評価者）は，評価される人（以下，参加者）が選ぶ。評価者と参加者は別々に，参加者の特定のスキルと行動に関する情報を集めるために設計された調査票に回答する。調査票は，その組織における効果的なマネジメント，もしくはリーダーシップにおいて重要だと考えられるスキルや行動様式に関する質問で構成されている。調査票のサンプルは図1.1に掲載する。

回答された調査票はすべて回収後，採点処理にかけられ，報告書がフィードバックの専門家に渡される（報告書の見本ページは図1.2を参照）。次に，参加者と専門家とで報告書の内容を検討する場が持たれる。専門家とは，使用した調査やアセスメント・ツールを扱った経験があり，多様な採点結果が持つ意味について参加者の理解を手助けする人々である。そして，参加者はこのフィードバックを，自分自身の有効性を高めるための能力開発計画に役立てていく

図1.1　360度フィードバック・調査票見本

	強み	開発が必要
情報収集と解釈：問題の特定		
1. エネルギッシュに情報を探す………………………………………	○	○
2. 背景を掘り下げて調査し，情報の妥当性を吟味する…………	○	○
3. 大量の情報を体系立てる…………………………………………	○	○
4. 人や出来事，物事の鋭い観察……………………………………	○	○
5. 問題を効果的に定義し，核心をつかむ…………………………	○	○
6. 問題，機会や脅威，トレンドを早期に発見する………………	○	○
7. 論理的で事実に基づく，合理的である…………………………	○	○
情報やアイディアのコミュニケート		
8. 他人に情報を発信することに長けている………………………	○	○
9. 簡潔，明快にはっきりと話す……………………………………	○	○
10. スピーチがうまい，人をひきつけるパフォーマンスに長けている…………	○	○
11. 抵抗者に対してもポイントを効果的に伝える…………………	○	○
12. 文章作成に優れ，文書によるコミュニケーションに長けている……………	○	○
行動を起こす，意思決定する，やりぬく		
13. 行動的，即決を求める……………………………………………	○	○
14. 決断的，意思決定を先延ばしにしない…………………………	○	○
15. トラブルシューター，問題解決を楽しむ………………………	○	○
16. 決定を実行に移し，徹底し，やりきるよう促す………………	○	○
17. 計画した行動の結果を入念に評価する…………………………	○	○

出典：SkillScope® Feedback Report, copyright© 1997 by the Center for Creative Leadership.

のである。

なぜフォーマルなフィードバックなのか

　組織の忙しい生活の中で，人はしばしばフィードバックに飢えている自分に気がつく。これにはふたつの要因がある。ひとつ目の要因は，日々のプレッシャーや責任に没頭してしまい，継続的なフィードバック源のひとつとなる他人からの合図を見逃していることである。たとえば，タフな会議の後にエレベーターを待っていると，仲間から発表が良かったと褒められたり，またその翌日には，デリケートな問題に対する自分の反応が必要以上に防衛的だったとだれかに教えられたりする。そしてその週末には，チームのメンバーの1人から，

図1.2　360度フィードバック報告書の見本

スキルスコープ［訳注：調査名称］マネジャー向け 結　果			記号の意味
サンプル			● 強み
あなた	他者8名		■ 開発が必要 ＼ 上司の
	強み	開発が必要	○ 強み ／ フィードバック
			□ 開発が必要

あなた	強み	開発が必要	項目
	●●	■■	**仕事やビジネスの知識**
			70. 職務内容への精通，担当職能や職務の専門性において卓越している
	●	□■	71. 優れたゼネラルマネジャーである
■	●●	□■	72. 広範囲にわたる仕事に力を発揮する
	○●	■■	73. 新しい任務に慣れるのが早い，すばやく学習する
■		■■	74. グラフやチャート，統計，予算などに熟練している
■	●	■	75. キャッシュフロー，財務諸表，会社の年次報告書を理解している
			エネルギー，意欲，向上心
●	●●●●		76. 率先する，たえずより大きな責任を求める
●	○●●●●		77. エネルギーレベルが高い
●	●●●●		78. 上昇志向，より高いレベルのキャリアに意欲的である
●	○●●●●	■	79. 目標志向，粘り強く目標達成に向かう
			時間管理
■	●	□■■■	80. 適切な優先順位づけ，重要課題とそうでないものを明確に区別する
●		□■■■■	81. いつでも時間を有効に活用する，極めて生産性が高い
■	●	■■■■	82. 割り込みに適切に対処する，割り込みを許可するときと，遮るときを理解している
■	●	□■■■■	83. 過度に力を拡散してしまうことを避ける

出典：SkillScope® Feedback Report, copyright© 1997 by the Center for Creative Leadership.

アシスタントに対する指示が威張っているように聞こえると注意されたりする。こういった小さく断片的な情報（インフォーマルなフィードバック）は，マネジャーの周りにいつも転がっているが，仕事の慌しさの中で大きな注意が払われていないのだ。フォーマルな360度フィードバックは，インフォーマルなフィードバックからは得られにくいデータ集計処理というしかけと，そこ

から得られる価値ある情報について考える機会を提供してくれる。自分のパフォーマンスの有効性を棚卸しするために意識的に立ち止まる，生まれて初めての経験となるリーダーもいるかもしれない。

　もうひとつの要因は，多くの人にとって，フィードバックは与える場合も受け取る場合も人を脅かす行為であって，危険を冒してまですることではないという考えである。これは特に，組織の上層に行くほど真実なのである（Kaplan, Drath and Kofodimos, 1985）。現代の組織では，全方位に向けてコミュニケーションを増やす必要があり，多くのリップ・サービスが行われているが，同時に，仕事仲間，特に上司に対するパフォーマンスのフィードバックに抵抗を感じる人は少なくない。「ボスに彼の直した方がいい点を教えたとして，自分にいったい何の得があるんだろうか」と自問して，答えに窮する人は多いはずだ。

　フォーマルなフィードバックが持つ性質は，まさにこうした与える側と受け取る側との面と向かったフィードバックに対する脅威を軽減してくれるものである。評価ツールが持つ形式化された構造と中立的な特性が，客観性という「盾」になってくれるのである。こうした特性は，リーダーシップ開発プログラムのある参加者が述べた次のような発言に見ることができる。「通常，だれかから仕事上のフィードバックを受けるというのは，歯医者に行くのに似ていますよ。終わった後に，来てよかったと思ったとしても，座っている間はずっと拳を白くなるまで強く握り締めていますからね。360度フィードバックのツールを使うと受け止めるのが楽になります。具体的でコントロール可能な項目に分解されていますから。自分のデータについて1人でじっくり考えることができるし，その上で，私の理解を助けてくれる人と話し合うこともできるのですから」。

なぜ360度か？－多面的見方の重要性

　故人曰く「ある人から裸馬の背に乗るなと注意されても，それが1人なら無視できる。しかし10人が同じことを言ったらサドルを買う義務がある」。
　数には力がある。前出のテリー・アンダーソンが自分の行動についてのフィードバックを信じようと心を開いた過程を思い出してみよう。そのとき彼は，

捕虜仲間の緊張状態の責任が自分にあるということに関係者が1人の例外もなく賛成していると知ったのだ。

　満場一致は，たとえそれが歓迎できるものでなかったとしてもわかりやすいものである。しかし，そのようなケースはごくまれだ。評価者集団が異なれば観点も異なるのは普通のことである。この不一致の理由をじっくり考え抜くことができないと，参加者は相当混乱することになるだろう。参加者とフィードバックの専門家とで行われる報告会が果たす役割のひとつは，この分析を手助けすることである。

　フィードバックの内容が同じにはならないことを説明する理由はたくさんある（Moxley and McCauley, 1996）。実際のところ，参加者は，さまざまな人に対して異なる行動をとっていると思われる。また，人が「自分をさらけ出す」度合いは接している集団によって異なるということも多様な見方が存在する理由の説明になるだろう。評価対象となる行動を目にする機会が多い集団もあれば，そうでない集団もある。また，評価者の参加者に対する期待も絡んでくる。つまり，評価者集団によって，「参加者にどう振る舞ってほしいか」という期待には違いがあるため，「その行動（もしくは行動しないこと）」が，問題であるかどうかについてそれぞれ独自の意見を持っているのである。さらには，同じ行動に対しても，観察者が2人いれば，解釈が正反対にもなることもある。たとえば，いわゆる無愛想なマネジャーがいたとき，一方の観察者が彼の行動を率直で，無駄がなく，緻密だと解釈するのに対して，一方の観察者は，同じ行動を険悪あるいは無礼と見なすことすらある。

　このように，その意味の解釈には多少骨が折れるが，パフォーマンスについて複数の観点を持つことは，上司だけが評価するという伝統的なアセスメントのやり方（トップダウン・アプローチ）を改善するものであるといえる。360度フィードバックによる多面観察が優れているのは，次のような理由からである。

- 多様な見解を考慮することで，マネジャーの現実（典型的なマネジャーは，10年前と比較して2倍から3倍の人数のスタッフを管理しているはずである）をより包括的に反映させることができる。

- 回答バイアスを軽減する（London and Beatty, 1993）。
- 上司が，日常的に個人の行動を観察しているとは限らない。違う事業所や地域，さらに外国にいるなどという場合には，正確で継続的な評価を保つのは非常に困難である。
- 同様に，チームで取り組む仕事の増加も，他のチームメンバーからのフィードバックを集めて総合的に扱う必要性を高めている。
- これまで利用されてこなかったフィードバック源を含めることが可能になる。本来，顧客やサプライヤーといった組織外の人といかに上手く協働しているかによって判断されるべき職務のリーダーもいる。

リーダーシップ開発過程における360度フィードバックの役割

　リーダーシップ開発過程におけるあらゆる個別の出来事や経験にアセスメント，チャレンジ，サポートという重要な3要素が組み込まれていればより効果的であるという基本的なテーマは「360度フィードバック」にも当てはまるだろうか。

　アセスメントの要素は自明である。「自分がどのように行動しているか」という質問に対する複数の評価者の答えは，現在の強みと能力開発ニーズに関する新たな情報を参加者に提供し，彼らの自己認識を高める。

　360度フィードバックは，チャレンジの源泉でもある。『フォーチュン』誌のライターはそれを次のように表現している「上司や同僚，部下が本当はどう思っていたかを知ることは苦しいことかもしれない。しかし，その事実に向き合ってこそ，あなたはよいマネジャーになるのです」（O'Reilly, 1994, p.93）。360度フィードバックによってもたらされるチャレンジは，新しい経験，模範的な姿（モデル）と自身の対比，これまでの自己概念の検証といった形で現れる。

　人によっては，360度フィードバックが，自身の強みや弱みを真剣に検証する人生で初めての機会になる。そうした内省は「居心地の良い状態」へのチャレンジである。また，単に自身の強みや弱みを模範的行動と比較することがチャレンジになる場合もある。360度フィードバックを構成している質問項目は，模範となるリーダーシップ行動を定義づけたものであり，アセスメント・

データはその人がその基準をどの程度満たしているか示すものだからである。また，360度フィードバック・ツールの多くは偏差値も算出されるので，参加者は自分の結果を世間一般のマネジャーたちの水準と比較することができる。これもまた，もうひとつのチャレンジングな経験になるだろう。

　人によっては，自分自身が強みだと認識していることに，評価者たちが賛成していない事実を発見する。自画像が否定されるという現実はチャレンジをもたらす。他者視点からのフィードバックは，自分の強みと弱みを改めてよく考えてみることをやんわりと示唆する場合もあるし，テリー・アンダーソンのように，すぐに行動を変えなければならないことを力強く明快に示す場合もある。おそらく最も大きなチャレンジは次の問いに答えることだろう「さて，データは手に入れた。私はどうすればいいんだろうか」。この感覚が，価値ある「解凍［訳注：心理的な解凍］」のプロセスを引き起こすのだ。

　三つ目の要素である適切なサポートを提供するために，360度アセスメントのフィードバックのプロセスには以下のような特性が確保されている必要がある。

- フィードバック・データの機密保持が保証されていること
- フィードバック・データの内容を正しく理解するために，参加者が，専門のファシリテーターを活用できること
- 参加者の上司を巻き込んでいること（参加者の能力開発について上司の協力を取り付けていること）
- 事前に参加者と上司で，フィードバックを通じて目指すゴールについて話し合うことが認められていること
- 能力開発に効果的な仕事の割り当てなど，組織的なサポートが提供されること
- どうやって継続的にフィードバックを受けられるようにするか考えられていること
- 能力開発計画が定期的にフォローアップされること

　これらの特性については，この章の終わりで再度ふれることにする。

組織が360度フィードバックを活用する目的

　フォーマルな360度フィードバックを展開する組織は何を達成しようとしているのだろうか。実際，その目的は組織の構造と同様にさまざまであり，何に焦点を当てて取り組むかも異なっている。

　いくつかの組織は，360度フィードバックを主としてマネジャーやリーダー個人の能力開発過程の一部として活用している。たとえば，自分の職場に対して方針やビジョンを示すのに苦労しているマネジャーがいた。彼はその重要性は理解できていたものの，どう進めたらいいのかがわかっていなかったのである。360度フィードバック・ツールの中の「組織の将来について，自分の考えを提示する」という項目に対する評価者の答えは，彼がうまくやっていない具体的な行動をまさに気づかせてくれた。現在，彼は1ヶ月に一度部下と面談し，この課題において自分が「どうだったか」に関するフィードバックを求めるようになっている。

　自分の強みと能力開発ニーズについて十分な理解を持っている人でも，そうした自分の特徴が日々の活動の中で仕事仲間にどのような影響を与えているか気づいていない場合がある。ある国際的ハイテクメーカーは，外部の会社が運営するリーダーシップ開発プログラムに，マネジャーを1人ずつ頻繁に送り込んでいる。このプログラムで参加者は，入念に作られたビジネス・シミュレーションに取り組み，自分の行動について他の20人の参加者からフィードバックを受ける。そしてシミュレーションの後，参加者は自分の職場の仕事仲間からの360度アセスメントの結果を受け取る。これらのふたつの情報源からのフィードバックはたいてい一致しており，しばしば参加者をかなり驚かせることになる。自分の行動が他人に与える影響がどれほど一貫しているかということに気づいていないからだ。

　個人の能力開発のための360度フィードバックを特定のグループ（高い潜在能力を持ったマネジャーなど）に絞って実施している組織もあれば，マネジャーのキャリア上の特定のタイミング（たとえば，成長を促す任務の終了間際など）で実施する組織もある。

　360度フィードバックを集団の強みと組織開発ニーズを見つけるために用い

る組織もある。ある大きな建設会社は，個人のフィードバック結果を総合して集団としての総合プロフィールを作り，会社として，継続して維持すべきことと，改善していきたい問題を絞り込んでいる。その結果から得られた情報は，翌年の各マネジャーの改善目標に組み込まれる。これをさらに発展させ，組織的な教育訓練ニーズの明確化に活用している組織もある。

　組織が重視する行動規範を広く従業員に浸透させるためにフォーマルなフィードバック活動を用いている組織もある。評価ツールの特定の項目を読んで回答するという単純な行為が，大切な行動規範を人々の目の前に示すことになり，多くの場合，それらについて話し合うきっかけを作るのである。一例をあげると，ある大手の欧州の保険会社は，生き残るためには官僚的であることをやめ，より起業家的になることが鍵になると判断した。彼らは，成功している起業家的組織に見られる行動に焦点を当てた特別な360度フィードバック・ツールを探し出し，自社の上級マネジャーたちに提供している。

　もうひとつの例は，通信産業の規制撤廃によってもたらされた。あるサービス提供業者は顧客サービス品質の高さを追求していくことを決定したが，マネジャーの多くは，顧客に選択肢がなく，提供されるサービスに甘んじることを強いていた時代から引き続き雇用されている人たちであった。この会社は，大規模な変革を開始する。それには，顧客サービス研修，個々人のコーチング，意思決定の権限委譲，そして，決断力，顧客志向，迅速な対応に焦点を当てた360度フィードバックの実施などが含まれていた。その結果，マネジャーたちはその会社が追求する行動に照らして，自分のスキルのどこがマッチしていてどこがマッチしていないのかを理解することができたのである。

　360度フィードバックは，組織にとって重要な三つのタイプの行動規範を促進するのに役立つ。「開かれたコミュニケーション」「従業員参画の尊重」「自らのキャリアに責任を持つこと」の三つである。いくつか実例を紹介しておこう。

- ある大手の都市型ホテルグループでは，会社のオーナー間の率直なコミュニケーションを促進したいと考えた。同社がとったアプローチは，6人の参加者1人ひとりがお互いに全員の評価者にもなるという，一般的な360度フ

ィードバック・プロセスから始まるものである。これによって話し合うべき論点が浮かび上がり，何でも話し合える環境づくりに役立った。調査票への記入を他人に依頼すること自体が，お互いにパフォーマンスのフィードバックを受け容れる準備があることを表明することになるのである。ある意味，それはコミュニケーションのモードを築くことにもなる。

- 従業員のエンパワーメント感覚（権限付与されているという感覚）を高めるために，360度フィードバックを使い始めた組織もある。多様な従業員に評価者としての参加するよう求めることは，組織が，彼ら1人ひとりの考え方に関心を持っており，大切に考えているという姿勢を示すことになるからである。

- ある国際的な消費財メーカーでは，マネジャーは雇用されたその日から，自分のキャリアプランを主体的に計画するよう奨励される。この会社では360度フィードバックのデータをマネジャー本人に手渡すことで，マネジャーには自分のキャリアを計画する責任があるということをメッセージとして投げかけているのだ。

管理用途 vs. 開発用途

　360度フィードバックの活用を検討しようとするとき，たびたびひとつの疑問が持ち上がる。「参加者が受け取ったフィードバックは，能力開発にだけ利用されるべきか，あるいは管理目的にも利用されるべきか」というものである。能力開発目的で使用される場合，データは参加者の有効性を高めるためのプランに役立つものとなる。管理目的では，さらに人の雇用，昇進・昇格，報酬に関する意思決定が含まれることになる。

　これらの最も重要な違いは，情報の所有者がだれなのかという点にある。管理のためのアセスメントでは，情報の所有者は参加者が所属する組織になる。最終的なアセスメント結果については参加者と共有されるが，しかし，同時に経営的意思決定を行うために上司や人事部門，あるいは組織の他の人によって利用されるのだ。能力開発のためのアセスメントでは，参加者個人が情報を所有する。ある種の情報や能力開発計画は，上司と共有することを勧められるが，フィードバック報告書そのものは秘密であり参加者のものである。参加者

はその報告書の情報を，だれとどのように共有するか，または，しないのかを自分1人で決められるのだ。

　CCLでは，360度フィードバックを能力開発の目的でのみ利用している。いくつかの組織からはアセスメント結果を管理目的でも使いたいという圧力が強くなっているが，結果が公表されるということがわかると，評価者の反応が変わってしまうことがわかっており，これを裏づける十分な証拠もある（London, 1995）。一般的に，評価者たちは，自分たちの評価が参加者たちの給与や昇進の機会に影響するかもしれないとわかると，より寛大な評点をつける傾向がある。そのような情報は正確性に欠け，それゆえ，「変わりたい」と思っている人にはあまり役に立たない。突きつめれば，結果の情報を参加者たちに所有させることは，能力開発の責任が根本的に参加者自身にあることを，組織として真正面から示すことになるのである。

　本書はリーダーの能力開発に重点を置いたものであり，CCLの活動も能力開発を目的としたものである。以降に記述されているフィードバックのプロセスと実践は，能力開発を目的とした360度フィードバックを前提としたものである。

360度フィードバックの実施

　フィードバック・プロセスを円滑に進め，参加者も組織もともに十分な利益を得られるようなものにするためには，次のようなステップで進める。

ステップ1：ツールの選択

　評価ツールを選択するには，最初に経営上の目的とフィードバックの対象者を明らかにすることから始めなければならない。360度フィードバックによる介入を企画する人事部門の経営幹部は，最低限，次の重要な問いに対する明快な答えを持っていなければならない。すなわち，「なぜこれが必要なのか」「対象はだれか」「どんな成果を期待するのか」というものである（Dalton and Hollenbeck, 1996）。それらを明らかにして初めて，評価ツールの品質や特徴の

比較検討に入るべきである。

なぜこれが必要なのか——組織が犯しがちな間違いは，何を得たいのか明確に定義せず，あるいは具体的な経営ニーズと結びつけずに，アセスメントやその類の施策の実施に入ってしまうことである。どのようなツールを選択すべきかは，経営上の目的から導き出されるべきである。マネジャーのパフォーマンスは経営戦略を背景にして定義されるわけで，当然ながら，評価ツールの選択もそれに基づいてなされるべきなのである。ある特定のツールばかりが選ばれてしまうことが多いのは，人事部門の経営幹部やコンサルタントがそのツールが好きで，どんな場合にもそれ使おうとするという単純な理由からである。彼らはアセスメントのニーズを明確にすることに力を注いだ方がいいだろうし，そうすることで目的に合った最適のツールを見つけられるはずである。同様に，フィードバックの目的が，組織のコンピテンシーに参加者の関心を向けさせることである場合には，評価ツールも特定のコンピテンシー・モデルに関連した質問で構成されているべきである。

対象はだれか——アセスメントの経営的ニーズが明らかにされたら，対象者も明らかにしなければならない。これは適切なツールを選択するために必要不可欠なことである。どの階層の人でも360度フィードバックを役立てることができるが，ツールが対象者の状況に合致しているかどうかに注意しなければならない。たとえば，管理・監督スキルに関する質問が多く含まれた評価ツールは，低職位のスタッフや委託社員にはうまく機能しないだろう。

　マネジャーは，そのキャリアの時期によって異なった種類のフィードバックを必要とする。キャリアの早い時期には，重要なスキルを明らかにするために360度フィードバックを使う場合があるだろうし，キャリアの後期では，自分の強みや弱みが他人にどのような影響を与えているかを知らなければならない。それらは求められる変化を遂げるために必要なのである。さらに昇進し続けると，将来のビジョンを策定し実行する能力の評価が不可欠になっていく。

何を期待するのか——ここでは選択のための基本的ポイントを示しておく。よ

り詳細は 360 度フィードバック・ツールに関するガイドブックを参照するとよいだろう（*Choosing 360: A Guide to Evaluating Multi-rator Feedback Instruments for Management Development*〈Van Velsor, Leslie, and Fleemor, 1997〉が代表例）。

　最初のステップは，心理測定における妥当性と信頼性を備えているツールを探すことである。つまり専門家によって開発され，十分に検証されたものから選ぶべきである。現在市場に出回っているツールでこの基準を満たしているのはわずか 4 分の 1 だという推定もある（Van Velsor, 1992）。
　そのツールには妥当性があるだろうか。測定すると謳っているものをきちんと測定し，また結果として出るスコアは仕事上の有能さと関係することが実証されているだろうか。そのツールには信頼性があるだろうか。何度受けても安定した結果が出るものだろうか。尺度内の項目は，同じ構成概念を測定しており，評価者間の一致度は証明されているだろうか。これらの基本的な質問に答えることができ，また情報を提供することに前向きなベンダーを選択すべきであろう。
　賢い消費者になろう。ベンダーに，ツールの背景にある研究に関するレポートを請求するとよいだろう。調査票とフィードバック報告書の見本も手に入れよう。個々の項目がわかりやすく，組織が重視する行動が反映されているかどうかを見極めることが大切である。
　その他に調べておきたいこととして，付随資料やベンダーの支援体制がある。参加者が自分の情報を整理し，有効な能力開発計画を立てるためのガイドはあるか，また，ツール使用に当たって直面する疑問や問題に対処するための豊富な情報がそろっているかといったことである。

標準 VS カスタマイズ——ベンダーが開発した既製の標準的なアセスメント・ツール（規格品と呼ぶこともある）を使うか，もしくは自社用にツールを設計するかという選択肢がある。残念ながら完璧なツールは存在せず，いずれにも長短がある。
　既製のツールを利用する一番の長所はコストである。ツールの設計や開発，プログラムの採点，付随資料の準備のために人を雇うことに比べれば，かなり

少額で済ますことができる。また，既製の360度フィードバック・ツールはより大規模なデータベースを持っているため，参加者は自分の評点を他組織の多数のマネジャーと比較することもできる。

　ツールをオーダーメイドする長所は，組織が重要と考える特定のコンピテンシー（成果につながる行動特性）を測定できるように質問を仕立てることができるという点である。一見すると，これが最善の道のようには思えるかもしれない。組織は家族に似ており，だれもが自分たちは独自（最高，もしくは比類ない）と考えがちであり，それゆえに，既製のツールでは自分たちの独特な状況の本質をとらえられないはずだと思うものである。しかし一般的に，コンピテンシーと称する行動や成果のリストを定義することは難しいことではない。むしろ，調査票の設計やプログラムの採点，必要とされる添付資料の準備の方が難しいのである。

　運用面での課題よりも重要なのは，それが心理測定的にしっかりとしたものであることを確かめるための妥当性と信頼性の検証をすることである。こういった検証を行おうともしない組織もあるが，これは極めて近視眼的だといえる。もし，あなたが参加者に，フィードバックに対して心を開き，結果に基づいて自身の行動を変えることを求めるならば，その結果の妥当性について確かな説明をするよう強く求められるからである。

　第3の方法は既製のツールをカスタマイズすることである。これは，ツールの内容や項目数を調整したり，既製のツールからいくつかのコンピテンシーを選択的に組み合わせたりするもので，そうやってカスタマイズされたツールはその組織にとって重要なコンピテンシーをきちんと反映したものになる。この方法の長所のひとつは，妥当性，信頼性のある質問項目を確保できる点にある。

　多くの組織は，結局は既製の標準ツールという良いものがあることに気づくことになる。彼らが重要だと定義したコンピテンシーや行動の大部分を，それらはとっくに測定しているのだ。調査実施の手間とコストはアセスメントのオーダーメイドが割に合わないことを結論づける。入手可能な360度フィードバック・ツールは多数あり，ほとんどの組織はその中から，経営的ニーズに合致し，かつアセスメント対象となる特定の人々に有効な良いツールを探し出すことができるのである。

ステップ2：データの収集

　最適なツールを選択したら，参加者が，できるだけ最良のデータを集められるような仕組みを整えていく必要がある。

評価者の選定——一般的に，フィードバックは上司，同僚，部下から集められる。それぞれの集団ごとの最適な人数については，通常，ツールを提供するベンダーから推奨人数が提示される（一般的な配分は，上司1名，同僚5名，部下5名）。最も正確な回答は，対象となるマネジャーの姿を日頃から観察する機会がある評価者から得られる。それゆえ，参加者本人とその仕事のことをよく知っている評価者を選ぶことが最も有益である。

　組織側が評価者を選び，調査票の配布を管理しようとすることもあるが，その場合，アセスメントを受ける参加者は，結果を受け容れることを躊躇するかもしれない。参加者が評価者を選ぶ方がよりよい。

評価者の匿名性——個人のフィードバック・データはデリケートな情報であるため，評価者の秘密を守ることに注意を払う必要がある。もしも評価者が，回答の匿名性が守られないかもしれないと疑った場合，彼らは協力を渋るかもしれないし，回答が甘くなってしまうかもしれない。

　したがって，調査票はだれが何を回答したかが参加者にわからないように組み立てられなければならない。典型的な方法は，評価者区分ごとに最低3人の回答を集めるというものである。同じ区分から3人以上の人が調査票を戻してきた場合には，それらが集計された得点を報告書に表示するが，3人に満たない場合には，当該区分の項目レベルの得点は表示しない［訳注：どのような点をつけたか推定できる可能性が高いため］。ただし，一般的に例外となるのは上司からのフィードバックである。このデータは，たいてい独立して表示される。上司には回答の匿名性が守られないことを事前にはっきりと伝えるべきである。

　ツールによっては，質問への回答のほかにフリーコメントを書かせるものもある。フリーコメントによるより広く深い言及は明らかなメリットであるが，一方で，筆跡や文体から評価者を特定できるかもしれず，匿名性が失われてし

まうという重大なデメリットもある。評価者たちに単純に意見の記入を求めると、保護は不完全になる。意見の述べ方そのものが、自分がだれかを明かすことになる場合があるからである。コメントを言葉通りに伝えることは、匿名性の確保を一層難しくする。

　文字で書かれた意見を使うもうひとつの短所は、「言葉へのバイアス」の問題として知られているものである。参加者は数字やグラフで示された評点よりも、記述された言葉に興味をひかれることがわかっている。アセスメントの標準得点云々よりも、書かれた意見のほうが注目されやすく、記憶にも残りがちなのである。その結果、数字の結果と矛盾した「言葉による」意見が、フィードバックに不当なバイアスを与えてしまう。ファシリテーターは、これらのコメントの見方についてアドバイスする必要がある。

情報の機密性——フィードバック・ツールを通じて収集された情報は参加者個人のものであり、参加者の同意なしには決してだれにも見せてはいけない。秘密の漏洩や評価者の匿名性の侵害は、それがたとえ事故であったとしても、フィードバック・プロセスそのものを危険にさらし、人事部門の信用に傷をつけ、以後のいかなるアセスメント活動に対しても組織内の信頼が得られないという事態を招く。これらの情報を守るため、プロセス全体を通して最大限の注意を払うべきである。

参加者側の準備——アセスメントとフィードバックのプロセスに関わる人は皆、役割に応じて十分な準備をする必要がある。活動の目的と期待される成果について十分な説明がなされているべきだし、フィードバックがどのように利用されるのかについても明らかにされていなければならない。ある電力会社では、上級マネジャー向けの能力開発プログラムにおけるアセスメントの開始にあたって、半日のキックオフ・セッションを実施している。フィードバックを受ける参加者、その上司、そして評価者たちがともにセッションに参加する。社長からの背景や目的の説明のあと、人事担当役員が360度フィードバック・ツールを紹介し、その目的について話し合う。評価者たちには、評価の間違いを減らすためのガイダンスが行われ、その場ですべての必要書類が配布され

る。参加者の上司やコーチは，引き続き午後に行われるセッションに参加し，参加者の能力開発計画に対してどうすれば最善のサポートができるかについて理解を深めていく。

ステップ 3：情報のフィードバック

どのようにフィードバックされるかは，使用されるアセスメント・ツールの種類と組織の実施計画によってさまざまである。最も一般的なアプローチは，一対一セッション，グループセッション，それらの組み合わせの三つである。

一対一のアプローチでは，参加者はファシリテーターとの個人セッションを持つことになる。セッションでは，ツールの背景理論の説明と参加者の情報の解釈，さらに能力開発計画の立案の手助けが行われる。ツールの複雑さや能力開発計画の深さにもよるが，1日かけて行う場合もある。

ふたつ目のアプローチでは，参加者へのフィードバックは，グループの中で行われる。彼らはツールの理解，個人情報のフィードバック，そして能力開発計画の立案作業をすべて一緒に行う。このアプローチはスタッフの負担を低減するとともに，学習を促進するようなグループ実習の活用も可能にする。短所としてあげられるのは，参加者が自分の情報についてファシリテーターと個人的に話し合う機会を持てない点である。

一対一セッションとグループセッションを部分的に組み合わせるアプローチは，多くの場合最適な成果をもたらす。この運営では，必要な知識の説明はいったんグループ単位で行われるが，個人のデータについて意見交換するためにファシリテーターと参加者が一対一で話せるようになっている。

グループ・フィードバック・セッション——グループ・フィードバックのセッションの多くは，参加者に，フィードバック結果を受け止め，理解するための十分な準備をしてもらうことを目的として実施される。以下はそのステップの概略である。

1. フィードバック・プロセスの目的，目標，期待成果を明らかにする。
2. 使用する 360 度フィードバック・ツールの土台となっている研究や理論的

背景について説明する。
3. フィードバックを受け止めてもらうために，次のようなポイントを含む背景情報を提供する。

　　まず初めに，フィードバックはデータであり，そのデータは中立的なものである。データがあなたについて判断することはできない。あなたがデータを判断するのである。

　　これはあなたのスナップ写真のひとつに過ぎない。あなたの人格を定義するものでもない。全体的なパターンを浮かび上がらせるには，このスナップ写真を，他者の側から見てみることが重要である。

　　360度フィードバックを受けた人はたいてい，次のふたつのうちどちらかの間違いを犯す。すなわち，その情報をあまりに早く受け容れるか，あまりに早く拒絶するかである。じっくり考え，さらにもう一度考えよう。

　　あなたは自分についてよくわかっているはずである。質問に回答した人についても，また自分の職場の状況についても知っている。ファシリテーターはデータを理解するのを助けてくれるが，それが何を意味するかを判断するのはあなただ。

4. 報告書の読み方と解釈のしかたを説明する。
5. データを個人で読み込む時間と，質疑応答の時間を設ける。
6. 報告書や資料に含まれている，データ分類の演習などについて紹介する。
7. 一対一のセッションが予定されている場合は，その進め方について説明する。

　グループ・フィードバックのセッションは「真面目に」論じることが重要である。人々は，この自己発見の過程に多くの時間と感情を使っている。一方で，個人のフィードバック結果を見て，報告書の形式を理解した後には，軽いタッチのファシリテーションが喜ばれることもわかっている。個人のフィードバック結果を見た後は，次にあげるような『あなたが360度フィードバックを拒絶する理由，トップ10』を題材にしたユーモアも参加者を楽しませるはずである。

あなたが360度フィードバックを拒絶する理由，トップ10

第10位．仕事が私をそのように行動させているのだ。本当はそんな人ではない。
第9位．フィードバックを頼むには，ちょうどまずいタイミングだったのだ。
第8位．強みはすべて正しい。でも弱みは間違っている。
第7位．皆は私を困らせようとしているのよ。
第6位．それまではこんなふうにしていたが，最近変えたところである。
第5位．私が何に取り組んでいるか，だれもわかっていない。
第4位．これは，だれか別の人のレポートに違いない。
第3位．私の評価者は質問の意味を理解しなかったのだ。
第2位．私の成功を，皆は妬んでいるのだ。
第1位．すべて正しい。しかし，私はちっとも気にしない。

一対一のフィードバック・セッション――一対一フィードバック・セッションをツール販売の条件にしているベンダーもある。たとえそのツールがかなり簡単でわかりやすいものであったとしても，そのツールの使用経験があるファシリテーターとの個人面談によって，その価値は高まるのである。これは特に，初めて360度フィードバックを受ける参加者にいえることである。たいていの人は，結果が良くても悪くても，自分のフィードバックについて冷静な第三者とオープンに話し合う機会の価値を認める。

ファシリテーターは使用するツールに関する経験が必要である。使用にあたって認定資格の取得を求めるベンダーもある。理想的には，ファシリテーターは対象者の指揮命令や影響の範囲から外れている人であるべきである。ある大きな薬剤会社は，ミドル・マネジャーのリーダーシップ開発プログラムの一部でフィードバックを実施するために，8人の独立したコンサルタントをプールしている。この会社は，こうした「専門家」への投資が，フィードバック・プロセスの信頼性をさらに高めることを理解しているのだ。会社の従業員はだれも（たとえ人事の人間であっても）対象者の報告書を見ることができないた

め，機密保持はより強固になっている。また，会社側も同じコンサルタントを使い続けることによる利益を享受している。彼らがその会社の問題や目標に精通するようになるからだ。

参加者にとって，一対一フィードバック・セッションの前に自分のデータを分析する時間をたっぷり持てることは有益である。効率だけを考えれば，対象者に報告書を手渡し，データを眺める時間を数分与えて，その上で一対一フィードバック・セッションに送り出したい誘惑に駆られる。しかし，こうしたことが行われると，参加者はフィードバック・セッションにおいてもなお，数字やグラフ，表が何を意味するのかを理解しようとすることになる。フィードバック結果をふりかえる時間がないと，参加者はデータが持つ意味を十分に考える準備ができない。

フィードバックのいくつかが否定的なものだったり，意外な内容だった場合，参加者は，一対一のフィードバック・セッションを始める段になっても，依然としてデータや評価者に対する感情的な反応と戦っていることがある。ファシリテーターにとって，その感情を無視してものごとを進めるのは難しいことである。参加者には，フィードバック結果を受け取ってから一対一フィードバック・セッションを行う間に，一晩の休息を与えた方がよい。もし，データを一晩「寝かす」ことができれば，たいていの場合，理解が進み，感情を処理する時間が持て，参加者はより新鮮な状態でセッションに臨むことができる。

一方で，フィードバック・データには有効期限というものがある。理想的には，一対一フィードバック・セッションはデータを受け取ってから1～4日以内に催されるべきである。

一対一フィードバック・セッションは，個室もしくは小会議室で実施されるべきである。ファシリテーターは前もって参加者の報告書をすべて読み，メモを作るなどの準備を行う。良いファシリテーターはデータだけでなく，個人の背景情報についても理解しようとする。セッションを始める際に，参加者に以下のような短い質問をすることで理解を深めようとする。

- 「データをどのように使いたいですか」——次のレベルへの昇進を求めている人は，現在の役割に満足し部下との関係を深めたいと思っている人と比べ

ると，フィードバックについてまったく異なるとらえ方の枠組みを持っている。
- 「現在の仕事の状況において，何が起きていますか」――その人のフィーバックに影響するような，何か普通ではないことが社内で起こっているかもしれない。
- 「フィードバックでどこか驚いたことはありましたか。失望したところ，嬉しかったところはどうですか」――データに対する反応について話してもらうのにはこの質問だけで十分なこともある。
- 「データから浮かび上がってくる，全体にまたがるテーマは何ですか」――経験のあるファシリテーターができる最も価値あることは，参加者がデータを関連づけるのを手助けすることである。参加者は最初のうちはうまく関連づけることができない。
- 「自分のデータをどう要約しますか。鍵となる強みは何ですか。鍵となる能力開発分野はどこですか」――参加者がデータを要約し，焦点を絞るのを手助けすることは極めて重要なことである。セッションは全体的なレベルから極めて具体的なレベルに展開されるべきである。
- 「今すぐ変えたいと思うことは何ですか。将来的にはどうですか」――参加者がデータについて行う最も重要な意思決定は，中心的に取り組む分野を絞り込み選択することである。

　ファシリテーターは，そのツールに関する専門性は大いに発揮すべきだが，参加者のデータについて専門家のように振る舞いたいという誘惑とは闘わなくてはならない。自分自身のデータについては，参加者こそがエキスパートであり，また，そうあるべきである。注意を払うべきことは何か，結果をどう意味づけるかを決めるのは彼ら自身なのだ。「評価者のこの回答が意味することは何だと思いますか」というのはファシリテーターがよく尋ねる質問である。ファシリテーターは経験に基づいた推察はできたとしても，この質問に対する答えを実際に知るすべはない。有能なファシリテーターは自らをデータ解釈の「旅」の案内人に見立て，参加者に役立つ質問を投げかけ，彼らがデータ間のつながりを見つけられるような手助けをする。

セッション中，参加者が，記録をとることよりも対話に集中できるように，セッションの録音を認めるのもファシリテーターが配慮すべきことである。これは将来，能力開発計画の進捗をふりかえる際の有効なツールにもなる。

「重要度」指標は重要か──多くの360度フィードバック・ツールでは，評価者から見て，その参加者に重要と思われるコンピテンシー（参加者のポジションや組織での成功において重要と思われるコンピテンシー）をいくつか特定するようになっている。こうした評価者から見た「重要度」を示すデータも報告書に表示されるため，参加者たちは，何が重要かということに関する自身の認識と評価者の認識を比較でき，さらに両者の類似点と相違点を能力開発目標の優先順位付けに役立てることができる。

　この重要度は一般的に参加者たちには大変好意的に受け取られている。それは，フィードバックがどのようなものであれ，最も重要なことに焦点を絞る手段を提供してくれるからである。一例をあげると，ジョーは，「人間関係のマネジメント」の領域で8人の評価者から否定的なデータをもらった。しかし，「最も重要なコンピテンシー上位5項目」の中で，「人間関係のマネジメント」に印をつけた評価者はだれ1人いなかったのである。その結果，ジョーはこの領域での否定的データを無視し，他の改善すべき分野に集中することにした。

　問題は，ほとんどのツールにおいて重要度の妥当性が立証されていないということである。質問項目と要素については心理測定上の確かな妥当性を備えたツールも，重要度については同様の精査がされていないのである。したがって，ジョーのファシリテーターは，彼が「人間関係のマネジメント」に関するデータを「まったく無視」しないように促さなければならない。もしかすると，ジョーの評価者は皆「ジョーの仕事には六つの重要な要素がある」と考えていたにもかかわらず，選択数の制限から五つに絞らなければならなかったのかもしれない。ジョーの例で，もしも6番目に重要な要素が「人間関係のマネジメント」だとしたら，彼はフィードバックデータの重要な部分を見逃すことになってしまう。さらに言えば，ジョーの評価者が彼の仕事をよくわかっていなかったり，会社の実際の選考基準を誤解していたりすることによって，彼の仕事では何が本当に重要なのかをわかっていないということすらあり得るのである。

自己評価との一致——参加者たちは,自分のパフォーマンスに対する自己評価と他者評価の一致度に特に注意を払う傾向がある。一般的に,(同僚－上司)間の一致度が,(自己－同僚)間,および(自己－上司)間のいずれよりも高い傾向がある(Harris and Schaubroeck, 1988)。これは,強みと弱みに関する自己認知が,評価者全体の認知とはさらにズレていることを示唆している。このことは問題だろうか。もっと言えば,だれが正しいのだろうか。

不一致は大きな問題である。経営幹部の「ディレイルメント[訳注:キャリア上の脱線]」に関する研究において,マッコール＝ロンバードは,多くの経営幹部が「脱線した」とき,そこには盲点があったということを発見した(McCall and Lombardo, 1933)。彼らは,致命的な欠点に気づいていなかったか,さもなければ無視したため,解雇もしくは昇進失敗の憂き目にあったのである。確かな360度フィードバック・ツールの活用は,この盲点を減少させ除去する最初のステップとなりえる。

だれが正しいかということについては,その評価の不一致が,回答側の認識の誤りと,単なる意見の相違のどちらを示すものなのかを熟慮する必要がある。キャンベル＝ニールセンは,仕事のパフォーマンスの予測において,他者の評価は個人の自己評価よりも正確であることを示唆している(Campbell and Nilsen, 1993)。一方で,特定の状況下で他者の評点がより妥当だったとしても,より正確であると推定されるべきではないとする研究者もいる(Dunnette, 1993)。

では,不一致であるということはその人が自身の強みと弱みについて自覚していないことを意味しているのだろうか。フレノール＝マッコーレイ＝ブルータスは,自己－他者間の評価の不一致は,必ずしも自覚が弱いことを示していないと考えている(Fleenor, MacCauly and Brutus, 1996)。彼らの研究は,不一致には傲慢さ(他者の評価よりも,自分を高く評価する人の一面),もしくは謙遜(他者の評価よりも自分を低く評価する人の一面)のどちらかが反映されている可能性を示唆している。言い換えれば,過大評価をする人も過小評価をする人も,自分が他人からどのように見えているかはある程度理解しているものの,それを信じてはいないということである。

360度フィードバックの結果を理解しようとする参加者にとって一番いいア

プローチは，「すべての認知は正しい」と考えることである。意見の不一致によってデータの解釈は難しくなるかもしれないが，それは現実の仕事の環境をまさに表わしているものなのである。ファシリテーターにとって大切な留意点は，自己評価と他者評価が一致していないすべての事柄について参加者の反応を聞き，その反応をフィードバックの流れに活かそうとすることである。

ステップ4：能力開発計画を創る

360度フィードバックは能力開発計画に結びつけられるべきである。質の高い能力開発計画は単なる目標設定以上のものである。それは学習に有効とされている種々の戦略を用いて，行動変容を起こし，それを持続するための詳細な青写真を描く作業である。得られたデータから，自分が注力すべきテーマを見つけるにはいくつかのアプローチがある。

- 能力開発ニーズを明らかにし，改善する——これはほとんどの人にとって最も明快な戦略であり，最も一般的にとられるアプローチである。
- 強みを明らかにし，それを活かす——これは参加者がうまくやれる何かを選び，それをより見えやすくするアプローチをとることである。状況に応じて，そうした強みの行動の頻度を増やしたり，他の人に教えたりといった取り組みが考えられる。
- 能力開発ニーズを明らかにし，中級レベルに上げていく——弱みを強みへと変えようとするよりもむしろ，特定の能力を少し微調整する必要があるだけなのかもしれない。
- 弱みを認め，戦略的にそれを補う——強みを使って弱みを低減させていく戦略である。
- 特定の領域の経験不足に対処するための新しい機会を探し出す——それは，それまでのキャリアを通じてずっと避けてきた領域の経験をするチャンスかもしれない。

取り組む目標を決めるのは難しいことかもしれない。上記のアプローチについてよく考えた上で，いったん能力開発目標を特定したならば，参加者は目標

について次の三つを自問自答してみる必要があるだろう。

1. この目標は，自分にやる気とエネルギーを与えるか。
2. この目標を達成することは，今のポジションでより有能になることに役立つか。
3. この目標は，自分の組織の利益に適っているか。

　これらの質問に対する答えのいずれかが「いいえ」ならば，まだ，正しい目標を絞り込むことができていないかもしれない。
　いったん適切な目標が明らかになったなら，目標達成のためにいろいろな戦略を用いるべきである。たとえば，私たちのようにワークショップ［訳注：共同作業を伴う体験型研修］を指導する責任者やフィードバック・セッションのファシリテーターは皆，次のような経験をしたことがある。フォーマルなフィードバックの結果，心から行動変革をする気になったやる気十分の対象者が，自己変革のための計画に着手したとする。彼らが最初に発するお決まりの質問は「この課題についてのお勧めの本（あるいは研修）は何ですか？」である。しかし，こうしたアプローチだけを採ると，身近にある豊富な能力開発活動から自らを締め出すことになってしまう。ある研究では，読書と講義は重要なマネジメントの教訓を教えてくれる出来事のうちせいぜい6％を占めるに過ぎないことが明らかになっている（McCall, Lombardo and Morrison, 1988）。次にあげるような幅広い経験を考慮に入れることで，能力開発の戦略はより効果的なものになる。

- 新しい仕事の割り当て――何かをゼロから立ち上げる，悪化している問題の立て直しをする，ラインからスタッフ業務への異動，より広範囲で大きな責任を引き受けるなどの，「これまでとは異なる」任務を帯びた実践的で新しい仕事は，数多くの重要な教訓を授けてくれる（仕事の割り当ての詳細は，第4章を参照）。
- 現在の仕事――今の仕事に能力開発につながる途方もない可能性が含まれている人もいるかもしれない。現在の役割の中にあるチャレンジと，それが重

要な教訓をどのように与えてくれるかに気づくことで，人は，現在の役割を十分に活かして能力開発課題にすぐに取り組むことができる。
- 継続的なフィードバック――どのような能力開発計画にも不可欠なのは，進歩の度合いをチェックする仕組みである。フォーマルなものであれ，インフォーマルなフィードバックであれ，それらが定期的に収集されるような計画にすべきである。
- ロール・モデル（手本となる人）とコーチ――だれもができる最良で無料の能力開発機会は，うまくやれている人を観察することである。たとえば，より効果的に権限委譲することを決めたなら，知っている人の中からそれをうまくやっている人を見つけるのである。そうして，積極的にその人の行動を観察し，何が彼を効果的にしているのかを見つけるのだ。うまくすれば，その人に，このテーマについての継続的な相談相手になってもらえるかもしれない（成長を促す人間関係についての詳細は第5章を参照）。
- 教育訓練と読書――これは，能力開発全体の中では小さな一部の構成要素に過ぎないが，重要なもののひとつでもある。個々人の学習への取り組み方によっては，この方策がうまくいくかもしれない（スキル・トレーニングの詳細について第3章を参照）。

フォーマルなフィードバック活動の成果を高める

賢明な人事担当の経営幹部であれば，360度フィードバックは独立したイベントでないことを十分理解しているはずである。フィードバックだけでは，おそらく効果は長続きせず，行動変容にはつながらない。実際のところ，アセスメントはしても，能力開発計画の立案や結果のフォローアップをしないというのは，その組織がお金の価値を理解していないことを証明するようなものである。ある大手銀行の上級マネジャーは言う「我々は，当社の人事部門を通じて，市場に出回っている最高といわれる360度フィードバック・ツールをいくつか使ってきた。問題なのは，結局何も起こらないということだ。『1人で最良のやり方を見つけてやってみなさい。ただし，上司はそれを阻害しようとするかもしれないよ』というのでは，すすんで事故にあいに行くよう

なものだ」。

　組織が360度フィードバック・ツールに費やしたお金と努力の見返りを実際のものにする方法は，フィードバック活動を，明快な経営ニーズと結びついた，大規模で継続的な能力開発プロセスの一部として位置づけることなのである。

上司のサポートを得る

　対象者たちは，最低限，自らの上司もしくはエグゼクティブ・コーチ［訳注：経営幹部層対象のコーチングの専門家］の積極的な協力とサポートを求めなければならない。行動変容をサポートしてくれる上司がいるマネジャーは，最終的に変革を達成する可能性がより高いのである（Hazucha, Hezlett and Schneider, 1993）。ある国際的なペットフード会社で実施されている上司と参加者とのミーティングは，シンプルだが理に適ったものである。

ミーティング1──360度フィードバックの調査票を記入する前に，参加者は上司もしくはコーチと面談する。
- 参加者が，フィードバック・データをどのように使おうと思っているかについて話し合う（たとえば，昇進のため，部下とより効果的に働くため，仕事上の次の挑戦を見つけるためなど）。
- 次のミーティングの日程を決める。参加者が報告書を受け取り，ファシリテーターとの一対一のセッションを実施した後のタイミングで行う。

ミーティング2──参加者がフィードバックを受け，能力開発目標を明らかにする機会を持った後，上司もしくはコーチと面談する。
- 上司のフィードバック結果に関する疑問点について（非防衛的な態度で）確認し，必要な説明を直接得る。これは上司の評点が独立して表示されるフィードバック・ツールを使ったときにのみ行う。
- 参加者が選んだ能力開発目標を上司と共有し，これからの試みに対して積極的な同意とサポートを得る。
- 次のミーティングの日時を決める（6ヶ月後くらいが適切）。

ミーティング３──参加者と上司で６ヶ月後に面談する。
- 能力開発目標に向けて進歩したことについて話し合う。参加者は，必要であれば目標を修正あるいは，変更する。
- さらに進歩を点検するため，６ヶ月以内のミーティング日時を決める。

連動性とタイミングの問題

　アセスメントを異なる複数の階層にわたって展開する場合，どこから始めるべきかを決めるのは難しいことである。推奨できる方法は，組織の上の階層から始め，徐々に下に降ろすというものである。

　ある中規模の警備装置メーカーがこの「カスケーディング・アプローチ［訳注：連続した滝のように上から下へと落とすアプローチ］」を用いて成功している。この会社はより行動的で意思決定の速い組織になる必要性を感じており，仕事に対してより起業家的に取り組むことでリードタイムが短縮されることを期待した。組織の全員が，自分や他人の行動を測定する360度アセスメントに参加するよう要求された。16ヶ月間におよぶ能力開発活動がセットされ，初めにこの会社の社長と３人の副社長が360度アセスメントを実施し，フィードバックを受けた。この活動はその後，部長層へ，そして以下同様に250人の全社員に至るまで展開された。

　同社はこの特別なアプローチによって少なくともふたつの明白なメリットがあったと報告している。ひとつ目は最高経営幹部層から始めることで，取り組みへの本気度を行動で示し，フィードバックに対してオープンになることへの模範を示せたこと。そして，ふたつ目は全従業員が自分に対するアセスメントが行われる前に，だれか他の人の評価者として調査票を記入する機会を得たことである。これにより，質問項目や進め方に関する予備知識が生まれ，プロセスへの不安をなくすことができた。また，評価する側の立場を先に体験することで，自分に対する他者からの評価情報をはねつけてはいけないことを理解したのである。

　もうひとつの問題は，タイミングである。フィードバックを受け取るのに最善のときはいつなのか，フィードバックを最も素直に聞けて，行動変革をする気になるのはいつかということだ。私たちの経験からすると，仕事の範囲や規

模が著しく拡大するようなキャリアの移行期の真っ只中にいる人は，一般的に，同じ仕事を続けている人に比べて，360度フィードバックについてより熟慮しようとする傾向がある。慣れ親しんだやり方から抜け出す必要性を感じている人は，自分の変化に役立つと思う場合，パフォーマンスのフィードバックに対して特に素直に耳を傾けることが多い。さらに，組織から「今のままではいけない」というメッセージを受け取っていたり，「ディレイルメントに直面している」と知らされた人々が最も動機づけられるということも付け加えておく。

360度フィードバックのベスト・プラクティス

CCLでは，360度フィードバックを導入しようとする数多くの組織との協働経験から次のようなベスト・プラクティス［訳注：最良の取り組み］を生み出してきた（Daliton and Hollenbeck, 1997）。

- 目的を伝える——参加者，評価者，および上司は皆，360度フィードバックの目的，自分たちの役割，能力開発プログラムの目的を知らなければならない。この活動を社内報で特集記事にする組織もある。
- 参加者に準備させる——評価者に対するガイダンスと同時に，ツールに関する説明も前もって計画されるべきである。
- 経営トップを目立つプレイヤーに仕立てる——多くの会社は，経営陣に最初にフィードバックを受けさせる。これはフィードバックに対してオープンであることの模範を示すためである。
- フィードバック・データをより大きなプログラムに結びつける——この特別なアセスメント活動が経営的ニーズおよび全社的な能力開発計画にどのように組み込まれているかを明らかにすることである。
- データの所有者をはっきりさせる——フィードバック・データを所有しているのはだれかをはっきりと言明することである。
- 誠実であることを強調する——組織として最高の努力を傾けるべき仕事である。デリケートな資料の守秘を徹底することによってプロセスの誠実さを確

保するのは極めて重要なことである。
- 100％の正確さにコミットする——チェックリストによる管理を導入し，すべての評価者が正しい資料を手にし，またいつどのようにそれを戻すのかを確実にわかっているような状況を作ろう。
- 「可及的速やか」かつ「ユーザーフレンドリー」なオペレーションを行う——人々が取り組みやすいような簡便な方法を探すことであり，早めに計画し，準備期間を与えることである。料金受取人払いの返信封筒を用意する配慮も必要である。
- セーフティ・ネットを整える——評価者と参加者の双方を含めて，関係者全員がいつでも人的なコンタクトを取れるようにする。フィードバックのプログラムにはいつも個人相談のための時間を組み込むことが重要である。フィードバックに強い感情的な反応をする人がいるかもしれない。
- タイミングを見計らう——組織の中で起きていることには何にでも敏感になろう。人員整理の最中は，たぶんこの活動を行うのに最適のときではないはずである。また，休暇シーズンも避けた方が無難だろう。
- 機密性と匿名性を備える——調査票を直接集計社に郵送するのを認めることは，評価の匿名性をよりはっきりと認知させることにつながる。結果の機密性は計画前の段階で確認しておくべきことである。
- データの有効期限に関する規定を決める——個人の報告データの有効期限がどれくらいかは人によってさまざまであるが，最も妥当と思われるルールは，「1ヶ月以上前に集められた情報は利用しない」とするものである。
- 手違いが生じそうなことに先手を打っておく——次のような予期せぬ出来事のための計画を立てておくことも必要である。ファシリテーターが病気になる（代替のファシリテーターを準備），メールのシステム障害，資料が届かない，などなど。
- 小さく始める——導入段階では大規模に展開するのではなく，フィードバック全体の仕組みを作り上げるために，小規模な試験的導入から始めるべきである。
- 他の施策との統合を図る——組織内で進行中の他の施策や活動にも敏感にならなければならない。フィードバック・プロセスの円滑な実践を妨げるよう

な活動もあるかもしれない。同時期に他の大規模なアンケート調査が実施されているようなことがないか確認した方がいいだろう。

「落とし穴」とそれを避ける方法

ベスト・プラクティスをあげたように，直面しやすい落とし穴についてもふれておく。

お金の価値に見合わない——多くの組織的な活動と同様に，360度フィードバック・ツールの購入も経理担当者のガードを乗り越えなければならない。私たちは，360度フィードバックがマネジャーの能力開発にとってコスト効率が良いものと確信しているが，1人あたり50〜300ドル［訳注：日本では5000円〜2万円程度］なのであるから，組織としてはこの投資から得られるメリットを明らかにできなければならない。これをうまくクリアするには，360度フィードバック・ツールを購入する前に注意深く計画することである。組織が取り組んでいる具体的な経営課題を確認し，その解決に役立つような期待成果を明らかにするのである。たとえば，より生産的な作業集団を作りたいという経営の目的に対して，フィードバックはどのような成果をもたらすことができるだろうか，またそれはどのように測定することができるか。成果について，たとえば退職率の低下，顧客満足の向上，製品不良の減少，サービス提供スピードの短縮化といった観点で語れるようにしておくことが大切である。

匿名性や機密性への不信——実行プロセスの質を維持するためには，評価者の完璧な匿名性が必要である。それによって人々は，参加者からの仕返しを恐れることなく，正直に質問に答えられるようになる。評価ツールとフィードバック・プロセスが誠実なものとみなされるかどうかも，報告書の情報が完全に機密にされているかどうかにかかっている。そのため，主催する組織は調査票の返却過程を信頼できるものにしなければならないし，使用し終わったフィードバック報告書も完全に機密にしなければならない。フィードバック・セッションで，参加者とファシリテーターが目にする報告書を唯一のコピーにしておく必要がある。そして，ファシリテーターは準備のために使用した報告書のコピ

ーをすべて参加者に返却しなければならない。

調査疲れ——参加者が増加することにより，調査票を記入する作業も増大する。それまで経験のない職場では，これは特に問題になる。自分のグループの部下全員の調査票を1人で記入しなければならないマネジャーのケースに遭遇したことがあった。1人分の調査票を記入するのに20〜50分，これはやる気をなくさせるに十分な時間である。こうしたやり方はまた，上司が参加者同士を比較しながら質問に回答してしまう危険性もはらんでいる。この問題を避ける最良の方法は，より多くの準備期間を与えることであり，またひとつの調査票の回答にどれくらいの時間がかかるか前もって知らせることである。

未熟な物流手配——説明書，調査票，フィードバック報告書，その他の付随資料の配布と収集は，予定通り，かつ円滑に行わなければならない。それがプロセスの誠実さを補強することになるからである。対象者が20人の場合，典型的にはそれぞれに6〜12人の評価者がいて，一度に集計処理される調査票は合計120〜240にのぼる。人事部門の幹部は，それにかかる内部管理業務がどれほどのものであるか想定しなくてはならないし，そうした業務の円滑な進行を助けてくれるようなベンダーを選ばなければならない。

締め切り遅れ——評価者の匿名性を確保するため，多くの360度フィードバック・ツールは評価者集団ごとに最低人数を設けている（典型例は3人）。それゆえ，すべての評価者が予定通りに調査票を記入し戻すことが重要になる。締め切りを前もって明確に知らせるとともに，締め切り日が近づいても返信がない回答者には催促や再確認が必要である。

傷つけられた気持ち——仕事仲間から受け取った否定的なフィードバック結果に，参加者は傷つけられたと感じたり，憤慨したりするかもしれない。このことは，フィードバックが終わったあとの職場の人間関係の緊張を招いてしまう。このリスクを低減するためには，事前に参加者と評価者にガイダンスを行うこと，そして熟練したファシリテーターを使った確かなフィードバック・プ

ロセスを実施することが大切になる。

何も変わらない。で，どうするの？——360度フィードバックを実施することで，評価者は参加者の行動が変わると期待するかもしれない。しかし，結局のところ行動を変えるかどうかは，参加者の決意とその内容による。評価者は参加者が新しいスキルの習得に取り組んでいることに気づかないかもしれないし，参加者がもっと違う能力開発目標を選んでくれればよかったのにと思うかもしれない。

360度フィードバックの未来

　360度フィードバック・ツールの活用において，いくつか興味深いイノベーションが起こりつつある。ここでは特に，「経験から学ぶ能力」の測定と情報収集とフィードバックの自動化のふたつについてふれる。

学ぶ能力のアセスメント——私たちは360度フィードバック・ツールを効果的なリーダーシップ行動のための知識とスキルを測定するものとして取り組んできた。最終的に身につけるべきこれらの「究極のスキル群」はリーダー個人を有能にするのに不可欠なものである。しかし，それらは将来に向けたチャレンジよりも，過去の成功に焦点を当てたものであるという限界を持っている（McCall, 1997）。労働環境の急速な変化に伴って，これら「究極のスキル群」を測定するだけでは，（たとえそれが組織の求めるコンピテンシーリストと対応していたとしても）個人の経験から学ぶ能力を測定することにはならない。経験から学ぶ力が，個人に計り知れないほど重要な教訓を提供するにもかかわらずだ。

　バートレット＝ゴシャールは，この「究極のスキル群」を測定するアセスメントだけを使用して経営幹部を選定，育成する現象を，マネジメント能力開発の「マトリョーシカ人形理論」と描写している（Bartlett and Ghoshal, 1997）。このロシアの古典的なおもちゃは，人形の中に同じ形をした一回り小さな人形が，さらにその中にはもう一回り小さな人形が入っているという構造で，人形を開けるたびに，さらに小さな人形が見つかる。最小の人形は最大の人形の正

確な模倣で，大きさだけが異なるというものである。最大の人形は組織の中で成熟し，経験を積んだリーダーを象徴している。「究極のスキル群」のアセスメントだけを使うということは，組織が最大の人形，つまり上級マネジャーにそっくりで，同じスキルと経験を持った将来のリーダーを探しているということになる。このことがもたらすリスクとはすなわち，経営幹部として直面する将来に向けたチャレンジよりも，過去の成功のモデルに基づいて，リーダーの選定，育成を行っているということなのである。

組織は，「究極のスキル群」に基づくアセスメントと，参加者に自身の学習アプローチを気づかせるようなアセスメントの両方を用いることでより大きなメリットを得ることができる。米国を本拠地とするある多国籍の巨大石油会社を例にとってみよう。この会社のリーダーたちは，将来を約束された経営幹部層が，自分の現在のパフォーマンスをよく理解し，将来のキャリアに向けて自分の価値を高めるのをサポートすることに熱心であった。これら経営幹部の多くは，もともとエンジニアや物理学者として雇われ，全員が自社で昇進を果たし，高い潜在能力があると考えられていた人々である。会社は，経営幹部たちに，自身が「どのようであるか」を理解することに加えて，自身の学習スタイルについても理解を深めるよう求めた。会社は特に，もともと備わっている科学的な教育よりも，リーダーシップと人に影響を与えるスキルによって彼らを登用することに関心があったのである。

この会社はふたつのアセスメント・ツールを使うことにした。ひとつ目は，一般的な360度フィードバック・ツールで，参加者が現在の役割を効果的に果たすために必要なスキルと視点についてフィードバックを受けるのに役立つよう設計されていた。ふたつ目は，より新しいツールで，参加者が自分の「経験から学習する」能力について理解するのを助けるものであった。ファシリテーターは前者を対象者にとって重要な課題を明らかにするために用い，そして後者を，ひとつ目のツールから得られたフィードバックを見つめるための「レンズ」として使った。たとえば，ある参加者は，仕事仲間から「近寄りがたい印象がある」というはっきりとしたフィードバックを受け取った。彼は否定的なフィードバックを受けた分野に驚いた。しかし，学習スタイルに関するツールからフィードバック・データを見つめ直したとき，彼は，毎日インフォーマ

ルなフィードバック機会に接するというマネジャーにとっては重要な状況に身を置けていない自分に気づいたのだ。これは通常の360度フィードバック・ツールによって測定される側面ではなかった。ふたつのツールを使うことで，参加者は総合的な情報を得ることができたのだ。

情報収集の自動化——360度フィードバック・ツールの実施を躊躇させる障害のひとつは，実施過程に大量の紙の配布と追跡が含まれていることである。これは，参加者と評価者が世界中に散らばっているグローバルな組織では特に困難になる。国によって異なる配達システム，言語，時差の存在は，紙と鉛筆を使うツールの追跡管理をなおさら難しくしている。ベンダーによっては，ナビダイヤル，eメール，各種記録メディア，イントラネット，インターネットなどの電子的なプラットフォームを介した調査に対応している。

　それぞれの方法には一長一短がある。電話はだれもが持っているハードウェアだが，退屈で時間がかかる。

　eメールも広く行きわたっているが，このような調査票の解答は難しい面がある。皮肉にも，ときには印刷されて手入力される場合もある。記録メディアを使う方式は単に紙をディスクに置き換えただけである。それらはまた，回収時にウイルスチェックをする手間まで持ちこんでしまう。ネットワークを使うアセスメント方式は，専らその顧客のコンピュータ・システムを利用するため，一般的に利用者寄りで採点も容易である。しかし，そのシステムは定期的なメンテナンスが必要で，変更は難しいかもしれない。イントラネット方式もネットワーク方式とほとんど同じように機能するが，評価者集団をその企業に働く人に限定することになってしまう。

　今のところインターネットを使う方式が，採点の容易さと使う場所を制限されないという点で，最も高い将来性がある。ひとつの難点はセキュリティの問題で，安全性が証明されるまでは，インターネットによる回答を渋る評価者がいるかもしれないことである。すでに社内にインターネット環境がありかつ高度なセキュリティシステムに守られているような会社が自動化に適している。

まとめ

リーダーシップ開発の施策の一部として，信頼できる360度フィードバック・ツールを使用するのには多くの理由がある。そうしたツールが提供するフィードバックは，人々に複数の観点からのフォーマルなアセスメント・データを与え，能力開発目標の設定にチャレンジさせる。さらに経営目標との連動など，組織的なコンテクストが与えられることで，フィードバック活動は経営目標に向かう努力をサポートすることになり，その成果は組織の強みをより増大し，リーダーシップの有効性をより高めることになる。またフィードバック活動をより長期的な能力開発過程に組み込めば，組織はさらに大きな成果を享受することになる。本章に示した情報を活用することで，360度フィードバック・ツールのメリットを高めるとともに，起こりがちな問題の多くを回避できるはずである。

Chapter Two
Feedback-Intensive Programs

第2章
フィードバック・インテンシブ・プログラム

ヴィクトリア・A. ガスリー
Victoria A. Guthrie

リリィ・ケリーーラドフォード
Lily Kelly-Radford

　「フィードバック・インテンシブ・プログラム[訳注:集中的なフィードバックを主体とした研修プログラム],以下,FIP」は,CCLのシニア・フェローであるロバート・C. ドーン(Robert C. Dorn)の発想から始まった。彼は,「『アセスメント・センター方式』[訳注:1950年代,AT&T社(当時)で開発され,DDI社によって普及した多様な模擬演習と集団討議および相互フィードバックで構成された集合研修形式のアセスメント手法]で得られるようなデータを,能力開発を目的として,安心かつ支援的な雰囲気の中で参加者にフィードバックするプログラム」というビジョンを持っていた。彼の言では「FIPにおいて能力開発とは,人々が,重要な行動パターンをよりはっきりと知り,それらパターンの根底にある基本的態度と動機をよりはっきりと理解し,達成したいと望む目標に照らして何がより効果的,もしくは逆効果なのかを再評価し,目標に到達するための代替案を評価するのを助けることを意味する」というものである。CCLのリーダーシップ開発プログラムは彼のこのビジョンを最初に具現化したものであった。
　リーダーシップ開発と聞いて,人はしばしば次のようなプログラムを想起する。すなわち,職場から離れた場所で提供される,1日程度の短い,もしくは数ヶ月の期間にわたる複数のセッションから構成される体験学習である。CCLは,ある種のリーダーシップ開発プログラムを開発してきた。それはまさに,「フィードバック・インテンシブ(フィードバックが集中的に行われ

る）」と呼べるものであり，約30年にわたって実施され，非常に効果的であることが広く認められている。

本章では，「FIP」の基本的な要素とそれがどのようにリーダーシップ開発過程に関係しているかについて説明する。また，FIPの特徴と目的が，360度フィードバックやその他のスキル研修とどう違うのかも明らかにしていきたいと思う。本章全般を通じて，序章で述べたアセスメント，チャレンジ，サポートの三つの概念を活用する。

まず，この特別なプログラムの構造とその根底にある原則を紹介することで，(1) FIPはどのように機能し効果をあげるか，(2) リーダーシップ開発のために，いつ，どのように用いるか，の2点を明らかにしていく。これらの知見は自社の研修をデザインしていく上でも役立つものであるはずである。

FIPは，アセスメント，チャレンジ，サポートという重要な三つの要素がバランスよく組み合わされているため非常に強力である。通常，FIPは仕事から離れた集合研修形式で行われる。プログラムを通じて，アセスメントとフィードバックがほとんど休みなく続き，参加者を自分自身，および自分と他者とのやりとりに関する豊富なデータに没頭させる。

フィードバックの量と強烈さは次々に極度のチャレンジを生み出す。たとえば，自己の内面を見つめる必要性，未経験で要求レベルの高い課題に取り組む中で評価される不快さ，異なる考えや観点との対峙などがその代表例である。

参加者がこのようなチャレンジに対処する手助けをするために，プログラムではスタッフと他の参加者の両方から強力なサポートを得られるようになっている。研修室の雰囲気は人間関係を基礎としたもので，プログラムの進行に伴って，集団は相互に信頼しあう学習者のコミュニティになっていく。

FIPでは，チャレンジとサポートは相互に連携しあって機能するよう設計されている。チャレンジの要素が，参加者に自身の「ものの見方」を疑問視させるのを促す一方で，同時にサポートの要素が理解と自己信頼を促すのである。

FIP とは何か

私たちが，FIP と呼ぶ種類のプログラムは，深さと幅の両面においてインテンシブ（集中的）なもので，多くの情報源からのさまざまな考え方が反映されたフィードバックは，豊かで，奥深く，総合的である。アセスメントとフィードバックは，参加者のスキルや行動だけではなく，根底にある価値観や性格に基づく好みにも焦点を当てる。プログラムの中で提示されるモデルやコンテンツは，リーダーシップの有効性と人生の満足感を高めるような行動と「ものの見方」に注意を向けるよう，参加者にチャレンジを求める。

　濃密かつ集中的なフィードバックの経験を提供するというプロセスは，リーダーシップというものが，その人の過去の経験や価値観，個人的ニーズや好みの上に形成された「考え方の枠組み」に大きく影響されているものであるという私たちの理解を前提としたものである。人は，時とともに自分が「得意と感じる」領域のスキルを開発しようとする傾向がある。そうして，上手くできたことが報われるにしたがって自然にその強みに頼るようになるのである。しかし，新たなチャレンジはたいてい新しいアプローチを要求する。状況の変化によって，「強み」が「行き過ぎ」になってしまったり，新たな能力開発ニーズが表面化したりするかもしれない。リーダーとしての影響力を維持するために，個人は現在の自分の強みと開発・改善が必要な能力開発ニーズを積極的に自覚し続けなければならないし，強みや弱みが他人にどのように受け取られるかも理解しておく必要がある。FIP で用いられる多くのツールは，多くの異なる関係者の視点から，個人の行動，スキル，価値観，好み，能力開発ニーズを測定する。それらは，個人の気づきの促進と，自己変革に向けた計画の起動という二重の目的を持ったものである（次項「FIP の特徴」を参照）。

FIP の特徴

- このプログラムは集合研修形式の教育的な経験である
- このプログラムは，通常仕事から離れたところで実施される

Handbook of Leadership Development

- フィードバックは集中的かつ総合的なものである。多様な視点からもたらされ、さまざまなツールと体験学習を活用する
- フィードバックには深みがある。スキルや行動を超えて、価値観や好みまで扱う。表面的な行動と根底にある性格的側面を統合していく
- フィードバックはプログラム全体にわたって絶え間なく行われる
- リーダーシップの多様な側面を内省するためのコンセプトとモデルを提供する
- 雰囲気は人間関係を重視した極めて支援的なものである

　要約すると、FIPとは、多くの特徴を見るために、多くの「レンズ」を用いて行う個人のリーダーシップの集中的かつ総合的な考察である。誤解してはならないのは、これが360度フィードバックと同じものではない。また、スキル研修でもないということである。

360度フィードバックではない

　近年、多面評価あるいは360度フィードバックとして知られる形式のフィードバック体験が人材開発の分野において大きな注目を集めてきている。それらはマネジャーに現在のリーダーシップの強みや能力開発ニーズに関する情報を与えてくれる比較的手っ取り早い方法であるため、360度フィードバック・ツールはかなり一般的なものになってきている。実際、FIPにおいても重要な要素のひとつとして活用されている。

　FIPも360度フィードバック・ツールの活用も、期待される主要な効果は自己認識の向上であるが、360度フィードバック・ツール単体を使う経験に比べてFIPにおけるフィードバックの経験は量的にも質的にもまったく異なるものである。本質的な違いは次のようなことである。360度フィードバックは仕事に関連したいくつかの要素について、強みと弱みの「全体図」を示す。「全体図」である所以は、それが参加者本人はもとより、仕事仲間や部下、そして上司の意見を代表したものであるからである。これらの意見すべてがひとつにまとめられ、個人のリーダーシップ・スキルと行動の現状を表わす。そしてFIPは、さらに深くパーソナリティ（性格）を見ていくことで、その人のリー

ダーシップのスキルや行動だけでなく，ニーズや好み，価値観を理解するのを助ける。たとえば，360度フィードバックは，ある人が「チームワークはあまり得意でない」という*事実*を明らかにすることはできるかもしれないが，FIPではさらに，なぜ，そうなのかという*理由*を説明し得る数多くの特徴を多様なモノサシを用いてフィードバックしていく。この例で言えば，所属欲求が低い，個人業績こそ認められるべきだと信じている，あるいは独立したベンチャーで成功してきた経験が長い，などといった特徴である。

　CCLでは，FIPの経験を説明するために，しばしば「鏡」とか「スナップ写真」の比喩を用いる。この比喩を使って360度フィードバック・ツールのみを使用するのと，FIPとの違い明らかにすることができる。すなわち360度フィードバック・ツールのフィードバックは，一枚の鏡，あるいは一枚のスナップ写真に写る自分を見るようなものである。言い換えれば，「あなたのリーダーとしてのスキルや行動はどうなのか」というひとつの側面がわかるのである。FIPにおけるフィードバックは，何枚もの鏡を使うこと，あるいはさまざまなアングルからのスナップ写真を撮影することに似ている。それらはすべて別々のものであるが，すべてあなた自身に関係している側面を見せてくれる（たとえば，性格的な好みや行動，価値観，スキルなどである）。加えて，この章の後半で説明する通り，FIPは，こうした多種多様な視点からの情報の統合を支援するさまざまなしかけを提供する。

スキル・トレーニングではない

　FIPに参加する人に多くある誤解は，このプログラムに参加すると，その場で新しいリーダーシップ・スキル（たとえば，傾聴スキル，葛藤処理スキル，権限委譲スキルなど）を獲得することができ，それがこのプログラムの主目的だというものである。参加者がプログラムの中で新たな見識を得て，実際にそういったスキルをうまく使えるようになることが多いのは事実であるが，それがFIPの主要な目的ではない。

　傾聴や葛藤処理のようなスキルは価値あるものだし，確かにFIPがスキルを無視しているとは言えない。しかし，もし目標が新しいスキルの実践と向上にあるなら，それに適した道はFIPより，むしろ「スキル・トレーニング（第

3章で詳述）」であるということを理解しておくことは重要である。

FIPを利用する理由

　人事の実務家にとっての実践的な課題は，いつFIPを実施するのがふさわしいのかを知ることである。残念ながら，この問いの答えを出す公式は無いのだが，一定のガイドラインはある。

　私たちの研究からは，FIPは次のような人に特に有効なことがわかっている。最近マネジメントの責任を負うようになった人，自分の責任範囲に重大な変化があった人，それまでとはまったく異なる仕事に直面している人，そして，その他，組織や人生における変化による個人的な要望を持っている人々である（Van Velsor and Musselwhite, 1986）。一般的に言って，FIPが求められる状況には次の三つがある。

1. キャリアの移行期で，新しい組織，もしくは新しい責任への対応が求められているとき——数多くの情報源からのフィードバックを統合することで，新たなチャレンジには追加のスキルと新しい行動が必要になることをマネジャーに気づかせる。
2. 高い潜在能力があると認められた人のキャリア開発を行うとき——多くの組織は，自組織の将来のリーダーの強みと弱みを完全かつ徹底的にアセスメントするのは価値ある投資であると考える。
3. だれかが潜在的な「ディレイルメント（キャリア上の脱線）」の兆しを見せたとき——昇進の見送り，得意領域での業績不振，対人関係面での障害などはすべて，FIPが提供する総合的なアセスメントを使って自分の棚卸しをする必要があることを示す合図である。

　加えて，実際の予算の制約を考えれば，状況の全体をつかめたときのみFIPを推奨しようと考えるだろう。つまり，新しい役割には何が必要か，その人の役割が組織の中でどの程度中核にあるか，困難がどれほどシビアか，将来へのポテンシャルはどの程度重要なものか，といった観点から総合的に判断すると

いうことである。

FIP はどのように機能するか

大きく分けて、FIP には、(1)プログラム前の活動、(2)プログラムそのもの、(3)プログラム後の活動という三つのフェーズがある。ここではこれらの三つのフェーズを概観するが、具体的にイメージしてもらうためにCCL で私たちがよく用いるプログラムを土台に説明する。バリエーションや改変の余地はほぼ無限にあると考えてほしい。

プログラム前の活動

実際には、プログラムそのものが始まる数週間前、参加者が、受け取った資料を記入するところから FIP は始まっている。プログラム前の活動には以下のようなものが含まれる。

- 自由回答形式の簡便な質問に回答する。
- 自組織における「効果的なリーダーシップ」について上司の考えをインタビューする。
- 性格検査、意識調査、現在取り組んでいるリーダーシップの課題に関する質問票、スキルと能力の自己評価などに回答する。
- 参加者の上司、同僚、部下による評価フォームの記入（第1章でふれた、多面評価、あるいは360度フィードバック・ツールの詳細を参照）

すべての記入済みのフォーム、調査票は採点のために一定のタイミングで回収される。これらの素データはスタッフによって報告書にされ、プログラム内の適切なタイミングで参加者に提供される。

これらの準備活動はたいていの場合、参加者に「自らのリーダーシップ行動のふりかえりを促す」という効果がある。特定の質問への回答を考えたり、調査票の具体的な質問に答えたりすることによって、参加者は、「自分が何かを行う際の特定のやり方に気づき始めた」としばしば報告している。この過程

は，マッカーシー＝キーンがアセスメントの本質として定義したものに類似している（McCarthy and Keene, 1996）。彼らは『学習について（About Learning）』の中で，アセスメントを「会話」であると表現している。それらは，人が世界から情報を受け取った際にまず生じる個人の心の中の会話であり，そしてその世界を共有するための他者との会話であり，さらに「専門家」の世界を学ぶための教師と参加者との会話であり，最終的には個人と仕事との会話であるとしている。

プログラム

FIPは，一般的に1週間にわたるイベントである。CCLでは通常，表2.1にあるような6日間の構成で行う。プログラムがどのように機能するか理解していただくために中を覗いてみよう。

初日は，知り合いになるための時間である。これにアセスメント以上の時間をかけるようなプログラムもある。午前中，参加者とスタッフは互いに自己紹介し，参加者は自分がなぜ参加しているか，この経験から何を得たいと望んでいるかを話す。よくある参加目的は，自分自身を深く理解するため，自分の強みと弱みについて学ぶため，リーダーシップに関する理解を深めるため，といったものである。新しいチームもしくは新しく合併された組織の中でいかに効果的に仕事をするかを学びたいという人もいる。対人関係スキルの開発のために送り込まれたという人は少数である。

午後，参加者は体験実習をするために小さなグループに分かれる。この実習にはアイスブレーク［訳注：参加者間の不安や緊張を解き，リラックスした自然な雰囲気にさせること］とアセスメントの二重の目的がある。実習中の参加者の行動は訓練されたスタッフにより観察，記録される。したがって，この実習の内容はそれを通じて明らかにしたい特性と行動によって選択される。実習には，「リーダーレスグループ討議［訳注：個々の成員に特定の役割や責任を持たせることなく集団全体で課題達成に取り組む実習］」「小規模のシミュレーション（模擬演習）」「テーマ実習［訳注：特定の主題，ねらいを持った体験実習］」など多くの種類がある（これらの実習や他のアセスメント手法については，後段で詳述する）。

初日は，参加者にとって緊張感の高いものに違いない。彼らはすでに，事前

表2.1　フィードバック・インテンシブ・プログラムの例

第1日	第2日	第3日	第4日	第5日	第6日
午　前					
プログラム開講	リーダーシップ・モデルの考察	意思決定	学習プロセスの促進	フィードバック（スタッフ）	目標設定と行動計画
午　後					
集団と個人のアセスメント実習	パフォーマンスの改善	効果的なチームづくり	体験学習	フィードバック（参加者同士）	講評と閉講

の質問票の記入に多くの時間を費やしてきており，さらに会場に到着するやいなやアセスメントを受けているわけである。後からふりかえらないとわからないことであるが，多くの参加者は，ある参加者の次のような独白と同じような感情におそわれたという。「いよいよ正体を暴かれようとしている。これまではうまくやってきたが，今回はこの欠点を隠しきれないかもしれない」。

初日の導入とアセスメント以降，FIPは通常半日程度のモジュール（学習単元）に分割されており，それぞれのモジュールはリーダーシップを発揮する地位にある人が直面するさまざまなチャレンジに関連したものである。たとえば，あるモジュールは意思決定に巻き込む人々の範囲に関するものであり，また別のものは意思決定の際のトレードオフや倫理の問題に焦点が当てられたものであるといった具合である。

各モジュールには，ある種のフィードバックが埋め込まれている。モジュールそのものにある種のアセスメントが組み込まれていたり，あらかじめ決められた時点で事前に回答した調査票の結果報告書が配布されていたりする場合もある。フィードバックは通常，そのモジュールの内容と関連している。たとえば，集団意思決定のモジュールでは，事前に集められた自分の部下のフィードバックのうち「上司の意思決定スタイル」に関する意見を紹介する場がある。あるいは倫理的な意思決定のモジュールでは，意思決定時にしばしば起きるトレードオフに対処しなければならないような体験実習（スタッフに観察され，事後にやってみた感想を聞かれるというもの）が含まれていたりする。

参加者自身も，自分自身やお互いに対してフィードバックを行う。小集団の

中で建設的なフィードバックを与える方法や，各人にとって重要な問題を話し合う方法が学べるように時間が組まれている。

　最終日の前日は，フィードバックをまとめて整理する極めて集中的な時間である。多くの参加者にとって最も有意義な1日となる。参加者は，さまざまな情報源から受け取った情報の整理統合と，理解にじっくりと時間をかけることで，現在の強みと能力開発ニーズをまとめ，さらに能力開発目標とそれを達成する行動計画のあり方について見通しをつけていく。

　目標設定と行動計画策定はたいていプログラム最終日に行われる。この1週間はこの日のために組み立てられている。参加者は，この週に受け取ってきたすべてのフィードバック，そしてスタッフやフィードバックの専門家，他の参加者との話し合い，それらすべてを考慮して継続的な能力開発の目標とそれを成し遂げる戦略を設定していく。

プログラム後の活動

　FIPのプロセスは，最終日の6日目に終了するわけではない。自分について学んだ事を内省し続け，目標や行動計画を遂行していくためには，構造化されたサポートを受けられることが重要である。

　サポートのひとつに，「ゴール・レター」と呼ばれるものがある。プログラム最終日に参加者は自分の目標に到達したい日をはっきりさせる。そしてその時期にスタッフが参加者に手紙を出し，目標の達成もしくは目標の修正について尋ねるというフォロー手法である。また別のサポートプロセスでは，プログラム後の変化を評価するためのツールを使う。プログラムの効果測定に関する研究から開発された評価ツールは，しばしば参加者のフォローに使われるとともに，参加者が自身の成長と目標に向けた進歩を確認するのを助けている。

　さらに別のアプローチは，一緒にプログラムに参加した仲間の力を活用するというものである。たいていの場合，FIPのプロセスをともに過ごした人々は，その週が終了するまでに強い結束を見せるようになる。参加者仲間の集団が継続して接触することは，その結束をさらに強めるだけでなく，個人の目標への取り組みを継続的にサポートしてくれる強力なリソースになってくれる。本章の終わりでこうしたプログラム後の活動に関するより幅広いリストを掲載

するとともに，長期間にわたる介入についても言及する。

アセスメントの方法論

アセスメントはFIPの主な要素のひとつである。それらは上司からのフォーマルなフィードバック，同僚や部下からのフィードバック，訓練されたアセッサー（評価者）による観察，参加者自身の価値観や好みの自己アセスメントなど多くの形式と多様な情報源からもたらされるものである。これらは，集中的で詳細にわたるアセスメント経験を作り出す。また，参加者が，自分と他の参加者を非公式のうちに比較することで，経験自体のインパクトも増幅されることになる。

多くの種類のアセスメントを提供するために，FIPではさまざまな方法とテクニックを駆使している。前述のように，これらの方法は一連の鏡のような役割を果たしている。一つひとつの鏡は，個人の特定の断片を映し出すものだが，それらは互いにリンクし合って包括的なアセスメントを形成している。

これらのアセスメント技法の多くは，「得点」もしくは「評定」の形式でデータを提供する。信頼性と妥当性が不可欠なことは言うまでもない（詳細は，Leslie and Fleenor, 1998）。参加者にとって評価データは，真剣に受けとめるべきものであり，能力開発計画立案のために建設的に使えるものでなければならない。しかし，仮にファシリテーターが，データは信頼でき，妥当性を持ったものだと確信を持って言えないとすれば，それは，そのツールや評価尺度が一貫して確かな評定結果を生み出すものであるかどうか，また，必要な測定事項を正しく測定しているものかどうかが十分にわかっていないということであり，そのツールで高得点であることが有能であることに本当に関係するのかどうかもわかっていないということである。タフなフィードバックを拒絶する理由はいくらでもある。アセスメント・ツールの品質がその理由のひとつになるようなことがあってはならない。

このセクションでは，FIPの主要な部分を構成する心理測定および行動のアセスメントのいくつかについて説明する。特に，「リーダーレスグループ討議」「シミュレーション」「テーマ実習」などの「仕組まれた経験（structured experience)」，好みに関する自己アセスメント，そしてスキルと行動のアセスメント（360度フィードバックや参加仲間からのフィードバック）について取り上げる。

仕組まれた経験

「仕組まれた経験」は，指示された目標達成に向けて，集団で特定のタスクに取り組むもので，実際の行動や参加者間のリアルな相互作用からアセスメント・データが生み出される。少人数のグループで実施する場合もあれば，全グループをまとめて実施する場合もある。本章の後段でも詳しく述べるが，「仕組まれた経験」は，個人の強みと能力開発ニーズが紙に数字で表示されるアセスメント・ツールと違って，個人の強みと弱みをリアルタイムで明らかにする。一般的なものには，「リーダーレスグループ討議」「シミュレーション」「テーマ実習」の三つがある。

リーダーレスグループ討議（リーダーを設けない集団討議）──この技法は，アセスメント・センター方式における長い研究と実践の歴史を持つ。基本となる考えは，4〜8人の小人数の集団にひとつの課題を与え，その結果に対する責任は個人のリーダーにではなく，集団全体にあるとするものである。参加者には課題を完遂するための制限時間が与えられ，協働，ポジション争いと説得，あるいはその他数多くの考え方をいくらでも活用するよう指示される。訓練を受けたスタッフが集団を観察し，他者を動機づけているか，討議を牽引しているか，課題志向か，対人関係スキルはどうか，言語表現力はどうかなど，多くの基準から参加者を評価する。これらの所見は，後のフィードバックに向けて蓄積，編集される。「Earth Ⅱ（第二の地球）」と呼ばれる実習はその一例である。この競争的な実習において，参加者は，自分たちが特定のリーダーがいない別の星にいると想像するように言われる。彼らは短い時間内に次の三つの課題を完遂しなければならない。

（1）理想の指導者について独自の職務基準書もしくは履歴書を作る。（2）他のメンバーに，自分の選んだ候補がEarth Ⅱの指導者にふさわしいと説得する。（3）集団として指導者を選び，残りの候補に順位をつける。

自分の選んだ候補を他の人も支持するよう説得する際に，参加者それぞれのリーダーシップの特徴が数多く現れる。ある人は，優秀な候補を選べたかもしれないが，対人関係スタイルもしくは言葉の表現力のせいで集団を思うように動かすことができない。また，ある人は討議中に，自分の候補が他の候補ほど有力ではないことに気がついて，自分の候補を引っ込めて別の候補の支持を申し出る。自分の推す候補が勝利を得ることと，グループとして最も可能性のある指導者を選ぶ必要性とのバランスをとること（競争と協働をめぐる葛藤）に困難を感じる参加者もいる。プログラムの後半で，参加者は「集団が課題に取り組み続けることにどの程度貢献したか」「どの程度討議を牽引したか」「候補選出に関わる短期的な論点と長期的な論点をどの程度理解できていたか」といった観点からフィードバックを受けるのである。

　プログラムのはじめの方に位置づけられている「リーダーレスグループ討議」は，フィードバックを提供し，参加者に自信をつけ，相互理解を促進する。そして，プログラム後半で受け取るフィードバック・データから読み取れる個人の特徴を裏づけるようなリアルな情報とその情報源を提供することになるのである。

シミュレーション（模擬演習）——シミュレーションは現実の仕事の局面を何らかの方法で再現した実習である。「インバスケット演習［訳注：マネジャーとしての未決案件処理の模擬演習］」のような簡単なものから，ふたつの組織が協働するような大規模で本格的なものまである。「インバスケット演習」は通常，個人による作業で，評価基準書に基づいて採点される（たとえば，特定の時間内でいくつ「正しい」判断がなされたか）。

　もっと大がかりなシミュレーションは半日ないし数日間続き，少人数のグループで，たとえば顧客の不満に応えるよりよい方法を発見するといった一連の問題解決に取り組む。こういったシミュレーションには20人かそれ以上が参加する。参加者は，大企業の経営陣や，顧客，サプライヤーなど関係する複数の組織の従業員，あるいはジョイント・ベンチャーの共同経営者の立場などに立つように求められる。そして，それぞれの「会社」におけるマーケティング，業務管理，国際人事などの役割を引き受け，書類を決済し，電話やFAX

を処理していく。彼らには複雑で現実的な状況とそれを解決するためのかなり厳しいタイム・スケジュールが要求される。

スタッフはシミュレーションにおいて各人がどのように動くかを観察し,個々人の課題（どれくらい素早く情報を見つけるか,どれくらいうまくそれを他者に伝えるかなど）についてフィードバック情報を蓄積するとともに,グループの課題（問題についてどれほど徹底的に検討するか,目標に向けていかに効果的に協働するかなど）についても情報を集めていく。

テーマ実習——小グループで行われる短い体験実習で,アセスメント・データを提供すると同時に,研修室で浮かび上がった論点やプログラムの中心的テーマを補強するものである。シミュレーションと違って,実際の職場環境を再現するものではないが,代わりにリーダーの責任に関するより細かな側面や特に重要な具体的課題に焦点を絞ったものである。

参加者は通常,この実習に楽しんで取り組む。自分の経験や強みを出すよう奨励されるからである。同時に,同じ理由から,参加者はこの実習が極めてチャレンジングなものであることに気づく。過去に自分に成功をもたらした慣れ親しんだ行動が,実習の取り組みでは良い結果をもたらさないかもしれないからである。

シミュレーションや実習は,リアルタイムで現実的なプロジェクトやジレンマに取り組む機会を与えてくれる。両者は,現在のリーダーシップ行動とスタイルに気づき,新しい行動とスタイルを練習する「実験室」としての環境を与えてくれる。これら多くの実習において,参加者は自分が変えようと考えている行動を選び,安全な環境の中でそれを試してみることができるのである。

「仕組まれた経験」からの学習を促す三つの方法

前述の「仕組まれた経験」（リーダーレスグループ討議,シミュレーション,テーマ実習）には,参加者をチャレンジに集中的に取り組ませるという共通点がある。厳しい制限時間内で仕事をし,矛盾する情報に基づいて意思決定し,自分の性分に反する行動（より忍耐強く応じる,不十分な情報に基づいて実行する,グループの他のメンバーに主導権を明け渡すなど）をしなければな

らない。何かをする際に慣れ親しんだ方法から離れるのを強いられるとき，人は一歩下がって自分の実力を評価するというチャレンジにさらされる。人々はしばしば，「思う通りにいかない」という感覚を持ち，結果としてその不全感から抜け出そうとする。そして，実習後の感想交換で多くの参加者は，「そうですね，これは実際の状況とは違いますね。現実の世界において，私は……」というような異議を唱える。

　こうした状況では，内省をしなければ学習は起きない。ここでは現実の場面以上に，「瞬間的に」行動することが求められるのである。集団観察，ビデオ録画，ディブリーフィング［訳注：実習後，ファシリテーターが実習の主題に関わる質問を投げかけ，集団的思考と相互フィードバックを促すことで経験のふりかえりと参加者相互の学習を表面化させるセッション］という三つの方法は，「仕組まれた経験」からの学習を増幅させるのに有効である。これらは，人々に，自身の行動が他者に与える影響を理解させるとともに，集団の中で影響力を発揮するために何が重要かということをより明確にするのにも役立つ。

集団観察——参加者が，課題におけるグループ（および個々人）の強みと限界を理解するのを促す方法のひとつは，個々の参加者がグループ活動を（たとえばマジック・ミラーの後ろから）観察し，観察したことをその後のグループディスカッションに持ち込むというものである。

　「ホロウ・スクエア（くりぬかれた四角）」と呼ばれる演習は，たいていは表2.1にあるような6日間のプログラムの前半に行われるもので，集団観察と討議を用いたものである。これはグループをふたつに分けて実施するインタラクティブなチーム実習で，一方が，他方のグループに達成しなければならない課題を割り当てるというものである。この演習では，チームの一部のメンバーが何かを計画し，他の人がそれを実行しなければならないような場合に現実に起こることが投影される。制限時間，共有してよい情報とできない情報に関する不確かな推測，ややあいまいな指示，コミュニケーションの欠如といった集団による問題解決で直面しなければならない問題がすべて含まれている。

　典型的な例では，計画立案の役割を与えられたメンバーは，実行者のための最善の計画を考えることに熱心に集中する。その間，実行者の役割の人たち

は，厳しい締め切りの中で達成しなければならない課題が告げられるのをただ待つしかない状態に置かれる。彼らはたいてい，何が行われているのか見当をつけようとしながら不安なときを過ごす。

　観察側の参加者は，課題に取り組む計画者と実行者の両方を同時に観察できるようマジック・ミラーの後ろに陣取る。観察者は，グループの課題達成に役立った態度や行動，障害となった態度や行動のそれぞれを書き留めるよう指示される。同時に，仲間の参加者がする「間違い」は自分もするかもしれないことを忘れずに寛大さを持って観察するよう要求される。

　演習が終わると，参加者はチームでの経験について感想を発表する。観察者はマジック・ミラー越しに見たことを，名前や人物を特定せずに，手短に述べるよう求められる。仲間の参加者から観察結果を聞く方が，研修スタッフから知らされるよりも厳しいフィードバックを聞き入れやすいようである。特にこの演習がプログラムの前半で行われる場合はなおさらである。この経験に関するグループディスカッションを通じて，計画側の人は，他人が遂行する何かを計画するよう求められた際に現れる行動を考える。実行者は，自分が計画したものではない課題の遂行を任された側の人間に何が起きたかを，説明を待つ間の自分の行動から見つめ直す。この演習でそれぞれのグループは，自分たちの態度や行動を吟味するとともに，他方のグループの行動が与えた影響について相手側にフィードバックすることができる。

ビデオ録画――「仕組まれた経験」からの学習を促進するもうひとつの手段にビデオ録画がある。経験で実際に起きたことを録画するのである。終了後，参加者はビデオを見て，自分を含めたグループの各人の情報のやりとりや合意形成といった行動がどうだったのか観察し，課題遂行のための他者とのやりとりが，いかに上手かったか，あるいは下手だったかについても観察する。ビデオで撮影された情報から参加者は，目線の癖や間合いの取り方，グループへの関わり方の特徴（場の中心にいるか，引いて構えがちなのか），意見の述べ方，苛立ったときの声の変化といった，自分や他者の働きかけの微妙な特徴を目の当たりにすることができるのである。

ディブリーフィング（ふりかえりと共有）――「仕組まれた経験」がシミュレーションである場合は，その活動自体をディブリーフィングによってフォローする。大規模なシミュレーションの場合，ディブリーフィングは1日あるいは2日におよぶ場合もある。ファシリテーターによって運営されるこの有意義なセッションで，参加者は自分のフラストレーションを表明したり，自分の洞察について話したり，グループのパフォーマンスについてスタッフからフィードバックを得たり，グループの行動のしかたについて自分の考えを述べたり，さらに仲間同士でフィードバックを与え合うことができる。

「好み」の自己アセスメント：性格検査の使用

　個人の「好み」は，その人が仕事やその他の場面で見せる行動を生み出す要因のひとつである。包括的なアセスメントでは，この個人の好み（preference）についてのデータも含まれるべきであろう。このデータは，一般的にプログラム参加前に参加者自身が回答する性格検査から得られる。これは個人が外界とのやりとりにおいて好むやり方に焦点を当てたもので，正答や誤答，あるいは良い得点や悪い得点があるわけではない。平均値や偏差値が報告書に記載されることもあるが，それらは単に個人の好みがデータの母集団となっている人々とどう違っているかを示しているに過ぎない。

　例として，この種のツールとしておそらく最もポピュラーなMBTI（The Mayers-Briggs Type Indicator）を取り上げる。これは，情報を収集，処理する方法における個人の好みを測定し，それぞれ双極の特性を持つ四つの心理的機能から個人の好みを映し出すものである。外向（E: extroversion）と内向（I: introversion），感覚（S: sensing）と直観（N: intuition），思考（T: thinking）と感情（F: feeling），判断（J: judging）と知覚（P: perceiving）という特性の組み合わせから，MBTIでは人を16のタイプ（ESTJ，INFP，ENFJ，ISFPなど）に分類する。同じタイプの人は好みの多くも共通で，しばしばよく似た強みや能力開発ニーズを持っている。このツールをグループで使用すると，どんなグループにも多くの隠れた多様性があることがわかり，たとえ同じタイプの人がいたとしても，1人ひとりがユニークで価値ある資源をグループにもたらしていることが理解できる。

スキルと行動のアセスメント

FIPにおけるスキルと行動のアセスメントは，前述の「仕組まれた経験」，360度フィードバック，参加者相互のフィードバックなどのいくつかの方法を通じて行われる。

360度フィードバック——FIPにおいて360度フィードバック・ツールは通常，参加者の自己認識と「自職場の認識（当該マネジャーのリーダーシップのスキルや行動を，その上司，仕事仲間，部下がどのようにとらえているか）」を比較するために活用される。360度フィードバックについてはすでに第1章で述べたので，ここでは360度フィードバックが，FIPの中でリーダーシップをテーマにしたセッションや，ファシリテーターによる構造化されたセッションの一部として活用されることがあることを述べるにとどめておく。このセッションは小集団，あるいは参加者1人ひとりとファシリテーターで行われる。

自職場からのフィードバックは，FIPにおいて特に有益でパワフルなものである。なぜなら，それはフィードバック経験の「仕上げ」になるからである。参加者は，スキルと行動についての情報（360度フィードバック），性格に関するデータ，実習での他者からの観察データという，自分自身に関する強力な三つの情報源を手にする。これらの情報は互いに支持，補強し合い，やがて三脚椅子のような強固さと安定性を持ち始める。自職場からのフィードバックには，プログラムにおけるスタッフや他の参加者からのフィードバックと重なる内容が反映されていることが多く，その1週間に培われてきた参加者の気づきに，「だめ押し」をすることができるのである。

強力なフィードバックは解釈間違いの危険性をはらんでいるため，その提示や伝達にあたっては注意が必要である。第1章の「360度フィードバック」を参照してほしい。

参加者仲間からの構造的フィードバック——FIPの間中，参加者は絶え間なくフィードバックを受け取る。多くはプログラム中に他者から与えられるものである。いくつかの実習には，一緒に取り組んだメンバーが観察したことを共有

するような簡単なフィードバックの要素が組み込まれている。しかし，ここで取り上げたいのは，プログラム中の共通経験に基づいた幅広いフィードバックを参加者相互に与え合う構造化された時間についてである。この手段として，参加者の相互観察と相互インタビューのふたつがある。

相互観察は，参加者に他の参加者（1～2人）の観察者の役割を割り当て，プログラムの進行を通じて観察させるものである。その目標は，研修内，研修外両方の活動における対象者の行動の影響について建設的なフィードバックができるようになることである。観察者は，自分の担当する仲間の成長に役立つような行動パターンの発見方法について指導を受ける。その上で，発見したことを整理統合して，相互フィードバックの時間に相手に伝えるよう求められるのである。

参加者1人ひとりがお互いへの価値あるフィードバック源になることで，相互観察はフィードバックの与え方と受け取り方を学ぶ実験の場ともなる。参加者は，具体的な行動例をあげてフィードバックする方法や，反対に自分が必要なときに，他者にフィードバックを依頼する方法を学ぶことができる。

さらに，相互観察は第一印象が持つ力について見事に真実を教えてくれる。多様な人と矢継ぎ早にやりとりすることが多いマネジャーにとって，好感の持たれる第一印象を与えることは必要不可欠なことである。第一印象で記憶に残った行動はずっと後まで相手の認識に影響を与え，否定的な第一印象は，その人が素晴らしいパフォーマンスを見せた後でさえ悪影響をおよぼす。

相互インタビューは，参加者同士の「構造化された」会話で，プログラムの前半でよく使われる。参加者にはインタビューガイドが渡され，2人1組で相互にインタビューを行う。このインタビューはプログラム後半のフィードバックのセッションで使うために記録される。相互インタビューはいくつかの重要な役割を果たす。メンバーがお互いをよく知る手助けになり，プログラムのスタッフが1人ひとりを知るきっかけになる。また，参加者のインタビュースキル（相手をリラックスさせて引き出す力）についてスタッフが評価できる機会にもなる。

相互インタビューは，参加者が幅広く多様な経験を話し，率直なフィードバックが行われることで特に価値あるものとなる。FIPの公開コースではこの傾

向が顕著である（公開コースについては後述）。一般的に，参加者はお互いから学びたいと心から望んでいるのである。

機密性と匿名性：アセスメントにおける重要な問題

FIP は，参加者の前向きな成長過程を刺激するよう意図されたものであり，参加者が防衛的態度や恐れを抱くことなく，いま自分がしていることを自覚し，思うように効果が発揮できていない行動領域に気づくことを重視している。そのためには，参加者がフィードバック・データを信用しなければならないし，そのデータが届けられるまでのプロセスも信頼している必要がある。

機密性は，学習のための「恐れのない」環境作りに重要な役割を果たす。参加者は，アセスメント・データは自分のものであり，自分が許可しない限りプログラムのスタッフ以外はだれもそれを入手することはないという事実を知る必要がある。

匿名性も同様に重要である。一般的に，職場の評価者は自分の身元は明かされないことがわかればできるだけ正直に質問に答えようとしてくれるし，それまで面と向かってはしなかった，もしくはできなかったフィードバックをしてくれることも多いのである。

チャレンジの要素

FIP には，少なくとも四つのチャレンジの源泉がある。アセスメントとフィードバックの過程はそれ自体が本来，ひとつの強烈なチャレンジの源泉である。人々は自分の心の中を覗くこと，他人に観察され評価される不安，そして弱みを露わにする恐れにチャレンジしなければならない（アセスメントについては先述しているのでここでは詳しくはふれない）。その他のチャレンジの要素として，「プログラムで提示される概念的な枠組みそのもの」，「不慣れな作業（芸術的な活動，個人日誌の記述，シミュレーションや野外活動など）への取り組み」，そして「自分とは異なる考え方や見方との出会い」がある。

概念的枠組み：コンテンツとモデル

　FIPでは，リーダーシップとは何かを理解するための枠組みと，プログラムを通じて行われるアセスメントの背景の双方を理解してもらうために，「効果的なリーダーシップのモデル」を使う。リーダーシップのモデルは，幅広い領域を扱っており，そこにはコミュニケーション，対人関係，コーチング，チームワーク，意思決定，あいまいさや混乱への対処などが含まれている。モデルを提示する背景には，リーダーシップと自己評価に関する新しい考え方の枠組みを提供することでプログラムを一層チャレンジングなものにしようという意図がある。

　プログラムのコンテンツは，参加者によってある程度異なったものになる。参加者の属性が異なれば，立ち向かうべきリーダーシップのチャレンジも多少異なるからである。たとえば，学生向けのプログラムでは，彼ら自身がどのようなリーダーシップの役割を目指しているのかを明らかにすることをねらいにするだろう。上級幹部向けのプログラムでは，長年染みついた行動パターン（ここまで昇進するのを助けたが，いまのポジションでは有効ではなくなりつつあるもの）を変えることに焦点を当てるだろう。

　対象となる人が直面するチャレンジに合わせて，可能な限りコンテンツを構造化するのがプログラム設計の技である。学生は自身の目的を自覚することや，率先することを学ぶためのモジュールを必要とする場合が多いし，上級幹部には，激変するビジネス環境やグローバリゼーションによってもたらされる変化への対応方法を探索する必要があるはずである。

　効果的なFIPでは，コンテンツとモデルはシンプルかつ直接的に提示される。コンテンツが複雑すぎると参加者は困惑し，それを行動に移すのではなく，理解するための努力に全プログラムを使ってしまう。概念的な題材は参加者が平易に理解できるものである必要がある。そうすることで，研修室で聞いたことと自分の仕事や生活でしていることを結びつけることが可能になる。コンテンツとモデルは，参加者の日々の経験と結びつけられなければならない。それによって，研修で学んだことを職場で使うことができるようになるからである。

不慣れな活動に取り組む

　チャレンジは，人々が居心地の良い場所から出ざるをえないような新しい種類の活動に取り組むことでも起こる。ある人にとっては，厳しい時間制限の下でシミュレーションやグループによる問題解決を行うことがチャレンジになるかもしれない。また，芸術的な活動や野外活動がチャレンジになる人もいるだろう。これらの活動はすべて，自分の本領から抜け出させ，あいまいさを経験させ，試したことのないスキルや行動を要求するチャレンジである。シミュレーションと仕組まれた経験についてはすでに説明したので，ここでは，演劇や演技，そして野外実習について論じる。

　演劇やダンスは，やっかいな状況に新しい光を当てることができる。ある参加者が，上司，仕事仲間，そして家族からの複数の要求に対処する難しさについて語った。彼女は自分の状態を，あまりにも多くの方向から，同時に引っ張られているようだと表現した。演劇的要素が含まれたセッションにおいて彼女は数人の参加者に自分の状況を描写するのを助けてくれるよう頼んだ。彼女は，彼らをそれぞれの役割に見立てて配置し，彼女が感じているそれぞれの要求からの引っ張り合いの構図を作り，自分が実際に受けているフィードバックの一つひとつを台詞として各役割の参加者に与え，彼女自身もその構図の中に加わった。そこで展開された言葉と視覚がクラスに与えた効果は絶大であった。次に私たちは，彼女に対して，自分がそうあってほしいと思う状況に，その構図を作り変え，再度，各登場人物に短い台詞を割り当てるよう勧めた。その後，参加メンバーは繰り広げられたふたつの場面についてお互いに話し合わずにふりかえり，元々の構図で展開された場面から彼女の考えた望ましい場面のように，自分たちを動かすにはどうすればいいか，その方法を見つけるよう求められたのだ。

　多くの人がそうであるように，彼女もクラスの皆の前で「演じる」ことには気が進まなかったし，この演習と自分の問題が本当に関連するのか懐疑的でもあった。後に彼女はこの過程を通して自分が洞察を得たことに気づいた。自分のシチュエーションにどう対処すべきかということについていくつかの具体的なアイディアを見出したばかりでなく，自分に対する大きな自信も得られたの

である。

　演じるという経験はリーダーシップについて学ぶもうひとつの効果的な方法である。役柄を表現する際に，声の調子やボディランゲージ，ジェスチャーを検討できる。それは，リーダーがいかに知らず知らずのうちに異なる感情を伝えてしまう傾向があるかを理解するのに役立つ。これらの要素は，開発，強化できるものであり，それによってリーダーは自分の意図するメッセージをよりうまく伝えることができるようになるのだ。

　もうひとつの例として，自然やアウトドアを使った演習が組み込まれたプログラムがある。アウトドアで時間を過ごすことによって自らが直面している問題や自分が受けたフィードバックについて内省する機会が得られたと多くの人が報告している。昇進を見送られた後にプログラムに来たある参加者は，野外活動の経験が「持続的成長」のメタファー（隠喩，たとえ）を獲得する機会になったといっている。彼女は，自分自身を変えなければ自分のキャリアは行き止まりだと感じていた。彼女の心配を増やすかのように職場からのフィードバックは思っていたよりも悪いものであった。彼女はプログラム中のネイチャー・ウォーク（自然の中を散歩すること）が，自分の心を動かし，最近の出来事を正しく理解させてくれる鍵になったと報告した。散歩をしている途中で，彼女はある木を見つけた。その木は傷を負いふたつに裂かれていたが，それでもまだ生きていた。この木は彼女にとって，つまずきを乗り越えて成長することを意識的に選択することのメタファーになった。

　これらは，「不慣れな活動」がもたらす効果のわずかな例にすぎない。これらは個人の強みやニーズを評価するための異なる方法を提供するばかりでなく，慣れ親しんだやり方を心地よく感じてきた人々にとってチャレンジにもなるのである。

異なる観点を持つ多様な人との出会い

　自分と異なる考えや観点を持つ人々と出会うこともチャレンジを与える。FIPでは，参加者の人種，性別，文化の多様性が最大になるような意図的なクラス編成をすることによってこのチャレンジが生じる。さらに，職務や専門性，業界など，異なったバックグラウンドを持つ参加者相互の交流からもこの

チャレンジは生じる。プログラム中で個人の性格特性データを共有することも，表面的に均質に見える集団にも隠れた多様性があるという事実を知るチャレンジとなる。

　要するに，FIPにはいくつもの領域でチャレンジが用意されているのである。知的なチャレンジとなるかもしれないレクチャーから始まって，対人関係面や自己認識面でチャレンジとなる可能性を持つ体験実習へ移り，そして自分と他者に関する前提にチャレンジをもたらす可能性を持つ360度フィードバックへと進んでいくのだ。

効果的FIPにおけるサポートの要素

　通常，人々はリーダーとしての自分の強みや弱みについてもっと学ぶことを期待して（もしくは望んで）FIPにやってくる。しかし，仕事で直面するリーダーシップのチャレンジと自分自身の強みや能力開発ニーズのつながりを理解するのは至難の技である。実際，改善すべき領域があることを示唆するフィードバックを受けることは著しい不安を生み出す。自分が十分な能力がなく無防備だと感じる側面についての検討が要求されるからである。

　こうした領域についてのフィードバックを聞き，受け入れ，行動を変えたり，新しいスキルを身につけたりする気になるためにはたくさんのサポートが必要である。彼らには次のようなことができる環境が必要なのである。

- 自身の強みを正しく理解し，自分自身を価値のある，成功している存在と見なせる。
- 受け容れられ，関心を持たれ，尊重されていると感じる。
- フィードバックを妥当で役立つものであると理解，評価し，それを使うことで学べると思う。
- フィードバックの中で何が大切なのかを明らかにし，自己啓発に取り組む範囲を決める責任があると感じる。
- こうしたいと決めた変化を起こすための実行可能な計画をたてる。

ある参加者はこうコメントしている。「私は本当に臆病になっており、非常に自己主張の強い成功者たちのグループに何が期待できるのかわからなかったのですが、部屋に入った瞬間から、スタッフは支えとくつろぎを与えてくれました。そのおかげで私は水の中につま先だけ入れてみるのではなく、そこに飛び込むことができたのです。それは魔法のような不思議な力で、自分の場所のように感じられた私はとても嬉しかったのです」。

この参加者が言及している「魔法のような不思議な力」とは、研修室の中でうまく構築された「学習コミュニティ」の力である。

学習コミュニティの創造

FIPにおける学習環境は、主としてプログラム・スタッフによるフォーマルおよびインフォーマルな過程と行動を通じて創られる。この過程や行動には以下のようなものが含まれる。

- 学習をサポートする規範を率先して作る。
- 参加者それぞれが持つ状況の要素を、プログラム内の活動に意識的に、かつリアルタイムで結びつける。
- 参加者の観点をお互いに共有する。
- あらゆる学習スタイルの要求に合った教え方をする。
- 個人およびグループのふりかえりを通じて、フィードバックを整理統合する。

プログラムのコンテンツは、参加者がフィードバックをより広いリーダーシップの文脈の中で（認知的に）意味づけるために重要だが、プログラムの「プロセス（過程）」の側面は、フィードバックに伴う感情に対処し、それを個人生活や仕事に有意義に結びつけていくのを支援している。このサポートの過程は参加者にはほとんど見えないはずである。しかし、それが正しく実行されたならば、参加者は互いにこうした態度や行動を表し始め、その週が進むにつれて、お互いにどんどん建設的なフィードバックをするようになる。お互いに深く共有することを心地よく感じるようになると、信頼の絆ができあがる。その

とき，人は皆，他者を助け教える能力を持っているということを学び，研修室は本当の意味で学習するコミュニティとなる。それは，参加者たち自身がプログラム経験という見事な「タペストリー」を織り成す糸となるようなものである。しかしながら，このプロセスを推進する責任を負っているのはプログラム・スタッフである。

参加者の学習を促進するスタッフの行動――プログラム・スタッフは，コンテンツに関する確かな知識を持って数多くの活動をナビゲートするだけでなく，ずっと多くの面で貢献する。スタッフは，参加者の学習を促進するような意識的な態度と行動をとるのである。

　参加者が安心して自己開示を試み，不愉快なフィードバックに耳を傾け，さらに，他者に対して建設的にフィードバックすることを厭わないようなコミュニティを作るために，プログラム・スタッフは以下のことができなければならない。

- 個人的信頼によって1人ひとりの参加者に関わる。
- 自己開示を厭わない。
- 参加者自身による，自己と状況に関する考え方はもちろんのこと，1人ひとりの固有のニーズを理解し，認める。
- 参加者との活動において評価的，規範的な態度をとらない。

　プログラム・スタッフにとって，「信頼に足る存在である」というのは，たとえ自分が「権威者」として教室の前に立てるような能力を持っていたとしても，自分はすべての答えを持っているわけではないという「事実」に気づいていることを意味する。

　これは容易なことではない。ほとんどのスタッフは，良い経験を提供することに熱心に注意を払っており，そのためには「常に答えを持っていることが必要だ」ととらえている人も中にはいるかもしれない。しかし，経験豊富なプログラム・スタッフであれば，自分が答えを持っていないような質問をされたとき，率直にそのことを認め，すぐに，その質問に関連する知識を持っていそう

な他の人に尋ねることで，「分かち合う」学習環境を生み出す機会に変えていく。この態度は参加者たちにとって適切な学習環境を創り出すために不可欠なものである。そこには，すべてを知っていなくても大丈夫であり，たとえ弱みを持っていたとしても1人の人間として価値ある存在なのだという雰囲気が与えられることになるのである。

　スタッフの行動でもうひとつ重要なのは，適切な自己開示とともに各プログラムを始めるということである。大部分の人にとって自己開示は互恵的な活動である。スタッフの自己開示は，それが適切になされれば（個人的すぎず，一般的すぎないことが必要），参加者の心を開き，互いにそうした振る舞いをし始めるのを促す。個人的な問題をオープンに話し合うことができるというのは，プログラム中に参加者が受け取るフィードバックの意味を理解する上で鍵となる要素なのである。

　1人ひとりにとって可能な限りの最良の学習経験を創り出すために，プログラム・スタッフは自分自身の欲求やスタッフとしての期待を脇におくことができるし，喜んでそうすべきである。そして，参加者が能力開発面，あるいは感情面で「いま，どの状態にいるか」ということに丁重に対処しなければならない。参加者の，受け容れられ，敬われ，気にかけられていると感じたいというニーズに応えるよう，ファシリテーターは，1人ひとりと接点を持つための道を探さなければならない。控えめで物静かな人とも，グループのリーダーとして浮上してきた人とも，また，最も失礼な人とでさえも，個人的，かつ決め付けのない態度で接点を見つけていくことが必要なのである。これは，研修室の参加者1人ひとりとアイコンタクトをし，各人の貢献を認め，参加者が資料を理解できなかったり，疑問を持ったときには気づき，特別な質問や際立った貢献をした人を記憶し，そして，プログラム中，参加者が実りある学習経験をするために必要ならいくらでも時間をかけるといった行動によって表される。それは，参加者たちを知り，その固有の「世界の見方」と熟達している分野を理解することに時間をかけることを意味している。つまり，ありのままの自分を受け容れられ，敬意を払われていると感じたいという参加者のニーズをサポートするとは，個々人の，自己と他者理解の方法についてスタッフが誠実に，そして決め付けのない態度で接することなのである。

Handbook of Leadership Development

人々にポジティブな変化を起こしていくには，彼ら自身が自分の能力開発に責任を持てる必要がある。人々がこの責任を果たすことを最もうまく支援するために，スタッフは規範的になることなく参加者と活動できることが必要である。こうしたスタンスを維持することは，ときにスタッフにとっても，また参加者にとっても難しいことかもしれない。たとえば，参加者たちが自分の性格検査や職場からのフィードバックについて検討する際にたびたびする質問には「どうするのが一番いいのでしょうか」というものがある。スタッフが口にできる唯一の答えは，最善の方法はひとつではないということ，つまり状況が異なり，人が異なれば，自ずと方法も異なるのだということである。このような答えは人によっては聴き入れ難いものであろう。特に，外部的あるいは内面的に「荒れ狂うような変化」の渦中にいる人や，拠って立つべき確かな基盤を探している人にとっては受け入れにくい答えのはずである。そして参加者が「正しい」答えを強く求めるとき，スタッフは「役に立ちたい」というまさに人間として自然な衝動を「ぐっ」とこらえて，先のような答えをしなければならないのである。同様に，スタッフは参加者の問題を分析することは控えなければならない。自分が分析するのではなく，参加者による分析のプロセスをより容易にすることがスタッフの役割である。それによって，自身の能力開発課題は何なのか，それにどのように取り組むのが最善の方法かを参加者自身が判断できるようにするのだ。
　こうした過程の実例をあげてみよう。この例は，スタッフ・メンバーの「決め付けない態度」の維持と，すすんで弱みを開示する人間的誠実さと自己開示が，ケンカ腰のグループを学ぶ意欲の高い集団へと変えていったことを明らかにしてくれている。
　そのクラスは，成功を収めた高い知性を持つ学者や研究者で混成されており，彼らは一定の期間リーダーシップ・チームとして機能するよう期待されて集められていた。彼らは自分たちのことを「会社人間」とは異なると見なしており，CCLをビジネス界の「脂ぎった重役」を創り出している会社の研修施設だと考えていた。彼らはスタッフに対して絶えず統計値や調査，確たる事実を要求し，参加者仲間に対しても挑発的で不遜な態度をとっていた。
　360度フィードバック結果を受け取る段階に至って，グループは特に抵抗す

るようになった。トレーナーや評価ツール，そしてそのデータの信頼性に対する攻撃はすでに終わっており，彼らは，職場の観察者から受け取るかもしれない否定的なフィードバックを真剣に考えなければならない状況からしつこく逃れようとした。

　最も声の大きな抵抗者の1人は，「自分の学位と地位が証明するように，自分はすでにいかに学ぶべきかを知っている」と主張した紳士であった。彼の主張は，自分はリーダーシップの人間的側面についてはすでによく理解している，なぜなら，自分は短編小説や詩を書くことを職業としている人間だからだというものであった。

　休憩時間に，ある1人の女性インストラクターがこの参加者に，自分も詩を書くこと，そしてよかったら自分の作品に目を通し，いくらか助言をしてもらえないかと個人的に伝えた。彼は承諾し，その日の終わりでどうか，と提案した。その後，そのインストラクターのプレゼンテーションになったとき，彼は，彼女が自分が詩を書くことを参加者全員にオープンにしていないことにくってかかり，彼女の詩を皆の前で披露するように要求した。自分たちはフィードバックに対する反応を共有するように求められているが，それは彼にとって（彼女の詩と）同じように個人的なものだからだという理由からであった。

　彼の感情の爆発に驚き，またその要求に傷つきそうになりながらも，彼女は，自分の詩のひとつを朗読することを承諾した。朗読の後，長い沈黙が続いた。そして，1人の参加者が言った。「この人たち（スタッフ）が我々を助けようとして見せてくれたことは，我々自身が自分や他者に対してやるべきことだよ。我々がここにいるのは，互いにやりとりするためのよりよい方法を身につけることを期待されてじゃなかったかね。自分たちのコミュニティに役立つためにね。ここには，我々全員が学ぶことができる何かがあると思うよ」。

　もし，このグループに少しの学習も生じなかったならば，インストラクターたちは，たとえそれがどんなに難しくとも，忍耐強く，防衛的にならず，誠実に，信頼できる態度で，参加者の立場に敬意を払っていられる術を探さなければならなかった。このグループの抵抗と苦闘した数日間の後，彼女がとった行動と態度がそのグループの学びを可能にした。よりよく観察し，人々や状況に対して破壊的な批評をするやり方をやめるという学びである。これは彼らにと

って不可欠な，そして最初の一歩であった。

スタッフのための技法

　態度や行動を通じて参加者の学習プロセスを起動させることにとどまらず，プログラム・スタッフは研修室における学習環境を向上させるために，いくつかの他の技術を活用する。

参加者各人の状況要素をプログラム活動に結びつける——最も効果的な FIP では，スタッフは参加者の職場の状況（たとえば，産業や市場の課題など）の詳細を把握し，プログラムで展開するコンテンツに組み込んでいく。これは偶然に起きるものではない。よいファシリテーターは，参加者が抱えている問題や課題の端緒が窺えるちょっとした会話や言外のしぐさに気を配る。事前準備も重要な要素である。プログラムが始まる前に彼らは参加者の事前アンケートや採点されたフィードバック報告書とともに，参加者全員の略歴にも目を通す。そして，いったんプログラムが始まれば，参加者たちの興味や関心，意見の相違を注意深く聴き，観察し，機会をとらえて事前につかんでいる情報の中から適切なものを例示や議論の論点として組み込んでいくのである。

お互いの視点の共有を促す——参加者は豊富な経験や知識を持っている。訓練されたファシリテーターはそうした経験や知識を話し合いの場に引き出す方法を探す。このため，より大きな集団ほど情報共有の恩恵を受けられることになる。参加者相互が持つ視点の共有を活性化させるために，ファシリテーターはプログラムで扱っているコンテンツが自分の経験とどのようにつながるかを説明するよう参加者に求めたり，そのコンテンツの活用法についてブレーン・ストーミングしたり，ディスカッション中に生じたアセスメントに関する論点について話し合うよう求めたりする。この「お互いの見方や知見を共有する」プロセスは，一見まったく異質な人々に見えても，だれもが「提供できる何か」を持っていること，そして，皆，互いに「学ぶべき何かを持っている」という事実を参加者に気づかせる。これはプログラムによって醸成される重要な規範である。

さまざまな手法を活用して，あらゆる学習スタイルと能力に合った教え方をする——参加者たちにとってよい学習環境を提供しようとするのであれば，参加者1人ひとりが，自分に最もフィットし，快適と感じるやり方で学ぶことができなければならないはずである。よく知られていることであるが，人はさまざまな方法で学ぶ（学習の方策についての詳細は第8章を参照）。多くの人は，講義を聴いて話し合うといった「概念的アプローチ」から最も学ぶ。こういった人たちは研修室で椅子に座ってスタッフの考えを聞いたり，関連した資料を読み込んだりすることで最もよく学ぶのである。そうでない人は，耳で聞いたり読んだりするよりも，「何か行動すること」からより学ぶ。こういった行動志向の人々は，実習やシミュレーション，実地体験からの学習を好む。その他には，「他人とのやりとり」から最も学ぶ人たちもいる。他者からの助言を求めたり集団で課題について話し合ったりすることから最もよく学ぶ人々である。そして，受け取った情報を自分の考え方やその後の行動に採り入れていこうとする際に，ほとんどの人には内省の時間が必要である。こうした理由からスタッフは，多様な学習のしかけや方法（講義や仕組まれた経験，研修ツール，形式張らない話し合いなど）を最大限に活用してプログラムを設計する。

　私たちはまた，人によって学習する速度は異なるということを知っている。共通の経験をしても人々がそこから引き出される学習は異なるため，プログラム期間中のあらゆるタイミングで，どの参加者にも気づきや閃きが起こる可能性があるし，実際そうなのである。前出の「お互いの見方や知見の共有を奨励する」もうひとつの理由がここにある。

フィードバックについてふりかえり，整理統合する機会を創り出す——本章を通して述べてきた通りFIPは情報に満ちた経験である。2日もしくは3日目まで，さまざまな情報源から多面的なフィードバックが与えられる。これらの情報すべてから学習を引き出すために，FIPでは個人によるふりかえりとグループによるふりかえりの双方を活用して，参加者がフィードバックについて整理統合する機会を数多く用意している。

　参加者から非常に効果的で高い価値があるとされているプロセスのひとつは，フィードバックの専門家やコーチ，プロセス・アドバイザーと呼ばれる

人々を活用したものである。秘匿性が守られた密度の高いやりとりが行われるセッションで，参加者と専門家はプログラム全体（事前のアセスメント，研修室での経験，実習中の観察，討議，シミュレーション，スタッフや受講仲間からの観察などを含む）を通して参加者が受け取ったすべてのフィードバックのストックからできるだけ多くのことを学ぶために，一対一で取り組む。2人が一緒にその意味を探り，いくつかの変革可能な領域を選び，変革のためのさまざまな行動計画について意見を出し合うのだ。これは，発見と確認，そして行動を伴ったエキサイティングな場になるよう設計された教育経験である。この経験は誠実さと率直さに基づいており，徹底的に訓練された専門家によってファシリテートされるものである。

　FIPがどのように設計されているかによって，このコーチング・セッションもさまざまな形式をとる。プログラム期間中に行われる場合には，たいてい週の終わり近くに3時間単位で行われる。ときには数ヶ月にわたって継続的にフォローアップするというコーチングもある。

　その場その場で自分の経験を内省し，より効果的に学ぶことを可能にするもうひとつのプロセスは「個人による日誌」である。「学習日誌法」はいろいろな用途に活用できる。学習の区切りごとに，ディスカッションの後で，グループやアセスメントからのフィードバックの後で，といった具合である。日誌によるふりかえりをより豊かなものにするためにときに示唆に富んだ質問が投げかけられるかもしれない。あるいは，単純に出来事を要約し，プログラムが進行するにつれて何を感じたかを書き留めるよう指示されるかもしれない。日誌は，将来の行動の計画，自身の行動パターンの発見，あるいは単に課題に取り組むことにも役立つはずである。参加者とフィードバックの専門家との継続的な接触が要求されるプログラムの場合には便利なコミュニケーション手段にもなる。

　FIPにおいてフィードバックを整理統合するための三つ目の方法は，集団でふりかえる過程を活用するというものである。このような「ふりかえり」は3～6人の小集団がプログラムのさまざまな箇所でフィードバックやその他の問題についてともに話し合うというものである。参加者は互いに励まし合い，共通の課題について知恵を共有する。彼らはまた，その週の間に自分たちに見ら

れた行動やスキルについて率直なフィードバックをし合う仲間という特別な関係を持たされる。この集団での話し合いは参加者にお互いの考えをより深く共有することを促し，学習環境を一層向上させるような信頼の絆を生み出す。

FIP の成果

15年以上にわたる研究から，私たちは FIP がもたらす効果についても多くを学んできた。ここで主な要素について要約する。効果測定の方法についての詳細は第9章でふれる。

効果測定研究からの知見

　FIP の効果測定の研究から，私たちは能力開発と変化には潜在的な五つの主要な領域（知識の獲得，自己認識の変化，ものの見方の変化，目標達成と再構成，行動の変化）があることを発見した。いくつかの変化はプログラム進行中に始まり，他のものは，ずっと後になるまで変化しないようである。

知識の獲得——FIP の期間中に得られる知識はリーダーシップに関するものである。それはたとえば，有能なリーダーのスキルは何か，あるいはリーダーシップのスタイルに影響を与える性格特性は何かといったことである。参加者たちは，自分自身と他者が「自分をどうとらえているか」に関する新しい情報の獲得があったと述べている。性格検査における「外向性」や「支配性」といった要素の得点などは自分自身に関する新しい情報の獲得になっているようである。そして，この学習は自己認識の領域における他の種類の変化への導火線になる。

自己認識の変化——自己認識（self-awareness）は，FIP が最も頻繁にかつ大きく影響を与える領域である。新しい自己認識は360度フィードバックや実習における「自己評価と他者評価とのズレ」が引き金となって生み出される。
　一般的に FIP に参加するマネジャーは，自己を他者が思うよりも好意的に見ていることが研究からわかっている。5日間のリーダーシップ・プログラム

の研究では，360度アセスメントで測定した要素において自らが考える自分と他者が考える自分がすべて一致したのはマネジャーのうちわずか10％であり，45％には明らかな乖離があり，そのほとんどは他者評価より自己評価が高いという傾向であった。しかし，プログラム直後にリーダーシップの能力の再評価を頼まれると，圧倒的多数（80％）の人々がプログラムで自分が受けたフィードバックにより一致する方向に自己の見解を修正した（Van Velsor, Ruderman and Phillips, 1992）。

　FIPにおいて参加者はさまざまな面で自己認識を高める傾向がある。自分の責任の複雑さと範囲の広さから「自分は有能ではない」と感じていた人が，自分がそれなりに良いマネジャーだと気づくようになる。スキル不足に気づく人もいるし，他者にどう思われているかに気づく人もいる。また，自分自身をどう見ているか，自分の真の欲求は何かといったことについて洞察を得る人もいる。

ものの見方の変化——見方の変化は観察可能な行動の変化ではなく，むしろ態度や見解の変化に属するという点で自己認識の変化と似ている。ただし，それは自分に対する認識の変化ではなく，他者や直面するチャレンジ，あるいは自分たちが働き，暮らすことの背景にある重要な「意味」に関する「新たな理解」という点で自己認識の変化とも異なっている。

　いくつか例をあげて説明しよう。黒人と白人の2人の男性がフィードバックに参加した。白人男性は，自分は黒人男性に「攻撃的な（aggressive）」行動を見て取ったと説明した。黒人男性の驚愕した反応とその後の話し合いによって，その白人男性は自分でも驚くことに，白人男性が同じ行動をした場合は「自分の意見をきちんと主張する（assertive）」行動とみなしてきたかもしれないことに気づかされた。違っていたのは行動そのものではなく，彼がそれを「どのように経験したか」だったのである。このひとつの小さな出来事が深遠な啓示となり，彼自身に関する情報に目を開かせ，そしてその後の他者の振る舞いに関する彼の見方も変えたのである。

　別のプログラムの開始時にある女性マネジャーは彼女の「変化の受容性」に関するフィードバックを受け，自分のスタイルがより緩やかで小さな変化を好

む保守的な傾向にあることを知った。その後，プログラムの中で「変化」について自分とは異なる見方を持つ人々と交流した彼女は，変化が必ずしも「災い」ではないことを学んだ。この「新しい見方」は，彼女が集団実習の中でどうしてもそれまでとは別のアプローチを試さなければならなかったとき彼女の行動を後押しした。その週の終わりには，彼女は，「変化」は「機会」と見ることもできるという考え方を受け容れ始めたのである。

目標達成と再構成——FIPで参加者が設定した目標に関する数年間の調査から，3ヶ月から12ヶ月後ではほとんどの人が目標に向かってまだがんばっているか，もしくは達成していることがわかった。プログラム後の適切なサポートが得られた場合，あるいは「期間を延長したFIP」（本章の後節で詳述）に参加した場合に目標を達成する傾向があるということもわかっている。

ヤング＝ディクソン（Young and Dixon, 1996）の研究において，私たちはFIPにおける参加者たちの目標設定のしかたについて徹底的に考察し，そこには少なくとも三つのアプローチが存在することを発見した。

ひとつ目は伝統的な目標設定アプローチである。このスタイルは，取り組みを実行するために目標と施策をほとんど直線的なつながりのパターンでセットするという特徴がある。このスタイルでは，目標達成への障害が生じた場合，それを乗り越えるか，目標をあきらめるか，達成に失敗するかのいずれかであり，成功しようと失敗しようとその後は実習が終了したと考える。このアプローチは，設定した目標が達成されたどうかだけに着目するような多くの研修効果測定と似ている（能力開発の効果測定に関する詳細は第9章を参照）。

ふたつ目のアプローチは，目標をビジョンや理想的な成果ととらえ，そこに至る道は出来事が展開するにつれて変化すると見なすものである。このより柔軟なアプローチは，目標達成をより長い目で見るものであり，状況変化や障害の発生に応じて新しい戦略を生み出す自由度を与えるものでもある。

そして，この研究で見られた三つ目の集団は，記述されたものを「行動計画にあたってのプロセスマップ」としてとらえている。彼らは一連の目標と行動計画を通じて自分たちを導いていく「旅」に出ようとしているように見える。成功も失敗も，それぞれ何らかの学習と目標の「再設定」に至るのだ。この集

団は多くの目標を設定し，達成し，成功と失敗の両方から学ぼうとするため，目標設定と行動計画のプロセスから最も多くのものを得ることになるはずである。

行動の変化——認識の変化は行動変化の必要条件かもしれないが，十分条件ではないようである。自己認識の変化に関する初期の研究では，プログラム終了後6ヶ月で，他者から見て著しい行動の変化が見られたのは参加者のわずか約3分の1にすぎないというものがある。しかし，このプログラムはフォローアップのない単体の5日間の経験であり，リーダーシップ開発の体系的な取り組みの一部として活用されたものではない。

より大規模な行動の変化は，より長期的にデザインされたプログラムを対象として行ったヤング＝ディクソン（Young and Dixon, 1996）の研究で発見された。このFIPは6ヶ月にわたり，3ヶ月の間隔をおいた2回の集合セッションとその間のプロセス・アドバイザーとの活動，職場における学習パートナーの設定や「仕事を通じた『学習』（on the job "Learning"）」活動などが含まれていた。このプログラムの卒業生たちは，同僚から測定尺度14領域のうち13領域で「変化した」と判断された。特定の領域で変化があったと評価された参加者は成果においても「効果的である」と評価された。このプログラムに参加しなかったマネジャーたちで構成されたコントロール・グループ（対照集団）との結果の比較はさらに印象的なもので，プログラム参加者は14領域のうち8つの領域でコントロール・グループのメンバーよりも著しい変化が認められたのである。

プログラム設計が効果に与える影響

FIPの効果を決定づける要素が数多く存在することは明らかであるが，中でも「プログラムの長さ」「長期間にわたる介入」「公開プログラムかインハウス（企業内）プログラムか」という三つの外的要因の影響は際立っている。そして，これらは相互にある程度の関連性を持っている。

プログラムの長さ——行動の変化は黙っていて起きるものではないし，だれか

に任せるものでもない。それまでと違う行動をするには，人はまず変化の必要性を認識する必要がある。次に，何をどう変えればいいのかを理解する必要があり，さらに新しいやり方に慣れる必要がある。これらのすべてを行うには時間がかかる。

　私たちの研究と研修室での経験から，3日かそれ以下の短いプログラムは異なる見方や考え方に気づかせることでは十分機能するが，「行動レベル（認識と行動における著しい変化）」よりも「認知レベル（知識獲得と限定的な自己認識の変化）」のことが中心になってしまうことは否めない。参加者は「おもしろかった。さあ仕事に戻ろう」という態度を見せがちである。一般的に自己認識の全過程を経験するのには5日から6日はかかり，著しい行動の変化を起こすにはさらにはそれ以上かかることがわかっている。

長期間にわたる介入——6ヶ月間の間に2回の3日間セッションとなんらかのコーチングを含むような「時間をかけるFIP」は，単一のプログラムよりも遙かに大きな効果があると見なせる（Young and Dixon, 1996）。人々の学習に対する態度が，「知っておくのは損ではない」というレベルから，「私の価値観やものの見方に合っているだろうか」「それで，私は何ができるだろうか」といったレベルに移行し，さらにそれを超えて実際の物事へのアプローチや見方を変えていけるレベルに進んでいくのだ。

　このことが意味するのは，行動計画の強化や変化へのサポートを与え続ける活動を加えることによって，単独のプログラムを「ひとつの出来事」から参加者にとっての「継続的な能力開発プロセス」に変えていくことが重要だということである。以下にプログラム後に実施できる活動をあげておく。

- プログラム主催者に対して行うのと同じような報告会を参加者に対しても行う。上司や育成担当者を同席させ，お互いに次のような質問をさせる。「どうだった」「何を学んだのか」「どんな行動をより増やすといいだろうか」「どんな行動をより減らすといいだろうか」「これまでと違うやり方をした方がいいのはどれか」。
- 学習を広げるための卒業生の集団。過去の参加者を呼び集め，ネットワーク

を構築し，お互いの洞察や成長を促す経験について共有する。学習の補強手段のひとつ。
- 「助け合うペア」や「学習パートナー」の編制は行動変革を促進，サポートする。ペアやパートナーの組み合わせは研修参加者や職場の同僚から創り出せる。一般的には，参加者がやってみたいと望むひとつかふたつの具体的な活動や変革に対してインプットを提供する3人1組のチームを組むことが多い。こうしたパートナーシップは，サポートと激励を喜んでする人，個人の行動のしかたについて正直にフィードバックする人，そして，個人が取り組んでいる課題に関連する経験や知識を提供できる人で構成される。
- 目標設定の報告。このプロセスはプログラムの中で設定された活動の継続的な説明責任をもたらす。報告の区切りごとに，参加者に目標の追加や新しい目標を設定する機会を与えることになる。
- 個人コンサルティングとフォローアップ。こういった形式のコーチングはプログラム内で行われたワークを継続させる。一般的に行動計画と個人の状況に焦点を当てる。フォローアップや継続的なコーチングによって，参加者は状況の変化に合わせて絶えず行動計画を調整することができる。

公開プログラムかインハウス（企業内）プログラムか——FIPはさまざまな会社のマネジャーが参加する公開プログラムとしても，また，企業独自のインハウス・プログラムとしても提供できる。インハウスの場合は特定のベンダーがその会社のためにプログラムを開発・運営するか，もしくは会社自体が自社の従業員のためにプログラムを開発・運営することになる。プログラム参加者がさまざまな企業の人で構成されているか，同一企業だけで構成されているかは効果の観点からは重要な問題である。どちらのプログラムにも長所があり，また短所がある。

　公開プログラムでは参加者は他のすべての参加者が知っていることにアクセスすることとなり，いわばミニチュアの提携関係のような状態を生み出す。それはだれもが他の数多くの組織で生じている幅広い経験とベスト・プラクティスにふれることができるということである。また，かなりの割合で参加者同士の交流がプログラム終了後も続く。さらに，公開型ではより機密性が守られる

という信頼感があり，さまざまな見方が存在し，自分の考えやフィードバックを他者からの攻撃を恐れずに口に出すことができるため参加者の学習能力が高まる。

　一方，インハウス型のプログラムは組織に大きな影響力をもたらすことができる。同じ組織から来た18〜24名のマネジャーが一斉にプログラムを経験し，共通言語を作る方が，長期間にわたってその都度小人数を送りこむよりも組織全体に与える効果はより大きいのである。インハウス型のプログラムは，地理的に分散しているような組織がコミュニケーションやチーム・ビルディングを向上させようといった意図で実施する場合に効果的である。また，その組織の次のリーダー候補者として潜在能力を認められた集団にも効果的である。各人の能力開発だけでなく社内人脈を広げ，効果的な協働関係を築くことを可能にする。

　しかしながら，公開型とインハウス型では，研修室の雰囲気に大きな違いがある。インハウス型のプログラムでは必ず，組織文化という「巨人」が研修室に居座っており，何をどう学ぶかについて非常に大きな影響を及ぼす。たとえば，ある参加者集団は大規模な組織再編成の真っ只中の会社に勤めていた。彼らは困惑と負担感，恐怖と挫折を感じてやって来た。彼らの組織文化では，だれも問題について直接は話さないのだ。廊下での会話は手に負えないほどに活発だが，会議の間はだれも事を荒立てるようなことはしない。プログラムの中でも彼らは同じように行動した。セッションとセッションの間には個人的な不満が聞こえたが，ファシリテーターが組織のことや何を変えるべきかについて話すように求めたときには，だれひとりとして「巨人」に近づこうとはしなかった。彼らはみな，個人の能力開発のために出席していたが，その経験を始める前に自分たちの組織の問題に注意を向けるよう介入しなければならなかった。

FIPを選択，活用するための指針

　効果的なFIPには，アセスメントやさまざまな種類の課題，そして育成的サポートといった，個人の継続的な能力開発に不可欠な要素が正しく

表2.2 FIPに組み込む,あるいは調達すべきもの

アセスメント	1. 複数のアセスメント手法の活用(例:性格診断,360度アセスメント・ツール,テーマ実習,シミュレーションなど) 2. アセスメント・データの情報源の多様さ(自己評価,上司・同僚・部下・顧客・受講仲間・スタッフからのフィードバック) 3. アセスメントの信頼性(例:アセスメント・ツールの妥当性と信頼性,参加者の秘密保持,評価者の匿名性の確保) 4. 参加者のリーダーシップの強みや能力開発ニーズをリアルタイムで浮かび上がらせるようなプログラム技法と経験
チャレンジ	5. さまざまな学習スタイルに対応する教授法(例:講義,経験,一対一の話し合い) 6. ふりかえりのための十分な時間と適切なプロセス 7. 参加者が直面している現実の問題や課題に基づいたプログラム・コンテンツ
サポート	8. 参加者の学習ニーズと必要とするサポートについて理解しているプログラム・スタッフ 9. 能力開発ニーズと開発目標がプログラム・コンテンツやスタッフ側から規定されるのではなく,参加者が考えた学習ニーズから設定される仕組み 10. 守秘義務を守り,開放性と学習を促進しながらコンテンツとフィードバック,フィードバックと行動計画を結びつけられるプロセス・ファシリテーションのスキルを持ったプログラム・スタッフ 11. 個人の利益やよりよいコーチング,そして他者の能力開発のために,1人ひとりの学習を拡大させていくプログラム以外のやり方 12. プログラム後の進捗報告書や電話インタビュー,その他,継続的な変化と改善度合いを測定し,参加者を励ますフォロー・アップの工程

組み込まれている。表2.2では,リーダーシップ開発のためにFIPを選択,活用,設計するにあたってのガイドラインをまとめている。

プログラムの選択にあたってマネジャーや人事担当者ができることとしては次のようなことがある。
- 研修室に安全な学習のコミュニティを創造,維持するためにプログラム・スタッフがすべきことを見つけ出す。
- 妥当性と信頼性があると認められているアセスメント・ツールを探し出す。

プログラムから戻ってきた人に対してできることには次のようなものがある。
- 継続的学習を促進する人脈や卒業生の集まりを創る。
- 参加者と上司で話し合いやコーチング,そして継続的な能力開発の計画策定をするよう促す。

- 参加者が新しいやり方を試すことに伴って起きる間違いや失敗を許容する。

　また，自組織が持っている仕組みの中で参加者の学習を継続，発展させるのに適したものを見つけることもできるはずである（詳細は，第7章を参照）。

　さらに，参加者の能力開発目標を次の能力開発の経験に結びつけることで，アセスメント結果を反映させたより長期にわたる能力開発計画の策定を支援することもできるであろう。能力開発目標に応じたスキル・トレーニングや人間関係作りなど，次のステップとして示せることは数多くあるはずである。

Chapter Three
Skill-Based Training

第3章
スキル・トレーニング

ダナ・G. マクドナルドマン
Dana G. McDonald-Mann

　この本の読者のほとんどはスキル・トレーニングの概念とその実践に関してすでに一定の知識や経験を持っているものと思う。何か新しい着想があるとすれば，それはスキル・トレーニングをリーダーシップ開発過程の一部にするという特別な活用方法についてではないかと思う。
　リーダーシップ開発において，スキル・トレーニングが価値ある役割を果たすには，それがいつ設計され，実施されるとよいのか，この点に関して私たちは研究と実践を通じて知見を得てきた。本章はそれらの知見に焦点を当てる。関連して，良いトレーニングを計画するための知見についても一部ふれるが，主な関心はリーダーシップ開発に貢献する機会としてのトレーニングである。特に，トレーニングで習得できる具体的なリーダーシップの能力について詳しく説明するとともに，序章で紹介したリーダーシップ・モデルにトレーニングを組み込む際に考慮すべき事柄について入念に見ていきたいと思う。

スキル・トレーニングとはどんなものか

　「トレーニング（訓練，研修）」という言葉は，通常かなり一般的な意味で使われるが，本章ではトレーニングの中でも「スキル・トレーニング」と呼ばれるタイプのものについて扱う。このタイプのトレーニングは，人々が現在持っ

ているスキルに磨きをかけたり，新しいスキルを身につけたりするのに必要な知識を獲得し，実践する機会を与えるものである。

　トレーニングから習得できる知識やスキルの範囲は非常に幅広いのだが，ここではリーダーが必要とする特定のスキルを対象にする。リーダーシップの著名な研究者であるコンガーは「リーダーシップのスキル開発アプローチは，マネジャーが一連の段階的な指導や実地演習を通じてリーダーのスキルと技術を習得できることを前提としている」と書いている（Conger, 1992, p.128）。

　本章ではスキル・トレーニングと，第2章で紹介したフィードバック・インテンシブ・プログラム（以下，FIP）との違いを詳しく説明する（相違点のまとめは表3.1を参照）。FIP は，現在のスキルのレベルを評価し，自己認識を高め，視点を変え，価値や目標を明らかにする。それは，人が自分の強みや能力開発ニーズについて理解するのを手助けすることで個人を「全体として」開発するために設計されている。FIP の過程で何らかのスキル・トレーニングを提供する場合もあるが，それが主要なテーマではない。

表3.1　スキル・トレーニングと FIP の比較

	スキル・トレーニング	FIP
目的	特定スキル分野のパフォーマンスの改善	強みと弱みを深く理解し，自己認識を高める
焦点	特定スキル分野にのみ焦点を絞る	広範囲の潜在的強みや弱みに幅広く焦点を当てる
フィードバックの使用	研修前後のスキルのレベルを評価し，また研修中のスキルのレベルを上げるための手段として使う	自分が複数の視点からどう見られているか，また自分の行動が他人にいかに影響を与えているかを理解するために使う
実践や練習の機会	経験を通じて新しいスキルを練習できる機会を豊富に用意する：実践はスキルのレベル向上に必須であると考える	少ししか扱わない：新しいスキルの実践や練習は，自分自身や自分の行動について，そしてその行動が他人にどう見られているかについて情報を得るために使われる
コンテンツ	専門的なモデル：ハウ・ツー，あるいは使える戦術など規範的な情報が含まれている	規範的な情報よりも参加者が自分の経験を整理するのに役立つ情報を多く含む：一般的なモデルや概念が含まれることが多い

ふたつの学習領域

　スキル・トレーニングには2種類の学習が含まれる。ひとつは知識で，もうひとつはスキルである。知識は認識領域の学習である（Nadler and Nadler, 1994）。たとえば，参加者は戦略的計画の原則に関する講義を受ければ知識を習得する。知識は必要な第一歩だが，それだけではリーダーシップの行動を変えるのに十分ではない。新しい知識は行動に移されなければならない。スキルには活動領域の学習が含まれている。新しいスキルを完全に習得するためには，人はそれを実際に行い，そのパフォーマンスについてフィードバックを得なければならない。参加者が実際に戦略的なプランを作成し，批評してもらうことができれば，戦略的計画のスキル開発ができるようになる。

　効果的なスキル・トレーニングには，参加者が(1)特定の概念あるいは必要な行動を学習でき，(2)新しい情報や行動を使った実践ができ，(3)そのパフォーマンスについてフィードバックを得られるという環境が必要である。

優れた設計のプログラム：ジョアンナのケース

　洗練されたスキル・トレーニングの例は，組織の上位階層の能力開発により多く見つけることができる。本章の目的のために，ある小売チェーン（仮にYou-Shopとしよう）の本社のミドル・マネジャーであるジョアンナの例を考えてみる。彼女は組織の中で高い潜在能力を持った人材とみなされており，同社のリーダーシップ開発プログラムの参加者に選ばれた。これは長期にわたる継続的なもので，スキル・トレーニング，コーチングのプログラム，360度フィードバックが含まれ，サクセッション・プランニング［訳注：後継者計画］とも結びつけられている。

　彼女は仕事を通じて多くのリーダーシップスキルを習得してきており，それを継続することも期待できたが，新しいポジションへの異動の一環として，リーダーシップのスキル研修プログラムに参加することを決意した。4日間のプログラムには，体系的思考，批判的評価，対人関係スキルの構築に関するモジュール（学習単元）が含まれている。各モジュールでは，特定の分野に関する知識とスキルの両方が提供される。たとえば，対人関係スキルのあるモジュー

ルは，参加者に「フィードバックの与え方」を教えることをねらいにしている。まず，肯定的なフィードバックと否定的なフィードバック，そして建設的フィードバックの概念モデルに関する短い講義が行われる（すべて知識領域）。次にスキルの学習を始める。これは，まず，効果的なロール・モデル（手本）とそうでないロール・モデルを観察することに始まる。最後に参加者はさまざまなロール・プレイを通して，フィードバックを与える練習を行い，そのパフォーマンスについてフィードバックを得るというものである。

リーダーシップ・トレーニング——何を教えられるか

何年にもわたって研究者たちは，「ビジョン創造」や「他者の動機づけ」など効果的なリーダーシップに結びつく特定の能力を発見してきた。これらの中には開発可能と考えられているものもある。自己認識や自信，体系的思考，創造性，批判的評価，エンパワーメント（自律の促進と支援），他者との効果的なやりとりといったことは学ぶことができる（Conger and Kanungo, 1988）。これらのうち自己認識と自信は FIP で最も開発されるものである。一方で，その他（社交的に関わる，体系的に考える，批判的に評価する，より創造的に考える，他者をエンパワーするといった能力）はスキル・トレーニングで習得できる。

　この点については，同じような異議を繰り返し聞かされる。すなわち，こうした能力は通常の研修プログラムに委ねるにはあまりにも広範囲におよび，漠然としており，根が深すぎるというものである。こうした異議を唱える人々は概してこれらのリーダーシップ能力を非常に幅広く定義しており，その意味では彼らが正しいと言えるだろう。なされなければならないのは，そのように広義に定義された特性を細かく分析し，その基礎を構成している特定のスキルを選別することである。

　表 3.2 は，この章で扱う五つのリーダーシップ能力を規定できると考えられるいくつかのスキルを示している。これは包括的なリストではないが，効果的なリーダーシップのために重要で，かつトレーニングで習得可能なスキルがあることを明示している。

表3.2 リーダーシップ能力を明確化するスキル

リーダーシップ能力	スキル
社交的に関わる能力	コンフリクト・マネジメント（対立や葛藤の処理） 交渉 影響力の発揮 チーム・ビルディング 積極的傾聴 フィードバックを与える能力 コミュニケーション適応
創造性	代替案を考える能力 前提を疑う能力 あいまいさを探究する能力
体系的思考と批判的評価	分析的に考える能力 問題を見抜く能力 問題解決
エンパワーメント	意思決定に参画させることで他者を動機づける能力 目標設定

社交的に関わる能力

　社交的に交流できるということは成功する上で重要なリーダーシップ能力のひとつである。この能力に含まれる具体的スキルの多くは仕事から習得できるが，スキル・トレーニングを通して練習し，磨きをかけることもできる。

　ジョアンナのケースを使って確認してみよう。彼女はこれまでの経験から優れた対人関係スキル，特にコミュニケーション分野のスキルは開発していた。彼女は積極的傾聴やプレゼンテーションに関して高いスキルを持っており，これらは彼女が最初にマネジャーになったときの仕事に大いに役立った。しかし，彼女の現在のポジションでは新たな対人関係スキルが求められている。現在の彼女に必要なのはチーム・ビルディングができること，問題のある社員への対処ができること，そしてコンフリクト（対立や葛藤）のマネジメントができることである。これらはすべてトレーニングで開発できるスキルである。彼女は研修室で学んだスキルを仕事における日々のチャレンジに結びつけ，新しい任務で実践することによってこの分野においてさらに力を発揮するようになるはずだ。

創造的に考える能力

　固定観念にとらわれず創造的に考える能力を開発するために，トレーニング・プログラムは，リーダーが直面する状況に対して新しいアプローチを見つけ出す方法を提供してくれる。トレーニングでは，まずそれまで慣れ親しんだ思考パターンを意識的に忘れて（学習棄却），その上で，新規性のある型破りなアプローチを見つけ出す方法を学ぶ。代替案を作り出す方法を理解し，新しいスキルを実践し，フィードバックを受ける機会を提供する。

体系的思考と批判的評価

　体系的思考と批判的評価は密接に関連したスキルで，相互に助け合って機能する。体系的思考は状況を論理的にそして秩序立てて分析する能力で，批判的評価は分析的思考を使って状況を整理し問題を発見することである。そして創造的思考はこれとは対照的に，問題が明らかになった時点でその問題を解決する新しい方法を模索することである。このようなスキルがトレーニングでどのように開発されるかを理解するために，新進気鋭のリーダーであるマイクの経験を考えてみよう。彼が参加したトレーニングでは，まず状況を分析し，情報を結びつけ，演繹的推論を使って問題を突き止める方法について，講義とロール・プレイによる知識提供がある。そしてプログラムの次の段階では実践が求められ，それに対するフィードバックを受ける。マイクは，彼が以前に参加した創造的思考のトレーニングと，このトレーニングでの経験をリンクさせることで，状況を適切に評価し革新的な解決策を生み出す力を身につけていくことができるはずである。

エンパワーメント

　組織はより少ない人々でより多くのことを行おうとしているため，エンパワーメントのスキルはかつてないほど重要になってきている。エンパワーメントを促進するリーダーシップの活動には参画型の意思決定と目標設定が含まれており，これらふたつのスキルはトレーニングで習得可能なものである。

仕事を通じた学習の場合はどうなのか

　スキル・トレーニングを通じて身につくリーダーシップ能力は，仕事から学べる能力とも重なり合っている。これは二者択一の関係ではない。ある経験からの学習は，他の経験からの学習によって強化される。また，どちらのアプローチにも長所と短所はある。

　スキル・トレーニングの長所は，参加者に情報を整理された形で簡潔に提供し，新しいスキルを使ってフィードバックを得られるような安心できる環境を提供する点にある。しかし残念ながら，スキル・トレーニングには学習内容の職場への移転という問題が常につきまとう。程度の差はあるが，トレーニングでの状況設定がウソっぽいと感じられる場合には，学んだことを持ち帰り，職場で活用するのは難しいと感じる参加者がいるだろう。彼らは，ともすれば学んだ新しいスキルを研修所の出口に置いて帰ってしまう。

　その学習が実際の仕事経験から得たものであればスキル移転の問題は起こらない。仕事には現実場面の中で新しいスキルを学び活用できる機会がある。さらに，その行動の成否が直にわかるのである。仕事を通じた学習のもうひとつの長所は，仕事を離れる必要がないため，最も効率的な方法となりうるという点である。

　仕事を通じた学習の短所は，学習者自身でさまざまな情報源から情報を収集し，見ようみまねで新しいスキルを使ってみなければならないという点である。経験からの学習により人々はその正否を直に理解できるが，同時に失敗した場合のコストを負わなければならない。そして，そのコストはトレーニング・プログラムで失敗した場合よりも明らかに高くつく。さらに，仕事ではいつも即座にフィードバックを得られるとは限らない。人事考課の時期まで待たなければならないかもしれず，これは明らかに学習を妨げてしまう。

トレーニング・メソッド——いかに行うか

スキル・トレーニングでは五つの異なるメソッド（手法——講義，ケース・スタディ，ロール・プレイ，ロール・モデリング［訳注：手本となる人物の行動からの学習］，シミュレーション）がよく使用される。本節では，これら五つのメソッドを参加者の相互交流の量の順に説明する（図 3.1 を参照）。この順序は，受動的な方法よりも能動的な経験が学習を促進し，相互交流の多いメソッドからの方が参加者はより良く学習するという理論に基づいている（Thiagarajan, 1996）。

各メソッドを別々に説明するが，ほとんどのトレーニング・プログラムはこれらのすべてあるいはいくつかを組み合わせて使っていることを留意してほしい。複数のメソッドを使うアプローチは学習を最大化させる意味で好まれるアプローチである。また，ここで述べる内容は職場外トレーニング（Off-JT）に焦点を当てている。大多数のマネジャーはスキル・トレーニングを職場外で経験するからである。

講義

講義は，学習コンテンツに特化した情報を比較的多数の人に，比較的短時間で効果的に提供する。どんなに活動的で経験的な研修プログラムであっても，土台となる知識を伝えるためにいくらかの講義がある。

伝統的な講義形式では一方向の伝達が行われる。しかし，成人に対しては双方向的な講義の方がはるかに効果的である。実際，トレーニングには，聞き手の「責任ある（responsible）」参加姿勢が不可欠であると主張する人もいる

図 3.1　五つのメソッドと相互交流の度合い

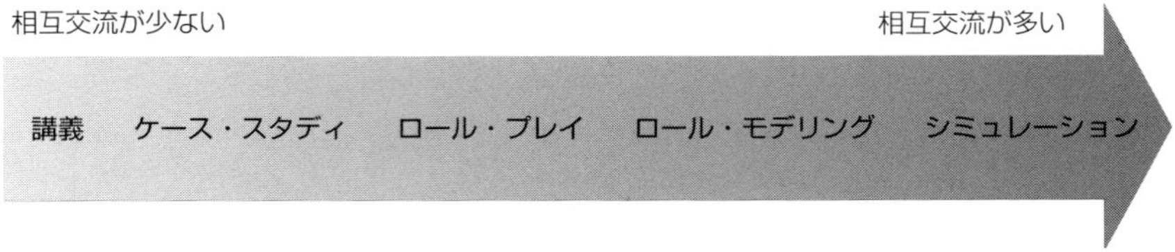

相互交流が少ない　　　　　　　　　　　　　　　　　相互交流が多い

講義　　ケース・スタディ　　ロール・プレイ　　ロール・モデリング　　シミュレーション

(House, 1996)。

　双方向の講義は，情報を提供すると同時に，参加者がその情報について話し合い，探求する場を作り出す。双方向的なアプローチは質問を活発にさせ，集団討議を生み出し，意見の相違に対する率直なディスカッションすら引き起こすことができる（House, 1996）。奨励される相互交流の量によって，参加者は提供された情報を自分自身のニーズに合わせて編集加工できたりできなかったりする。

ケース・スタディ

　ケース・スタディでは，企業とその組織内の状況について，問題や状況がどのように扱われ結果はどうだったかについて書かれた情報が参加者に示される。参加者は書かれた情報に基づいてその状況と結果を批評し，取った行動は適切であったか，また他にどのようなやり方があったかについて判断するようトレーナーから指示される。

　ケース・スタディはトレーニング・プログラムにおいて，緊張をほぐす，思考を刺激し疑似体験学習をさせる，練習の機会を与える，参加者の学習を試すといったいくつかの役割を果たす（Aldern and Kirkhorn, 1996）。これらのうち「思考の刺激」と「練習機会の提供」のふたつはリーダーシップのスキル・トレーニングにおいて特に役立つものである。ケース・スタディは思考の刺激剤として参加者にこれまで認知していなかった問題と新しいスキルを学習する必要性のどちらか，もしくはその両方を気づかせる（Aldern and Kirkhorn, 1996）。どちらの効果をねらう場合にもケース・スタディはスキル・トレーニングの中に効果的に組み込むことができる。

　しかし，ケース・スタディの最大の価値は，土台となる知識を獲得した後にスキルを使う機会を提供するという点である。特に，代替案を考える，前提を疑う，あいまいさを探求する，分析的に考える，問題を見抜き解決するといった複雑なスキルの実践に有効である。これらのスキルは創造性，体系的思考，批判的評価といったリーダーシップ能力の基礎をなすものである。

ロール・プレイ

　ロール・プレイは，「プレイヤー（参加者）が，台本に割り当てられたキャラクター（登場人物，特性，性質）を自発的に演ずる」演習と定義づけられる（Thiagarajan, 1996, p.521）。ロール・プレイは次のような形で行われる。参加者は，いったん取り組むテーマ（たとえば，対立処理など）の基礎となる理論や原則，テクニックについて理解した後，ペアを組まされる。トレーナーは台本の短い説明を配布する。そこには，あるマネジャーが組織内の別のマネジャーとの対立を解消しなければならず，事態はお互いの部署の関係悪化にまでおよんでいるといった記述がある。2人はそれぞれのマネジャーの役割を引き受け，その状況を演じることで，問題を解消するための対立処理について学んだことを実践する。

　ロール・プレイは，現実的な場面を扱いつつも状況についての詳細な情報は参加者に知らされないという設計になっている。このため，演習中に繰り広げられる行動のレパートリーはほとんど無限だ。どのような展開になっても，習得した知識を使って適切に対処するというのがこの演習に内在する要素である。

　概して，ロール・プレイは対立処理，交渉，影響力の発揮，チーム・ビルディング，積極的傾聴，フィードバックの授受，コミュニケーションなどの対人関係スキルの練習に最も効果的である（Thiagarajan, 1996, p.521）。

ロール・モデリング

　ロール・モデリングはロール・プレイの技法をさらに入念に作り込んだもので，「社会的学習理論（social learning theory）」（Bandura, 1986）に基づいている。はじめに参加者に適切な行動のモデルを示し，次にその行動のロール・プレイを行い，そしてそのパフォーマンスについてフィードバックを受ける。たとえば，効果的な交渉スキルの学習では，参加者はまず効果的な交渉のビデオを見ることから始める。ビデオの最後には，うまく交渉を完結させるために必要となる重要なステップを再確認させる念押しがある。それから参加者はロール・プレイの資料を受け取り，モデルで示された重要ステップを使って仲間と

交渉の練習をする。

ロール・モデリングもロール・プレイ同様，対人関係スキルの習得に役立つ。実際，2人の研究者がこの手法を対人関係とマネジメントのスキルを改善するために用い（Goldstein and Sorcher, 1974），非常に効果的なトレーニング・メソッドのひとつであると述べている（Burke and Day, 1986）。

シミュレーション

シミュレーションは，一般的に方針設定，価値観に基づく行動，対人関係の構築，戦略的な行動などのリーダーシップの役割を現実的に描写してくれる。現実の仕事を模擬体験するという点ではロール・プレイに似ているが，シミュレーションがロール・プレイと異なるのは参加者により詳細な情報や構造を提供するという点である。

典型的なシミュレーションでは参加者は架空会社の詳細情報（組織図や会社の財務状況に関する詳細な背景，さまざまな部門に関する説明，各部門や会社全体が直面している課題などが記載されたもの）を受け取る。そしてその組織の中のリーダーの役割をひとつ与えられ（あるいは自分で選び），その人物に関する情報と，彼または彼女が直面している問題と機会に関する追加情報を渡される。役割が決まり，資料を調べ終えた後，参加者は架空の会社を経営する。彼らは優先順位を設定し，意思決定し（あるいはし損ない），不満を抱く顧客に対処したり，人事問題を解決したりする。演習の最後で参加者は自分たちのパフォーマンスについて，つまり，何が（内容），どのように（過程）行われたかに関して相互にフィードバックする。

どの技法を用いるか

リーダーシップのスキル・トレーニング・プログラムの設計を託された人たちにとってのチャレンジと腕の見せ所は，コンテンツに応じて最も適切なトレーニング技法を見つけ，組み合わせることにある。効果を最大化するためには複数の技法を活用することが重要だといわれている。たとえば，講義は，大量の情報と理論を提供するのに最も効率的な方法なので，ほとんどのスキル研修で必要とされる。しかし，講義がいかに素晴らしかったとしても，それだけで

表3.3 トレーニング技法と学習されるスキルの例

研修の技法	学習されるスキルの例
講義	概念的情報：理論，モデル，原則，テクニックなど
ケース・スタディ	複雑なスキル：代替案を考える能力，前提を疑う能力，分析的に考える能力，問題を見つけ出し解決する能力など
ロール・プレイ	対人関係スキル：対立処理，交渉，影響力の発揮，チーム・ビルディング，積極的傾聴，フィードバックの授受，コミュニケーションなど
ロール・モデリング	ロール・プレイに同じ
シミュレーション	問題解決，対人関係スキル，分析的思考

十分ということではない。

　本書のいたる所で私たちは，リーダーは「何かをすること」から学ぶということを強調している。その原則はトレーニングにおいても変わらない。リーダーシップの新しいスキルの修得とは，講義を通しての知識の獲得と，その後のその新しい知識の実践を意味している。スキル・トレーニングにおいて「何かをすること（実践）」は，ケース・スタディ，ロール・プレイ，ロール・モデリング，シミュレーションの中で生じる。表3.3は，学習する知識やスキルとトレーニング技法との適切な組み合わせの例示である。

リーダーシップ開発におけるトレーニングの役割――どのように活用するか

　本章では，トレーニングは「計画されたイベント」として特徴づけられている。そして前章で，リーダーシップ開発は継続的なプロセスと定義した。ここで問題となるのは，イベントとしてのスキル研修をどのようにしてリーダーシップ開発のプロセスに組み入れるかということである。

　序章で紹介したリーダーシップ開発モデルで，優れた能力開発の経験には三つの要素（アセスメント，チャレンジ，サポート）が内在することが重要であると述べた。また，ある能力開発の経験が他の能力開発の経験に結びつけられるときに最大の効果を上げるとも述べた。本節では，スキル・トレーニングとリーダーシップ開発モデルの関係をふたつの観点から考察する。ひとつは，ア

セスメント，サポート，チャレンジの三つが，どのようにスキル・トレーニングの効果を高めるか，もうひとつは，どのようにトレーニングを他の成長を促す経験と結びつけられるか，である。

スキル・トレーニングとアセスメント，チャレンジ，サポート

新しいスキルの開発においてアセスメントはどのように役立つだろう。ひとつのシナリオを見てみよう。

コンピュータ・ソフトウェア会社のマネジャーであるアーサーはリーダーシップのスキル・トレーニングに参加する。プログラムは極めて双方向的で実際のパフォーマンス重視のものであった。プログラムに参加する前，彼は自分が優れた対立処理とエンパワーメントのスキルを持っていると信じていた。しかし，最初の短いシミュレーションの後，彼はこれら両方のスキルを学び，身につける必要があることを悟ったのである。1週間にわたるプログラムの間中，途切れることのない実践の機会とそれに対する改善点のフィードバックの機会があり，プログラムの最後にはお互いの1週間の学習について参加者同士自由にフィードバックし合う時間があった。アーサーは，自身の現状のスキルのレベルと継続的な能力開発ニーズについてより深い気づきを持って職場に戻る。これは，いわばインフォーマル（非公式）なアセスメントであり，トレーニングの前後の効果測定のように明確に位置づけられたものではない。

別のもうひとつのシナリオは，よりフォーマル（公式）な取り組みである。アーサーが同じトレーニングに参加すると想像してみてほしい。しかし今回は，特定の分野での自分のスキルを研修前後で比較することが含まれている。プログラムの初日に，彼は現在のスキルのレベルについて一連のアセスメントを受ける。プログラムは講義，短いシミュレーション，継続的フィードバックを含んだもので，最終日にはアーサーは再度自分のスキルのレベルについて公式なアセスメントを受ける。彼はふたつのアセスメント結果と改善が見られたスキルについてフィードバックを受け，具体的なアセスメント・データを持って仕事に戻る。

最初のシナリオでは，アーサーは改善されつつあるスキル分野と，より開発

が必要な分野について感覚的に掴んでいる。ふたつ目のシナリオでは、彼は具体的な情報を手にしている。

継続的なフィードバックという形のアセスメントがスキル・トレーニングの効果を高める。参加者が新しいスキルを実践する際、すぐにフィードバックが得られることは、参加者が必要に応じて自分の学習を調整するのに役立つ。研修前後の比較も参加者のやる気を起こさせる役割を果たす。多くの場合、参加者は仕事を立派に遂行したいという意欲を持っているので、トレーニング前のアセスメントによって、仕事に必要なスキルレベルと現在のレベルとのスキル・ギャップを明確にすることは、参加者の学習意欲を高めることにつながる。トレーニングの内容をうまく学べた場合、トレーニング後のアセスメントは参加者の努力が正しかったことを証明してくれる。そうでない場合には、さらなるトレーニング、もしくはそのスキルを開発するための別のアプローチのいずれかが必要であることを示してくれる。

チャレンジ

何か新しいことを学ぶということは、当然のことながら、居心地の良い場所から踏み出し新しい水に身をさらすということである。この居心地の良い場所から踏み出すという行為はチャレンジングな経験だが、学ぶためには必要なものである。ほとんどのリーダーシップのスキル・トレーニングにおいて、参加者は自分の居心地の良い場所を抜け出す。

スキル・トレーニングが参加者に新しい情報や馴染みのないアイディアを提示するとき、また、新しい行動を学んで実践することを要求するとき、そこには常に必要なチャレンジが含まれている。ロール・プレイやロール・モデリング、そしてシミュレーションは、失敗による影響が比較的小さい中で、参加者が新しいスキルを試せる安全な方法でもある。

サポート

人が何か新しいスキルを開発しようとしているときにどうすれば彼らをサポートできるだろうか。トレーニングにおいては、人々が研修室で学んだ新しいスキルを仕事で活用する際に、必要な支援をどう獲得していくかという観点か

ら最も頻繁に議論される問いである。

　トレーニングの仕事への移転は，トレーニングのコンテンツをどの程度仕事に適用できるかという問題である。これに強い影響を与える要素のひとつは組織風土である。つまり，人々が仕事で新しいスキルを使ってみることが許容，奨励されるような支援的風土がどの程度あるかということだ。

　ルーイリエール＝ゴールドスタインは，支援的な風土の主な構成要素として状況的な「後押し」と，もたらされる「結果」のふたつを特定している（Rouillier and Goldstein, 1990）。ポジティブな「後押し」の例としては，参加者がトレーニングの内容を使う機会をすぐに与えるというものがある。また，参加者が仕事で新しいスキルを試してみることができるように，上司からのプレッシャーを一定期間与えないようにするといったものもこれに当たる。「結果」面での支援には，参加者が新しいスキルを活用した場合にそのことを認めて評価する，望む仕事を割り当てることによって報いる，といったことが含まれる。

　これとは逆に，組織の慣行には支援的環境の障害となるようなものがあるかもしれない。時間がなく，新しいスキルを学ぶ過程での一時的なパフォーマンスの低下が許されない組織や，リスクを犯すとひどい目にあう組織，さらには，学んだスキルや考え方に価値を見出さない文化を持つ組織などでは多くの場合，トレーニングへの参加は「むなしい行為」となってしまう。

　学習には時間が必要である。また，参加者がトレーニングで学んだ新しいスキルを仕事に活かそうとする際，一時的にパフォーマンスが低下するかもしれない（Bunker and Webb, 1992）。新しいスキルが完全になじむまで組織は時間と支援を提供すべきである。支援的な風土を持つ組織はマネジャーが新しいスキルを実践し習得することに対して報いるが，非支援的な組織は，学習している間できなかった仕事のことでマネジャーを罰してしまう。こうした組織のマネジャーは忠実にトレーニングに参加し，内容を学習するかもしれないが，パフォーマンスが落ちるのを避けるために仕事上では従来通りの行動をし続けるかもしれない。

　時間のほかに，学習はリスクをとることを必要とする。トレーニングの仕事への移転が行われるためには組織はリスクをとることも支援しなければならな

い。新しいスキルを試し，習得するには実践での練習が必要であり，その過程では一般的にパフォーマンスが落ちる。リスクを嫌う組織は学習の最初の試みが成功するという保障を求めたがるが，そんなことはほとんどありえない。成功に至るまでには何度かの試行錯誤が必要であるという事実に対して組織は耐性を持たなければならない。

より創造的なリーダーシップのスタイルを身につけようとしているマネジャーの場合を考えてみよう。彼らは効果的なやり方を見出すまでにさまざまなアプローチを試さなければならないかもしれない。また新しいスタイルがチームや組織に合うように微調整が必要になる。組織がそのようなリスクをとることを咎めるなら，マネジャーは従来のスタイルに戻るだけで能力開発の価値を実感することはない。

さらに，組織が学習のための時間をすすんで提供し，リスクをとることをサポートする場合であっても，一般的にはその組織の文化の中で「価値がある」と認められるスキルに対してのみのことが多いのである。これはトレーニングの内容の適切さとも関係してくる。

組織のバリュー（価値基準）は，さまざまな方法で定められている。ふたたび You-Shop の若いマネジャー，ジョアンナが例になる。彼女は州外の大学で行われた1週間の経営幹部の能力開発研修に参加した。この間彼女は，リーダーシップ，社員のモティベーション，および組織行動に関する新しい理論を学んだ。またこの情報を仕事に適用する方法を学び，新しいスキルを練習する機会も十分にあった。ジョアンナは仕事に戻り新しいスキルを使い始めた。3週間後，彼女は副社長の部屋に呼ばれ，彼女の行動について尋ねられた。その副社長は，彼女の職場の社員たちが彼女の最近の変化について苦情を言ってきたことを告げた。彼女は自分が研修中に学んだことを熱心に述べ，新しいスキル実践のゴールについて説明した。しかし副社長は無愛想に話をさえぎったのだ「冗談だろう。あそこで教えるニューエイジ的なものはここではまったく通用しないということぐらい，だれだって知っているはずだ」。これらの新しいスキルは彼女の仕事に役立つものであったにもかかわらず，組織はその価値を認めなかったのだ［訳注：ニューエイジ：愛と平和と調和の世界の到来とそのための個人の霊的覚醒を追求する社会運動］。

他の能力開発経験とのつながり

　スキル・トレーニングが他の能力開発の経験と意図的，かつ思慮深く結びつけられている場合，能力開発は最適化される。

　もう一度だけ，ジョアンナの例を考えてみたいと思う。彼女のリーダーシップ・トレーニングプログラムにおける経験は，新しい仕事への移行の一環であった。彼女はプログラムを首尾よく修了し，副社長の批判を受けたにもかかわらず，自分の能力開発を続けようと固く決心した。そして，新しい仕事に就いた最初の年の終わりに彼女はFIPに参加した。ここで彼女はこれまでの経験を深く考え，批判的思考と評価の領域でリーダーシップ能力を向上させようと決意した。数ヶ月後，彼女は分析的思考を高めるために役立つスキル・トレーニングに参加した。しかし彼女は，そのプログラムが単に基礎知識を提供しているように感じた。そこで，トレーニング経験を補うために，彼女は直属上司とコーチングの関係を確立した。同時に，上司は彼女に，批判的思考スキルが必要とされるいくつかのタスク・フォースの仕事を割り当てたのである。

　このケースは，FIP，スキル・トレーニング，仕事の割り当て，継続的コーチング，そしてフィードバックといったいくつかの能力開発戦略による相互作用を描き出している。FIPは批判的思考力を開発する必要があることを明らかにしてくれた。スキル・トレーニングは基礎知識とスキルの練習の場を提供したが，これらのスキルに磨きをかけるために，仕事の割り当て，コーチング，およびフィードバックが必要であった。これらの経験はいずれも単独ではジョアンナの能力開発を十分に促進するものではない。一緒になることで絶大な効果を上げるのである。スキル・トレーニングは他の能力開発経験を補強するとともに，他の経験によって補強されもするのだ。

効果を高める——スキル・トレーニングをいつ行うか

　スキル・トレーニングの効果をできるだけ高めるためには何度も述べたように三つの中核となる要素（アセスメント，チャレンジ，サポート）を含めるべきであり，他の能力開発経験に結びつけられてもいなければならない

が，加えてもうふたつの特性が特に重要になる。それは，タイミングと適合性である。

プログラムのタイミング

最も効果的なトレーニング・プログラムは，「そのとき必要な」「すぐ使える」コンテンツが提供されるというものである。たとえば，ジョイント・ベンチャーのパートナーと新しい契約についてまさに交渉しようとしている経営幹部チームは，交渉スキルに関するトレーニングが特にタイムリーであると思うだろう。最近ゼネラル・マネジャーに昇進し，専門知識を持ったより多くの社員を初めてマネジメントし，率いていく立場になった人は，チーム・ビルディングと権限委譲に関する研修がタイムリーだと思うだろう。

スキル・トレーニングがタイムリーなのは，キャリアの節目や仕事上で新たな課題が発生したとき，あるいは組織変更が個人のキャリアを足踏みさせているようなときである。スキル・トレーニングはこのような変化に関わる状況をうまくナビゲートしてくれる手段と考えられている。

つまり，求められているのはジャスト・イン・タイムの研修，必要なときに必要なスキルを提供できる研修なのである。

コンテンツの適合性

スキル・トレーニングでは参加者の仕事に直接関係するコンテンツの方が，そうでないものと比べてよりよく学習される。ある上級マネジャーはフラット化によって階層が減ったグループを新たに統括することになった。彼女の新しい部下は従来よりも多くの部下を持ち，責任の範囲も広がったため，彼女は自分にエンパワーメントのスキルが必要なことを理解した。エンパワーメントに関する知識やスキルを提供できるトレーニングであればこの向上心あふれるマネジャーにふさわしい能力開発の機会となるだろう。また，もうひとりの若いリーダーは組織全体をひとつのシステムと考えることが求められるポジションに異動した。一機能分野のみから物事を扱うのではもはや十分とはいえない。このリーダーには，体系的に思考し行動するための知識やスキルを提供するスキル研修であればマッチしている。

ある意味，タイミングと適合性は非常に親密に機能し，ときには同じものに見られるほどである。しかし実際には，コンテンツはマッチしているがタイムリーでなかったり（必要ではあるが，遅すぎて効果的ではない），あるいはタイムリーではあるが内容がふさわしくなかったり（キャリアが変わった直後ではあるが，適合したテーマではない）といったことが起こる。両方が必要なのは明らかである。これら両方の特性を確保するためのひとつの方法がトレーニングのニーズ・アセスメントを実施することである。

ニーズ・アセスメントの重要性

どんな種類のトレーニングであれ，組織としてそれを始める前にはまず，どのような能力開発ニーズがあるのか，トレーニングが適切な手段なのかどうか，またそうであればどのような種類のトレーニングが必要なのかを決めるためにトレーニング・ニーズのアセスメントを行うべきである。

トレーニング・ニーズのアセスメントには，組織分析，タスク分析，個人分析という三つの大きな構成要素がある（Goldstein, 1993）。最初に検討すべきはトレーニング・プログラムに影響を与える組織システムの要素である。この検討を通じて，経営層はトレーニング・プログラムから期待する成果をはっきりさせなければならない。タスク分析ではトレーニングの対象となる人々が遂行する仕事を詳細に検討する。その目的はプログラムが終了するまでに彼らが獲得すべきスキルを明確に特定することである。最後の個人分析では参加者の現在のスキルのレベルを確認する。必要なスキル（タスク分析）と現在のスキル（個人分析）との間にギャップがある場合にトレーニングが求められるのだ。

本節では，特に組織分析に焦点を絞ってきた。というのは，スキル・トレーニングとその他の能力開発の経験との統合について考慮されるのはこの分析においてだからである。組織分析では，組織の目標，その資源，学習の移転に対する組織風土（本章で前述），およびトレーニングに関する内外の制約条件が検討されるべきである（Goldstein, 1993）。同時に，経営層もトレーニングの成果と組織の目標とのつながりを明確にすべきである。これらの間に矛盾があると，たいていの場合，トレーニング・プログラムには効果がなく，参加者は困惑し，人事の担当者は失望するという結果になる。

結論

本章はスキル・トレーニングについて説明し、トレーニングを通じて開発可能な具体的なリーダーシップの能力を列挙し、リーダーシップ開発システムというより広い文脈の中でのスキル・トレーニングの役割についての議論と、スキル・トレーニングが最も有用な時期と実施方法の要点をまとめてきた。

この情報をどのように活かすことができるだろうか。仮にあなたがスキル・トレーニングを能力開発体系の一部として導入する計画を立てている人事の実務者だとしたなら、これらの情報は最も望ましいプログラム設計と、実際の仕事へのできるだけ速やかな移転を考える上で役立つはずである。

アセスメント・データを活用することでトレーニング・コンテンツの適合性を高めることができる。具体的には、トレーニング・プログラムの中で学習の対象となっているスキルに関する事前のアセスメント・データを提供することができる。参加者は研修前か研修開始時に、仕事に求められるスキルのレベルに関する情報を得ておくべきである。現在のスキルレベルと仕事に必要なレベルとの間のギャップは、どのようなものであれトレーニング・プログラムを際立ったものにする。「仕事に役立つ」ことを強調する方法を見つけるのだ。研修室、および仕事上のトレーニング環境は、トレーニングの内容が将来の成果につながるのを最大化するものであるべきである。

また、プログラムの特性にも注意を払うべきである。適切な特性はトレーニング・ニーズのアセスメントとプログラム設計を通じて得られる。特にニーズのアセスメントは、プログラムで仕事上すぐに必要なスキルを扱うのか、それとも近い将来必要となるスキルを扱うのかを明らかにするのに役立つ。さらに、トレーニングのコンテンツを組織の現在、あるいは将来の方向性に沿ったものにするのにも役立つ。

最後に、トレーニングを実際の仕事における行動に移転させるために、新しく習得したスキルの活用に支援的（そして、望ましくは報いる）職場環境を整えるよう働きかけなければならない。この目標に向けたステップとして、組織

の期待，上司の期待，参加者の期待，および研修の目的のすべてを一致させることが重要になる。

Chapter Four
Job Assignments

第4章
仕事の割り当て

パトリシア・J. オーロット
Patricia J. Ohlott

　少し時間をとって自分のキャリアをふりかえってみてほしい。そして，リーダーとして重要な成長を促す経験だったと思われる仕事（あるいはその中にあった任務），そこから多くのことを学んだと思う仕事経験を少なくともひとつ特定してみてほしい。それはおそらく単なる新しい業務内容以上のことを学んだ仕事だったはずである。その経験の「何か」が，自分のリードの仕方を変えたはずである。自分にとってその仕事の何がそれほど困難，あるいはチャレンジングだったのか自問していただきたい。

- それは昇進，もしくは他部門への異動だったのではないか。
- 難しい顧客やクライアントに対応しなければならなかったのではないか。
- 不慣れなことをマネジメントしなければならなかったのではないか。
- チームをゼロから創り上げなければならなかったのではないか。
- 人員削減をする責任があったのではないか。
- 多大なリスクがあったのではないか。
- 注目度の高いタスクだったのではないか。

　次に，その経験から何を学んだか自問してほしい。その仕事や任務の経験によって今日やり方が変わっていることは何だろうか。多分あなたは，他者の説

得，戦略的思考，根気強さ，権限委譲，もしくはあいまいなことへの対処などについて学んだのではないだろうか。

そのとき，自分は学んでいるということを実感していただろうか。それは計画されたことだったか。困難だったか。それらのことは研修室で学べたかもしれないと思うか。

仕事の割り当ては，リーダーシップ開発において最も古くからある最も強力な手段のひとつである。それはリーダーに実践（実際の問題や難題に取り組むこと）から学ぶという機会を与える。しかし，「仕事の割り当て」を能力開発の目的で体系的かつ計画的に用いるというのはほとんどの組織においてここ最近の現象である。1980年代までリーダーシップ開発の体系的な試みの大部分は研修室における教育や訓練を中心とするものであった。

1980年代に，CCLその他で行われた多数の調査研究は，多くのマネジャーが仕事経験を主要な学習の源泉と考えていることを立証した（たとえば，Broderick, 1983; McCall, Lombardo and Morrison, 1988; Morrison, White and Van Velsor, 1987; Wick, 1989; Zemke, 1985）。これらの研究は主に回顧的な話に基づくものであり，記憶によるバイアスを排除することはできない。しかし，これらの研究で，成功した経営幹部による実際の話から結論が導き出されているのは注目すべき点である。経営幹部たちは，リーダーとしての成長において決定的な出来事だったことを特定するよう依頼された。彼らの話から，彼らがフォーマルな研修プログラムやその他仕事以外の経験よりも，職場の実力者や仕事に内在するチャレンジからより多くを学んだと感じていることが明らかにされた。

1990年代に入り，リーダーシップ開発の理論と実践の両方において実際の仕事の経験が重要な役割を果たすという認識が広がってきている。フォーマルな研修や能力開発プログラムは依然として重要ではあるが，有能で適応力のある経営幹部を育成するためには，最早このようなフォーマルなプログラムだけに頼ることはできないという認識を組織はますます強めてきている。

専門的なスキルや幅広いビジネス知識を教えるために多くの企業で非公式に使用されてきた手段のひとつがジョブ・ローテーション（配置転換）である。ジョブ・ローテーションほど一般的ではないが，私たちがこれよりはるかに効

果的だと考えるのは，仕事の割り当てを能力開発経験として体系的に活用するというものである。代表例として，シティコープ社（現シティグループ）とGE（General Electric）社をあげる。GE社では，経営幹部の地位を決定するときに，その経験から能力開発上最も恩恵を受ける人はだれか，ということを重要な要素として考慮する（Sherman, 1995）。シティコープ社は高い潜在能力を持つマネジャーたちを，必要とされる能力を6～7割しか持ってないような背伸びした仕事に配置しようとしている。成長し続けるために必要な新しいチャレンジが与えられるのである（Clark and Lyness, 1991）。

シティコープ社やGE社の政策は，いささか普通とはいえない。ほとんどの組織において，ある職位の理想の候補とはその仕事を遂行するためのスキルをすでに持ち，最初から全速力で仕事に取り組むことができる人である。能力開発を目的とした仕事の割り当てをしたがらない。能力開発を目的とした体系的な仕事の割り当てがめったに行われないもうひとつの理由は，おそらくそれを行う理由ややり方について組織が真に理解していないことであろう。

これこそ本章の目的である。本章では，マネジャー，経営幹部，その他将来のリーダーたちに働きかける人事の専門家に対して，人々がどんな種類の経験に学ぶか，またさまざまな経験から一般的にどんな種類のことを学ぶかについてその要点を示す。CCLにおける研究のほとんどはマネジャーや経営幹部についてのものだが，成長を促す仕事の割り当てはどのような種類のリーダーをとっても成長のための重要な機会を提供するものであると私たちは確信している。

成長を促す仕事の割り当てを構成するものは何か

私たちは，仕事の割り当てという用語を，新施設の開設やシステムの再設計のようなひとまとまりの仕事，もしくは厄介な従業員への対処や特定の問題解決のための一時的なタスク・フォースのような断片的な仕事に対して用いる。新しい割り当ては昇進や異動によって発生するまったく新しい仕事かもしれないし，毎日の通常業務と並行して取り組む短期的プロジェクト・チームなど現在の仕事に追加される責務かもしれない。

重要な特徴として，割り当ては必ずしもだれかに「割り当てられた」仕事ではないという点がある。新しいソフトウェア・パッケージの有効性を調べるタスク・フォースを率いたり，顧客と交渉したり，あるいはコミュニティとのつなぎ役を担うなど，自ら仕事を捜し出し，自発的に行う人もいるのだ。

　仕事の割り当てを能力開発に結びつけるものは何だろうか。本質的にいえば，人を目一杯背伸びさせ，居心地の良い場所から追い出し，異なる思考と行動を要求する「何か」であるにちがいない。明確には定められていない役割が含まれているかもしれないし，たいていの場合，その人にとっていくつか未経験の要素が含まれてもいる。こうした割り当ては，解決すべき問題や解消すべきジレンマ，乗り越えるべき障害，そしてリスクと不確実性がある中で決めなければならない選択などが数多く含まれたチャレンジングな立場に人々を置く。

　成長を促す仕事の割り当ての鍵となる要素はチャレンジなのである。不慣れな課題に果敢に取り組み，自分の行動の結果を目にすることで人はその中にあるチャレンジから学ぶ。この学習によって，マネジャーの意思決定，行動，リスクへの対処，そして問題へのアプローチのしかたに変化が生じるかもしれない。成長を促す仕事の割り当ては何よりもまずチャレンジングなものだが，同時にアセスメントやサポートの要素を含んだものである。新しい割り当てがその人の現状のスキルにおける強みと弱みを明らかにする場合，それはアセスメント・データを提供することになる。リーダーは特定のコンピテンシーが要求される状況に直面するまで，自分がそのコンピテンシーをどの程度持っているかわかっていないかもしれない。たとえばある女性マネジャーは，新チームの構築を命じられて初めて，自分がどのようなことが得意（もしくは不得意）なのかに気づいた。状況が彼女に能力開発しなければならない分野を指摘したのである。彼女がさまざまな方法を試す際に多くのフィードバックを得られるなら，また自分の行動に関する情報を複数の情報源から得られるならこの新しい仕事から彼女が学べることは広がる。

　成長を促す仕事を割り当てられること自体がその人にとっての励みに成り得る。それはその人が仕事をうまくこなし，その経験から学ぶことができると組織が信じているというサインだからである。このような自信がつくことによっ

てその人は学ぶ意欲が強くなる。しかし仕事におけるチャレンジがことのほか困難で，仕事が進むにつれ他の人からのサポートを必要とする場合もある（これについては本章の後半でまた述べることにする）。

成長を促す仕事に内在するチャレンジ

何が仕事を「成長を促すものにするか」についての研究から，学習に関係する五つの大きなチャレンジの源泉が明らかになっている。

1. 異動（job transition）
2. 変化を生み出す（creating change）
3. 高レベルの責任（high levels of responsibility）
4. 権限外での影響力（nonauthority relationships）
5. 障害物（obstacles）

これらの一般的なカテゴリーの中には，特に成長を促すことがわかっているたくさんの具体的なチャレンジがある（McCauley, Ruderman, Ohlott and Marrow, 1994）。それらをまとめたのが表4.1である。チャレンジは役割，責任，課題，および仕事の状況から生じる。

本節ではチャレンジの五つの源泉がどのように，また，なぜ学習に影響を与えるのかについて説明し，これらのチャレンジを発生させる具体的な仕事のタイプについて述べる。表4.2ではその他の仕事の割り当ての具体例についてもあげている。

異動——異動（job transitions）は，仕事内容や責任のレベル，あるいは勤務場所の変化などの仕事上の役割変化を伴う。特に成長を促すことが明らかになった具体的な異動には，地位や職種，あるいは雇用主の変化（Nicholson and West, 1988），任務の範囲の大幅な拡大（McCall, Lombardo and Morriosn, 1998; Valerio, 1990），ラインからスタッフへの異動（McCall, Lobardo and Morrioson, 1988）がある。

異動は，多少なりとも不慣れな責任やそれまでの手順や行動がもはや通用し

表4.1 仕事の割り当ての中にあるチャレンジの源泉

異動	1. 不慣れな任務：リーダーは，新しい，以前とは大きく異なる，あるいは以前よりも広範囲の任務を担当しなければならない 2. 自分の力量を示す：リーダーには，自分がその任務を遂行できるということを他者に証明するというプレッシャーがかかる
変化を生み出す	3. 新しい方向への展開：リーダーには，組織内で何か新しいことを始める，事業で戦略的変化を起こす，組織再編を断行する，あるいは経営環境の急速な変化に対処するという責任がある 4. 継承される問題：リーダーは，前任者が起こした問題を解決したり，問題ある従業員を受け継いで状況を克服しなければならない 5. 縮小の決定：操業中止や人員削減などにつながる決定をしなければならない 6. 従業員との問題：従業員が適切な経験に欠けていたり，能力が不足していたり，あるいは反抗的であったりする
高レベルの責任	7. 高度な責任：明確な締切り，経営層からのプレッシャー，高い注目度，およびその仕事の成否を分ける重要な決定を行う責任が歴然としている 8. 多様なビジネス：仕事の範囲が広く，そして複数の機能・集団・製品・顧客・マーケットに対する責任を含んでいる 9. 仕事の負担：仕事を全うするには大量の時間とエネルギーの投入を要する 10. 外的プレッシャー：ビジネスに影響する外的要因（たとえば，労働組合や政府機関との交渉，異文化での業務，深刻な地域社会問題の処理）を扱わなければならない
権限外での影響力	11. 権限がない中で影響をおよぼす：仕事を遂行するためには，同僚や自分より地位の高い人，外部団体，その他の重要人物など直接的な権限がおよばない人々に影響をおよぼす必要がある
障害物	12. 事業上のマイナス：事業単位あるいは製品ラインが財務上の問題もしくは厳しい経済状況に直面している 13. トップの支援不足：トップ・マネジメントが現在の仕事や新しいプロジェクトに対して指示やサポート，あるいは資源を提供することに消極的 14. 個人的な支援不足：重要なネットワークから締め出されており，他者からのサポートや支援がほとんど得られない 15. 頑固な上司：意見やマネジメントのスタイルが上司と異なる，もしくは上司に重大な欠点がある

パート1　リーダーシップ開発：経験

表4.2 成長を促すチャレンジ,およびそれらが発生する割り当ての例

チャレンジ	割り当ての例
異動	経験の浅いメンバーとしてプロジェクト・チームに加わる 別機能(部門)の臨時任務を引き受ける 経営管理全般の仕事への異動 よく知らない集団や専門領域をマネジメントする ライン部門から全社スタッフへの異動 別事業部門への水平的な(昇進,降職を伴わない)異動
変化を生み出す	新製品,プロジェクト,システムの立上げ リエンジニアリングのチームの一員として働く 新しいビジョンやミッション・ステートメントの展開を推進する ビジネスの危機への対処 人員整理の取り組み 新スタッフの採用 新規の作業工程／業務プロセスへの着手 組織の再編成 部下のパフォーマンスにおける問題の解消 製品や設備の清算整理の指揮監督
高レベルの責任	厳しい締切りを持つ全社レベルの任務 マスコミや影響力のある外部者に対して組織を代表する 複数地域にまたがるマネジメント 事業規模の縮小に付随する責務を引き受ける 同僚が不在の期間,その職責を引き受ける
権限外での影響力	最高経営層に提案を行う 全社スタッフの仕事 クロス・ファンクショナル・チーム(職務機能横断チーム)の一員として働くこと 会社の行事やオフィスの改装のような社内プロジェクトのマネジメント コミュニティや社会的団体とのプロジェクトに取り組むこと
障害物	難しい上司のもとで働く 上級マネジャーの指示がほとんどないか,明確でない状況で働く 非常に競争的なマーケットに直面している事業や製品ラインの職責 新規プロジェクトを乏しい資源でスタートさせる

ないような新しい状況に人々を置く。異動は人々に問題や機会に対する新しい考え方や対処の仕方を要求する。さらに，まったく異なる仕事に異動した人はまったく新しい職場の仕事仲間たちに，もう一度，自分の力量を示さなければならないという気持ちに突き動かされることになる。

異動がどれほど成長を促すかは人により異なる。つまり，新しい仕事が以前の仕事にどれくらい似ているかによるのである。ある人にとってかなり背伸びしなければならない仕事は成長を促すかもしれないが，同じ異動であっても似たような責任や課題を伴う仕事を経験した人にとってはそれほどでもないだろう。仕事の中に新しい要素が少ない場合（Davies and Easterby-Smith, 1984; McCauley, Lombardo and Usher, 1989; Nicholson and West, 1988）や，仕事を進めるにあたって自由裁量の余地がほとんどない場合（Brett, 1984），あるいは以前のポジションとの違いをその人が気づかない場合（Brett, 1984, Nicholson and West, 1988），その異動はさほど成長に役立たない。

あるマネジャーが最初の重要な節目となった仕事について語ったことに耳を傾けてみよう。

私はその支店で最も優れた電気技師だと思われていました。同僚やマネジャーは皆，答えがほしいときは私のところに来ていたし，仲間はとても身近な存在でした。彼らは私のことをわかっていたし，どんなふうにやるかも知っていましたからね。実際仲間の1人は高校に一緒に通った仲でした。その後，私は作業長に昇進しました。その仕事に就いたとき，まるで自分の力量を証明しなきゃならないような感じでした。私を一番あきれさせたのは，さっき言った高校に一緒に通った同僚でした。彼は自分が私の友達だから特別な扱いを受けるに違いないと期待しました。私は，労働者からマネジメント側に入るときには過渡期というものがあるということを学びました。下からも上からも試されたのですが，それは境界線を決めるための探り合いの過程だったのです。他人にとってだけではなく，自分自身にとっても。その当時，私は自分の身に何が起きているのかわからなくて，自分の権限に対する攻撃とみなして行動したんですけれどもね。

節目となる仕事の割り当てのもうひとつの例はラインから全社スタッフへの異動である。スタッフに任命されたライン・マネジャーはたいてい本社に移り，自分が経験したことのない新しい専門分野と格闘しつつ，それまで一緒に働いたことのない経営幹部に仕えなければならない。ラインからスタッフへの異動は，人々を戦術的にだけでなく戦略的にも考えられるようにするチャレンジである。さらにそれは，トップ・リーダーとはどういう人で，彼らとうまく仕事を進めるにはどうすればよいかに関する重要な対人関係の教訓を授けてもくれる。つまり，この特別な仕事の割り当ては「直接コントロールできない人々に」影響を与える方法を学ぶ機会を提供してくれるものなのだ。

職務に関連したチャレンジ

　先に示したチャレンジの五つの源泉のうち，2番目，3番目，および4番目のチャレンジの源泉は職務に関連するもので，仕事自体に内在する責任，要求，問題，課題から生じる。これらは異動と比べてより客観的なものであるため，割り当てられた仕事にそれがあるかどうかを見極めるのも容易である。たとえば，英語が母国語の米国人マネジャーがメキシコに最初の工場を開設する仕事を割り当てられたなら多くのチャレンジに直面するのは明らかだろう。

　私たちは，職務に関連するチャレンジとして特に成長を促す3種類のチャレンジを見つけた。「変化を生み出す」ことが求められたことによるチャレンジ，高レベルの責任から生じるチャレンジ，権限がおよばない関係での交渉に関するチャレンジである。

変化を生み出す——変化を生み出すことを要求する仕事は，不確実であいまいな状況の中での多くの行動や意思決定を求める。現状の変革という指令を受けたリーダーは，組織で何か新しい事を始める，組織を再編成する，前任者が起こした問題を解決する，厄介な部下に対処するなどの責任を負うことになるかもしれない。そうした仕事にはたいてい「従業員の20％削減」といった明確な目標があるが，役割自体は明確に決められておらず，リーダーは目標をどのように達成するかをある程度自由に決定できる。変革が不確実で複雑であればある程，その仕事のチャレンジから学べることは多くなる。

事業のゼロからの立ち上げや窮地にある事業の立て直しは，この種の成長を促す仕事の割り当ての典型的なものである。これらふたつの仕事の焦点は大きく異なり，そこから得ることができる教訓にはいくらか違いがあるが，変革を効果的に推進するのに重要ないくつかのスキルを習得する機会があるという点では共通している。このような仕事を割り当てられたリーダーは，特に決断力や自らの行動に責任を負うといった「アジェンダ設定（agenda setting）」〔訳注：アジェンダ＝担当事業や機能組織の現状と将来に関する大まかな見取り図〕に関する重要な教訓を学ぶ。彼らはまた，従業員との関係についても多くのことを学ぶ。指導，動機づけ，育成はもちろん，問題のある従業員との対峙についても学ぶことになる。

あるマネジャーが，変革が求められた仕事の一例を話してくれた。

　私はポジショニングを変える必要があるブランドのマネジメントをするよう命じられました。私と上司は，顧客調査データはもとより，研究開発の成果も利用した新キャンペーンに取り組みました。私は主要部門のメンバーからなる中核チームを作り，ブランドの目標とその達成方法について検討しました。5年間減少し続けた売上を最初の1年で反転させ，35％伸ばしました。私はこの経験から，人々は自分が検討の過程や決定に参加していると感じれば，優れたチーム力を発揮し，前向きな最終成果を生み出すのだということを学びました。大切なことは，彼らの話に耳を傾け，情報に基づいて行動するようエンパワーすることだったのです。私はまた，測定可能で達成可能な，明確な目標を正確に設定するということも学びました。人はいったん自分が評価され感謝されていると感じれば，プロジェクトとマネジャー（あるいはそのどちらか）のためにさらなる努力を惜しまないものだったのです。

高レベルの責任――高レベルの責任を伴ったリーダーとしての仕事には，より大きな範囲，注目度，複雑さがある。つまり，責任の低い仕事よりも多くの外部とのやり取りが求められるのだ。

　高レベルの責任を伴う仕事への異動には，飛躍的に広がる仕事の範囲，より大きな予算，より多数の部下，そして異なる機能，集団，地域などを抱えると

いったより多様な責任が含まれているかもしれない。高レベルの職責であるがゆえに利害関係も大きく，ビジネスの多様性も大きく，外部要因のプレッシャーも強いということになりかねない。その仕事は多くの時間とエネルギーの投入を要求するため，オーバーロード（過剰負担）する危険性もあるかもしれない。

　このような仕事は，変化やあいまいな状況に適応する方法（たとえば，プレッシャーのもとで戦略的に考え適切な決断を下すこと，あるいは部下，同僚，上司，および外部団体との関係の構築や修復を行うことなど）を知る宝庫であり，教訓を学ぶ強力な機会を提供してくれる。より広範で複雑な問題への取り組みでは，異なる見解の統合，優先順位づけ，あるいはトレードオフ（二律背反）への対処を学ぶ環境が提供される。

　高い職位のリーダーは組織に大きな影響をおよぼす地位にある。同時に彼らは，一段と注目度が高い中で仕事をしている。「影響をおよぼす」ことと脚光を浴びることが組み合わさった機会は，人々を自身のリーダーシップスキルや能力の向上に向けてさらに懸命に働くよう促すことになるだろう。また，重大な場面でとった行動が成功した場合，学習が強化，支持されることも証明されている（Kelleher, Finestone and Lowy, 1986; Wick, 1989）。

　ここで紹介するのは，高レベルの責任を伴う仕事の割り当てを斬新な形で活用している会社のあるマネジャーの述懐である。「CEO（最高経営責任者）が特に私を指名して，地元の都市部のドラッグ問題抑制の戦略プランに一緒に取り組むよう要請してきた。私はこの CEO やコミュニティの常任理事と緊密に働いた。彼らは CEO というものがどのように考え，情報を処理し，また何をもって成功とするかを教えてくれた。私は経済的に困窮しているコミュニティとも緊密に働いた。情報を収集し，問題やニーズを明確にし，現実の課題を解決するために彼らと働いたのである。この仕事のおかげで私は戦略的プランニングのスキルを強化し，社会的，経済的に両極端な人々に幅広く対応する対人関係スキルを磨くことができた」。

権限外での影響力——ほとんどのリーダーは下方向へのマネジメントに慣れている。自分の権限が直接およばない人々と協働しなければならない状況に置か

れたとき，彼らはもうひとつのチャレンジの源泉に向き合うことになる。典型的な状況としては，顧客，同僚，ジョイント・ベンチャーのパートナーと働くこと，プロジェクト・チームやタスク・フォースの一員としての務めを果たすこと，あるいはさまざまな部署と交渉することなどである。このような状況におかれたマネジャーは，対人関係の構築，葛藤への対処，他人に対して率直であることについて多くのことを学ぶ。すべての関係者が効果的に協働するために，リーダーは交渉，コミュニケーション，葛藤（対立）のマネジメントについて新たなスキルを学ばなければならない。

　権限の及ばない対人関係をマネジメントさせようとするとき，最もよくある仕事の割り当ての例としてクロス・ファンクショナル（職務機能横断）のプロジェクト・チームやタスク・フォースを統率する，もしくはそこに参加するというものがある。組織がよりフラットになり，複数機能にまたがる活動が増え，仕事の達成が提携やパートナーの存在に左右される状況が増加するにつれこの種の仕事の割り当ても増えてきている。

　ある経営幹部が彼の経験とその経験が教えてくれたことについて話してくれた。彼は通常のマネジメントの役割に加えて，社内のクレーム処理部門とともに顧客の問題へのよりよい対処方法を考える仕事の担当に選ばれた。電話内容を分類し，それぞれにだれが対処するかを決定するため，公式的には自分の部下ではない人々と仕事をしなければならなかった。だれがどのような電話内容に対処するか，まただれが残業代やインセンティブを負担するかについて非難や部門間の不一致が絶えず発生した。この経験から彼は，他部門との関係構築や維持のしかた，異なるマネジメントスタイルを持つ人々をプロとして扱う方法，そして互いの専門性に敬意を払いつつ異議を唱える方法を学んだと言っている。

障害物——仕事の割り当てに伴うチャレンジの五つ目のタイプは仕事の背景事情に起因するものである。仕事の基本的課題や責任は変わらなくても，背景事情が変わると仕事のチャレンジも変わる。そのような背景事情は一般的に，その責任を果たす過程における困難な状況，あるいは障害として表れる。

　障害は難しい上司や非協力的な経営層といった組織内状況，あるいは悪化す

る経済情勢といった外部要因によって生じる。このような状況下で起きる心理的な不快感を軽減しようとするとき，人は通常何かを学ぶものである。あるマネジャーの話を紹介しよう。

　私の上司は当社に30年以上も勤務していました。彼は非常に多くのことを要求，期待しましたが，同時に指示や指導はなく，彼が何を望みどこに行こうとしているかについて明確なビジョンを示すことはありませんでした。彼の知識や経験を考えると私は居心地が悪く，彼に意見する気にはなれませんでした。現在私たちは同僚であり，今でもよく話をします。私は彼を，自分と同じいくつかのチャレンジに直面している1人の人間としてみています。ときがたって，私は彼に意見すべきであったと思うようになりました。彼は明らかに間違っていることがよくあり，私は遠慮なく言うべきだったのです。

　このような困難な状況をうまく扱うことができれば，状況に対処する戦略を学べるだけでなく，忍耐や自信を高めることができる。しかしながら，人がネガティブな状況の中のポジティブな側面を理解するのは，一般的に過去をふりかえるときだけだということを私たちは発見した。それはおそらくその状況の渦中にいる間は不快さが先に立ち，ポジティブな結果の想定をかき消してしまうからかもしれない。また，障害が減少するまで学習が起きない可能性もある。したがって，人が障害から何かを学ぶためには「内省」が特に大切かもしれないし，困難な状況に対処している人には，そこに学ぶ機会があることを気づかせてくれる特別なコーチングが必要かもしれない。

仕事の割り当てから学ぶこと

　能力開発を目的とした仕事の割り当てについて語るときに生じる疑問は「何のための能力開発か」というものである。成長を促す仕事の中にあるチャレンジから人はどのようなことを学べるのだろうか。
　一言で言うと，成長を促す仕事の割り当ては有能なリーダーであるための能

力を強化，拡大する実践的な知識やスキルを教えるのである。バーゴイン＝ホジソン（Burgoyne and Hodgson, 1983）は，この種の能力開発を「自然なマネジメントの学習（natural managerial learning）」と呼んでいる。なぜならば，それは個人に経験から独力で結論を出し，その教訓を現在および将来の課題達成に適用することを求めるからである。

私たちCCLは成長を促す仕事の割り当てに内在するチャレンジやそこから得られる教訓のタイプについてさらに研究を進めた。マッコール＝ロンバード＝モリソン（McCall, Lombardo and Morrison, 1988）が行った191人のマネジャーと経営幹部を対象にした最初の研究では，経営幹部がチャレンジングな経験から学んだと語る33の重要な教訓を特定した。これらの教訓は知性や良識面での資質ではなく，むしろ基礎となるリーダーシップのスキルや考え方を示すものであった。これらの教訓は経営幹部の研究から得られたものだが，広範囲のスキル，能力，見識，知識，価値観を表しており，どのような種類のリーダーにとっても重要なものである。マッコール＝ロンバード＝モリソン（McCall, Lombardo and Morrison, 1988）はこれらの教訓を，対人関係の処理（handling relationships），アジェンダの設定と実行（setting and implementing agendas），基礎となる価値観（basic value），自己洞察（personal insight），そしてエグゼクティブ気質（executive temperament）という五つのテーマに分類した。

1. **対人関係の処理**には，異なる考えやものの見方，アジェンダを持つ人々とともに働くことに関するさまざまな教訓が含まれている。このスキルの中心となるのは他人のものの見方を理解する能力である。このカテゴリーの教訓は，さまざまな状況であらゆるタイプの人と付き合うにはそれぞれに異なるスキルが必要であるという認識を示している。例としては，政治的な状況の処理のしかた，他人の観点を理解すること，葛藤（対立）への対処，他の人々の動機づけと育成などがある。

2. **アジェンダの設定と実行**は，公式な戦略的計画とは違って，マネジャーが実際にはどのように方向性を決定するかということである。ジョン・コッターのジェネラル・マネジャーに関する研究（Kotter, 1982）では，マネジャ

ーが頭の中に持っている，長期間にわたる広範囲の事業上の問題をカバーする「意図された大まかな筋書き」としてのアジェンダについて説明している。彼らがこの単語を使用する場合，それは目標（具体的なものもあいまいなものも）と計画の両方を含むもので，多くの場合，公式の計画と厳密に連動したものではない。これを設定し実行するリーダーの能力を高めるタイプの教訓は，問題に対する代替案を見出すことや，構造的で体系的な企画スキル，事業や技術的な面の知識やスキル，設定した方向性に対して責任を負うこと，そして戦略的思考などを含む。

3. **基礎となる価値観**は，リーダーシップ行動を導く根本的な原理となるものである。組織での経験を通じて新しい価値観が形成されることもあれば，既存の価値観が試されたり調整されたりすることもある。このような教訓の例としては，信用の重要性を理解すること，敬意ある人の扱い方を学ぶこと，人々のニーズに敏感であること，誠実な行動や（すべて自分でマネジメントするのではなく）他人に頼ることなどがあげられる。

4. **自己洞察**は，人が仕事と個人的生活とのバランスを図る必要があると感じたとき，自分の欲求や希望を理解し，自分の弱点や盲点を認識するといったような自己認識に関する教訓を指す。有能なリーダーは自分に気づいており，自己認識の欠如は「ディレイルメント」と強く関係している。自分が何を達成したいかを理解していれば，リーダーはその分野での成長の機会を明確にすることができる。自分の強み，弱み，および目標を理解することは，フィードバックや批判を受け入れる自信を維持しながら，さらに能力開発が必要な分野を知るのに役立つ。

5. **エグゼクティブ気質**とは，リーダーシップという役割のあいまいさやそれに要求されることに対処する際に必要な個人的な特性のことを意味する。このカテゴリーの重要な教訓として，柔軟であるべきときと断固たる態度であるべきときを知ること，厳しくあるべきときと思いやりを持つべきときを知ること，またコントロール可能なときとそうでないときとの違いがわかるこ

となどがあげられる。

　これら五つのカテゴリーは，チャレンジングな仕事経験から学べるスキルや能力の一般的類型を示している。研究者であるマッコーレイ＝ロンバード＝アッシャー（McCauley, Lombard and Usher, 1989）は，これらのスキルによって有能なマネジャーとそうでないマネジャーを区別できることを発見した。

　もうひとつの重要な発見は，一対一対応ではないものの，異なるチャレンジを伴う仕事の割り当てからは異なるタイプの教訓が得られるということである。たとえば，公式の権限がない状況で他の人々に影響を与えるというチャレンジを伴うタスク・フォースで働くとき，人は臨機応変な対応，対人関係の築き方や修復のしかた，人々の緊張を和らげ方などの重要な教訓を学ぶことになる。人員削減が要求されるような再建の仕事では，問題のある部下との処し方，対人関係の築き方や修復のしかたについてより多くを学ぶことができるはずである。

能力開発を目的として仕事の割り当てを活用する

　仕事の割り当てを能力開発のために体系的に利用するためには，組織は五つの課題に集中的に取り組む必要がある。

(1) 割り当てがどうすれば育成的なものになるかについて共通の理解を創り出す
(2) 現在の仕事の中にある学習の機会に個人が気づくよう助ける
(3) 個人に仕事を割り当てる際の基準に，「能力開発」を入れる
(4) 割り当てられた仕事に携わる間の個人の学習効果を最大に高める
(5) 割り当てられた仕事の経過を追跡する

　次に，これら五つの課題について意図的に取り組んでいる組織の事例も示しながらさらに詳しく説明していく。

共通の理解を創り出す

　人々の能力開発過程における活動的なパートナーであるためには，どのよう

なコンピテンシーが組織での有効性に寄与するのか，どのような仕事の割り当てがそうしたコンピテンシー開発に役立つかといったことを理解する必要がある。このような仕事の割り当てを明確にするために組織が活用できるテクニックがいくつかある。ひとつの戦略は，既存の公開された一般情報源の活用である。『経験からの教訓（Lessons of Experience）』（McCall, Lombardo and Morrison, 1988）では，割り当てられる仕事と想定される結果を結びつけるのに役立つツールとしてチェックリストや表，要約などが紹介されている。この本では仕事のチャレンジの類型と，それらと関係する頻度が最も高いマネジメントの教訓からなる，非常に有用な一覧表が提示されている。

ロンバード＝アイチンガー（Lombardo and Eichinger, 1989）は，既存の仕事に追加することができる 88 の成長を促す経験を提唱している。

たとえば，現場の懸念を上層部に提起する，ビジネス上の危機への対処，競合分析，研修コースの企画，他部門とのプロジェクトの遂行，再就職支援の指導，社員旅行の運営などが実例としてあげられている。

組織内部のインフォーマルな「能力開発に関する調査」を実施することによって，成長を促す仕事の割り当てがどこでよく発生し，社員がそこからおおむねどのようなことを学んでいるかを判断することもできる（White, 1992）。たとえば，ある仕事の現職者と前任者，および彼らの仕事仲間に対して調査を実施し，その仕事の主なチャレンジが何であるとみなされているかを調べることができるはずだ。

ホワイトはまた，どのような仕事の割り当てが自分の能力開発に寄与したと考えているのか，またそれらの仕事の割り当てから何を学べたのかを究明するために，上級マネジャーにインタビューすることを提案している（White, 1992）。バレリオは，成長を促す仕事の割り当ての分類を，NYNEX［訳注：米国東海岸エリアのテレコム会社，2000 年にベライゾン・コミュニケーション社に吸収］向けにカスタマイズする際にこの方法を用いた（Valerio, 1990）。彼女は重要な能力の開発につながる仕事の割り当てについて質問するだけでなく，マネジメント面でのパフォーマンスを評価するために企業で用いられていた 13 のコンピテンシーをマネジャーに示し，それぞれのコンピテンシー開発に役立った実際の仕事や仕事以外の課題を述べるよう依頼した。こうした情報からいくつかの

組織では、成長を促す仕事の割り当てとその学習結果に関する独自の一覧表を作りあげた。このような一覧表は社員と共有できるキャリア開発情報の一部になりえる。NCR社はこうした情報を同社の技術者や技術部門のマネジャーに対してキャリア開発マニュアルの中で提示している。このマニュアルでは社内の技術者を対象としたさまざまなキャリア・パスの中の仕事のレベルやタイプ、またそれらの仕事に必要なコンピテンシー、さらにそれらのコンピテンシー開発に役立つ重要な仕事の割り当てについて説明されている。内容はかなり具体的で、その組織向けに作りこまれたものになっている。たとえば、「顧客ホットラインで働く」とか「品質改善チームで働く」といったことが交渉スキルの開発につながる仕事としてあげられている。

いくつかの先進的な組織では、仕事におけるチャレンジに関する情報や、それらのチャレンジから何を学べるかといった情報を組織的に収集し、オンライン・データ・ベースを通して広く利用できるようにしている。社員は特別な任務の遂行中に、あるいは新しい仕事に移るまでに、その任務におけるタスク、直面したチャレンジ、および何を学んだか、あるいはどのようにして成長したかについてコンピュータ化された質問票に記入する。学んだタスク、チャレンジ、および教訓は一定のフレームワークに分類され、他の社員も見ることができる。このようにして、たとえばチーム・ビルディングの能力を向上させる必要があるリーダーは、データベースにアクセスし、他の人々はどのような仕事や任務からチーム・ビルディングについて多くを学んだと報告しているかを知り、同じような機会を探すことができるのである。

仕事の割り当ての中に学習機会を見出す支援

現在割り当てられている仕事の中に潜在的な学習機会があることに気づけば、人々はより進んで学ぶことができるはずである。仕事から多くのことが学べることをほとんどの人は認識してはいるが、自身の能力開発計画について尋ねられると研修や教育プログラムの方を考えてしまいがちである。上司やメンター、コーチ、さらに人事スタッフは、人々が自身の仕事の中にあるチャレンジについて考え、その潜在的学習機会に目を向けるのを支援する必要がある。

学習機会としてこれらのチャレンジに臨むというのはある意味不自然なこと

である。仕事の中でチャレンジングなことというのは特にストレスに満ちたものでもあり，人々はまずこれを避けようとするだろう。仕事を能力開発のためのものとして考えるためには考え方を変えなければならない。上司やメンター，コーチ，あるいは人事スタッフと話し合うだけで考え方の変化が起きる場合もある。しかし，通常人々は納期の達成や業務の完遂，目標達成の方により関心が強いために，仕事の割り当てを能力開発という観点から考えるのは難しく，多くの場合，フォーマルなアプローチが必要になる。

能力開発機会に関する話し合いにフォーマルなアプローチをとりたい場合には，「育成的課題プロファイル（Developmental Challenge Profile，以下，DCP）（Ruderman, McCauley, Ohlott and McCall, 1993）などの調査ツールを利用できる。DCPは，既存の仕事の能力開発的な側面を把握するのに利用できる。この短い質問票では，前出の「異動」「変化を生み出す」「高レベルの責任」「権限外での影響力」「障害物」というフレームワークから「現在の仕事にはどの程度具体的なチャレンジがあるか」を人々に尋ねる。項目例は次のようなものである。

- あなたにとってこの仕事は，視野を劇的に拡げるものである。
- あなたの事業や部門は，厳しい経営環境の下で業務遂行しなければならない。
- 部下はあなたより年上であったり，あなたより経験豊富であったりする。
- 部下を大量にレイオフ（一時帰休）しなければならない。
- あなたが失敗すると，事業上，深刻な損失を生む。
- あなたが実行すべきだと考えていることについて上司は反対している。

DCPフィードバックは，仕事がどのように能力開発につながるかについて全体的な理解を提供する。そして，人々が自分の仕事の中にある具体的な能力開発につながる機会を見つけるのを助け，これらのチャレンジを利用し学ぶよう促す。

マリアの経験がひとつの例である。新しい仕事の割り当てによって彼女の職責と上司の両方が変わった。以前の仕事では，彼女は何年間も同じ副社長の下で働いていた。この上司は実務に直接口を出すタイプで，彼女の仕事のすべての面において深く関わっていたが，新しい上司はまさに正反対のタイプだった。このためマリアは自分の守備範囲の活動は自主的に管理できる自由を得る

ことができたのである。当初，彼女はこの「自主的にやれる」ということに怯えていた。不慣れな仕事になった上に，彼女を逐一監督して間違いを指摘してくれる人もいないのである。新しい仕事に関する話し合いの際に，彼女の上司は「仕事の中で不慣れな部分についてマスターし，より自主的に働くことが，君のチャレンジである」と指摘した。この学習の「方向づけ」により，彼女は仕事に対して新しいレベルの熱意を持つようになった。彼女は未知の分野で効果的にやっていくにはどうすればよいかについて新たな見識を持つようになり，自分の意思決定能力に自信を得ることができた。

この仕事の割り当てをふりかえってマリアは次のように話した「変化や新しいチャレンジにさらされることが持つ価値について私の見方は変わりました。今では，自分や部下のキャリアを計画する際にジョブ・ローテーションや変化を重視することがより当たり前になっています」。この前向きな経験によって，彼女はさらなるチャレンジを模索するようになり，自分の部下へのチャレンジングな仕事の割り当てにも積極的になった。

「能力開発」を仕事の割り当ての基準に用いる

成長を促す仕事の割り当てを最大限に活用するためには，組織のすべてのレベルの人材配置で能力開発面からの検討が行われるようにする必要がある。個人のレベルでは，リーダーは自分自身の能力開発や部下育成の計画の際に仕事の割り当てを活用することができる。組織のレベルでは，後継者計画を立てる際，また将来有望なマネジャーの育成計画を立案する際に，仕事の割り当てが持つ能力開発の可能性について細心の注意が払われるべきである。

個人の能力開発計画に仕事の割り当てを活用するよう促す――人々は自身の能力開発に対してますます多くの責任を負うようになっている。向上心のあるリーダーを能力開発計画の面から支援するのであれば，彼らの強みや弱点に関するフィードバックに基づいて，自ら能力開発目標を設定するようはたらきかけるべきであろう。能力開発計画は改善努力が必要な2〜3の分野に焦点が絞り込まれたものであるべきである。いったん改善が必要な分野が特定されれば，能力開発目標を達成するための行動計画の作成にその人と協力して取り組

むことができる。

　仕事の割り当ては行動計画の作成においても重要な役割を果たす。行動計画の中には，コーチングや研修，定期的なフィードバックなどその他の要素が含まれることもあるが，人々が計画の全体像を考える際に自身の目標達成に必要なチャレンジの種類について考えるよう促そう。現在の仕事にそうしたチャレンジがない場合にも，新しい仕事の割り当てや，現在の仕事への責任の追加など必要なチャレンジにつながるいくつかの方法を考え出す手助けとなる。こうした能力開発戦略としての仕事の割り当ての重要性を強調しなければ，多くの人々は能力開発を研修の観点からだけで考えてしまう。

　部下の能力開発計画に仕事の割り当てを活用するやり方についてはすべてのレベルのリーダーに教育することが可能である。ある全国的な小売りチェーンが良い例である。この会社では，組織で成功するために重要なリーダーシップのコンピテンシーを特定するためのタスク・フォースが上級マネジャーを巻き込んで立ち上げられ，マネジャーたちがこれらの中核となるコンピテンシーを開発できるよう，1人ひとりに対する詳細な能力開発計画が作成された。計画には能力開発課題，学習目標とともに，新しい営業活動の立ち上げや財務面でのパフォーマンスの向上など組織が期待する仕事の成果も含まれており，マネジャーやその上司が次のような点を考慮するよう設計されている。

- 個人の学習ニーズ，および能力開発ニーズは何か。
- それぞれの仕事における三つ〜五つのリーダーシップのチャレンジにはどのようなものがあるか。
- 学習ニーズに対する適切なチャレンジをどう与えるか。
- より成長を促すためには，どのような職務の組み合わせがいいだろうか。

　さらに，この会社では上司たちの評価項目として「他者をどれだけ育成できるか」という観点が組み込まれている（Sutter, 1994）。彼らには，直属の部下が能力開発目標を達成できるよう積極的に関与する役割が求められているのである。

後継者計画に能力開発の視点を活用する——後継者計画（succession planning）における伝統的なアプローチは，最も高い資質を持つ候補者をその仕事に充てようとするものであった。それは，その候補者が最も効果的にかつ効率的に仕事の責任をまっとうするだろうという期待に基づくものである。

これまでのところ，多くの後継者計画制度の欠点のひとつは，主にタレント（才能のある人）の特定や評価に焦点が当てられており，能力開発についてはあまり関心が払われていないという点である。その結果，あるポジションが空いた場合に後継候補者がどのような経験を持っている必要があるか，あるいはその仕事が候補者の能力開発ニーズにどれほど合致しているかという点はあまり考慮されずに候補者の一覧が作成されることになる。

しかし今日，組織は配置の決定に際して能力開発的要素を考慮することの重要性をますます強く認識している。最近のある研究では，経営幹部の昇進決定の31％が，事実上，能力開発を目的としたものであった（Ruderman and Ohlott, 1994）。

このような昇進には，経営幹部のさらなる昇進のための準備であったり，特定の重要なポジションにつく前の準備であったり，あるいはキャリアにおけるディレイルメントを避けるための改善の機会として与えられたものもあった。また別の研究は，個人の能力開発ニーズを後継者計画の決定に組み入れることが企業自体の評価や財務面でのパフォーマンス向上に関係することを示している（Friedman, 1986）。

このアプローチの重要性を説明するために，ある組織での最近の出来事を紹介しよう。この組織では，急成長部門のトップのポジションが向こう9ヶ月のうちに空席になること，そして，それとほぼ同時に何人かの重要な人々が定年退職や異動でこの部門から出て行くことがわかっていた。このため，新しく部門トップになる人材にとってのチャレンジのひとつは部門の新しいマネジメント・チームをまとめることであった。新しいリーダーの選出をまかされたプロジェクトは，後継者計画に関する会社の基本ポリシーにしたがって，「この仕事から最も学べるのはだれか」「可能性のある候補者の中で，この仕事が持つチャレンジを経験したことがない人はだれか」「この仕事によって，その才能がさらに磨かれる人はだれか」「この仕事に取り組むことで身につけられるよ

うな能力開発ニーズを持っているのはだれか」，といった観点から検討を始めた。

可能性のある3人の候補者が審査された。全員が優れた長所を持っていたが，特にある候補者にとって明らかに成長につながると考えられた。彼女の最近のいくつかの仕事は問題のあるビジネスの立て直しに関係したもので，現在の彼女は，ダウンサイジングではなく自分で作り上げ，拡大していけるような成長ビジネスで働く機会を必要としていた。彼女は特に，人の適性を判断し，相互に能力を補完し合って協働できるようなチームメンバーの起用方法について学ぶ必要があった。この仕事の割り当ては，彼女がリーダーとしてさらに成長するためにまさに必要な経験を提供するはずである。

ポテンシャルを持つ人材のための重要な仕事の割り当てを特定し絞り込む──
組織はその戦略目標を達成するために，リーダーに必要なコンピテンシーを明らかにしていく。たとえば，海外市場の重要性が高まることで，文化を超えて仕事ができるリーダーが求められるようになる。新製品の開発に集中する場合にはイノベーションを起こせるリーダーが必要とされる。こうしたコンピテンシーを開発する重要な仕事を明確にし，高いレベルのポテンシャルを持つリーダーたちをその割り当ての対象とすべきである。

たとえば，グローバル市場で競争したいと考えている企業は，将来のリーダーはそのキャリアの早い時期に国際的な経験を持っておく必要があると判断するだろう。そして，必要なスキルを開発できる特定の海外任務を極めて具体的に示す。3M社の例があてはまるだろう（Seibert, Hall and Kram, 1995）。3M社では，国際的な事業運営に関する知識は将来のリーダーにとって重要なスキルとして特定されており，同社では外国にある子会社をマネジメントするという国際的経験を能力の高いマネジャーの育成手段に使っている。そして，こうした国際的任務は3M社での昇進に必要な経験ができるように特別にデザインされている。

もうひとつはシティコープ社の例である（Clark and Lyness, 1991）。この組織は急成長していてフラットな組織になりつつあり，同時に厳しい競争に直面していた。このような組織のチャレンジへの対応のひとつとして，同社は対人

関係スキルと戦略的スキルをこれから上級マネジメントレベルの仕事に就くことが期待されている人々の育成上の重要なコンピテンシーとして設定した。こうしたポテンシャルの高いマネジャーのための能力開発施策は，それぞれが3年もしくは4年かかる任務をふたつ引き受けるというものである。ひとつの任務は重要な戦略的チャレンジを含んでおり，もうひとつの任務には人のマネジメントに関する多くのチャレンジが含まれている。

　ポテンシャルの高いマネジャーに重要な仕事を割り当てることをねらった能力開発システムを実施する場合には，個人の能力開発が組織にとってもメリットがあるという認識を持って，組織としての多大な投資に強くコミットするトップリーダーが必要である。組織のすべてのレベルの人々の関与，そして人事部門とトップ・マネジメント間での緊密な協力が成功に不可欠な要素である（Cobb and Gibbs, 1990; Clark and Lyness, 1991）。

仕事の割り当てからの学習を最大化する

　前述の通り，単に仕事の割り当ての中に学習機会があるというだけで個人が学習したり，その機会を活用するようになるわけではない。「準備」と「サポート」は，望ましい学習が起きるチャンスを増やすために組織が実行できる重要なステップである。

新しい仕事の割り当てから学べるよう人々を準備させる──成長を促す仕事を割り当てられた人々に，それが学習の機会として与えられたものであることを伝えることは，多くの場合人々の動機づけにつながる。

　成長を促す仕事の割り当てに人々を準備させるひとつの方法として，学習のためのチェックリストの記入がある（Dechant, 1990, 1994）。こうしたチェックリストには，個人の仕事上の強みや限界の認識，特にチャレンジングに感じる仕事特性や仕事環境，学習成果として期待していることなどに関する質問が含まれている。チェックリストの例については表4.3を参照してほしい。

　実際にチェックリストを使用するか否かにかかわらず，こうしたことについて考えることは人々が学習者としての自己認識を高めるのに有益で，新しい機会を最大限に活用するのを促す。また，能力開発目標を設定したり，コーチを

表4.3 仕事の割り当てからの学習を促す質問

あなた自身について	1. この仕事に対する私の強みは何か。何が助けになるか 2. 私の能力開発ニーズは何か。能力発揮や成功を阻害するものは何か 3. 私のバックグラウンド，経験，強み，および能力開発ニーズを考慮すると，この仕事のどのような点が特に私にとってチャレンジングか（役割は明確かそれともあいまいか。やるべきことを実行するための正式な権限は与えられるのか。障害があるか。あるとすれば，どのようにしてそれを克服できるか） 4. 私はこの仕事から何を学べるか。私は何を学びたいのか 5. この仕事を効果的に行えるようになるためには，私はどのようなことを理解していなければならないか 6. 私にとって学習を困難にするものは何か
割り当てられた仕事について	1. この仕事での私に対する組織の目標は何か 2. この仕事における私自身の目標は何か 3. この仕事は組織のミッション，バリュー，ゴールとどのように合致するか 4. 私はこの仕事についてどのようなことを知っているか。課題，責任，および必要条件は何か。重要なリーダーシップのチャレンジは何か 5. 私の部下はどのような人たちか 6. 私の上司はどのような人か 7. 抵抗や妨害に直面しそうか。それに打ち克つにはどのようなステップを踏むべきか 8. 私を援助してくれるのはだれか。どこに支援を求めればよいか 9. 他に私が頼れるものは何か 10. この仕事の割り当てについて何か変えたいことがあるか
仕事に取り組んでいる間，およびその後	1. 自分の学習の進捗をどのようにモニターできるか（たとえば，記録をつける，「学習パートナー」となる人を見つける，頻繁にフィードバックを求めるなど。これらはフォーマルなものでもインフォーマルなものでも構わない） 2. 私は何を学んでいるのか。私が期待していなかったことがあるか 3. 学べるであろうと予想していた（あるいは望んでいた）にもかかわらず学べていないことは何か。それはなぜか 4. 私が学びたい，学ぶ必要があると思っていたことが学べたかどうかをどのように確認することができるか

紹介したり，能力開発の進捗に関する定期的フィードバックをスケジューリングしたりすることも組織として人々の学習への準備を支援する方法のひとつである。

仕事の割り当てを最後までサポートする――成功のための最も重要な要素は組織のサポートであろう。成長を促す仕事を割り当てられた人々は，いくつかの能力やスキルが不足した状況に置かれている。サポートを得ることにより，彼らは自分の学習能力に自信を持つようになり，やってみようという気持ちを高め，学習を阻害するストレスを和らげることができる。学習のサポートが失敗と成功を分けるともいえる。

サポートにはさまざまな形がある。ストレス解消のはけ口，仕事仲間との連帯感，失敗も許容されるという認識，個人の考えや行動の是認，あるいは他人からの受容や承認などがある。同じような経験を持つロール・モデル（手本となる人々）やメンターは，人々が取り組んでいる新しい仕事について指導することができるだろう。たとえばグレイハウンド・フィナンシャル社が実施している「ジョブ・スワッピング・プログラム（仕事交換プログラム）」と呼ばれる仕組みの中では，マネジャーはその仕事の前任者から指導を受ける(Northcraft, Griffith and Shalley, 1992)。報酬やその他の公式の表彰などもサポートのひとつの形である。

人は上からのサポートや励ましがあればより効果的に学ぶ。上司はその固有の能力を通じて，あるいは部下たちと培ってきた人間関係をベースに能力開発に前向きの影響を及ぼすことができる。支援的な上司は部下のマネジャーに対して，彼ら独自のやり方でやれる許容範囲を与える，関心や承認を示す，いつでも相談にのる，アドバイスする，システムのしばりを緩める，役立つフィードバックを提供する，そして，おもしろみのあるチャレンジングな課題を割り当てるなど，さまざまなやり方で能力開発を促すことができる。

障害の克服を助けるという点でサポートは特に重要な役割を担う。たとえば3M社では米国本部の上級幹部と海外任務のマネジャーとでペアを組ませ，仕事全体にわたって継続的にサポートやアドバイスを提供できるようにしている(Seibert, Hall and Kram, 1995)。第5章で成長を促す人間関係の重要性につい

てさらに詳しく説明する。

　サポートにおける重要な形態のひとつがフォローアップだ。仕事に取り組んでいる期間のある時点で人事部のスタッフは，期待されていた能力開発面でのチャレンジが実際にあるかどうかを社員とともに評価する。このアセスメントは，割り当てられた仕事が当初の計画通り実行されているか，予期していなかったチャレンジが発生していないか，学習に対して十分なサポートが得られているか，すでに持っている能力の活用と新しい能力獲得への努力とが正しくバランスがとれているかといったことについて，コーチや上司と話し合う際の基礎となる情報になる。たとえばある組織では，能力開発ガイドの中に上司への報告およびレビュー・ミーティングに関する予定を記載することにより能力開発プロセスにおけるフォローアップの大切さを強調している。

　社員をサポートする過程の中心は，仕事の割り当てから何を学べるかをつかむための具体的な方法を提供することである。ここで紹介したサポートのための手法の多くはふりかえり（reflection）のための手段も提供する。計画（planning），実行（doing），そしてふりかえり（reflecting）という成人の学習サイクルに関する研究では，仕事の割り当てなど活動的な学習経験から教訓を学んだ場合，その教訓はより深く浸透し，実践的かつ長期間維持される効果を持つことが強調されている。

時間をかけて仕事の割り当てを追跡する

　人事情報システムでは，1人ひとりに与えられた成長を促す仕事の割り当ての種類と彼らがそのチャレンジにどのように対応しているかが追跡され履歴が管理されるべきである。仕事の割り当てに関して，通常，人事部門は肩書きや組織レベル，事業単位，勤務地の変化くらいしか記録しない。この種の情報では社員の能力開発に関する履歴についてあまり深く理解できない。成長を促す仕事の割り当てと，そこから何を学んだかに関する追跡調査を行うことで組織の意思決定権者に次のようなことを提供することができる。

- キャリアを通じた幅広い分野のチャレンジを人々に提供できているかどうかを評価する手段

- 特に効果的に学習し，今後，高い成長可能性を持った人物についての情報
- 特定の能力を開発するための効果的な仕事の割り当てをどのようにして作り出すかについての深い知識

　組織は特に，女性およびその他の非従来型のマネジャーの能力開発に関する追跡記録を注視する必要がある。なぜならば（米国における）後継者計画は，白人男性に比べてこうした人々を前進させ成長させることにあまり成功していないからである（Curtis and Russell, 1993）。仕事の割り当ての種類が限られていることも非従来型のマネジャーがキャリア面での閉塞感をより頻繁に経験する理由のひとつである。非従来型のマネジャーの能力開発においてチャレンジングな仕事の割り当てが果たす役割については第10章で詳しく説明する。

仕事の割り当てを能力開発に活用する際のいくつかの論点

　仕事の割り当てを能力開発目的で活用する際に考慮しなければならないいくつかの論点について簡単にふれてきたが，ここではこれらの論点についてより深く検討する。これらは，仕事の割り当てをベースとした能力開発システムというアイディアに取り組んでいる人事の専門家たちから頻繁に尋ねられることである。

成長を促す仕事の割り当てはだれを対象にすべきか

　正直なところ，ビジネスをゼロから立ち上げたり事業を再建したりといった，能力開発上最もパワフルな仕事にめぐりあうチャンスはあまりない。成長を促す仕事をだれに提供するかは，ある部分，リーダーシップ開発に関するその組織の戦略に依存する。伝統的アプローチを持つ組織の場合，成長を促す機会は高いポテンシャルを持つと思われる人々など選ばれた集団の人々に制限されている。これらは将来最上層のリーダーの地位につく候補者として慎重に特定され選ばれた人々である。現在のリーダーたちは選ばれた候補者たちのキャリアを注意深く見守り，組織のために必要であると考えた場合，成長を促す仕事を彼らに割り当てる。このような組織の場合には，能力のある人を見落とし

てしまうリスクを少なくするために才能のある人を幅広く，また深く掘り下げて探し出し，人々を頻繁に再評価することをお薦めする。

　幅広い範囲の能力開発機会を作って広く活用できるようにしている組織もある。これらの組織は選ばれた人を新規事業の開始や事業再建といったパワフルな仕事に意図的に配置するだけでなく，既存の仕事に成長を促す要素を追加するための手段を研究している。

　そして前述した通り，仕事に「ふさわしい」人を見つけることと，その仕事から最も多くを学べる人を見つけることとの間には非常に強い葛藤がある。ホレンベック＝マッコールはこの葛藤を，「パフォーマンスの最大化」と「能力開発の最大化」の間のバランスの発見であると説明している。すべての仕事はそれがいかに小さくつまらなく見えたとしてもだれかの能力開発につながる可能性を持っている。クラーク＝ライネスは，成長を促す仕事をだれに与えるかを決定する際に，賢明なリスクと無意味なリスクとの区別をつけるよう警告している（Clark and Lyness, 1991）。賢明なリスクにはふたつの構成要素がある。ひとつは仕事を引き継いだ部下を援助するための能力やスキルのほとんどをマネジャーが持っていること，もうひとつは，本人にとって度を越えたチャレンジにしないことである。チャレンジングな部分が大変すぎると学習が弱められてしまう。

合理化やリストラの中で仕事の割り当てを能力開発に活用する方法

　成長を促す仕事の割り当ては，高いレベルの責任を持つポジションへの異動とイコールであるとみなされていることがしばしばある。しかし，ほとんどの組織にはそうした成長を促す大きな仕事が，必要とされる将来のリーダー全員分をまかなうほどはない。組織が規模を縮小し，よりフラットになる中で能力開発ニーズのすべてを満たそうとするには，もはや昇進や注目度の高い仕事ばかりに依存することはできなくなる。これを補うために，本章で紹介した成長を促す要素のフレームワークは，昇進以外の任務にある学習機会を見つけ出し，人々を異動させることなく既存の仕事の中に成長を促す機会を追加するのに活用できるはずである。

　たとえば，横滑りの異動であったにせよ，新しい就任者にとってチャレンジ

ングな部分があれば，それは昇進とほぼ同じように能力開発に役立つはずである。横滑りの異動もそれが異なる部門，事業，あるいは製品部門への異動であればトランジション（キャリア上の変化の節目）の要素を含んでいる。あるマネジャーが語った次の例について考えてみてほしい。「私は，投資分野で最も成功している事業部門でセールスと企画提案の職責にまさに昇進しようとするところでした。ところが，私は人事部に異動になったのです。しかも，それはまったくの水平異動でした。私は『レモンからレモネードを作ることができる』ことを学びました。私はその仕事を引き受け，その仕事を組織で最も影響力のあるポジションのひとつに変えたのです」。

　高レベルの仕事が極めて少ない場合，能力開発につながる代替的手段として次のものがある。
（1）　より能力開発的な特性が含まれるよう仕事をデザインしなおす
（2）　特別なタスク・フォースやプロジェクトの責任を与える
（3）　クロス・ファンクショナルの合同プロジェクトを作る
（4）　特殊なトラブル・シューティングの任務を与える

　（Baldwin and Padgett, 1993; Lombardo and Eichinger, 1989; Sutter, 1994）。ロンバード＝アイチンガーは，さらに，既存の仕事に追加できる小さいながらも成長を促す割り当てを一覧表にしている（Lombardo and Eichinger, 1989）。

　本章の前半で定義した異動や職務に関連するチャレンジは，たとえば公式な権限がおよばないメンバーがいる部門横断のプロジェクト・チームのリーダーを決めるケースのように，既存の仕事に簡単に追加することができる。組織の背景状況から発生するチャレンジはそれほど簡単に追加することはできない。実際，私たちはだれかの仕事に「障害物がもたらすチャレンジ」を追加することは薦めていない。困難な状況が絡んだ仕事は学習にとって最も望ましい刺激とはいえない。しかし，どのような場合にこうした特徴が存在するかを認識し，学習につながる機会を指摘することによって，人々がこうしたチャレンジをできるだけ前向きに考えられるよう支援することは大切である。

能力開発を目的にするには，重要すぎる仕事もあるのでは？

　この質問に対する答えは概して簡単で，「イエス」だ。仕事の割り当ての中

には組織が今後も成功していくためにあまりにも重要で、それを処理できない可能性のある人を配置するリスクは冒せないものもある。候補者の失敗による事業リスクはたいてい特定しやすく、たとえば利益や顧客を失うことである。慎重過ぎるぐらい慎重になることにもリスクはある。人々が学習し成長できるチャレンジングな仕事に人を配置しない組織は決して有能な経営幹部を育成することはできない。

たとえばある大手石油会社が油田開拓をある1人の専門家に依存していた。この会社はその人にそれ以外のことは決してやらせず、また決して彼以外の人に新しい油田の開拓をやらせなかった。結果、彼は息が詰まるように感じ、その組織を去り、彼のスキルを広げる機会を提供する別の企業の仕事を得た。同時にこの石油会社には新規油田を開拓する能力を部分的にでも持っている人はいない状態となってしまった。

これとは対照的に、ある消費材メーカーは利益の出ない小さなビジネス分野を意図的に維持している。この会社はそうしたビジネスの本社を海外に置き、比較的小さなリスクで有能な上級マネジャーを育成する貴重な海外任務の機会を提供する事業として資金を投資し続けている。

成長を促す仕事に人々はどのくらいの期間就いているべきか

これは多くの企業で議論の対象となるところである。あまりにも長い期間その仕事に就いていると、学習する機会が少なくなり飽きてしまう。それとは正反対に、あまりにもすぐに異動すると任務を完了する機会を失い、また自らの経験から学んだことをふりかえり、整理し、さらに磨きをかける機会もなくなる。学習を最大化するには、自らの行動や決定の結果が理解できるようになるまでの期間、仕事に就いていることが必要である。

ガバロの研究（Gabarro, 1987）では、成長を促す仕事から重要な教訓を学習するには3年半かかるとされている。財務の経歴を持つマネジャーがまず数字に集中して取り組むように、マネジャーはまず、最も慣れている問題から処理する傾向にある。次に彼らは仕事のその他の側面について学ぶようになり、その結果、初期の仕事では見えなかった新しい問題が見えてくるようになる。ガバロは、マネジャーはその仕事で最初の18ヶ月間が経過するまでは深いレ

ベルで学ぶことはないということも発見している。

まとめと結論

　今日の組織において仕事の割り当てが能力開発機会の大部分を提供することは疑う余地がない。しかし残念ながら，このリーダーシップ開発の強力なリソースはしばしば無視されたり，無計画に利用されたりする。本章は能力開発を目的とした仕事の割り当てを活用するためのフレームワークを提示してきた。

　成長を促す可能性を持つ仕事や，育成したいと考える人材の強みや弱点をいったん明確にできれば，実施する手段はいくつもある。極端にいえば，組織の関与が非常に小さい場合でも現在の仕事の中にある成長を促す機会に関する情報を人々に提供することで，彼らは自分が必要だと考えるチャレンジを現在の仕事に追加することも含め，自分で能力開発を行っていけるようになるかもしれない。

　体系的なジョブ・ローテーションのプログラムを開発する方法をとる組織もある。このプログラムで組織は将来のリーダーとなる者を定め，彼らの強みや能力開発ニーズを明確にし，彼らのスキルや能力の改善を意図した具体的な仕事を提供する能力開発計画を作成する。キャリアの浅いマネジャーにさまざまな重要な任務を体系立てて提供する場合もあるだろうし，個別具体的に各人の能力開発ニーズを調べ，ひとつあるいは一連の仕事の割り当てによって解決しようとする場合もあるだろう。仕事の割り当てをベースとした能力開発を小規模に行う組織もあるだろうし，フォーマルなシステムよりもインフォーマルなシステムを選択する組織もあるかもしれない。広範囲に能力開発機会をしかける場合もあれば，選ばれた人々の集団にしか機会を提供しない場合もあるだろう。

　成長を促す仕事の割り当てを選ばれた小集団に限って提供するよりも，次のような前提を常に頭においておくことの方が重要だと私たちは考えている。それは，「リーダーシップを必要とするほとんどの仕事は，より多くの人々が仕事の中に能力開発の機会を見つけられる潜在機会となるよう仕向けることがで

きる」というものである (McCauley and Brutus, 1998)。そう考えることで仕事の割り当ては，将来の上級幹部を育成することにも，また，上位ポジションの対象ではない堅実なパフォーマーに成長機会を与えることにも利用することができるのである。

　チャレンジングな仕事の割り当ては，おそらく，既存のリーダーシップ開発の中で最も効果の高いやり方であろう。しかし，チャレンジングな仕事の割り当てから「学ぶ」ことは典型的なリーダーシップ開発プログラムから学ぶよりもはるかに難しいはずである。成長を促す機会が単に存在するからといって，学習が起きる保証は無いからである。仕事の中にある能力開発的な要素は客観的なものではない。仕事が学習の機会を提供するか否かは1人ひとりのマネジャーがその仕事をどのように経験するかによる。彼らはさまざまなバックグラウンドや経験を持っており，仕事に独自の解釈をもって自分なりにデザインしていく存在なのである。

　さらに複雑なのは，マネジャーを新たな仕事に就かせる際に能力開発自体が主な目標になることはめったにないということである。リスクの高い任務の場合には失敗した場合のコストが大きすぎるため，能力開発を目的として割り当てるのは適切ではないだろう。しかし，能力開発に仕事の割り当てを活用することにより，その仕事の目的を達成すること以上のメリットが得られ，組織の競争優位性の強化に結びつくことすらある。有能なリーダーに不可欠な，かつ実践的なスキルや判断力を学ぶことができる。

　雇用構造が変化し終身雇用がもはや当たり前でなくなっている組織の中で，従業員がリーダーシップ能力を拡大できるようなさまざまな機会を提供することは，たとえばビジネスが下向きのときにも社員のエンプロイアビリティ（雇用される能力）を維持するために組織ができることのひとつである。そして，組織が頼りにできる有能なリーダーの中核集団が常に確保されていることにもつながるのである。

Chapter Five
Developmental Relationships

第5章
成長を促す人間関係

シンシア・D. マッコーレイ
Cynthisa D. McCauley

クリスティーナ・A. ダグラス
Christina A. Douglas

　だれかに「自分の成長に影響を与えた人々」というテーマで話してくれるよう頼んでみてほしい。きっとそれは長い話になるはずだ。両親や祖父母に関する話以外に，好きな先生やクラスメート，チームメート，兄弟，そしてコーチの話が出てくるはずである。その後，最初の上司，偉大な上司，怖い上司，特別な仕事仲間，メンター，配偶者，それに子供といった人々が出てくる。また，書物や芸術，あるいはメディアを通して離れたところから影響を与えた人々も見逃せない存在である。

　人間関係が人の人生を形成するという考え方は一般的なものであり，社会科学で幅広く研究されている現象でもある。心理学の分野では特に大きなふたつのトピックが注目を集めてきた。

(1) 社会学習理論（social learning theory）——人が，他人を観察することによってどのように学ぶかを理解するためのフレームワーク（Bandura, 1986）

(2) 社会化（socialization）——個人が自分の所属する集団の基準や価値観

マンデル・エグゼクティブ・ディベロップメント・プログラム（Mandel Executive Development Program）に参加する機会を与えてくださったディベロップメント・リソース・グループ（Development Resource Group）の副社長であるスティーブ・ノーブル（Steve Noble）に，深く感謝いたします。

を内在化させていく過程（Van Maanen and Schein, 1979）

　この他，学習や能力開発に関係するトピックに関する研究のほとんどは人間関係戦略についての示唆を伴ったものである。

- 学校は教室での学習をどのように高めているか——生徒を協力的な学習集団で活動させる（Johnson and Johnson, 1989）
- 職場は新しい知識の獲得をどのようにサポートするか——仕事の中に人間関係とコミュニティを築く（Institute for Research on Learning, 1993）
- 人はどのようにしてキャリア開発の効果を高めることができるか——メンターを探す（Zey, 1991）
- 人はどのようにしてストレスへの対処方法を学ぶか——幅広い支援人脈を作る（Aldwin, 1994）

　他者を通じた学習という大きなフレームワークの中で，本章では特に個人の成長に貢献する職場の人間関係，つまり，アセスメントやチャレンジ，サポートの重要な源となる人間関係に焦点を当てる。まず，リーダーシップ開発過程において「他者」が担うさまざまな役割について説明し，次に，どうすればこうした人間関係を最大限に活用できるかについて示す。残りの部分ではリーダーシップ開発につながる人間関係へのアクセスを増やすための組織的な戦略について述べる。

リーダーシップ開発過程における他者の役割

　人間関係は学習や能力開発プロセスの中核をなすものであり，序章で説明したリーダーシップ開発モデルの各要素であるアセスメント，チャレンジ，およびサポートに影響を与える。これらの要素に人間関係がどのように役立つのかより理解できるように，人間関係の中で人々がお互いに担うさまざまな育成的な役割について分析してみる。これらの役割は表5.1に示すモデルの主な要素別にまとめられている。それぞれの役割は人間関係の中のひとつの側面しか示していないが，ほとんどの成長を促す人間関係は複数の役割から成り立っているという点に注意してほしい。本節の最後では，役割の組み合わせによってどのような成長を促す人間関係が形成されるかについて紹介したいと思

表5.1　成長を促す人間関係において他者が担う役割

要　素	役　割	機　能
アセスメント	フィードバック提供者	学習や改善に取り組んでいる間の継続的なフィードバック
	壁打ち相手	戦略を実施する前の戦略評価
	比較ポイント	自分自身のスキルやパフォーマンスを評価する際の基準
	フィードバック解説者	他者のフィードバックをまとめたり，理解できるようにするためのサポート
チャレンジ	対話の相手（ダイアローグ・パートナー）	自分と異なる見解や観点の提供
	仕事の仲介者（アサインメント・ブローカー）	チャレンジングな仕事（新しい仕事，あるいは現在の仕事への追加）の提供
	会計係（アカウンタント）	能力開発の目的達成をするためのプレッシャー提供
	ロール・モデル（手本となる人）	能力開発中の分野における高い（あるいは低い）能力の実例
サポート	カウンセラー	学習や能力開発を難しくしている要因の分析
	チアリーダー	成功できるという自信の喚起
	補強者	目標に向けた前進に対するフォーマルな報奨
	戦友	苦労しているのは自分だけではないという意識，また他人が目標を達成できれば，自分にもできるはずだという意識の喚起

う。

アセスメント

　フォーマルであれインフォーマルであれ，自分自身に関するデータを受け取ることは能力開発過程の重要な要素である。能力開発においてアセスメントが果たす重要な役割は，その人が取り組んでいる新しいスキルや視点の学習がうまくいっているかどうかについての日常的，継続的なフィードバックの提供である。深いレベルのフィードバック・インテンシブ・プログラム（以下，FIP）（第2章）や，360度アセスメント・ツールからの情報も特定の能力開発目標

の達成には弾みになる（第1章および第2章を参照）が，達成への努力をしている中で継続的に得られるフィードバックは非常に重要なのである。

「フィードバック提供者」の役割を担う人は，ある人が能力開発に向かって努力する様子を観察し，折にふれてフィードバックを提供する。たとえば，メリッサの場合は，「会議を牛耳っていた」というフィードバックを受けた後，「他の人に，意見を述べたり周囲に影響を及ぼしたりする機会を与える」という行動目標を設定した。その上で，一緒に会議に参加することの多い2人の同僚に，自分がこの目標をどれくらい達成できていたかフィードバックをくれるよう頼んだのである。彼女はその後6ヶ月間，会議が終わるたびにこの2人に尋ね，改善に向けたフィードバックや意見をもらうようにした。

自分が考えた戦略やアイディアに関してそれらを実施する前にフィードバックが欲しい場合もある。こうしたときには「この状況で私はどうすべきか」「自分がこの行動をとった場合，どのような結果が生じる可能性があるか」「この三つ案の中でどれが一番良いか」といった質問の「壁打ち相手」になるような人が必要で，そうした役割を引き受けてくれる人に自分の考えを提示することで反応を確かめたり考えの微調整をしたりすることができる。あるNPOのマネジャーであるジョージが，初めて戦略立案の委員会を率いることになったとき，彼は，戦略立案のエキスパートであるとされている別組織のマネジャーに連絡をとり支援を求めた。2人は定期的に会って意見交換し，プロセスをふりかえり，次のステップを計画した。知識豊かな「壁打ち相手」とつながりながら新しいチャレンジに取り組めたこの経験はジョージにとって極めて大きな能力開発機会となったのである。

自分と他者を比較することからもインフォーマルなアセスメント・データを得ることができる。このタイプの人間関係では，他の人々が「比較ポイント」の役割を果たす。これにはふたつの種類がある。ひとつは，モデルになる人，あるいはエキスパートと見なされる人と自分を比較すること（一番できる人と比べて自分はどうか。私ができるようになりたいことができている人と比べて私はどうか），もうひとつは，自分と同じような状況にある人と比べることである（私は他の人たちと同じようにうまくやっているだろうか。他の人と同じように達成できただろうか）。

モデルとなる人と自分とを比較することにより，自分がどれくらい成長したか，またどのような点で改善が必要かといったことがわかる。ある小さな会社を経営している若い女性経営幹部が大組織の最高幹部を数日間観察して気づいたことは，彼女も仕事上同じように重大な問題への対処が求められているものの，大きな違いは，大組織の最高幹部が一度に取り組んでいる問題の数であることに気づいた。同じようなポジションに就くためには複数の問題を管理し，問題の相互関係を発見するスキルを開発しなければならないことに彼女は気づいたのだ。

自分と同じような状況にある人と自分を比べてみることで，自分がどれくらいうまくやっているかを知ることができる。あるリーダーシップ開発プログラムでは，約1年間のプログラム期間中，参加者が少人数のグループで定期的に集まり，能力開発目標に向かって各人がどれくらい進歩したかについて話し合う。この集まりは彼らが直面している障害に取り組むための「壁打ち相手」を提供する役割を果たしているが，その他にも，各自が他の人たちと比較して自分がどれくらい目標を達成しているかについて判断する環境も提供している。

「フィードバック解説者」の役割を果たしてくれる人もいる。彼らは通常，アセスメント・データを直接提供することはないが，人々が受け取ったフィードバックの意味を理解するのを助ける。ある FIP では，すべての参加者はフィードバックの専門家と半日を過ごす。このときフィードバックの専門家は，参加者がフィードバック・データの中からテーマを発見し，そのテーマと現在の自分の状況とを関連づけて考えることを支援する。これは通常はプライベートな会議形式で行われる。360度フィードバックを活用している多くの企業では参加者がデータ解釈の専門家と話し合える機会を提供している。しかし，フィードバック解説者は必ずしも正規の専門家に限る必要はない。参加者は上司や部下からもらったフィードバックの意味を理解するために信頼できる同僚に助けを求めてもよいのだ。

チャレンジ

チャレンジ（自分が慣れ親しんだ領域から踏み出すことを強いられる状態）も，すでに述べてきたたように能力開発過程のもうひとつの重要な要素であ

る。他人が，ある人をその「居心地の良い状態」から押し出す方法のひとつは，その人の考え方に対して異議を唱えることである。このような役割を担う人々を私たちは「対話のパートナー（ダイアローグ・パートナー）」と呼んでいる。彼らは質問したり，刺激したり，また考えの背景にある前提を確認したりすることによって，人々に異なる見方を気づかせたり，見方の違いについてお互いに掘り下げて話し合ったりする。こうした異なる見方の探求は，現実を理解するためのより複雑で適応性のある「認識の枠組み」を開発する最初のステップとなることが多いのである。たとえば，重要な事業上の問題に取り組んでいたあるクロス・ファンクショナル・チームのメンバーは，お互いの考えが異なる点を掘り下げてともに学ぶ過程の中で，機能別組織固有の偏見から脱し，問題に対するより統合的な見方を獲得することができたと報告している。

　チャレンジングな仕事を提供することによって他者の能力開発に重要な役割を果たす人々がいる。私たちはこの役割を「仕事の仲介者（アサインメント・ブローカー）」と呼んでいる。こうした仕事は新しい仕事の場合もあれば，既存の仕事に新しい責任が追加されたものである場合もある。あるいは，その人の通常の仕事とは別の一時的な任務の場合もある（第4章を参照）。

　人々を学習と成長に動機づけるさらに別の方法として，設定した能力開発目標に対する責任を維持させ続けるというものもある。これは「会計係（アカウンタント）」の役割である。上司は，しばしば「仕事の仲介者」と「会計係」のふたつの役割を同時に担うことが期待される。たとえば，目標管理制度の中で，従業員が翌年の能力開発目標について上司とともに決定した場合，上司にはその従業員が目標に向かって前進できるようなチャレンジングな仕事を見つけ，その進捗状況を把握しなければならない。

　人は「ロール・モデル（手本となる人）」の真似をしようとするときにもチャレンジに直面する。新たな，あるいはより複雑なスキルや行動を試そうと「慣れ親しんだ領域」から踏み出さねばならない。有能なマネジャーであるリタには，彼女のリーダーシップ開発プログラムの一環としてメンターがつくことになった。彼女はメンターの中に自分とは異なるマネジメントスタイルを見つけた。メンターは彼女の言葉で言うと"hands-in（部下の仕事をときどき監督する）"スタイルを用いていて，彼女には"hands-on（部下の仕事中，逐一

細かく監督する）"スタイルの傾向があった。彼女はメンターのスタイルに惹かれたが，これをやってみるには彼女自身の努力が必要であった。

　反面教師もチャレンジを生み出す人間関係である。人々は気がつかないうちにネガティブなロール・モデル，つまり他人がその人を観察して「こうはなりたくない」と思うような人として行動していることがある。マッコール＝ロンバード＝モリソンは，経営幹部のキャリアにおける能力開発経験に関する研究で，ネガティブなロール・モデルはポジティブなロール・モデルと同じくらいの頻度で発生していることを発見した（McCall, Lombardo and Morrison, 1998）。ネガティブなロール・モデルは，たいていの場合その行動がかなりあからさまな言葉（傲慢，頑固，独裁的，執念深いなど）で表現できる上司たちである。そして，さらに重要な点は，他人にネガティブな反応（怒り，怠業，不信，苦痛）を起こさせる人たちであるということである。このようなネガティブなロール・モデルは，人々に異なる種類のチャレンジを与える。つまり，「彼らのようにはならない」というチャレンジである。また，こうしたネガティブな人々と直接仕事をしなければならない人にとっては，「自分のコントロールを超えた状況」に対処することを学ぶ重要なチャレンジとなる。

サポート

　能力開発経験における困難に効果的に対処するためにはサポートが必要である。そして，そうしたサポートの多くは他者から提供される。人々がお互いに提供し合えるサポートの役割にはさまざまなものがある。ひとつは「カウンセラー」の役割で，困難に直面している人々を感情面でサポートする。失敗を恐れる気持ち，親しい仲間たちから取り残されるのではないかという心配，負荷の高い仕事をこなしつつ学習や変化をしていくときのストレス，進歩できないときのストレス，協力してくれない人々に対する怒りなど，カウンセラーは学習経験における感情の側面について人々に探求するよう促すのである。

　カウンセリングの色彩が強い関係性の中では，人々は自分が「裁かれている」という意識を持たずにフラストレーションや否定的な感情を発散させることができる。必要なときに頼れる人がいるということを知っているだけで，人々はリスクをとったり，新しいことをやってみたりしようとする自信を得る

ことができるのである。マイケルは部下の仕事が自分の満足いく水準ではないとき、部下にフィードバックして指導するのではなく、自分でやり直してしまう傾向があった。彼は常にフラストレーションを抱えた状態で、とうとう経験豊かで信頼のできる同僚にその感情を打ち明けた。そしてその同僚は、彼の完璧主義的な気質と部下に否定的なことを言うのを恐れる気持ちによって、彼自身でフラストレーションを作りだしているのだということを気づかせてくれたのだ。マイケルは、自分の感情についての理解が進んだことと、それを助けてくれた同僚のおかげで自分の態度を変えてみようという気持ちが持てるようになったのである。

　サポートは、「チアリーダー（応援者）」や「補強者」と呼ばれる育成的役割を担う人々からももたらされる。「チアリーダー」とは観客席にいて学習者を励まし、彼らに対する信頼感を示し、彼らを支持する人たちである。「補強者」は能力開発目標に沿った学習者の進歩に対して報いる。R&Dのプロジェクト・リーダーであるジュリーは、自分の考えにもっと毅然とした自信を持つようになりたいと思っていることを彼女のメンターに話した。メンターは彼女の性格を理解しており、彼女の望む変化を起こすには時間がかかること、また困難に直面しなければならないだろうことをわかっていた。そこで、メンターはジュリーの「チアリーダー」となって学習過程における彼女の小さな成功を讃え、彼女の態度や行動の変化が組織から認められていることを確信させた。ジュリーの進歩に伴って、メンターはその進歩をさらに補強することも行った。重要な社外フォーラムに事業部の代表として参加する機会を与えたり、彼女の進歩が賞賛すべきものであり会社にとってもプラスの影響をもたらしていると書き綴った手紙を副社長に送ったりするなど「補強者」としての役割を果たしたのである。

　最後に紹介するのは、より消極的な形ではあるものの学習者にとってかけがえのない貴重なサポートを提供する役割である。私たちはこの役割を「戦友」と呼んでいる。同じチャレンジに向かって奮闘しており、そのため互いに相手の気持ちをわかりあえる人々のことである。人は同じチャレンジに直面している他者とつながりを持つことで非常に安心し、「1人ではない」ことを認識できる。組織における改革に取り組んでいるネットワークのメンバーは、この種

のサポートが自分をネットワークにとどまらせている主な理由だと述べた。彼らは会社に戻ると孤独であり，優先事項である改革に奮闘しなければならない。しかし，このネットワークのミーティングで同じような考えを持つ人々とつながりを持つことで再度チャレンジに向かっていく活力を得ることができるのである。

「戦友」は，目標への道のりで直面するチャレンジが克服可能であることを示す生きた証拠も提供してくれる。人は他人がそれをやっているのを見ることによって，「自分もできるはずだ」と信じられるようになるものである。部下にもっと権限委譲し，部下たち自身で主要な決定ができるようにしようと賢明に努力していた教育委員長のブラッドは，親しくしていた別の地域の教育委員長であるジャックから期せずして行動の後押しをもらうこととなった。彼ら2人が国際会議に出張していた際，ジャックの担当する地域で重大な問題が発生した。ジャックが急いで事務所へ戻るだろうと思ったブラッドは，国際会議でのジャックの仕事を引き継ぐことを申し出た。しかし，驚いたことにジャックはすでに事務所の主要なリーダーに連絡をとり，事務所のメンバーで処理できると確信しているのでこのまま国際会議に残ると伝えていたのであった。ブラッドは彼自身の能力開発に向けた努力に関する見方が突然刷新されたのを感じた。すなわち，ジャックが危機を処理する責任を他人に任せられるのならば，当然自分も他の人々に任せて彼らの判断力を信用できるはずだと思えるようになったのである。

役割から人間関係へ

人生における「成長を促す人間関係」は，それぞれいくつかの役割がミックスされた形で提供される。上司が「会計係」と「仕事の仲介者」の両方になる場合もあるし，昔の同僚が「壁打ち相手」と「戦友」の両方の役割を担う場合もある。配偶者は「ロール・モデル」「カウンセラー」「会計係」「対話のパートナー」と，そのときどきでさまざまな役割を演じるかもしれない。この種の人間関係が異なる育成的役割を提供する点に注意してほしい。成長を促す人間関係に模範的な形があるわけではないし，人間関係を成長を促すものにするために存在しなければならない役割や役割の組み合わせなどもない。

パート1　リーダーシップ開発：経験

しかし，ある人間関係が他の人間関係よりも成長に貢献するということはある。そうした場合少なくともふたつの要素が作用していることがわかる。ひとつ目の要素は，より多くの役割を提供する人間関係であるという点である。たとえば，メンタリング［訳注：経験豊富な指導者が，経験の浅い従業員の業務，キャリア，心理面での支援を行う育成手法］の関係は一般的に長期間にわたるものであり，2人の人間がお互いの親密さを深めていく。ときがたつにつれ，メンターは「壁打ち相手」「カウンセラー」「フィードバック提供者」「仕事の仲介者」「チアリーダー」「補強者」「ロール・モデル」など，たくさんの役割を演じるようになる。メンターは多くの場合，最終的に後輩の学習や能力開発に深い影響を与えるようになることが多いのである（Kram, 1985; Levinson, 1978）。

成長を促す人間関係が持つふたつ目の要素は，その人が必要としているときに的確な役割を提供できるという点である。困難な経験に立ち向かっているときには，「カウンセラー」の役割を果たしてくれる人がいると能力開発に特に役立つであろう（第6章を参照）。フィードバックを提供し観客席から励ましてくれる人は，なかなかやめられない癖を変えようとしている人にとって最も必要な人物であろう。先の例で紹介した教育委員長は，同僚の教育委員長とのわずかな時間の経験が，新しいリーダーシップ・スタイルを開発しようと努力していた過程での転換点になったと語ってくれた。ここでの教訓は，さまざまな時期に，そのときの能力開発ニーズに応じて異なるタイプの人間関係があることが最も重要であるということである。

成長を促す人間関係を活用するための戦略

人間関係が持つ能力開発の力を活用するために人はどのような工夫ができるだろうか。どのようなステップを踏むべきだろうか。もし，あなたが組織のだれかの能力開発計画を手助けするよう求められたなら，次のような提案をしてあげるとよいだろう。

1. **能力開発のための複数の人間関係を見出す**——継続的なリーダーシップ開発の過程において必要な役割のすべてを1人の人が提供できるというのは考

えにくいことである。あまりにも多岐にわたる役割があり，とても1人でこれらすべてに対処することはできない。また1人の人間がこれらすべての期待を抱え込むべきではないだろう。たとえメンターとされる人であっても，1人の社員の能力開発ニーズのすべてを満たすことはできない。であるから，人々は人間関係の範囲を広げる必要がある。幅広い観点や経験に直接ふれることは重要である。1人の人に依存しすぎることで自分のキャリアの進歩が制限されてしまうこともある（McCall and Lombard, 1983）。

2. **現在の能力開発目標にはどのような役割が必要であるかを判断し，その役割にふさわしい人を見つける**——実際に必要なのは何だろうか。その人が開発したいスキルや行動を見せてくれるロール・モデルだろうか。常に動機づけてくれる激励だろうか。なかなか直らない癖を変えるための継続的サポートだろうか。それとも，これまでの物の見方を変えてくれるような「対話のパートナー」だろうか。いったんニーズが明らかになったら，次の問題は，そのニーズに最も合っている人はだれかということである。すべての能力がそうであるように，成長を促す役割のどれに秀でているかはその人が持って生まれた才能による。たとえば，「コーチング」の役割に生まれつき向いている人もいる。このような人は他人を教えることに意欲的である。彼らは鋭い観察力を持ち，明確で具体的なフィードバックを提供でき，相手の能力を伸ばすための仕事をいつ提供し，どのようにしてプレッシャーをかけずに励ますことができるかを心得ている。「カウンセラー」の役割を得意とする人もいるだろう。このような人は他人の話によく耳を傾け，能力開発上の問題の背景にある個人的事情を感じ取ることができ，職場で親密な関係を持つことを好む。

　こうした持って生まれたもの以外に違いを生み出す要因としては，組織における公式な役割の特性がある。たとえば，上司は多くの場合，部下にチャレンジングな仕事を提供し，能力開発に向けた責任を持続させ，報償システムを通して学習を補強していくのに適したポジションにある。職場の同僚は「比較ポイント」としては最適な相手になるだろうし，別の職種あるいは組織外の人は新鮮な意見を提供してくれる最適の相手となるだろう。大切なこ

表 5.2　成長を促す人間関係を見つけていく際の質問

私の能力開発目標は何か？

目標に取り組むにあたり，私が必要とする周囲の役割は何か	その役割を担ってくれそうな人はだれか
フィードバック提供者 周囲からのフィードバックに基づいて，強化すべき新しい行動を実践していけるだろうか	・私がこれらの行動を実行しているのを観察できる立場にいるのはだれか ・行動の影響を観察し評価するのが得意な人はだれか ・私に率直に話してくれる信頼できる人はだれか
壁打ち相手 何かを実行に移す前に，考慮しなければならないジレンマや複数の選択肢に直面するだろうか	・考えつくことを率直に述べ，他の選択肢を検討させることに優れている人はだれか ・以前これらと同じような選択に直面したことがある人はだれか ・私の迷いを打ち明けたい人はだれか
比較ポイント 自分の進歩を他人と比較することは役立つか	・適切な比較ポイントとなるのはだれか ・自分の進歩状況を喜んで話してくれそうな人はだれか ・だれの成果ならば簡単に観察することができるか
フィードバック解説者 私に対するフィードバックを集め，その意味についての理解を助けてくれる人が必要か	・複雑な情報から意味を見出すのが得意なのはだれか ・フィードバックを共有したいと思う人はだれか ・他の人々が，安心して私へのフィードバックを預けられる人はだれだろうか
対話のパートナー 私は新しい視点や異なる見方を理解する必要があるか	・私と異なる意見を持っているのはだれか ・対話の相手に優れ，暗黙の前提を探るのがうまい人はだれか ・意図的に批判や異論を唱えるのが得意な人はだれか
仕事の仲介者 能力を伸ばす仕事を得るために助けが必要か	・特定の仕事に空きが出た場合，だれがそれを私に提供してくれるか ・必要なチャレンジを私の仕事に追加してくれるのはだれか ・職場外での挑戦的機会を見つけてくれるのはだれか

Handbook of Leadership Development

会計係 変化を起こすことへの責任をだれかが持たせ続けてくれることで，より目標達成しやすくなるだろうか	・私の上司は，私が目標達成の責任を維持し続けるよう支援してくれるか ・他に，私がこの目標を達成するのを望んでいる人がいるか
ロール・モデル 私の目標とする領域ですでに十分なスキルを持っている人を研究すべきだろうか	・私にとって優れたロール・モデルとなるのはだれか ・私の目標を達成するための方策を得るためにはだれを観察すべきか，だれに相談すればよいか ・この分野では，だれの能力が私にとって常に刺激的か
カウンセラー この目標は私にとって非常に困難か。個人的なフラストレーションに陥る可能性があるか	・この目標に奮闘するときの心の支えはだれか ・私の気持ちを理解してくれるとともに，客観的に私を見てくれるのはだれか ・私をよく理解し，言い訳やものごとの先送りを見透かせる人はだれか
チアリーダー，あるいは補強者 成功するために多くの激励や後押しを必要とするか	・私にいつも自信を与えてくれるのはだれか ・小さな成功でも語り合えるのはだれか ・私の成功に対し，報奨を与えることができるポジションにいるのはだれか
戦友 同じチャレンジに取り組んでいる人とのつながりがあれば，楽な気持ちになれるか	・私の現在の状況を理解してくれるのはだれか ・現在の状況における仲間とはだれか ・目標までの道のりをともに歩める相棒はだれか

とはその人の個人的強みや組織における関係性を視野に入れて，どの人が成長を促す特定の役割を果たしてくれる可能性が高いかを判断することである。表5.2には成長を促す上で必要とされる周囲の役割と，それらの役割を担うのに最適なのはどのような人かを見つけるのに役立つ質問を示している。

3. **横の人間関係，部下，外部の人との人間関係をうまく活用する**——人は必要な能力開発につながる人間関係として，組織の上の方を見がちである。組織の階層構造は上に行くほど狭くなっており，多くの場合高いレベルのマネジャーに接触するのは困難である。経験豊かな同僚，他部署の仲間，あるいはすでに退職した経営幹部で近所に住んでいる人なども十分にあなたの能力

開発ニーズに貢献してくれる。パートナーシップについて学びたければ，部下が相手でも学ぶことができる。ある分野で部下のコーチをしている監督者が別の分野では逆にコーチングを受けることすらある。

4. **人間関係は長期間のものでなければならないとか，能力開発に集中したものであるべきというような思い込みを持たない**——メンタリングの考え方が浸透していることもあって，学習や能力開発について考えるときには特定の種類の人間関係をイメージしてしまう人も多くいる。こうした人々はささいな人間関係からでも学習できるという事実を見失ったり，そうした機会を過小評価したりする場合がある。ロール・モデルとの数日間の同行や短期間の部門横断型のプロジェクト・チームへの参加，さほど身近でもない上司，あるいは年に2回ぐらいしか会わない同僚などからも多くのことを学べるということが私たちの研究からはわかっている。人間関係の長さや深さに注目するのではなく，実際に重要なことは，その人物と接することで異なる考え方や新しい情報源，積極的姿勢や自分の能力に対する自信，洞察力，あるいは人々を動機づける能力などを得られるかどうかということである。

5. **「トランジション」の時期には特に注意する**——キャリアの「トランジション（節目）」の時期には自分の能力開発ニーズを再評価することが特に重要である。これには必要な成長を促す人間関係の種類を評価し直すことも含まれる。トランジションを経験することはそれ自体がチャレンジングなことで，他者からの特別な助言やサポートを必要とすることもある。たとえば，リストラや人員削減などの中では，成長を促す人間関係はストレスの「解毒剤」の役割を果たすという意味で非常に重要になる（Kram and Hall, 1989）。

　新しい状況に立たされることで，人々は新たな，それまでとは異なる要求を受けることになる。そして新しい分野での能力開発が必要になるのである。ここでは新たなロール・モデルやサポート，また新しい状況でのチャレンジに関する専門知識を持った人々が必要になる。たとえば，海外任務を割り当てられたマネジャーの場合，異文化での仕事のしかたについてのロー

ル・モデルや初めての環境について理解を助けてくれるアドバイザーが必要である。

組織の中に成長を促す人間関係を作る

シェリーは大きな組織のマーケティング部門のマネジャーで，常に高いパフォーマンスをあげることで知られている。彼女は組織内の人々ともうまくつきあえ，非常に頭脳明晰で，新規プロジェクトに就いてもすぐに新しい実務やビジネスに関する情報を習得する。シェリーの上司は彼女を会社にとっての財産であると考えており，彼女にさらなる成長を期待している。2人は年初に，彼女の能力開発目標について一緒に長時間話し合った。彼らは「不確実な状況下でも，より落ち着いて意思決定できるようになる」，そして「より広い組織的視野を持つ」というふたつを具体的な努力目標分野として決定した。

この上司は，広報部門の副社長が短期の任務で一緒に働ける人を探しているということを聞いたとき，彼女のためにそのポジションを確保した。この任務は2人が決定した分野の能力開発に役立ち，また副社長は彼女の良いロール・モデルになるはずだと考えたのである。シェリーはこの一時的任務の計画を立てる際に，インターナショナル・グループと呼ばれる月1回集う社内のインフォーマルなネットワークのメンバーで，その副社長とも仕事をしたことがある同僚のことを思い出した。そして彼に，自分の任務期間中，話し相手になり「壁打ち相手」の役を担ってほしいと頼み同意を得たのである。

シェリーの上司はまた，有望なマネジャーを対象とした社内のフォーマルなプログラムのひとつに彼女を送り込むことにも成功した。この約1年間のプログラムの中で，彼女は，他部門の同レベルのマネジャー2人と学習のためのグループを組むことになった。3人はプログラムの一環として与えられたさまざまな課題や経験にともに取り組み，ともにふりかえった。さらに，もうひとつやらなければならないことがあった。それは各自が現在の仕事で格闘している問題をその学習グループに持ち込むということである。3人は年間を通して問題に取り組む中で互いにコーチし合った。

シェリーは成長を促す人間関係が豊富な組織で働いているといえる。豊富で

あるということは，単に人間関係の数やそれらの人間関係が果たす能力開発上の役割の数が多いということだけではなく，いろいろな形での人間関係が存在するということである。成長を促す人間関係の中で，上司との関係は自然に発生するものだと言えるであろう。これはマネジャーとしての上司の役割の一部である。上司は彼女の能力開発を自分の職務のひとつとしてみている。その他の人間関係（広報部門の副社長やその部下だった同僚など）はより意図的なものである。これらは能力開発ニーズを満たすために意識して見つけ出したものである。最後に組織によるフォーマルな指示によって同僚との学習集団ができた。学習や能力開発という主な目的のために3人が集まれる体制を組織が作ったのだ。

　成長を促す人間関係には三つの土台がある。つまり，自然発生的にできるもの，人が意図的に見つけ出したもの，および組織が体制作りをしたものである。このフレームワークから私たちは，次にあげる三つの積極的戦略によって，組織が成長を促す人間関係を職場にどのように涵養できるかを考察した。

1. 組織内の自然発生的な人間関係が持つ能力開発への影響力を高める。
2. 自分に必要な成長を促す人間関係を意図的に見つけ出すよう，従業員を促す。
3. 学習や能力開発を目的としたフォーマルな人間関係を作る。

自然発生的な人間関係が持つ能力開発への影響力を高める

　この戦略を実行している組織は，従業員のほとんどを「資源」にできるかどうかはマネジャーの責任であるという意識を醸成するよう取り組んでいる（Waldroop and Butler, 1996）。このような組織はマネジャーに対して，部下の育成に時間を割くことで見返りがあることを明快に示している。そのことが強いチームを作り，有能な人材を惹きつけ，そして部下が組織内の他のポジションに移動するにつれて，サポートのためのネットワークを育てるのである（Peterson and Hicks, 1996）。

　最も重要なことは，これらの組織ではパフォーマンス評価や報酬システムを通じて，マネジャーが部下の能力開発に継続的に責任を持つような仕組みを作

っているという点である。

これがうまく機能するように，つまり他者の能力開発に対する責任をマネジャーに持たせ，その責任を持続させるために，組織はこの分野におけるマネジャーのスキルも開発しなければならない。多くの組織ではこれを「コーチング」スキルとして組み立てている。

良いコーチであるということは，本章のはじめの方で記述された役割の多くにおいて有能であることを意味する。つまり，フィードバックの提供，壁打ちの相手，成長を促す適切な仕事の提供，学習のための励ましや補強などにおいて優れているということである。この点で，マネジャーには援助が必要な場合もある。なぜならば，コーチであるということはときとして通常の行動と相反する場合があるからである（Waldroop and Butler, 1996）。

コーチとは教師のような態度でなければならず，競争相手のようであってはいけない。考えや問題点をじっくり探求していく姿勢が必要で，簡単に評価や判断を下してはいけない。長期的にものごとを考え，今ここにある課題にとらわれてはいけない。また十分な人間関係が築けるようペースを落とすべきで，部下と慌しいやり取りで手短に済ませるようなやり方をとってはいけない。

他のリーダーシップ能力と同様に，コーチング・スキルも複数の方法を組み合わせるアプローチを用いた方がうまく伸ばすことができる。つまり，コーチング行動に対するフィードバック，スキル・トレーニング，職場でコーチングを実践する機会，および助言やサポートを提供できる人々との接触などといった方法を組み合わせていくやり方である。さらにコーチング・スキルの向上は，それがより大きな能力開発施策の一部になっていると成功の可能性が高くなる。ある組織が営業力改善活動の一部として5日間のコーチング・スキル・プログラムを作成した（Graham, Wedman and Garvin-Kester, 1995）。営業部のマネジャーたちはプログラムを修了し，改善活動における彼らの役割のひとつとしてコーチング・スキルを活用することが求められた。研修資料は営業部員のコーチング用に特別に作られたもので，マネジャーが仕事で使用できるツール（顧客との接し方を観察するための行動チェックリストなど）も含まれていた。

同様に，モービル石油のある部門では，監督者によるコーチングが重要な要

素になっているエンジニア向けのオン–ザ–ジョブ・ディベロップメント・プログラム（OJD）が実施された（Cobb and Gibbs, 1990）。すべての監督者は自部署のエンジニアの1人と一緒にコーチングのワークショップに出席した。効果的なコーチングの実践内容が紹介され，彼らはペアでスキル開発に取り組んだ。そして，ワークショップ後に仕事の割り当てを通じてエンジニアをコーチングするための計画を一緒になって作成したのである。さらに，ワークショップに参加しなかったエンジニアたちに対するコーチングの実行にも2人で協力して取り組んだ。ここで得た教訓は，コーチングに関するフォーマルなプログラムと，職場における実際のコーチングとを統合させることの重要性である。

　既存の人間関係が持つ能力開発面での影響力を高めるという戦略をさらに一歩進めて実施している組織もある。このような組織では，他者の育成を単なるマネジャーの責任としてではなく，組織を超えた共通の責任としてとらえている。こうした組織では従業員に，部下に対してだけでなく同僚や上司に対してコーチングする方法も理解するよう求めている。言い換えれば，コーチング・スキルはすべての社員が持つスキルのレパートリーの一部として求められるものと位置づけているのである。

　ある金融組織で「コーチングの文化」をもっと育てようという運動がスタートした。その活動の一部として特に優れたコーチである人々を特定し，その人たちの考え方やスキル，彼らが用いているツール，そして「コーチされる人」におよぼしている影響力について詳細な記述がなされたのである。彼らはこの知識を使ってコーチング・モデルを開発し，組織全体の社員に対してコーチングのスキルを教えるためのワークショップを開催した。

　別の組織では各マネジャーとその部下とで作業チームを作り，「コーチング・グループ」として活動し，グループの各メンバーへのフィードバックやサポートに関する責任をお互いに共有するよう求めた（Palus and Rogolsky, 1996）。

　最近では人事の専門家やライン・マネジャーが活用できるコーチングの情報源が増えてきている。本章の最後の方で，職場におけるコーチングの戦略と実践に関して学習するための主要な情報源についていくつか紹介したいと思

う。

成長を促す人間関係を意図的に見つけ出すよう従業員を促す

　人間関係の能力開発面での影響力を高めるための第1の戦略は，他の人々を育てるスキルや意欲を持っている人をより増やすということである。そして，これに次ぐ戦略は，等しくもう半分の人々，すなわち，自分の能力開発の取り組みの一部として「他の人々と接しよう」とする人を増やすということである。

　この戦略を実行するための最も素直なやり方は，従業員が能力開発計画を策定するプロセスで，学習や能力開発において他の人々が果たす役割について教えるようにし，能力開発計画の一部として人間関係面での戦略も含めるようアドバイスすることである。表5.2の質問が役に立つだろう。先の例でシェリーは，広報担当副社長の特別任務を引き受けるにあたり「壁打ち相手」が必要であると感じた。しかし，それはだれでもよかったわけではない。この副社長とかつて仕事をしたことがあり，彼女に特に必要な観点を示してくれる人でなければならなかった。彼女はこの役割を担ってくれる人を意図的に探したのである。

　能力開発に向けて自分が他の人に求める役割がはっきりし，候補者が特定されると，次のステップではその候補者がその役割を引き受けてくれるかどうかを調べなくてはならない。候補者がよく知っている人で，自分でインフォーマルにアプローチできる場合もある。そうでない場合には第三者から紹介してもらうのが一番良いだろう。あるいは，候補者にプロジェクトの正式な顧問や特別任務の正式なコーチになってほしい旨を依頼するなど，フォーマルな人間関係を築く必要がある場合もある。

　しかし，人間関係がフォーマルであれインフォーマルであれ，明確な目標，期間，および意図している結果についてよく話し合うことが大切である。一緒に取り組んでいくための戦略や守秘義務に関することがらを明確にすることが必要である。起こり得る障害や弊害についてもよく検討すべきである。

　従業員が「成長を促す人間関係」を探すのを組織として促進するもうひとつの方法は，従業員が他の人々，とりわけ彼らの能力開発につながる可能性を持

つ人々への接触する機会を意図的に広げてあげることである。ひとつのテクニックとしてはネットワーク作りを強く後押しすることがあげられる。こうした例として，女性マネジャーや特定の人種の人々のためのネットワークを作った組織もある（Barclay, 1992; Morrison, Ruderman and Hughes-James, 1993）。また，職能組織や部門を超えて同じような階層の人々がつながるネットワークを作っている組織もある。さらには，同じような職務に就く人々が組織を超えて結びつくフォーラムを提供しているネットワークもある。たとえば，革新マネジャー協会（Association for Managers of Innovation: AMI）は，さまざまな組織で何らかのイノベーションに関する責任を負っている人々からなるネットワークである。彼らは，自分たちが「教えを請う，自慢する，仮定する」と呼ぶプロセスを使ってお互いに学び合っている。これは大部分の時間を参加者が持ち込んできた問題に割き，グループで成功事例やプロジェクトを話し合ったり，将来の計画を検討し合ったりするというものである。

　自分に何かを教えてくれる人々に接触できる機会を広げるもうひとつの方法として，組織の中で特定の育成役割を担う人を指名するというのもある。たとえばある会社では，自社のコア・コンピテンシーを明確にし，それぞれの分野においてある特定の人々をメンターとして指名した。これらのメンターは特定のコア・コンピテンシーについて非常に高いスキルや知識を有しており，そのコンピテンシーにおいて組織が最も優れた状態を維持できるようにするための責任を負う。従業員が特定のコンピテンシー領域でさらに専門性を磨く必要がある場合，だれにコーチングや指導を求めるべきかがすぐにわかるようにしているのである。

フォーマルな人間関係を築く

　従業員の，「成長を促す人間関係」へのアクセスを高めるよりダイレクトな戦略は意図的にそれを作ることである。つまり，学習や能力開発を目的として人々をフォーマルな形でマッチングさせるのである。組織にとって，人々が「特に」能力開発に注意を払う必要がある状況というのがある。フォーマルな人間関係は，多くの場合次のような目的のために作られる。
- 新しいマネジャーの社会化（socialization）

- 有望な人材により大きな責任を持たせる準備
- 女性や有色人種の能力開発
- 上級幹部の能力開発ニーズの充足
- 組織変革活動

　私たちの調査では，従業員500人以上の組織の約20%が成長を促すフォーマルな人間関係を活用する取り組みを少なくともひとつ持っていることが発見された（Douglas and McCauley, 1997）。これらの取り組みは，地域，売上，従業員規模，製品やサービスのタイプにかかわらずさまざまな種類の組織に見ることができた。

社会化──新しい仕事や任務に就くことは，たいていの場合，マネジャーにとってストレスの多いものである。組織からみれば，新しいマネジャーに早く任務に慣れてもらうことが生産性の面から非常に重要になる。また，多くの会社は新人の離職率が高いことを認識しているので，質の高い従業員を確保するための「社会化（個人が，所属する集団の基準や価値観を内在化させていく過程）」の戦略を常に模索している。このときフォーマルな人間関係は非常に効果的な解決策となる。ある大手製造業では，管理職に昇進した社員は「ピア・コーチ（同僚によるコーチ）」と呼ばれる同じような管理役割を持つ経験豊かな同僚につくことになっている。これは通常6ヶ月間続き，同行，コーチング，および週1回のミーティングが行われる。ピア・コーチは上級マネジャーで構成される委員会によって推薦され，さらに評価制度にのっとってボーナスが支給されることになっている。

有望な人材──過去3年間で速い昇進を遂げた32歳の業務管理担当マネジャーのルイスは，5年以内に副社長級の職に就くことが期待されている。彼とその他23人の有望な社員は2年間の能力開発プログラムに参加するようマネジメント委員会によって選出された。このプログラムにはトレーニング，ジョブ・ローテーション，ワークショップ，講義，アクション・ラーニング，および戦略的なマネジメント課題に幅広く接する機会などが含まれている。
　彼とその同僚たちはプログラムの一環として，それぞれ一対一のメンタリン

グを行う相手として，1人の上級マネジャーとペアを組まされる。これらの上級マネジャーはプログラム参加者の能力開発ニーズやコンピテンシーをもとに慎重に選ばれ，見込みのあるプロテジェ（弟子）とペアを組むのである。この人間関係についてはある程度のルールはあるが（たとえば，これらのペアは1ヶ月に少なくとも2回は会合するといったことなど），その役割や活動においてはかなりの柔軟性が認められている。

ルイスの会社のこのプログラムはよくあるアプローチの一例である。多くの組織では，有望で昇進の速いマネジャーにはマネジメント階層の急速な通過をサポートするために，能力開発における特別な配慮が必要だと考えられている。能力開発のためのフォーマルな人間関係は，サポート，直接的経験，成長を促す機会といった形でこうした配慮をもたらすのである。

女性や有色人種の育成——マネジメントのポジションに就く女性や有色人種の数はこの20年間確実に増加しているが，そうした人々の組織内での昇進はいまだに大きな課題である。女性や有色人種が昇進する場合，大きな問題に直面すると指摘されており，このことは米国のトップ企業においてこうした人々が占める割合が小さいことからも立証される（この件に関する詳細については，第10章で説明する）。

より高いレベルのリーダーシップの責任を求める人々にとってインフォーマルなメンタリングは能力開発やサポートを獲得する重要な機会であるが，ほとんどの女性や有色人種の場合，経営幹部層の中でメンターになれる人が非常に少ないためになかなか得ることができない。したがって，組織はこうした人々に対する能力開発の戦略をフォーマルな人間関係に頼っている。ある大手の金融機関で，アフリカ系米国人のマネジャーのためにフォーマルなメンタリングの関係や組織的ネットワークなどを含む1年間のプログラムが実施され，すべてのアフリカ系米国人のミドル・マネジャーがこのプログラムに参加した。参加者は全員，7～9人のアフリカ系米国人が参加しているネットワークに所属させられる。それぞれのネットワークは月1回会合し，キャリアにおける問題を話し合ったり，互いにサポートしあったりする。さらに，参加者は1人ひとり異なる職能や部署の上級マネジャーとのフォーマルなメンタリングの関係を

結ぶ。

上級幹部の能力開発ニーズの充足——最高経営層における専門的スキルや仕事のパフォーマンスに関する問題，あるいは行動変容の必要性などの能力開発ニーズを満たすために特別な注意が求められることがしばしばある（Witherspoon and White, 1997）。そのポジションや仕事の性質から，彼ら経営幹部は能力開発を促す仲間とのつながりを築いたり維持したりすることは困難であると感じてしまいがちなのである。このため，経営幹部の特定のスキル不足を解消しようとする場合に，組織として成長を促すフォーマルな人間関係を作って，能力開発面での特別な配慮をすることがしばしばある。

たとえば，さまざまなサービスを提供しているある中規模の組織が経営層チームの何人かのコミュニケーションや人間関係スキルを改善するために，過去2年間で10万ドル以上を費やしたのはその例である。この組織はこれらの重要なスキルの領域で一対一の集中的コーチングを提供するために有能なコンサルタントを3人採用した。経営幹部とコーチは6ヶ月の間2～3週間おきに会合し，スキルを改善するための行動レベルでの具体的な能力開発計画を策定したのである。

組織変革への対処——最後に，組織変革の際にも，マネジャーが変革の推進に必要なスキルや行動を開発できるようにフォーマルな人間関係が構築されることを紹介しておく。たとえば，ある大手メーカーは自主管理チームの創設を含む大幅な組織変更を行った。各チームには経営幹部委員会が指名した上級マネジャーがコーチとして任命された。コーチはチーム，およびチームメンバー各人へのサポートと後ろ盾を提供するとともに，チームを管轄するスーパーバイザーと緊密に連携し，チームとその成員の能力開発目標を作成する役割を担ったのである。

成長を促すフォーマルな人間関係の類型

能力開発の目的にいろいろな種類があるように，成長を促すフォーマルな人間関係もその形態や構成はさまざまである。これまで紹介してきた事例はこの

多様性を示している。しかし，このような多様性は一般的に用いられている四つの基本的形態に分類できる。
1. 一対一のメンタリング
2. ピア・コーチング（同僚によるコーチング）
3. エグゼクティブ・コーチング（経営幹部に対するコーチング）
4. グループ・コーチング

　どのようなときにどのタイプのフォーマルな人間関係を選ぶべきだろうか。それぞれのタイプにはどのような潜在的問題があるだろうか。これらの疑問に対して説明していこう。表5.3はガイドラインを要約したものである。

一対一のメンタリング——一対一のフォーマルなメンタリングの関係は通常，初級マネジャーが直接の指示命令系統以外の上級マネジャーにつく形をとる。たいていの場合，この種のフォーマルな人間関係もインフォーマルで長期に継続するメンタリング関係の場合と同様，重要なキャリアおよび個人的な能力開発のサポートの提供を期待して特定の初級マネジャー集団（有望な人材，新任マネジャー，有色人種）に向けて行われる。組織はこのプロセスを公式化することによって，特定した初級マネジャー全員が同じようにメンターと接触するようにし，指定した期間内にメンタリングが集中的に行われるようにする。一対一のフォーマルなメンタリングの関係を考える場合，組織は初級マネジャーが上級マネジャーからその視界や仕事の要請を直接学ぶ必要があるかどうか，上級マネジャーが初級マネジャーに提供できるような特定の経験や専門知識を有しているかどうかを検討すべきである。

　ある全国規模のレストラン・チェーンがフォーマルなメンタリングのプログラムを用いて新任マネジャーの研修や「社会化」に取り組んでいる。新しい店長全員が，1年間のメンタリングの関係を目的として（別の店舗の）上級マネジャーにつく。メンターは1週間のうち少なくとも6時間は新しいマネジャーのレストランでコーチングやサポートを提供することになっている。メンタリングの役割は評価システムに組み込まれており，各メンターは後輩の店舗パフォーマンスに対する責任も負っている。

　一対一のフォーマルなメンタリングは初級マネジャーに学習と能力開発につ

表5.3　成長を促す人間関係の形態：活用するタイミングと潜在的問題

形態	活用するタイミング	潜在的問題
一対一のメンタリング	・上級マネジャーが初級マネジャーに提供できる時間，経験，専門知識を持っている ・初級マネジャーが上級マネジャーの視界や仕事の要請に直接ふれる必要がある	・組織内の他のマネジメント能力開発戦略との統合性に欠ける ・上級マネジャーに，他の人々を教えるスキルや意欲がない場合がある ・（初級マネジャーの）上司とメンターの間で役割上の葛藤が発生する可能性がある ・成長を促す他の人間関係の幅を狭める可能性がある ・参加を依頼されていないマネジャーからの反感を招く可能性がある
ピア・コーチング	・対象となる社員が，組織内の他の職能組織や特定部署の見方や論点に精通する必要がある ・対象となる社員が，ビジネス上の知識や技術分野を迅速に習得するためのコーチングを必要としている ・グループ間のコミュニケーションの改善が必要である ・同じような経験をしている同僚同士が互いに学びサポートしあう必要がある	・対象となるマネジャーのコーチング・ニーズが互いに補完し合えるものでない場合がある ・組織の雰囲気が同僚同士のオープンなコミュニケーションに対してあまり積極的でない場合がある ・マネジャーが，他のマネジャーのコーチやサポートを依頼されることに反発を感じる場合がある ・マネジャーに，参加する時間と意欲がない場合がある
エグゼクティブ・コーチング	・上級の経営幹部に，コーチの役割を果たしてくれる同僚や上司がいない ・行動変容の手法について専門的なスキルを持った経験者が必要である ・特定のスキルについてコーチングを集中的に行う期間が必要である	・コーチの経験やスキルが経営幹部のニーズに合っていない場合がある ・費用がかかり過ぎる場合がある ・コーチングが内密に行われないと，経営幹部への信頼を損ねる可能性がある
グループ・コーチング	・コーチになれる人が足りない ・同僚同士学びあい，互いに得るものがあると期待される ・集団のメンバーの結束力を強める必要がある	・より個人的な能力開発への配慮を必要とするマネジャーも存在する ・コーチになる人が，集団を指導するための十分なスキル，時間，あるいは意欲に欠ける場合がある ・効果的に行うにはかなりの時間と計画を要する ・集団のコーチと参加者の上司との間で葛藤が発生する可能性がある

ながる素晴らしい機会を提供するが，このプログラム実施を決定する前に考慮すべき注意点がいくつかある。ひとつは，フォーマルなメンタリングの関係を効果的に行うためには，この人間関係をより大きなマネジメント開発戦略に組み込み，事業戦略や人事戦略と明確につなぐことが必要である (Kram and Bragar, 1992)。もうひとつの注意点はメンターとして選ばれた人々に関するものである。すべての上級マネジャーが初級マネジャーに提供できる時間，意欲，経験，専門知識を持っているわけではない。また，メンターと初級マネジャーの上司との間に役割上の葛藤が生じる可能性がないかを検討することが重要である。その他，想定される障害として，えこひいきの温床を作ってしまう危険性，非参加者からの反発，ネガティブな経験なども注意の対象である (Kram and Bragar, 1992; Kizilos, 1990; Murray and Owen, 1991; Noe, 1991)。

ピア・コーチング――ピア・コーチング（同僚によるコーチング）では従業員は組織内の同じレベルの同僚と組む。これは，ピア（同僚）の関係が学習や成長のために重要な役割を果たすとの前提に基づいている (Douglas and Schoorman, 1987; Kram and Isabella, 1985; Kram and Bragar, 1992; McCauley and Young; 1993)。

この手法は教師間や校長間のピア・コーチングなどのように教育現場でよく使用されていたが，近年になって企業でもポピュラーになってきた。

企業の世界でのピア・コーチングは通常，人々が現在のポジションで特定のスキルを開発するために用いられる。部門間のコミュニケーションがうまく行われていなかったある組織でピア・コーチングのプログラムが実施された例では，従業員は別の部門の同僚とペアを組まされ，互いに情報を提供し合い，スキルの習得を支援し，サポートし合う。ナショナル・セミコンダクター社で行われているコーチングのプロセスでは，マネジャーが360度アセスメントを受け取った後，同僚との間で「パフォーマンス・パートナーシップ」と呼ばれる関係を作る。これは新しい行動や個人の生産性向上を目的とした協力関係である (Peters, 1996)。パートナーはコーチング・ワークショップに一緒に参加し，どのように協働していくかについて誓約書を作成する。

ピア・コーチングが必要となるのは，従業員が組織の他部門の課題や考え方

に精通する必要がある場合，特定のスキルや知識を迅速に習得しなければならない場合，あるいはグループ間のコミュニケーションを改善しなければならないような場合である。組織への導入にあたっては，予定されている参加者の能力開発ニーズやそのニーズに関して他の人々と助け合う能力について時間をかけて十分に把握しておく必要がある。

ピア・コーチング・プログラムにも想定されるいくつかの難点がある。対象となる社員のコーチングのニーズが互いに補完し合えない場合があるし，組織風土的に同僚間のオープンなコミュニケーションがとりにくい場合もある。また，他の人を助けるよう依頼されて反発する人もいる。キャリアや個人的な面でメリットがなければ参加する時間や意欲を失う人も出てくる。

エグゼクティブ・コーチング——エグゼクティブ・コーチングは，概して最高経営責任者，役員，上級マネジャーなどの上級経営幹部職に対して，改善が必要であると見なされた特定のスキル分野に用いられる。経営幹部はエグゼクティブ・コーチングを専門にする外部コーチとペアを組む。外部コーチは経営幹部の弱点としてあげられたことがらに対して短期間，通常6ヶ月程度取り組む。エグゼクティブ・コーチングは概して秘密裏に行われ，必要に応じて用いられる傾向にある。

グローバルメーカーで副社長を勤める52歳のアンナは，何人かの同僚やマネジャーからコミュニケーションスキルを改善する必要があるとのフィードバックを受け，その改善に注力しようと決心した。彼女はマネジャーからのアドバイスや励ましを受けて6ヶ月間のエグゼクティブ・コーチングのプログラムに参加した。彼女のコーチは外部コンサルタントで，彼女のマネジャー，メンター，同僚，部下，および家族など多くの人々にインタビューした。そしてコーチはこの情報と彼女自身の自己内省に基づいて，行動に特化した開発計画の作成に彼女と一緒に取り組んだのである。計画が決定すると，コンサルタントは彼女に数ヶ月間連絡をとりつづけ，仕事上の行動で重要な変化を遂げられるようサポートした。

ウィザースプーン＝ホワイトはエグゼクティブ・コーチが果たす役割として，スキル，パフォーマンス，能力開発，および経営幹部のアジェンダに関す

るコーチングの四つをあげている（Witherspoon and White, 1987）。スキルに関するコーチングは経営幹部が抱える現在の課題や仕事に必要なスキルに焦点を当てる。パフォーマンスに関するコーチングも現在抱える仕事に焦点を当てるが，パフォーマンス上のいくつかの課題をめぐるより広範な学習となる。能力開発に関するコーチングは将来の仕事への準備を目的としている。経営幹部のアジェンダのためのコーチングは，経営幹部が自ら必要だと認識しているニーズを中心に展開される広い範囲の学習で，このタイプのコーチングは長期にわたって徐々に発展していく傾向にある。

エグゼクティブ・コーチングは，経営幹部自身が特定のスキルに関するコーチングが必要であると感じ，それを提供できる同僚やマネジャーがいない場合に検討されるべきである。彼らは行動変容のためのスキルを持つ専門家による期間集中的なコーチングを好むであろう。こうしたアプローチを検討中の組織はコーチの信頼性を慎重にチェックする必要がある。

グループ・コーチング——34歳の人事マネジャーであるフィリップは1年間のキャリア開発プログラムに参加するよう指示された。彼はそれぞれ別の職能組織から参加した5人のマネジャーと毎月ミーティングを持ち，キャリアに関する問題を話し合う。財務担当副社長であるシェリーが彼らのグループの指導役および学習パートナーの役を自主的に引き受けてくれた。彼女は自分の考えや経験を皆に提供するだけでなく，グループがミーティングの議題を作成するのを手伝い，各メンバーにサポートやフィードバックを積極的に行い，目標とする学習プロジェクトや必要な資源を得られるよう支援し，組織内での注目が集まるようにした。

フィリップと彼の同僚たちは，「グループ・コーチング（集団によるコーチング）」という能力開発のための別の種類のフォーマルな人間関係に参加していることになる。これは一対一のメンタリングとピア・コーチングに含まれる基本プロセスを組み合わせたものである。コーチになれる人が不足している場合，同僚たちが互いに学び得るものがあると期待される場合，およびグループ間の結束力が求められる場合，組織はグループ・コーチングを検討すべきであろう。

グループ・コーチングは通常4～6人の構成員で行い，定期的に会合し，1人の上級マネジャーにつく。この学習集団における上級マネジャーの役割は，マネジャーが組織を理解するのを助けたり，彼らの経験を分析する際の指導をしたり，キャリアの方向性を明確にしたりすることによって学習パートナーとして行動することである。上級マネジャーは参加者が上級マネジャーからだけでなく参加者がお互いから学び合えるような環境作りに努める（Kaye and Jacobson, 1995）。

　考えられる難点としては，グループ・コーチングよりも個人的な学習サポートの方が実際には得るものが多いと考えるマネジャーもいるということである。また適切なコーチを見つけることも課題である。グループ・コーチングは，上級マネジャーによる多大なコミットメントと，1人の個人をコーチングするのとは異なるスキル群を必要とする。コーチ自身が集団を指導するために必要なスキル，時間，意欲に欠けている場合もある。参加者の直属の上司がグループのコーチに対して反感を抱く場合も考えられる。最後に，グループによるメンタリングではすべての参加者がかなりの時間を費やして計画作りを行う必要がある。

フォーマルな活動を効果的にするポイント

　あらゆる種類のフォーマルな人間関係を効果的なものにするには組織としてどのようにすべきだろうか。この命題に関する文献ではゆうに100を超える特徴や構成要素が述べられているが，それらは主に次の五つのテーマに集約することができる（Douglas, 1997）。

1. 組織によるサポート
2. 目的，期待，および役割の明確さ
3. 参加者による選択と関与
4. 注意深いセレクションとマッチング手続き
5. 継続的なモニタリングと評価

組織によるサポート──組織によるサポートは一連の能力開発プログラムが組

織全体から促進，支援されている度合いである。特に，企業の戦略的ニーズ，組織システム（業績評価システム，報酬システム，コミュニケーション・システム），およびその他のマネジャー育成のしくみとプログラムが統合されているかどうかである。経営層からの目に見えるサポートや支援的な組織文化が必要である。多くの研究でプログラムを成功させる要因として最も頻繁にあげられるのは経営層によるサポートである。さらに，組織として十分なリソースを確保することも必要である。

目的，期待，および役割の明確さ——能力開発プログラムの目的やゴールが明確に定義されており，プログラム自体もそれによって選択されていることが必要である。また，目的やゴールはプログラム参加者，メンター予定者，経営層，非参加者，プログラムのコーディネーターといった関係者全員に十分に通知する必要がある。オリエンテーションなどの機会を設けてそれぞれの関係者が受け持つ役割や責任について明快な説明をすることで，関係者全員がプログラムから期待できることと期待できないこととを現実的に理解することが可能になる。また，プログラム参加者もパートナーとなる人に対して自分が期待することを明確にしておく必要がある。このような明確化を行っていくのに役立つ質問を表5.4にまとめておく。

参加者による選択と関与——プログラムへの関与において参加者自身が自由に意思決定できる範囲が大きければ大きいほどプログラムの効果は高くなる。特に，プロセスの構成やそこでの個人の役割について何か意見を言えるという感覚を持てることが重要である。

注意深いセレクションとマッチング手続き——「セレクション（選別）とマッチング（組み合わせ）」とは，人間関係をベースとした能力開発プログラムへの参加者やペアを組む相手を事前に注意深く特定していくプロセスを指す。プログラムが成功するためには，目標達成に強い熱意を持ち，真剣に取り組みたいと思っている参加者が必要である。したがって，参加者はプログラムの目的とあらかじめ決められた基準に基づいて注意深く選定される必要がある。その

表5.4 フォーマルな人間関係の明確化：確認すべき項目

目標と期待される結果	各人が人間関係から得たいと思っているものは何か
	ポジティブな人間関係とはどのようなものか
	その人間関係における測定可能な目標は何か
	より「ソフトな（測定がやや困難な）」目標や期待は何か
	その人間関係に期待される期間はどの程度か
活動	ディスカッションや面談は何を焦点に行われるか
	目標に対して最も効果があると思われる活動は何か
	活動計画はどのようなものになるか
コミュニケーションと接触の頻度	どのようにしてコミュニケーションを行うか（電話，面談，ｅメール，その他など）
	コミュニケーションの頻度はどの程度か
	いつコミュニケーションを行うか
責任	人間関係において各人が持つ責任はどのようなものか
	人間関係に対して各人が提供しなければならないことは何か
	接触の機会はだれが率先して設定するか
機密保持の問題	機密保持の問題にはどのように対処するか
	人間関係から発生する問題のうち，どのような事項を機密事項として取り扱うか
恐れ	その人間関係が持つ欠点は何か
	人間関係の破綻につながる恐れがあるのはどのようなことか。それをどのように防ぐか
評価	取り決めた人間関係の条件について継続的に検討するプロセスが必要か
	人間関係についての評価は必要か。どのように評価するか。頻度はどの程度か
	お互いの側で期待したことが満たされない場合，どのような行動をとるか
	お互いにパートナーへの責任を保つにはどうすれば良いか

上で，同様のプロセスを経て注意深く選定されたパートナーと組み合わせられなければならない。マッチングでは，どのように組み合わせるのか（自主的なのか，委員会によるものなのか，あるいはプログラムのコーディネーターによるものか）という点と，どのような基準で組み合わせを考えるのか（共通の関心，接触のしやすさ，職位，職能分野，強みなど）という点の両方が考慮されている必要がある。

パート1　リーダーシップ開発：経験

継続的なモニタリングと評価——効果的な人間関係を基本要素とする育成プログラムの場合，プログラム実施中のモニタリングのしくみがたいていは備わっており，効果測定と必要な改善が行われる。モニタリングの方法はプログラムの企画段階で充分に時間をとって練る必要がある。定期的な評価では，グループ・インタビュー，パーソナル・インタビュー，あるいはサーベイ（定量調査）などが活用できるだろう（Kram and Bragar, 1992）。方法の選択は既存の人事の仕組みによって決まる面もあるかもしれないが，大切なのはその方法がプロセスと結果に関わる変数を測定できること，そしてビジネス戦略と関連づけられていることである。

フォーマルな人間関係を能力開発プロセスの一部として位置づける

　成長を促すフォーマルな人間関係において最近見られるトレンドは，ひとつ以上の人間関係を割り当てること，そして人間関係を他のリーダーシップ開発戦略と関係づけることである。これらのトレンドは，フォーマルな人間関係を全体的な能力開発プロセスに統合しやすくしている。

　こうしたプログラムがある地域金融機関で実施されている。目標は，見込みのある従業員に重要なマネジメントのポジションに就く準備をさせることにある。参加者はプログラムに応募し，経営陣による綿密な審査を受けなければならない。審査にパスした従業員は学習と能力開発にすべての時間をかけることになる。実際に，プログラム期間中はこの会社のコーポレート・ユニバーシティの従業員となるのである。以降9ヶ月間，彼らはフォーマルなトレーニングクラスと任務のローテーションに巻き込まれる。彼らにはまた，上級マネジャーによるビジネス・メンターが付き，事業面，技術面，そして政治的な側面でのアドバイスを受ける。ビジネス・メンターは通常1人だけ付くが，必要とされる専門的な技能の習得が1人のメンターでは不十分な場合には，1人以上付く場合もある。参加者はまた，コーポレート・ユニバーシティの研修担当ディレクターとのフォーマルな人間関係を持ち，継続的なフィードバックを受ける。ディレクターは参加者がローテーションを通じて携わったさまざまな仕事の監督者やビジネス・メンターから意見を集め，彼らが観察したことや受けた印象を参加者にフィードバックする。そして，参加者がそのフィードバックに

基づいて変化や改善の計画を立てるサポートを行うのである。

　ふたつ目の例はユダヤ人連合協議会（Council of Jewish Federation，以下，CJF）が提供する2年間の幹部開発プログラムである。協議会は189のユダヤ人地方組織の連合団体で，各地域が支援を必要とするような場合に対応できるよう資金集めを行っている。CJFは，変化するニーズに対応したプログラムの開発や成功例の提供，資金集めや運営に関する指針の作成，地域的，国際的ニーズに対応するための共同作業の推進などを通じて会員団体の活動を支援している。この組織の幹部開発プログラムは，北米地域の主要な連合において最も上級の地位に就くような能力の高い人を育成するために設計されている。プログラムの大部分はクリーブランドにあるマンデル共同基金（Mandel Associated Foundations）によって資金援助されており，参加者は「マンデル・フェロー」と呼ばれている。2年間にわたるコースを通じて参加者はさまざまな能力開発の活動に深く関与する。彼らはまず，1週間ほどのFIP（第2章参照）からスタートする。2週間イスラエルに滞在し，世界のユダヤ人社会におけるさまざまな問題を理解するべくイスラエルのリーダーたちとともに働く。また，プログラム全体を通して特定のマネジメント課題に焦点を当てた2日間の会合が複数回持たれるとともに，ユダヤ教の歴史や哲学に関する遠隔教育にも参加する。

　プログラム期間を通して，参加者にはふたつのフォーマルな人間関係が割り当てられる。ひとつは「エグゼクティブ・メンター」にマッチングされること，そしてもうひとつは，1人かそれ以上の「リーダーシップ・コーチ」を選んでコーチングを受けることである。エグゼクティブ・メンターは大都市の連合で成功をおさめた会長から選ばれる。この人間関係の主要な目的は，（当該プログラムが育成しようとしているポジションである）大規模な連合のリーダーが直面する問題や課題と，そうした組織を主導する際に活用すべき戦略について参加者の理解を支援することである。この人間関係は参加者がメンターの組織を訪問することから築かれる。典型的なものとしては，メンターの通常の仕事への付き添い，メンターとのふりかえりやディスカッション，その他のスタッフとのミーティング（このミーティングによって，メンターが持つリーダーシップの行動特性やスタイルに対する意見を聞く），あるいは，メンターが

行う仕事以外の活動に参加することなどがある。このようなつながりはインフォーマルな人間関係の醸成にも役立ち，参加者が自身のキャリアの進展に伴って継続的にアドバイスや意見を得られるようなものにすることもできる。

リーダーシップ・コーチは参加者が属する地域社会のリーダーであることが多く，通常は企業あるいは公共部門のリーダーの人たちである。このような人間関係には，著しく異なる機関におけるリーダーシップが持つ複雑さ，力学，スタイル，および戦略について参加者が理解するのを支援するねらいがある。大規模な組織における効果的リーダーシップについての新たな見方を参加者が体感することが期待成果である。参加者は通常，自分が学び改善したいと考える分野に特に強いリーダーシップ・コーチを探す。

ペアを組んだ2人はさまざまな活動に参加する。コーチは，参加者に付きまとわれたり，参加者の「壁打ち相手」として付き合わされたり，参加者が行うプロジェクトのコンサルタントとして奉仕したりする。コーチは，自分の経験，哲学，リーダーシップのモデル，自分が読み取ったことなどを参加者に伝える。コーチはまた，自分の属する組織のスタッフの視察や彼らとのディスカッションの場も提供する。コーチは参加者が働く組織での行動観察を頼まれたり，特定の集団に対して自分の専門性を教えるよう頼まれたりすることもある。コーチの活動がどのようなものになるかは，参加者がその人間関係から何を得たいと望むかによって異なる。

以上あげた2種類の一対一の関係に加えて，参加者同士の間で価値ある関係を築くこともできる。参加者たちは互いに自分の経験を共有しフィードバックやアドバイスをやり取りすることからも学習する。また，彼らは互いにサポートを求めることのできる存在になり，「戦友」の役割を強く果たすことにもなる。長期間にわたって多くの経験を密度高く共有できるため，多くの場合プログラム終了後もこうした人間関係は継続することになる。

まとめ

成長を促す人間関係はリーダーシップ開発のプロセスを拡張するために重要な戦略である。こうした人間関係はアセスメント・データの源であ

り，その情報の解釈および理解を行うためのリソースでもある。また，個人に直接的な刺激を与えたり，あるいはチャレンジングな任務を提供したりする。そして，能力開発をサポートする極めて有効な手段でもある。人によっては学習や成長への努力の中で他人への接触を自然に行える人がいるし，コーチとしての素養を自然に備えている人もいる。一般的に，このような人々は企業が介在することがなくてもお互いにわかり合うものである。しかし，組織として成長を促すインフォーマルな人間関係の構築をより多くの従業員に望むのであれば，以下のことを行う必要がある。すなわち，

(1) 組織の中にコーチング・スキルを育て，そのスキルを使う人々に対して報いる。
(2) 自分が必要とする成長を促す人間関係を常に探し求めることを奨励する。
(3) 組織の広範囲にわたって従業員がこうした人間関係を見つけたり，発展させたりできるような機会を十分に提供する。

　成長を促すインフォーマルな人間関係が発生しやすい環境を用意することに加えて，新しい役割に備えた従業員の能力開発，有望なマネジャーの養成，女性や有色人種の能力開発，上級マネジャー層の能力開発ニーズへの対応，あるいは組織変革のサポートなどといった特別な能力開発課題向けにフォーマルな人間関係を作り出すのも適切な対処である。これらの人間関係は一対一のメンタリング形式であることもあれば，ピア・コーチング，エクゼクティブ・コーチング，あるいはグループ・コーチングといった形式になることもあり得る。成功するフォーマルな人間関係には，組織によるサポート，目的，期待，役割が明確であること，参加者自身による選択と関与，注意深いセレクションとマッチング手続き，継続的なモニタリングと評価といった特徴がある。フォーマルな人間関係は，より大きなリーダーシップ開発のプロセスの中に組み込まれ統合されることで最も効果を発揮する。

コーチング・スキルの開発に関する参考文献

Chiaramonte, P., & Higgins, A. (1993). Coaching for high performance. *Business Quarterly*, 58(1), 81-87.

Evered, R. D., & Selman, J. C. (1989). "Coaching" and the art of management. *Organizational Dynamics*, 18(2), 16-32.

Geber, B. (1992). From manager into coach. *Training*, 29(2), 25-31.

Hargrove, R. (1995). *Masterful coaching*. San Francisco: Pfeiffer.

Hendricks, W., and Associates. (1996). *Coaching, mentoring, and managing*. Franklin Lakes, N.J.: Career Press.

Kinlaw, D. C. (1993). *Coaching for commitment: Managerial strategies for obtaining superior performance*. San Francisco: Pfeiffer.

Mink, O. G. (1993). *Developing high-performance people: The art of coaching*. Reading, Mass.: Addison-Wesley.

Orth, C. D., Wildinson, H. E., & Benfari, R. C. (1987). The manager's role as coach and mentor. *Organizational Dynamics*, 15(4), 66-74.

Peterson, D. B., & Hicks, M. D. (1996). *Leader as coach*. Minneapolis: Personnel Decisions.

Waldroop, J., & Butler, T. (1996). The executive as coach. *Harvard Business Review*, 74(6), 11-119.

Chapter Six
Hardships

第6章
修羅場

ラス・S. モクスレイ
Russ S. Moxley

　バーモント州マンチェスターの美しいリゾート地で私たちは会議用テーブルの周りに座っていた。私は大きな消費財メーカーの経営幹部たちに，彼らの歩んできたキャリアをふりかえってマネジメントのやり方に大きな変化を与えた重要な出来事をひとつかふたつあげるように頼んだ。経営幹部たちが自分の遭遇した決定的な出来事とそこから何を学んだかを話している間，その会社の社長は静かにそして沈痛な面持ちで座っていた。同僚たちは本書の他の章で詳細にふれたような多くの経験，すなわちチャレンジングな任務，気難しい上司，マネジャーとしての初めての仕事，参加したトレーニングのことなどを話してくれた。不意に，法務担当の役員が，社長がまだ話をしていないことに気づき，彼に向かって言った「ジム（仮名），あなたのリストには何があるのですか」。

　ジムは「私のは独特なのです。皆さんのものとは同じではありません」と言って話すのをためらった。その役員はジムに対して辛抱強く経験を話すよう穏やかに説得し続けた。

　ついにジムは話し始めた「ときに思うのですが，何かを学ぶ前には，まさに何かにぶつかって鼻を血まみれにするようなことをしなければならないのです。私は輝かしいキャリアを歩んできました。多くの良い仕事に恵まれ，そのすべてを非常にうまくこなしてきました。それにつれて私は自分の能力に自信

を深め，何をなすべきかはいつもわかっていると相当強く思い込むまでになっていました。ですから，うまく権限を委譲するようなことはしませんでしたし，チームの他のメンバーにあまり頼ろうともしませんでした。そんなとき，私は心臓発作に見舞われました。それはまるでレンガの壁にぶつかるようなことでした。私には限界があり，すべてを行うことはできないのだと悟りました。それは人を謙虚にさせる経験でした。このとき初めて私は，権限を委譲したり，皆さんのような人の経験と専門的能力を本当に信頼する方が良いのだと気づいたのです。そのときから私は，ワン・マン・バンドのように1人で何でもこなし過ぎることをしない，違ったタイプのリーダーになれたと思っています」。

　ジムの話は人生における紆余曲折から学ぶという教訓の良い例である。ジムはキャリアを通じて成し遂げたチャレンジングかつ重要な仕事によって何よりも自信を身につけた。彼は自分の判断を信じることを学び，自分の意思決定に自信を持つようになったのである。これはリーダーが学ぶべき重要な教訓である。しかし他のすべての強みと同様に，自信も行き過ぎると弱みになる。抑制の効かない自信は傲慢につながる。ジム自身の話によると彼は傲慢になっていた。自分ですべてできると考えていた。権限を委譲する必要性を感じることもなく，それゆえ有能な部下たちで構成されるチームも必要としなかったのである。

　傲慢に対する最も良い薬は何だろうか。多くの場合，それは修羅場である。心臓発作の後，ジムは自信と謙虚さのバランスを取るようになった。この過程で彼は，より円熟味を増したリーダーになった。自分自身の判断に自信を持ちながら，同時に他の人の判断も頼りにすることでジムは柔軟に役目を務めることができるようになったのである。

異なる種類の「成長を促す経験」

　心の中で，「*成長を促す*」という限定がつくタイプの経験をリストアップするとき，研修，チャレンジングな仕事，コーチやメンターを思い浮かべるだろう。しかし，修羅場を思い浮かべることは，普通ない。それにもかか

わらず，修羅場は円熟さを備えたリーダーへの成長にとって重要なのである。学ぶということは無原則なものではない。特定の経験は特定の教訓を教えるように，修羅場もまた他のものからは獲得できない教訓を提供してくれる。

修羅場は，それが*計画されたものではない*という点で他の成長を促す経験とは異なっている。準備ができていようがいまいが，人はキャリアや人生の過程で修羅場に遭遇する。また，修羅場からの教訓はその経験の後，すなわち修羅場を乗り越え，それをふりかえるときを過ごし，そこからの展望や物の見方を得た後に初めて身につくものである。

修羅場はまた，そこに*埋め込まれているチャレンジが異なる*という理由からも他の成長を促す経験とは異なっている。本書の他の章で述べているチャレンジは，その人にとって外的なもの，すなわちチャレンジングな仕事，気難しい上司，研修プログラムに組み込まれたチャレンジなどである。チャレンジは経験の重要な一部だが，それ自体はマネジャーが行った，もしくは行わなかったことの直接的結果ではない。修羅場は，その経験（ビジネス上の失策，昇進の見送り，あるいは心臓発作など）が自分自身のものであるという点で異なっている。修羅場はそれが人員削減のように自分が直接コントロールできない何らかの外部要因から起きたものだとしても，極めて個人的なものとして経験される。修羅場とは逆境に直面するというチャレンジであり，その人にとって内的なものなのである。

どの修羅場の経験もその核心は*喪失の感覚*，つまり信用の喪失，コントロール感の喪失，自己効力感［訳注：ある具体的な状況において適切な行動を成し遂げられるという予期，および確信］の喪失，それまでのアイデンティティの喪失感覚である。この喪失という要素が修羅場と他の成長を促す経験とを分けるもうひとつの観点である。喪失とは，自己との対峙，喪失そのものとそれに伴う痛みへの対処，そして結果を知ることを強いるものである。何かを失ったという感覚は，それまで外の世界に生きてきた人の目を自分の内面に向けさせる。*私は何を間違ったのだろうか。私は期待に添えなかったのだろうか。何か違うやり方があったのだろうか。それを防ぐために何かできることがあったのだろうか*。ここはまさに自分の棚卸しを行い，強みと弱みを内省し，人生や仕事で何が大事かを熟慮し，古い自分を脱ぎ捨てて新しい自分へと脱皮するときなのであ

る。人は他の喪失と同様，それを何らかの形で受け入れる前に，否定，防衛，そして怒りという段階を経ることになる。

　喪失に対していかに対応するかが人を学ばせる。リーダーが経験から何をどのように学ぶのかについて CCL が行った研究プロジェクトの結果をまとめた書籍『経験からの教訓（*Lessons of Experience*）』は以下のように報告している。「修羅場はさまざまなタイプの教訓を引き起こします。……経営幹部たちは対人関係における自分のあり方，キャリアにおける強い希望，あるいは不安や失敗に打ち克つ能力，そして，ときに気まぐれで変わりやすい世界での適応力を学んでいます。彼らはそれぞれ直面した課題において期待される水準に達していませんでした。そして教訓はまさにそこにあったのです。調査結果が示しているように，自分の限界を受け入れ，そして認めることはその後に続く自分を変える努力をにつながるとともに，成功をおさめる人々に一般的に見られる特徴です。したがって，修羅場という出来事そのものではなく，経営幹部たちがそれにいかに対応したかこそが，修羅場という経験の価値を理解する鍵なのです」（McCall, Lombardo and Morrison, 1998, pp. 88-89）。

修羅場とそこからの教訓

　CCL でなされたいくつかの研究プロジェクトから，五つのタイプの修羅場とそこから学ばれる教訓が確認されている。五つのタイプについては表 6.1 にまとめられている。もちろん，これは人々が経験する修羅場を網羅したリストではないが，かなり代表的なものである。したがって，たいていの場合，他の修羅場もこれら五つのタイプのひとつに当てはまる。

間違いと失敗

　IBM 社には以下のような伝説がある。創立まもないころ，ある若い技術者が会社に何千ドルもの損失を与えるような間違いを犯した。当惑し，恐れおののきながら，彼は創設者であり社長でもあるトム・ワトソンのところに行き，自分の間違いについて話し，責任を取って会社を辞めると申し出た。このときワトソンは次のように言ったと伝えられている。「会社を辞めるだって？　私

表 6.1 修羅場の五類型とその教訓

修羅場	学ばれる教訓
業務上の間違いや失敗	人間関係の手綱捌き
	謙虚さ
	ミスや失策への対応のしかた
キャリアにおける挫折	自己への気づき
	組織内の政治
	本当にやりたいこと
個人的なトラウマ（深い心の痛手）	人に対する神経の細やかさ
	コントロールの範囲を超えた出来事に対処すること
	あきらめずにやり通すこと，忍耐
	限界を認識すること
問題のある従業員	いかに立場を貫くか
	真正面から対峙するスキル
人員削減	対処能力
	何が重要なのかを認識すること
	組織内の政治

は君を辞めさせるわけにはいかない。これまで君の成長にどれだけ投資してきたかを考えてみなさい」。

　この若い技術者と同じように，マネジャーや経営幹部は皆間違いを犯す。下手な契約交渉，取引をだめにする，チャンスを逃す，大事な顧客との関係を損なう，上司が求めることを求めるときに提供しないなどである。問題は，間違いを犯したり失敗の経験をしたかどうかではなく，それを学びや成長，そして変化するための機会ととらえたかどうかにある。

　間違いや失敗の結果，味わうことになる喪失感は自己効力感の喪失，および職場の仲間からの信用の喪失を伴って生じる。間違いを犯した人が面目を保てるように配慮する人は，すでにその人が味わっている喪失感に追い討ちを掛けないように注意しているのである。

　次の三つの条件がある場合，経営幹部たちは自分の間違いから学ぶ傾向がある（McCall, Lombardo and Morrison, 1998）。

1. **原因と結果が明白であること**――その間違いに対する自分の責任があいまいな場合や防ぎようがなかったと感じている場合には教訓を学ぶことはあまり期待できない。一方，原因と結果が明確で，自分に落ち度があったとわかっている場合には学ぶ教訓が大いに増える。「私が台無しにしてしまった」とか「私もそれに関与していた」といった発言があるとすぐに学びへの門は開かれるのである。
2. **すべてが白日の下にさらされていること**――間違いを軽く扱ったり，それが無かったかのように見せたり，あるいはその結果を否定するのは簡単なことである。一方，間違いをすべてさらけ出し，オープンに話し合い，そこから学べることを引き出すのはより難しいことである。しかし，間違いについて正直かつオープンに話しあうことは，マネジャーや経営幹部が自分の失敗の原因を評価し，そこから学ぶ最善の方法であり，広く「組織学習」を促進する唯一の方法でもある。
3. **間違いをどのように扱うのかという組織の姿勢がはっきりと理解されていること**――多くの組織は，よりイノベーティブになるためにリスクを取る行動を奨励すると宣言しているが，リスクを取った際に起こり得る間違いをどのように扱うか明確に規定している組織はほとんどない。企業にとって，表明していることの本当の意味を示す最善の方法は，「ミステイク・システム」を導入することである。

ミステイク・システムでは報償システムと同じように，従業員が適切なリスクをとったにもかかわらず失敗した場合に「何を期待してもいいか」が明確にされる。たとえば，困難な任務に立ち向かったがミスをしてしまった，あるいは難しい従業員に対処するという未経験のスキルを試すことに同意したがうまくできなかったなどといったときである。たとえば，既存の人事考課と報酬制度を拡大して，「不成功に終わった立派で決然とした努力」に対する特定の報奨を加えることもできるだろう。あるいは，非常に困難な仕事に挑戦したものの未達だった人々を対象とした特別な表彰制度を設けることも可能だろう。

これら三つの条件が満たされている場合，間違いから学ばれる教訓は極めて豊富になる。

対人関係上の誤ちは頻繁に見られる間違いのひとつで，それをいかに上手く

扱えるかを学ぶことは最も重要な教訓のひとつと言えるであろう。この教訓には，上級レベルの経営幹部がどのような人たちで，彼らとどのように働いたら良いのかということだけではなく，権限委譲や意思決定のような問題においてどのようにしたら部下をより上手く扱えるのか，さらに一般的な意味では，どうすれば他者および他者のものの見方をより良く理解することができるかが含まれている。

　間違いからよく学ばれるふたつ目の教訓として「謙虚さ」がある。間違いは人に自分の欠点や限界を知らしめる力を持っている。ある経営幹部が，彼の会社に何千ドルももたらしてくれるはずだった有名で国際的な顧客との不手際な契約交渉について話をしてくれた。「私は助けを求めようとしませんでした。また，それが必要だとも考えませんでした。しかし自分がいかに何も知らなかったかを私はすぐさま悟りました。苦い経験を通じて私はそれを学んだのです」。

　最後に，間違いを犯し，そこから学ぶことから得られる大変重要な教訓として「間違いへの対処のしかた」がある。成功したリーダーとそうでないリーダーとの間には，間違いへの対処方法に大きな差が見られる。間違いを隠したりごまかしたりしようとする人，間違いが露見すると他人のせいにする人，あるいは自分の間違いによって影響をこうむるかもしれない人々に警告を発しない人，そのような人たちはディレイルメントをする可能性が高い人である。逆に，自分の間違いを認め，その責任を取り，間違いの影響を受けるかもしれない人々に知らせるような人は引き続き有能であると見られるだろう。間違う人々とそうでない人々の差を言っているのではない。どのようなリーダーでも間違うのだ。その差は間違いに対する対処方法の差なのである。

キャリアにおける挫折

　ジャンは能力の高いマネジャーとして認められていた。彼女は昇進も早く，次々とチャレンジングな任務をこなし，まさに出世街道を歩んでいた。そして，それは起きたのだ。期待していた昇進が別の人のものになったのである。
　カルバンはラインの仕事から全社スタッフに異動になった。新しい仕事（長期計画の立案）は重要なものだと言われた。しかし，それが彼にとって成長を

促す経験であると目されていたことと，新しい仕事には彼が学ぶことのできる特別なリーダーシップ・スキルが含まれていたことはだれも伝えなかった。やがてカルバンはその新しい仕事を嫌うようになった。そして，他の人たちが業務上の重要な意思決定を行うのを脇から眺めているだけだという感じを抱くようになってしまった。

　ヘレナは担当する範囲も規模も大きく変化するような新しい任務を与えられた。彼女にとって，自分よりも専門性に優れ，多くは彼女より年上の部下をマネジメントすることは初めての経験であった。会社は，これが彼女にそれまでの経験を超えて精一杯の努力を要求するストレッチした（背伸びした）任務であることはわかっていた。会社は彼女であればやり遂げるであろうと考えたのだが，できなかった。背伸びができる範囲を超えていたのである。1 年ほどの苦闘の末，彼女は降格された。しかし，同時に彼女は多くのサポートを受けたので，しばらくの休養後，再び自分のキャリアに復帰できた。

　これらの話は三つのタイプのキャリアにおける挫折，すなわち昇進の見送り，満足できない仕事，および降格の実例である。解雇されることは明らかに挫折の四つ目のタイプに当たるだろう。

　キャリアにおける挫折で味わう喪失の感覚とはどんなものなのであろうか。それは，ある人にとってはコントロールの喪失，特に自分のキャリアを思うようにできないといった感覚だろう。またある人にとっては自信の喪失，すなわちある重要な領域のスキルが期待水準に達していないかもしれないという自覚であり，また自分には必要なリーダーシップの能力のすべては備わっていないという実感だろう。またある人，特に解雇されたような人にとっては，プロとしてのアイデンティティの喪失なのだ。

　喪失の感覚がどのようなものであれ，キャリアにおける挫折は通常，アラームの役割を果たす。人は挫折によって他人が自分をどのように認識しているかを知る機会を得る。挫折を経験する経営幹部の中には，すでに自分に弱点があることを知っている人もいるかもしれない。しかし，いまや他人にもその弱点の存在を見つけられ，それが問題であると見なされたことに気づくのである。彼らは，自分のリーダーシップのスキルや考え方を大きく変えない限り，今までにそうしてこなかったのなら（事実そうなのだが）なおさらディレイルメン

トするかもしれないということを学ぶ。学ぶ用意のある人にとって，キャリアにおける挫折はまさに氷が溶けるような経験になる。つまり，自分の強みや限界に対する認識を新たにでき，他の能力開発機会からも学べる準備を強化するような経験になるのである。

すべての挫折が個人の限界に起因する結果ではない。組織再編，リエンジニアリング，あるいは合併や買収などはいずれも，もしそういった事態が起きなければ優秀な成績をおさめたであろう人をあまり望ましくない機会に直面させる。このようなときにシニカルになったり，自分の状況を組織の政策のせいにするのは容易である。しかし，成長は，キャリアにおける挫折を学びの機会であるととらえられたときに初めて生じるものなのである。

リーダーがキャリアにおける挫折から学べるもうひとつのことは，自分がどのような仕事を好み，また好まないかである。挫折に伴う突然の現実への目覚めがきっかけになって人はしばしば自分の棚卸しをする。その中で，自分はどのような種類の仕事に満足し意味があると考えるのかを悟り，自分のキャリアの構築や意味のある仕事選びに対してもっと責任を持とうと決める。

キャリアにおける挫折からの前向きな学びは，組織内の重要な人たちからの適切なサポートによって助けられる。傷が癒されるためには時間をかけた傾聴や感情の整理などの適切な介入が非常に重要となる。カウンセラーの役割を果たすだれかが必要なのである（この成長を促す人間関係についての詳細は第5章を参照）。しかし不幸なことに，ほとんどの企業においてこのようなときに効果的な介入が行われることはめったにないようである。挫折を味わったことのあるマネジャーでも，喪失感で傷を負った人を助けるだけの能力がないか，あるいはおそらく自ら進んで助けようとはしない。

個人的なトラウマ（深い心の痛手）

成長を促す意外な経験のひとつとして，よく人々が口にするのは，病気，死，離婚，問題を抱えた子供などの個人的なトラウマである。私たちが意外に感じるのは経営幹部たちがそのような修羅場を経験しているということではなく，そこから実に強力で永続するリーダーシップの教訓を学んでいるという事実に対してである。厄介な点は，人を目覚めさせることがときに深く心を傷つ

けるような経験になることだが，良い点はそこから人は目覚め，学び，成長し，変わることができるということである。

　ある組織のリーダーは，妻ががんと闘った6年間の彼の経験について話をしてくれた。それまでの彼は「徹底したやり手」タイプのリーダー，つまり自信にあふれ，挑戦的で，押しが強く，タスク志向であった。彼は他人に対する神経の細やかさに欠けており，他人の視点から物を考えるために十分立ち止まるようなこともしなかったと認めている。その彼がこの深い心の痛手から学んだ重要なリーダーシップに関する教訓は，強靭さと神経の細やかさとのバランスを取れば結果としてより有能になれるということであった。

　別の経営幹部は，自分の10代の息子がアルコール中毒であるという真実を知ったとき，自分がそれまで現実逃避してきたことに気がついたと語ってくれた。少年が飲酒運転で逮捕された際，警官が少年に対して父親に電話したいかと尋ねたところ，彼は苦々しく「どうせ親父は今家にはいないよ。いたとしても，僕のことなんかどうだっていいんだ」と答えた。経営幹部はその場に急に立ち止められ，自分が父親として，また夫としての役割を今までほとんどしてこなかったという事実を認めることができたのである。また，この経験は彼を内省の旅に向かわせ，それまでの仕事は彼が望んでいた意味も満足感も与えないものであることをも気づかせたのだ。その結果，ようやく彼は仕事と個人生活のより良いバランスを取るようになり，また息子との関係も長く困難な道ではあったものの修復した。

　3人目の人は白血病で10代の娘を失うことへの苦悩について話してくれた。このリーダーは組織で高い職位についており，すべてをコントロールすることに慣れていた。しかし，この出来事はコントロールすることはもちろん，影響を与えることすらできないものであった。彼女は恐れを拭い去ることができなかった。上手くやっていく自信をまったく持てない時期であり，あまりに辛いだけの時期だったと彼女は語ってくれた。ここにリーダーシップに関する教訓はあるのだろうか。彼女は，自分のコントロールの範囲を超えることに対処する術を学んだのだ。つまり職業人としての人生，もしくは個人としての人生において自分がコントロールできない出来事が起きても，それに対する自分の反応は制御できるのだということを彼女は学んだのである。彼女はまた，辛抱強

くやり抜く術や，恐れを克服するひとつの手段として，自分の心の中に奥深く分け入り，恐れを受け入れる術も身につけた。彼女は精神的にも感情的にもタフになり，決然と立ち向かうことこそがそこから抜け出すための最善の方法であることを学び，自分には困難な状況でもあきらめずにやり通す能力が備わっていることもわかったのである。

　以上の話からわかるように，経営幹部たちは個人的で深く心を傷つけるような出来事を通じてコントロールの喪失という経験をする。コントロールを維持，管理することに慣れている人たちにとって，これらの個人的な深い心の痛手はまさに人生の基礎を揺るがす地震のように感じられるかもしれない。しかし，このコントロールの喪失への対処のしかたこそが学びの原動力なのである。

問題のある従業員

　扱いづらい従業員はさまざまな外観をまとってあらわれる。窃盗や詐欺などの罪を犯したとか，仕事の水準が明らかに標準以下であるといった明白な場合の対処はそれ程難しくないだろう。会社のポリシーや常識が即座に解答を提示してくれる。扱いが最も難しいのは何をすべきなのか明確な判断が定まらない状況である。

　たとえば，行動にムラのある従業員のケースを考えてみよう。調子が良いときの彼は会社で最高の労働者の1人であり，魅力的で有能でもある。しかし，調子の悪いときの彼は深刻な悩みの種である。だましたり，ごまかしたり，間違ったことをやって必死で証拠を隠そうとする。

　彼の上司はどうすべきだろうか。ここに企業が必要とする重要なスキルと能力を備えた有能な従業員がいる。ほとんどのマネジャーたちは彼を解雇せずに，彼の能力を開発しマイナス面を補強しようとするだろう。その結果，彼と対話し，影響を与え，コーチングやときにはおだてることにさえ法外な時間を割くことになる。彼らはただ熱心に，上手く時間をかけて十分に働きかけさえすれば状況を好転させることができるだろうと考え続けるのだ。ある経営幹部は，問題のある従業員たちをよりふさわしいポジションに異動，もしくは最後の手段である解雇をするまでに何年も彼らと働いたと報告している。

このような状況からリーダーたちは何を学べるのだろうか。彼らは断固として譲らないことや強制的であることの重要さを学ぶ。また，問題のある従業員に真正面から対峙する方法も学ぶことができるだろう。この学びは本書全体を通じたテーマのひとつである「リーダーは行動を通じて学ぶ」こととも合致している。

　CCLのスタッフに加わる前，私はある大手石油会社のマネジメント能力開発を担当するマネジャーだった。私は選ばれてこの地位に昇進したのだが，同僚の1人に，自分こそが昇進に値すると思っており，実際それを約束されていたという人がいた。彼はその後の数年間を，部門に関することやマネジメント能力開発や組織開発の職務について彼の方が私よりも良く知っているということを証明するのに費やした。彼は聡明かつ有能で能力のあるコンサルタントだったし，組織内の政治についても優れた認識力を持ち合わせていた。しかし，彼の強い野心がかえって彼を盲目にしたのだ。つまり，彼はあまりに政治的になりすぎたために私とその組織にいた他のマネジャーたちの信用を失ってしまったのだ。

　彼の相手をするのは私の性分にまったく合わないことだった。私はそれまでのマネジメント業務でこれほど扱いの難しい部下を持った経験がなかった。私は何を学んだと思われるだろうか。私が学んだのは，長期にわたってだれかと仕事を一緒に続ける場合，その人の協力を勝ち取ろうとすることがいつも正しい方法ではないというものだった。また，人と真正面からぶつかることは私にとって未だに簡単ではないものの，他の人や自分自身のイメージのためにときには重要なことなのだということも学んだのだ。

人員削減

　ときにいろいろな出来事が重なり合うことがある。どんなに熱心に良く働いてリーダーシップの能力開発をしても，どんなに努力して会社の期待に応えようとしても，またいかに忠誠心を持っていたとしても，企業の人員削減の犠牲となれば何の役にも立たない時期がある。職を失ったことに自分には何の非もないことがわかっていても喪失感が消えることはない。

　なぜなら，仕事を通じて自己を確立していることが多い経営幹部たちにとっ

てそれは初めての,そして最も重要なアイデンティティの喪失だからである。これは人間関係やコミュニティの喪失,そして安心感の喪失が混じりあったものである。他のあらゆる修羅場と同じように,人員削減の経験をした人は恐怖と不安,不満と怒り,悲しみと不信感をかき分けて進むプロセスが必要なのである。

　しかし,ほとんどの組織とその経営幹部たちには,人々が人員削減の後に続くヒーリング(癒し)のプロセスを通り抜けるのを助ける用意がない。ノアー(Noer, 1993)が雄弁に語ったように,人員削減は組織の経営幹部の頭(心ではなく)の中で行われる。人員削減に遭ったとき,ある人はプロのカウンセラーを探し出し,またある人は仕事外の支援システムに頼って感情の整理をするが,彼らが必要とするこの種のサポートは組織内にはほとんどない。能力開発プロセスで私たちがサポートと呼ぶ要素は,それが最も必要とされているときに欠けていることがあまりにも多いのである。

　企業内であれ外部であれ,サポートが利用可能であれば強力な教訓が学べる。自分のコントロールの範囲を超えたことに対処する能力が自分に備わっていることがわかるのである。人員削減を経験したある経営幹部の1人が次のように語ってくれた,「私は自分が何の保証もされていないのだと悟りました。そして自分の市場価値を最大にするためにあらゆる機会を利用する決心をしました。私はまた,不安に圧倒されないようにする術を身につけました。特に自分がまったく,もしくはほとんどコントロールできないような状況にあってはなおさらです」。

　人員削減の後,人は自分の棚卸しを行い,人生やキャリアで何が重要なのかについて考え直し,自分の能力とエネルギーをどのように投資していくかという新たな決心をするために時間を使うことができる。何度も言うが,修羅場にどのように反応するかが学びを進めるのだ。

　人員削減の対象になるのは修羅場のひとつであるが,人員削減の責任を担うこともまた修羅場のひとつである。ある地区のオペレーション・マネジャーが次のように語ってくれた「会社の地域拠点数を削減するため,およそ250人が配置転換もしくはレイオフ(一時帰休)されました。私にはこの組織再編がおよぼす影響について自分の担当地区の部下に説明するという嬉しくない義務

が課されました。最も辛かったのはあるマネジャーにレイオフの告知をしたことでした。彼にとってその知らせは極めて辛いものだったのです。私にはそれに対処するだけの準備ができていませんでした。——彼は号泣したのです」。

このマネジャーはこの経験から何を学んだのだろうか。「この経験は私に『人間というものを扱っているのだ』というマネジメントの現実に対する目を開かせました。今までより思いやり深くなり，他人の感情もより理解できるようになりました。この経験は私を強くし，人のマネジメントに際して生じる難しい事態に対処する力を身につけさせました」。

修羅場から学ぶ教訓

前節では，学ぶことができる個々の教訓について述べてきた。ここではそれらを結合し，五つの一般的テーマとして提示する。同時に，個人の認識と特性というふたつの重要な論点に焦点を当てる。

限界や盲点の認識

修羅場という経験は，人の心を開かせて新たな認識を受け入れさせるという意味で氷を溶かすようなものといえる。解凍されたとき，リーダーたちはおそらくは初めて自分に限界があることに気がつくようである。彼らは常に強く英雄である必要はないということを理解する。彼らはまた，自分の盲点，つまり他人は知っているのに自分は知らない自分の姿に気づくようになる。これは意義深いことである。なぜなら私たちの研究や経験（他の機関の研究も同様だが）によると，自己認識（self-awareness）は有能なリーダーが持つ主要な特性だからである。

感受性と思いやり

感受性が強く思いやりがあることはリーダーシップの「ソフト」な側面である。感受性と思いやりはだれにとっても，個人の人生においても職業人としての人生においても大変価値のある特性なのだが，多くの人はそれを表現することを難しいと感じている。大きな権力と権威のあるポジションにある人はとり

わけ難しいと感じることが多いようである。個人的な修羅場を経験することで，人はそこから共感，他人の希望や願望への配慮，他人の見方を理解することを学ぶ。

コントロールの範囲を超えた状況への対処

出来事は重なり合うものである。リーダーはすべてをコントロールできないが，それらの出来事にどのように反応するかはコントロールできる。嵐のような環境の中で会社という船が激しく揺らされているとき，この特性は特に重要なのである。

バランス

何が重要なのかを決めること，そして人生やキャリアにおける願望を明確にすることは修羅場が教えるひとつの教訓である。修羅場は経営幹部たちを，仕事と家庭生活のより適切なバランスを保ち，配偶者や子供により多くのエネルギーを投資するよう仕向ける。

柔軟性

人は行動を二者択一的なものとして考えがちである。厳しくあるかそれとも温情的であるか，自信満々かそれとも謙虚か，強いリーダーかそれとも良きチーム・プレーヤーか。実際には真に有能なリーダーたちは柔軟性を持って行動することを学んでいる。彼らは両方の特徴を兼ね備えた人物になることを学んでいるのである。彼らはタフで，しっかりとした自分の考えを持つ力強いリーダーだが，同時に部下をエンパワーし，感受性が強く，思いやりがあるのである。

修羅場を能力開発に役立てるために

たとえ困難な経験から前向きな教訓を学ぶことができるとわかったとしても，人々が能力開発を考える際に修羅場を含めないのには理由がある。人はばつの悪い失策を避け，失敗の可能性を最小限に抑え，踏み外すことを避

けようと懸命に働く。自分の新しいスキルを試すためにわざわざ扱いの難しい人を採用するマネジャーはいない。個人的なトラウマ（たとえば，心臓発作など）が，仕事に関わる能力開発と関連していると見なす人はいないし，ストレスの多い状況が能力開発につながると考える人もいない。これらすべての正当な理由によって人々は修羅場を経験する可能性をできるだけ小さくしようとするのである。

　また，マネジャーは率先して部下が修羅場を経験しないように努める傾向がある。たとえ鬼のような上司であっても，「君には成長につながるよい経験が必要のようだ。謙虚さを身につけたまえ。心臓発作をやってみてはどうかね」と言うことはないだろう。むしろマネジャーたちは修羅場を避けるように仕事を構成していくようである。彼らは部下に安全な仕事，たとえば部下のスキルと能力で十分に処理できることがわかっているような仕事を与える。彼らは部下を，同じ専門領域で少しずつ段階を踏んで昇進させていく。それゆえ部下は失敗を経験することはない。

　このようなやり方は非常に人間的でありよく理解できるものなのだが，視野が狭い考え方であると言わなければならない。仮にマネジャーが仕事の割り当てを能力開発に役立つようなものにしたいと考えるのであれば，居心地の良さは成長の敵であることを理解しなければならない。マネジャーは与える仕事や課題を，従業員がぎりぎりいっぱいの能力で働かざるを得ず，慣れ親しんだ場所から抜け出すことを強いるようなものにする必要がある。能力開発を目的に与えられる仕事には常にいくらかのリスクはつきものであり，リスクのひとつは任された人が間違いを犯し，失敗すらしてしまうかもしれないというものである。

　いずれにせよ，修羅場は避けることのできないものである。大事なことは起こってしまった修羅場を成長につながるものと見なすことである。これはどのように起きるのだろうか。当人やその上司，そして人事マネジャーは修羅場から学べる教訓が深い心の痛手によって葬られないようにするために何ができるのだろうか。

個人ができること

　困難な経験から前向きな教訓を学べる可能性を最大化するためにその人ができることがいくつかある。はじめに，キャリアや人生の過程で修羅場は必ず訪れるのだという現実を受け入れなければならない。それは人生という織物に織り込まれているのである。新しいチャレンジングな仕事のコツを身につけている間に間違いは起き，従業員はときおり人を困らせ，おいしい仕事は他の人に行ってしまうものなのである。

　選択の余地があるのなら，修羅場から逃げるのではなく，むしろ喜んで応じなければならない。間違いを犯す確率が高いような場合であっても，自分を試すような任務を受け入れないといけない。扱いの難しい従業員と真正面から対峙する能力のような，まだ試したことのないスキルに喜んで挑戦しなければならない。たとえそれがあまり心地良くないものであったとしてもだ。難題や修羅場を避けることはやさしいことだが，それは単に学べるはずのリーダーシップの教訓を取りそこなうのを確実にするだけである。

　修羅場の中に建設的な教訓を見つけるためには意図的で堅い決意を持たなければならない。前向きな教訓は自動的に学べるものではないのである。心の内側を覗き込み，中に何を見つけようともそれを正視することが求められる。ほとんどの人にとって内省は性に合うものではない。しかし，内省と熟慮がなければ人は前向きで永続的な教訓を学ぶことよりも，シニカルになったり，犠牲になったと感じる状態に簡単に陥ってしまったりするのである。本章の冒頭で紹介した経営幹部のジムは，心臓発作の後，難しい問題に立ち向かい，そのことを通して初めて前向きな教訓を学んだのである。

　人はまた，修羅場を越えて進む方法を学ばなければならない。有能なリーダーとそうでないリーダーの違いのひとつに，有能なリーダーは修羅場を直視し，その影響を認め，その上でそれを放っておく術を知っているというものがある。彼らはいつまでもくよくよしたり，自分を責め続けたりしないのである。

人事マネジャーにできること

　修羅場が能力開発につながるよう個人と組織を支援するために，人事のマネジャーや専門家にできることが少なくとも四つある。第1に，組織が「ミステイク・システム」を作って運用できるよう支援することである。間違いを学びの機会としてとらえていない企業もあるのだ。「ある企業では経営幹部さえ『ひとつでも間違いを犯せば会社を辞めることになる』と信じている……間違いから学ぶ機会をマネジャーたちに与えなければ，会社のピクニック以外はだれもマネージできる人が居なくなってしまうだろう」（McCall, Lombardo and Morrison, 1998）。

　人事マネジャーが最初のステップとしてできるのはマイナスを回避すること，つまりストレッチした任務に失敗したり，あるいはリスクを含んだ決定がまったくうまくいかなかったような場合にその人が罰せられないようにすることである。プラス面でできることは，困難な任務（それがビジネス上の間違いや失敗に終わっても，あるいは問題のある従業員の解雇に終わったとしても）に取り組んだこと，あるいはそれをした人を評価，表彰する仕組みを人事制度（たとえば人事考課制度など）に組み込むことである。

　第2は，修羅場を避けられないようにすることである。人事マネジャーはライン・マネジャーに対して，部下の現在の仕事にチャレンジを加えるよう促すことができる。また仕事の割り当ての人選にあたっては，たとえそれが本当に本人の能力を超えていて間違う可能性があったとしても，ときにはその人が何を学べるかを基準に人選するよう促すこともできる。また人事の専門家は他の成長を促す経験（集合研修など）を参加者がストレッチしなければならないようなものになるよう作りこむことができる。

　第3は，修羅場の経験とその他の成長を促す経験を確実に結びつけられるようにすることである。修羅場はしばしばインフォーマルで，極めて強烈な自己評価（self-assessment）を引き起こす。そして，学ばれた教訓は360度フィードバックのようなフォーマルな評価の過程で磨きをかけられる（修羅場とその他の能力開発経験とを結びつけるための方法は次のセクションで述べる）。

　最後に，必要であれば介入をするということである。人は自業自得で苦しん

だままにされると,ややもすればそのまま苦しみ続ける。人事の専門家は適切なタイミングと方法で従業員に必要なサポートと激励を与えるために介入し,その経験から前向きな教訓を学べるよう助けなければならないだろう。すすんで判断を保留すること,傾聴する能力,そして学びを促進するファシリテーション力は他人が修羅場の意味を理解するのを助けるために最も求められるスキルである。

しかし,そこには慎重に考慮されるべき「境界」の問題があることを忘れてはならない。修羅場が仕事に関連している限り(業務上の間違いが起きた後や人員削減の期間,あるいは扱いの難しい従業員と戦っているときなど),感情の発散や反省,あるいはプロセス学習の機会を提供するために介入することは適当なことである。しかし,個人的に深く心の痛みを感じている期間もしくはその後に介入する場合は「境界」の問題が持ち上がる。確かに個人的な経験は職業上の成長に強い影響を与えることがある。しかし,これらはあくまで個人的なことなのである。人事の専門家にとっては,その人が個人的な深い心の痛手について自ら話し始めたときに限って,その体験をふりかえり,そこから学ぶことを助けるというルールにしたがうのがおそらく最も妥当であろう。

ライン・マネジャーにできること

従業員が修羅場から前向きな教訓を学ぶにあたってライン・マネジャーがサポートできることもある。まず,間違いやその他の修羅場を失敗,もしくは致命的な欠陥のしるしととらえるのではなく,学びの機会であると理解することである。

また,ライン・マネジャーは直接的であれ間接的であれ修羅場を経験した従業員を罰しないことが肝要である。反対に,ライン・マネジャーはたとえ望ましい結果が得られなかったとしても,誠実な努力を払った従業員を褒めて強化する規範を組織の中に創り出していくことができる。

ライン・マネジャーは従業員が修羅場から適切な教訓を学ぶのをサポートするために適切なタイミングと方法で介入することもできる。再度強調するが,ここで鍵となる役割は相手の話を傾聴し,その人が自ら教訓を学ぶ手助けをすることであり,教えることではない。しかし,マネジャーはその原因と影響を

明らかにすることも忘れてはならない。従業員がいったん間違いを犯した場合，その間違いや影響についての正直かつ率直な話し合いが必要かつ価値のあることなのである。同様に，キャリアにおける挫折を味わった人にとっては，その理由についての偽りのない話し合いがあってしかるべきである。部下と問題があり，原因の一端が自分のマネジメントのまずさにあるようなマネジャーは皆，自分がその問題にどう関わっているかを明らかにしなければならない。手札をテーブルに乗せるようにすべてをさらけ出すことは容易なことではないが，ライン・マネジャーの重要な責務なのである。

修羅場とリーダーシップ開発モデル

序章において私たちは個人のリーダーシップ開発の要素を特定し，リーダーシップ開発モデルにおける3要素のすべてが存在するならばすべての成長を促す経験はより効果的になるという考えを紹介した。これは修羅場にも当てはまる。本節では，アセスメント，チャレンジ，およびサポートの各要素がどのように修羅場の経験と関わるか，また修羅場をどのように他の能力開発経験につなげられるかについて考察する。

アセスメント

おそらく他のどのような経験よりも修羅場は人を立ち止まらせ，反省させ，自分の強みと弱みの棚卸しをさせ，さらには個人としてあるいは職業人として何が重要なことなのかを考えさせる。真剣でインフォーマルな自己評価はつきものであり，修羅場という織物に織り込まれたものなのだ。外の世界に生きていた経営幹部たちにとって，このような種類の内省は難しく，また辛いことであろう。

チャレンジ

修羅場という経験に組み込まれているチャレンジは逆境というチャレンジである。逆境とは新しい方向にストレッチさせられることを意味している。つまり，新しく難しい役割に不安な状態でいること，くぐるべき試練にあること，

きつく過酷な状況の中で行動を通じて学ぶことである。

サポート

　修羅場から正しく教訓を学ぶにはふたつの種類のサポートが極めて重要である。ひとつは組織そのものによるサポート，もうひとつは，上司やその他組織の重要な地位にある人からのサポートである。

　修羅場という経験を能力開発の経験に変えるために企業がまず行うべきサポートは「ミステイク・システム」を作ることである。前述したようにミステイク・システムは，学ぶことは多いが間違いや失敗の可能性もあるチャレンジングな経験に取り組もうとする個人を励まし，促し，さらに報償を与えようとさえするものである。

　修羅場からリーダーシップの重要な教訓を学ぶために必要とされるふたつ目のタイプのサポートはキーパーソンからのサポートである。どのような人からのサポートが一番必要かと言えば，多くの場合はその人のマネジャー（上司）だが，人事の専門家，あるいはコーチやメンターに任命された人によるサポートもまた大変役立つ。具体的なサポート方法については前節で提示した。

他の能力開発経験と結びつけられた修羅場

　修羅場からの学びは，それが他の能力開発経験と結びつけられることによって増幅される。

　昇進を見送られた経営幹部は，何の援助もなしに放っておかれると自分自身について誤った教訓を学んでしまうかもしれない。自分はより上位レベルの地位に必要とされる能力と適切な一連の強みを持ち合わせていないという結論を出すかもしれない。しかし，上司にフィードバックを求めることで，実はほんのひとつのスキル不足が行く手を塞いでいるのかもしれないこと，そしてそのスキルは今やっている仕事のチャレンジやスキル・トレーニングから学べることがわかるかもしれない。キャリアにおける挫折は強烈な自己評価を引き起こし（その結果，学習のプロセスがスタートする），さらに自己評価は上司によるよりフォーマルな評価と対照され，そのフォーマルな評価からOJTとOff-

JTの組み合わせが導かれるのである。

　問題のある従業員を抱えていた別の経営幹部は，数ヶ月間ともに働いた経験から，彼はその従業員が単に仕事についていけないのだという見方をしていた。しかし彼は FIP に参加し，何よりも自分が衝突を避けていたことを学んだ。彼はその逸脱した従業員とその受け入れがたい仕事ぶりについて，直接はっきりと話をしたことがなかったことに気がついたのである。彼は能力開発目標のひとつとして，葛藤に立ち向かうスキルを開発しようと決めた。そのために社外の能力開発のコーチと一緒に取り組み，その後 360 度フィードバックを求める計画を立てた。繰り返しになるが，能力開発の経験が修羅場というひとつの出来事から生じた学びを強化することにつながっているのである。

修羅場：終わりに

　覚えておかなければならない重要なことなのだが，リーダーシップ開発のゴールは円熟したリーダーの育成である。すなわち，順応し，柔軟に行動し，そして一見すると相反すること（厳しさと思いやり，自信と謙虚，強い個人と良いチーム・プレーヤーなど）を合わせ持つために必要なスキルや個人的資質を備えた存在である。しかし，それは神話になるような理想的なリーダーではなく，「永遠に続く激流」のような現代という時代に出会うさまざまなことを，よりうまく処理できる能力のある人材への成長なのである。

　円熟したリーダーは，前章までに紹介した多様でチャレンジングな経験や本章で説明した修羅場からの学びによって育成される。修羅場は他の章で説明した能力開発の経験とは似ていないが，よりよいリーダーを育てる教訓の重要な源泉なのである。

Part TWO
Leadership Development: Process

パート **2**

リーダーシップ開発
：プロセス

Chapter Seven
A Systems Approach to Leadership Development

第7章
リーダーシップ開発のシステム・アプローチ

ラス・S. モクスレイ
Russ S. Moxley

パトリシア・オコーナー・ウィルソン
Patricia O'Connor Wilson

　私たちは多様な組織への調査を通して，リーダーシップ開発に対する企業の考え方に近年大きな変化が見られることに気づいた。彼らは考え方を変えつつある。それは，人々がリーダーシップの有効性を高める非常に複雑な過程（プロセス），その過程で果たさなければならない組織の役割，そして，他のシステムをいかにリーダーシップ開発に役立つよう設計するかといったことに関するものである。別の言い方をすれば，企業がリーダーシップ開発をより全体的な取り組みとして実践し始めているといえるだろう。

見方のシフト

　リーダーシップ開発におけるこうしたアプローチの変化の背景には，いくつかの重要な見方のシフトがある。

プロセスとしての能力開発

　最初の変化は時間に関するもので，能力開発をイベントの実践ではなく，長期にわたるプロセスの支援ととらえていく動きである。

〔これまで〕
　なんとしても能力開発が必要なマネジャーがいる。彼女は，現在のパフォ

ーマンスが平均レベルに達していないというフィードバックをすでに受けている。彼女の部門の離職率は、もはや絶対にいま以上の悪化は許されないレベルまできている。彼女にわかってもらう必要がある。早く！　一刻の猶予もない！　と。この現状を打開するためにどのようなプログラムを推奨していただけるのか。

〔これから〕

　ある有能なマネジャーを集合研修のような単発的な経験ではなく継続的な能力開発のプロセスに関与させてみたいと考えている。向う5年以内に、彼女がわが社最大の部門を率いるリーダーの第一候補になる可能性は高いと思う。来るべきときに、彼女が私たちの期待するリーダーシップを発揮できるよう育成のための長期的な戦略を立てる必要性を感じている。何から始めればよいだろうか。

　今日の経営環境は多くの企業に短期的な成果、すなわち短期的な解決策を出すよう迫っており、組織には緊張感が漂っている。このような風潮の中で能力開発のための長期的、体系的なアプローチを提唱することは、利益志向に傾いている同僚たちからの非難に立ち向かうことになる。しかし、能力開発が本来継続的なプロセスとして発生するものである事実が変わることはない。手っ取り早い方法などないのだ。

能力開発をもたらす経験

　企業の見方のシフトのふたつ目は、どのような経験が能力開発をもたらすのかという基本的な問いに重点が置かれるようになっていることである。能力開発をもたらすには何があればよいのか、という関心である。

〔これまで〕

　上司からあなたに相談するように言われている。私のパフォーマンス計画の一環として、毎年能力開発の取り組みに参加しなければならない。どのような研修を推奨していただけるのか。

〔これから〕

　私は、年間を通じて自分の能力開発計画をより充実させることができる経

験についてあなたに相談したいのだ。今の私に欠けている点は，戦略的に考え行動するというスキルである。すでにメンターに付いてもらっており，また最近，高度な戦略的スキルを必要とする任務も与えられている。でも，これらふたつの経験と統合できる別の経験にはどんなものがあるだろうか。

研修が能力開発の中心であり，組織が果たすべき役割は単に研修の機会を提供することにあると多くの企業が信じている時期がしばらく続いていた。しかし，研修は能力開発プロセスの中の一要素に過ぎないと考える企業が増えている。このような企業は能力開発のアイテムを拡大して，ストレッチした仕事の割り当てや成長を促す人間関係の構築，あるいは360度フィードバックなどを採用するようになっている。簡単に言えば，本書で説明しているような成長を促すさまざまな経験を広範に採用するようになっている。

実務との統合

三つ目のシフトも徐々に現れてきている。それは，日々の業務活動と能力開発を統合していく動きである。

〔これまで〕
私はマネジャー向けの学習機会を企画する責任を担っている人事担当役員だ。マネジャーを1日以上現場から引き離すことに対して各部門のリーダーから大きな抵抗を受けて困っている。部門長たちに，能力開発はなくてはならないものだということを納得させるにはどうしたらよいだろうか。

〔これから〕
私はマネジャー向けにより中身の濃い学習機会を企画する責任を担っている人事担当役員だ。私は，あるライン・マネジャーと協力して，彼の部署の日々の仕事の中にもっと能力開発につながる機会を増やす方法を研究してきた。能力開発面からみて，よりパワフルな仕事の割り当てをするための情報を持っていないか。

以前は，能力開発というと日々の業務とは別のものであり，どこか会社とは別の場所に人を送り出す必要のあるものと見られていた。しかし，最近では

徐々に，能力開発をもたらす機会がまさに自社の屋根の下に豊富にあることに企業は気づき始めている。このような企業では，能力開発のために既存の仕事に挑戦的な任務を付加したり，新しい能力の開発につながる特別な短期の任務を与えたり，新しいポジションの人選にあたって，少なくともそのポジションの経験が重要なものとして役立ちそうな人はだれかという観点は外さずに人選するといった戦略によって，従業員の普段の仕事の中に能力開発を促す経験を作り出している。今日では能力開発という言葉は人を仕事から引き離すことを意味しない。能力開発は現場の仕事を通じた学習をサポートするということなのである。

能力開発の複雑性

四番目の見方のシフトは，能力開発の複雑性に重点を置こうとする動きである。

〔これまで〕

私の部門には，部下とのコミュニケーションのとり方について学ぶ必要のあるマネジャーがいる。

〔これから〕

このクロス・ファンクショナル・チームのリーダーは，ポジションパワーを用いずに他の職能領域に影響を与える方法を学ぶ必要がある。現在ある多くの不確実性を乗り越えて，互いに閉鎖的な部門からのサポートを取り付けながら，より高いレベルのイノベーションを生み出すやり方を学ぶ必要があるのだ。

絶えず迫り来る変化，急激な技術革新，進展するグローバリゼーションなどに直面する環境の中で，複雑性は当たり前のこととしてとらえられている。このような複雑さをマネジメントする責任を負った人は，その人自身も複雑な能力開発ニーズを持つことになる。学習すべき課題はその頻度を増し，困難で多角的になっている。過去には研修目的を明確に定義することに焦点が置かれていたが，今日の経営環境においては，常に変化する能力開発目標に適応するものでなければならない。それは，個々には明確な指標が複数ミックスされた不

安定なもの，野心的で挑戦的なものであり，不透明な将来に対応するための幅広い能力で構成されたものである。

能力開発の責任者

最後にあげるのは，能力開発に責任を負う人の変化である。

〔これまで〕

弊社の従業員は自分の能力開発について自らが責任を持つ。他人の能力開発ニーズはだれにもわからないし，開発することもできない。本人にしかできないのである。

〔これから〕

弊社の従業員は，自身の能力開発について自らが責任を持って関与する部分がかなり多くある。おそらく，現在その度合いはかつてないほどに高まっている。しかし一方で，能力開発では組織の中の他の人々が重要な役割を果たすため，その責任は分かち合われたものだという認識もある。

古い温情主義的な組織の衰退と新しい雇用形態の登場とともに，従業員の担う責任という問題が大きく浮かび上がってきている。従業員が，「会社が自分の面倒を見てくれる」という暗黙の了解の見返りに，自身のキャリアアップに関する積極的活動を放棄した時代はすでに終わっている。今日，従業員は自らの能力開発にますます積極的に関わるよう求められているのだ。しかし，この変化の振り子があまりに振れ過ぎてしまい，従業員が何の助けも得られないような状況の中，自身の能力開発の責任を１人で負わされてしまうというようなケースもいくつかの企業で散見される。

システム的な見方を持っている企業は，企業内のあらゆるレベル，すなわち従業員自身，そのマネジャーたち，上級幹部，さらにはあまねく組織の人々が，能力開発のあらゆる場面，すなわち能力開発計画の策定からその導入，継続的な運用面のサポートや継続的な評価といった場面において緊密に連携する必要があることを理解している。

体系的なリンクを作り出す

これまでの各章では、能力開発というパズルの断片をそれぞれ個別に詳細に説明してきた。本章では、これまでのパズルの断片をひとつにまとめ上げていく。

すでに説明した特定の経験(仕事の割り当てや成長を促す人間関係、そしてそれに類すること)は、すべてリーダーシップ能力を開発するものである。それぞれの経験はうまく設計すれば単独でも効果を発揮するものである。しかし、他の経験と結びつけられたり、注意深く設計された支援システムに組み込まれたりすることで、得られる効果はさらに大きなものになる。

私たちはリーダーシップ開発システムというものを、相互に依存し合い、ともに機能することによってリーダーシップ開発の経験に最大のインパクトをもたらす組織的なマネジメント・プロセスの集合体と定義する。本章の目的は、このような構築されるべき重要なリンク(つながり)について説明することにある。

- 成長を促す経験と、その経験をより強化する要素(アセスメント、チャレンジ、サポート)との間のリンク
- 成長を促す経験同士のリンク
- 特定の組織における、リーダーシップ開発のプロセスと他のマネジメント・プロセスとのリンク

こうしたリンクを説明するために、リーダーシップ開発のシステム・アプローチを実践しているいくつかの企業の実例を紹介する。

第1のリンク:経験と要素

復習になるが、「経験」とはそこから人々がリーダーシップに関する重要な教訓を学べるような特定のイベント(360度フィードバックやタスク・フォースの任務など)のことである。「要素」は具体的な特性のことで、経験をより

効果のあるものにする。私たちは、すべての優れた能力開発経験が備える三つの要素を明らかにした。すなわち、アセスメント、チャレンジ、サポートである。

どのような経験もこの三つの要素が組み込まれると、そこから得られる能力開発の効果が高まる。たとえば、あなたが企画、あるいは参加しようとしているトレーニング・プログラムが効果的かどうかを確かめるには、強みやスキルのアセスメントの機会を含んでいるか、参加者の力を出し切るある種のチャレンジを提供しているか、トレーニング前、期間中、終了後を通じて参加者が能力開発目標に向けた学習と進捗のサポートを得られるか、といったことが含まれているかどうかを確認すればよいのである。

第2のリンク：ひとつの経験を他の経験に

いかにうまく設計された経験であれ、単独の経験だけでは能力開発を最大化することはできない。ある経験が、また別の経験を経ることによって補強されるような場合にリーダーシップの教訓は最も学ぶことができる。変化とは難しいものであり、ときには苦痛を伴う。変化に対応するにはいくつかの成長を促す経験に、ときには同時に取り組む必要がある。

さらに、学習は無原則なものではない。学習すべきリーダーシップの教訓に応じて、それを習得しやすい経験も異なってくる。円熟したリーダーに要求される教訓のすべてを学習できるような機会を経験するには、互いに結びつき、相互に補強しあうような能力開発経験に時間をかけて数多く「さらされる」必要がある。

以上をふまえれば、リーダーシップ開発のプロセスは次のような方程式で考えることができる。

フィードバック・インテンシブ・プログラム（第2章）＋スキル・トレーニング＋360度フィードバック＋成長を促す仕事の割り当て＋成長を促す人間関係＋修羅場＝リーダーシップ開発

ある特定の能力開発ニーズを満たすために、必ずしも六つすべての経験が必

要になるわけではない。より戦略的な思考や行動をとる必要のある人の場合には，コーチの助けやフォーマルな360度フィードバックを受けながら，このスキルが必要とされるような任務を通じて変化に対応していくことになるかもしれない。この場合には，三つの経験を通じて新しいスキルを開発しようとしていることになる。また，経験していく順番も必ずしもこの式が示す順番と同じである必要はない。この例でいえば，三つの経験は統合的に活用されるべきだが，「順番通り」である必要はないのである。

別の例は，昇進の見送り（という修羅場）を経験した経営幹部である。彼女は，自分の強みや弱みを見直すよい時期であると考え，フィードバック・インテンシブ・プログラム（以下，FIP）に参加する決心をしている。そして，プログラム終了後，必要なスキルを学習するためのコーチからの支援が受けられるよう依頼している。それぞれの経験から得られるレッスンが相互に補強し合うことになる。

成長を促す経験を互いにリンクさせることの重要性をすべての組織が認識しているわけではない。それどころか多くの場合，経営幹部向けの教育やリーダーシップ開発は，いまだに単独のイベントに重心が置かれている。最近，ある大手企業のマネジャーから電話を受けた。彼は，技術部門のある若手マネジャーのことで問題を抱えていた。その人物を語る言葉は最上級のものであった。すなわち，明晰，優れた分析能力，素早い，機知に富んでいる，粘り強い，どんなに時間がかかろうが与えられた職務を完遂させるまでやり通す，といったものである。この才能あふれる技術者は，彼にとっては初めての経験である管理職のポジションに昇進し，そこから問題は始まった。彼は重要な仕事を任せるのがあまりうまくなく，任せた場合でも細部にわたって管理しようとする傾向があった。彼は，自分と同じような速さで分析できない人に我慢できず，部下たちは何度も急がされ，自分たちが無能者であるような感じを抱くようになっていた。与えられた職務を完遂させるために彼は何時間でも働いたが，それと同じことを他の人にも要求した。彼の部門は士気を失い，活気もなくなっていた。

電話をかけてきた人物は，次のように尋ねた，「ついては，どのような研修が彼にとってよいのか教えていただけないでしょうか」。

この質問の背景には誤った前提がある。この若手マネジャーに必要な能力開発が「研修で得られる」と考えている点である。このような前提は決して珍しいことではない。多くのマネジャーと経営幹部が，未だに研修とリーダーシップ開発が同じであるというメンタルモデル（ものの見方）に基づいて事を扱ってしまう。すなわち，リーダーシップ・スキルを向上させる必要のある人をワークショップに送り込み，そこでの一度の経験が彼を「直す」と期待するのだ。

この前提には少なくとも三つの欠陥がある。ひとつ目は，能力開発のための経験のすべてにアセスメント，チャレンジ，サポートという要素が組み込まれていない，つまり能力開発の効果が最大になるようデザインされていないという点である。ふたつ目は，ただひとつの経験（この場合，研修であるが）だけでは，多くの場合決して十分ではないという点，そして最後に，能力開発の必要な部分は矯正が可能であり，しかもある一定の期間内で可能であると考えている点である。実は，未開発状態にあるリーダーシップのスキルは使っていない筋肉のようなものである。リーダーシップのスキルを強化するためには，弱みが強みになるまで（あるいは，少なくとも弱点でなくなるまで），積極的かつ継続的に，時間をかけてさまざまな種類の能力開発経験を通じて取り組むことが肝要なのである。

驚くほどの自己洞察を引き起こすような，あるひとつの出来事や経験が生み出した重要な変化について指摘する人もいる。しかしほとんどの場合，現実の行動の変化はゆっくりと，キャリア全体を通じて起こる。ある経験が，より大きく継続的な能力開発プロセスの一部として，他の経験と結びつけられたときに変化は発生する。

第3のリンク：リーダーシップ開発と組織環境

最後のそして最も重要なリンクは，成長を促す経験を，それが支持されるような組織のコンテクスト（文脈）の中に位置づけるというものである。この課題にはいくつかの重要な側面がある。

ビジネス・コンテクスト——能力開発のプロセスは汎用的なものではなく，企

業固有のビジネスの文脈の中に組み込まれたものであるべきである。企業の戦略的方向性を支持するものでなければならないし，同時に戦略からも支持されるものである必要がある。実際，能力開発の要素は本来企業の戦略的なプライオリティの中に存在するものなのである。ほとんどの戦略が要求する将来的課題への対応，ビジネスの成長，継続的な改善を達成するためには，従業員は現在の能力以上の力を引き出していかざるを得ないのである。

　ビジネス上の文脈にリーダーシップ開発を組み込むことは，ふたつのことを意味している。ひとつは，企業の戦略的方向性を理解するということであり，もうひとつは，その方向性を効果的に支援しようとする際に，個々のリーダーが開発する必要のある行動やものの見方を特定することである。リーダーシップ開発のためのプロセスやその構成要素のすべてが，そうした行動やものの見方の学習に役立つものでなければならない。

　ある石油・ガス大手の企業が，ドメスティックな炭素化合物メーカーから国際的影響力を持つメーカーへ脱皮するという挑戦的な戦略的意思決定を行った。この戦略的方向性を理解すれば，リーダーシップ開発に関与する人々は学習が必要なスキルやものの見方を数多くあげることができるはずである。異文化の人々で構成された組織のリード，地理的に離れた場所からのマネジメント，人々の適応と変化を促すための視点，不確実な状況や異なる価値観の中で生活できることなど，数え上げればたくさんある。

　別の例として大手化学会社の戦略変更をあげよう。この会社は将来を見据えて，より技術主導型の会社になるという意思決定をした。そしてこの戦略変更の一部として，R＆D部門の科学者たちに，優れたゼネラル・マネジャーとなるためのスキルと視点を身につけてもらいたいと考えたのである。会社はまず，新しい変化の時代における優れたゼネラル・マネジャーに必要な行動を明らかにした。

　科学者たちは，プロジェクトのマネジメントから人のマネジメントを行う立場に変わる必要に迫られ，その過程において，権限委譲，影響力，葛藤への対峙と対処，あるいはチーム力開発などに関連した実に多くのスキルを学ぶことになった。彼らは戦略的に考え行動する必要があり，長期的な目標を意識して日々の意思決定を行うことが求められた。さらにまた，組織というものをシス

テムとしてとらえる手法も学ぶ必要があった。企業の戦略的方向性の決定とそれに必要な行動を明確にすることで，この会社はリーダーシップ開発のプロセスを会社の戦略を支持するものとし，同時に戦略からも支持されるものにすることに成功した。

もうひとつの例は公共事業のものである。この業界では大きな変化が起こっていることから，事業戦略の練り直しとそれに伴う行動の見直しを迫られている。規制緩和という環境変化によって，マネジャーやリーダーたちは現在のスキルに磨きをかけると同時に，より起業家的で，決断力のある行動型のリーダーとなるために，まだ試したこともないスキルを実践することが求められるのである。

公共事業会社にリーダーシップ開発システムを導入する場合には，いかなるものであれ現在この業界で起こっている大きな変化を深く考慮することが必須である。そうした理解に立てば，リーダーシップ開発はふたつのゴールを持つことがわかる。ひとつは，個々人のリーダーシップのスキルやものの見方の開発であり，ふたつ目は組織の戦略および事業の目標達成を後押しすることである。特定の個人のためのリーダーシップ開発の焦点は，その人固有のニーズに基づいたものであるかもしれないが，能力開発プロセスの全体は組織の戦略と目標に結びつけられたものである必要がある。

このリンクから，能力開発の効果の最大化と，能力開発プロセスに対する組織からのサポートの強化という関連し合うふたつの重要な成果が生まれるのである。

対象とする人々——全従業員を対象とするリーダーシップ開発なのか，それともマネジャーや経営幹部を対象としたものなのか。フォーマルに有望視されている人を対象とするのか。それともインフォーマルに有能と思われている人なのか。組織はリーダーシップ開発の対象をだれにするかをまず決める必要がある。

確かに，ほとんどの人々はそのキャリアの中で，本書で紹介してきた成長を促す経験の大部分にふれることだろう。チャレンジングな仕事に挑戦したり，信頼する同僚から思いがけないフィードバックを受けたり，予想だにしなかっ

た困難な経験をしてそこから成長したり，研修プログラムに参加して新しいスキルを身につけたりしているはずである。人によっては，このようなさまざまなイベントから自然に多くのことを学び取ることができる。あらゆる経験から積極的に学ぼうとする姿勢がある人々は特にそうである。しかし，こうした積極的な学習者が成人人口に占める割合は比較的少ないようである（Bunker and Webb, 1992）。ほとんどの人々にとっては，リーダーシップ開発は入念に計画され，その学習過程がサポートされるものである必要がある。

　ここに内在する根本的な問題は，このような全体的かつ意図的なリーダーシップ開発をすべての従業員に行うには従業員の数が多すぎるということである。そのため，ほとんどの企業は成長を促す経験の対象者をだれにするのか決める必要に迫られているのである。

　企業がこれらの意思決定をしなければならないふたつ目の理由は実行可能性の問題である。たとえば，仕事の割り当てについて考えてみるとよいだろう。仕事の割り当ては，リーダーシップの教訓をもたらす強力な手段のひとつである（第4章を参照）。人は，どうやってリーダーになるのかを仕事を通して学ぶ。しかし，能力開発を促すためには，割り当てられる仕事がチャレンジングで，人々を居心地の良い状態から踏み出させるものである必要がある。また，新しいスキルの開発に役立つもの，あるいは少なくとも未開発のスキルを試す機会になるようなものでなければならない。つまり，割り当てられた人が，新しい仕事をうまく処理できないかもしれないというリスクがある程度存在するということである。これは組織から見れば，すべての仕事を成長を促すとして使うわけにはいかないことを意味する。失敗するリスクを負うにはあまりにも重要すぎるような仕事も中にはあるからである。個人の側から見れば，ストレッチが求められるような挑戦的な仕事は全員分あるわけではないということである。同様に，現実的に考えれば，FIPや360度フィードバック，成長を促す人間関係の構築といった他の能力開発戦略も選択的な導入にならざるを得ない。

　だれを対象にするべきかという問いに対する唯一の解はなく，結局，「状況次第」というあまり満足のいかない答えになってしまう。企業の戦略的方向性，企業の成長およびそれに伴う将来に向けたリーダーの必要性，能力開発に

関する企業文化，さらには労働市場で優秀な人材を確保できる見通しなどによって答えは変わってくるわけで，こうした要件を検討した結果，有望な人材の中からさらに選びぬいた集団を対象とする企業もあれば，より広範囲の従業員を対象とする企業もある。

共有された責任——リーダーシップ開発に関する責任は，共有され分かち合われたものであるべきである。能力開発とそれを促す環境の両方を一個人でマネジメントすることはあまりにも複雑でほとんど不可能である。リーダーシップ開発を担う責任は，従業員個人，マネジャー，所属するチーム，人事担当者，およびそのサポートが極めて重要である上級幹部の間で共有され，分担されたものにする必要がある。

能力開発をサポートするビジネス・システム——その他の組織内のシステムもリーダーシップ開発のプロセスをサポートする必要がある。最も効果的なのは，能力開発システムが企業内の他のシステムに統合されることである。すなわち，経営計画，業績管理，職業選択，評価・報償システム，さらにはミステイク・システム（間違いや失敗に対して企業がどのように対処するかを規定するもの。第6章を参照）との統合である。これらのプロセスの合流のあり方が個々の能力開発活動の効果を左右する。

　これらのプロセスが，統合されたシステムに織り込まれていない場合には，努力があまり実を結ばないという結果になる。たとえば，リーダーシップ開発プログラムの中ではチームワークを基礎とする職場に必要なスキルの開発に焦点を当てているのに，その一方で業績評価システムや報酬システムでは個人のパフォーマンスが強調されていたとする。この場合，報酬システムが，チームワークを基礎とする職場環境作りという目標の達成を台無しにすることになる。また，仕事の割り当てが能力開発に活用できることを論理的には理解しているものの，現実に人選を行う際には，その仕事を達成するのに必要なスキルを持っているかどうかを基準にしているような組織もある。もちろんリスクがあるのだが，人選にあたって能力開発という目的がある程度なければ，その企業は重要な機会を逸することになる。安全な道をとることにもリスクがあるこ

とを肝に銘じておくべきことだろう。成長を促す経験として仕事の割り当てを活用しない場合，企業は次世代を担う人材の育成力を制限していることになる。

　人事情報システムもリーダーシップ開発プロセスをサポートするために活用される。組織として仕事の割り当てを行う場合には，職位や職務責任だけではなくその仕事に要求されるチャレンジの度合いによっても行うことができる。このような情報を簡単に入手できれば，従業員と上司で行う能力開発計画についての話し合いに大いに役立つはずである。過去の仕事経験でどのようなチャレンジを経験してきたかがわかれば，従業員や上司，そして人事の専門家は，どのようなリーダーシップの教訓が学習され，どのようなリーダーシップのスキルやものの見方が開発されたかを見抜くことができる。

　予算計画がリーダーシップ開発を支援することもあれば，逆に切り捨てることもある。一般に，予算はその企業の優先順位を反映する。したがって，予算計画が能力開発文化の醸成を支援することになる場合もあれば，逆に能力開発はあまり重視していないというメッセージを発信してしまうことにもなる。

　次のような企業を想像してみてほしい。自分がリーダーシップ開発の責任を担っており，能力開発を促すコーチ役になることが自分の重要な役目のひとつだと理解しているライン・マネジャーがいる組織。仕事の割り当ての人選にあたって，少なくともいくつかは能力開発の目的に基づいた人選が行われる組織。何か新しいスキルや行動を試すようなケースで間違いを犯した場合，そのことで個人が罰せられることのない組織。あるいは，毎年の業績評価プロセスで評価されるスキルが，実際の担当職務を効果的に遂行するために必要となるスキルやものの見方と整合したものになっている組織などである。このような企業では，リーダーシップ開発の優先順位を高く位置づけているだけでなく，リーダーシップ開発が「システムとして」理解され，実践されているのである。

企業事例

他社が行っている実例から多くのことを学ぶことができる。能力開発に対する総合的なシステム・アプローチをすでに開発済みの企業がいくつかある。本書で述べてきたような成長を促す経験のいくつかを互いに結びつけたり，各種の経験を他のマネジメント・システムに統合させたり，あるいはこれらの経験を個人のリーダーシップ能力の開発に活用して，ビジネス上の成果を達成した企業もある。一方で，いくつかの経験を相互にリンクさせることによってシステム・アプローチに移行しようとしているものの，ビジネス上の文脈に組み込むまでには至っていない企業もある。ここではそれぞれの状況の実例を提示する（社名は仮名とする）。

リテール・ストア・アメリカ

　全国のショッピング・モールに店舗展開していることでよく知られているリテール・ストア・アメリカ（以下，RSA社）は，リーダーを育成するための総合的なシステムを導入した。リーダーシップ開発のプロセスは漸進的なものではなく，ある時点で飛躍する非連続なものだが，同社が行ったことをよりわかりやすくするために，ここではRSA社が構築したシステムの各構成要素を単純化して順番に列挙する。

1. この会社のリーダーシップ開発の責任を担い，システムを設計した副社長が最初に行ったことは，リーダーシップ開発を会社の戦略的ニーズに結びつけることであった。彼女の言葉を借りれば，リーダーシップ開発のプロセスは「ニーズ主導」型で，組織にもたらされる成果が明確かつ重要でなければならないということになる。社内ではリーダーシップ開発は副次的なものではなく，ビジネスの目標を達成するための重要な手段と映っていた。
2. 社内および外部の調査結果に基づいて，同社は戦略を実現するために必要となる行動がどのようなものかを明らかにした。そして，問題解決，計画と組織化，目的達成，チーム・ビルディング，コミュニケーション，育成とい

う要素を組み込んだ独自の「成功するリーダーシップ・モデル」を創り上げ，その上でこれらの成功の要素をマネジャーが担当する仕事に基づいてウエートづけしたのである。

この最初のふたつのステップによって，RSA社のリーダーシップ開発プロセスにおけるすべての重要な組織的な文脈が創り出された。仕事の割り当て，成長を促す人間関係，360度フィードバックといった具体的な能力開発プロセスは，同社の成功にとって重要なスキル，行動，あるいはものの見方の開発に結びついたものであるという認識が形成されたのである。

3. 特定された重要なスキルや行動についてのフィードバックができるようにするために，360度フィードバック・ツールが開発された。このフィードバック・ツールの活用によって，個々の経営幹部は自分のアセスメント結果のプロフィール（特徴）を，成功するプロフィールと比較して，新たに学ぶべき行動を見つけることができるようになった。

RSA社はさらに，この成功するプロフィールを使ってリーダーシップ開発プロセスと業績とを結びつけ，システムをさらに強化した。マネジャーの業績評価の半分は仕事の中身，すなわち，どの程度目標を達成したかに基づいて行われ，残りの半分は，「成功するリーダーシップモデル」に基づいて，それらがどの程度達成されているかによって評価される。

4. 360度フィードバックが終了すると，経営委員会のメンバーからなる審議会がもたれ，1日半をかけてマネジメントの評価と翌年の能力開発で焦点を当てるべき分野に関する話し合いが行われる。この審議会の目的は，リーダーの成長の助けになるような適切なメッセージの伝達とチャレンジの付与を確実に行うこと，そして仕事上のチャレンジと個人の能力開発ニーズを合致させることにある。この結果，多くのマネジャーたち，特に能力が高いとされる人たちに対して，測定可能な任務を与えることが可能になった。

同社が「測定可能な任務」と呼ぶものは，本書で成長を促す仕事の割り当てとして説明したものと同じものである（第4章を参照）。同社が行ったことの中で強調すべき三つの重要な側面がある。すなわち，同社は成長を促す経験として仕事の有効性を理解している点，仕事によっては有望な従業員の能力開発ニーズに基づいた人選を積極的に行ったという点，および個人の能

力開発ニーズを測定可能な任務と合致させることで能力開発の個別化を実現した点である。

5. リーダーシップ開発の重要な戦略として,「成長を促す人間関係」の構築がある。RSA 社では,経営委員会のメンバー,上司,および人事の専門家全員が,自分自身を,成長を促す人間関係を「提供する」存在であると自覚していた。彼らは,第5章で説明したようないくつかの役割,すなわちフィードバック提供者,カウンセラー,およびコーチの役割を担っていたのである。

以上のことから,RSA 社では成長を促す三つの経験が相互に注意深く結びつけられていたことがわかる。360度フィードバックに基づいて測定可能な任務が作成され,その任務は成長を促す人間関係によってサポートを受ける。それぞれの経験は互いに強化しあうとともに,組織内の他のシステムやプロセスによっても補強されているのである。

同社の副社長は,このリーダーシップ開発システムの導入を通じて学んだ教訓について後にふりかえっている(以下の「RSA 社リーダーシップ開発システムからの教訓」を参照)。

RSA 社リーダーシップ開発システムからの教訓

1. リーダーシップ開発と組織開発は経営の戦略的ニーズに結びつける必要がある。経営にもたらすメリットは明確でなくてはならない。
2. 戦略が明確であることが極めて重要。特に,能力開発システムから期待する結果を明確にしておくことが重要である。
3. 上級経営幹部層が,「自分ごと」として関与する必要がある。経営幹部は,能力開発が重要なことだということを態度や行動で示す必要がある。
4. 教科書は忘れること。コンセプトは理解する。しかし,プロセスは組織のニーズに合致するように仕立てる。
5. ビジネス活動の一部分になるようなトータル・システムが必要。

> 6. リーダーシップ開発とはプロセスである。仕事を通じた能力開発を行うための体系的な手法が必ず存在するはず。
> 7. 責任感，責任感，責任感！ 上司と従業員の双方に，行動とフォローアップに対する強い献身がなければならない。

グローバル海運

　国際的な海運会社であるグローバル海運（以下，GSI 社）は，1990 年に独自の能力開発システムの導入を開始した。1989 年当時の GSI 社は，旧来型の事業運営を行っており，近代化の必要性に迫られていた。同社には支店間の協力姿勢が欠けていたし，情報技術は未開の状態であった。顧客が世界レベルのサービスを要求する中，同社にはフォーマルな品質管理システムもない状態であった。マネジャーたちは海運技術によく精通していたが，厳格すぎる管理階層に縛られ，経営層に提案することなどほとんどなかった。

　こうした状況を変革する使命を担って，外部から新しい CEO が迎え入れられた。彼は組織開発の領域で豊かな経験を持っており，その経験を活かしてリーダーシップ開発の新しいモデルを作る作業に上級マネジャーたちと共同で取り組んだ（図 7.1）。

　モデルの四つの機軸は，同社の目標，目標を達成するための戦略，成功に必要なビジネス上の要因，および事業運営のコアとなる価値観である。それぞれの機軸が同社のリーダーシップ開発プロセスの枠組みを構成するパーツだが，コアとなるバリューのうちの「誠実さ」と「開放性」のふたつはプロセスの基盤と位置づけられている。つまり，これらのバリューが実践されなければプロセスが機能しないのである。

　図の中央部は，ツール・ボックス（道具箱）である。同社のリーダーシップ開発は，ビジネス上の成果の達成を促進するものであるように設計されており，ツールは会社の経営目標を支援する目的のもとに相互にサポートし合うようになっている。中でも三つのツール，「コーチング・グループ」「従業員との対話」，そして「リーダーシップ開発プログラム」は，個人のリーダーシップ開発に特に関係するものである。

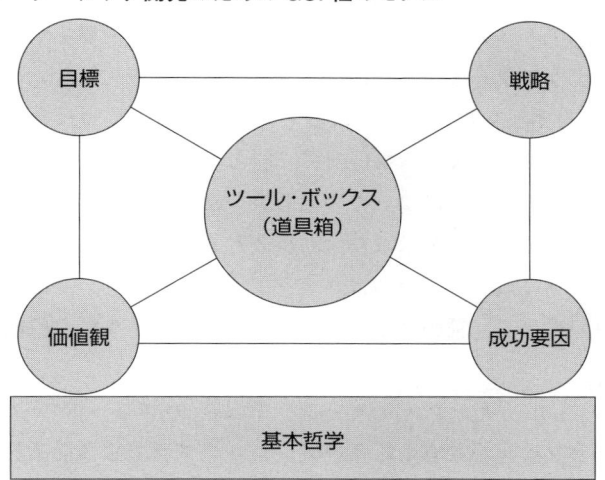

図7.1　リーダーシップ開発のためのGSI社のモデル

```
        目標 ──────── 戦略
         │ \       / │
         │   ツール・ボックス │
         │   (道具箱)      │
         │ /       \ │
        価値観 ─────── 成功要因
    ┌─────────────────────────┐
    │       基本哲学          │
    └─────────────────────────┘
```

出典：Ingar Skaug より許可の上転載

　これは，公開フォーラム形式の学習機会である。「コーチング・グループ」とは，職場グループによる集中セッションで，参加者は効果的に働くことに関する直接的なフィードバックを相互に提供しあう。すべての職場グループ，つまり全従業員が年3回，このセッションに参加する。

　セッションでは，上司を含めて職場グループの全員がお互いにフィードバックを提供し合うことになる。ここでは，コア・バリューである誠実さとオープンであることが極めて重要になる。セッションで語られる自分の欠点や弱みを理由にだれかが罰せられることは一切ないが，セッションに参加しなかったり，あるいは自分の弱みを矯正する努力をしない場合には，罰則，あるいは解雇もあり得ることになっている。

　「コーチング・グループ」のセッションで得られる成果のひとつは，各参加者が毎年のアクションプランを明らかにできることである。ここで言うアクションプランとは，セッションで学習したことに基づいて，物事をそれまでとは異なったやり方で行うと宣言した文章のことである。個人のパフォーマンスを向上させ，会社の経営目標の達成に貢献できるプランを作成する。

　本書で提示したモデルから考えると，「コーチング・グループ」の経験は，

ある種の360度フィードバック手法と成長を促す人間関係を組み合わせた形になっている。アセスメント，チャレンジ，サポートの各要素が経験にインパクトを与えるようになっている。

「従業員との対話」とは，各従業員とその上司の間で行われる継続的な一対一のプロセスである。2人は，職務内容，能力開発，昇進などさまざまな背景をふまえてパフォーマンスについての話し合いを行う。話し合いの中では誠実さとオープンであることが要求され，期待される成果は個人の改善計画の作成である。この対話において，上司はフィードバック提供者，その解説者，壁打ち相手，仕事の仲介者，補強者といったいくつかの育成支援の役割を担うことになる。

GSI社では，「コーチング・グループ」によってフィードバックが提供され，アクションプランが共有される。アクションプランは「従業員との対話」によってさらに調整される。ふたつの経験が相互に支援し強化し合っていることになる。

中級マネジャー以上は，全員オフサイトで行われる「リーダーシップ開発プログラム」に参加することになっている。このプログラムは6日間の宿泊を伴う公募式のプログラムであり，FIPとして第2章で説明したものの実例といえる。この集中した時間の中で，参加者はリーダーシップに関する自分の強みや弱みについて，さまざまな人々から豊富なフィードバックを受け，自分の持つリーダーシップのスタイルが他人にどのような影響を与えているのかについて理解を深めるようになっている。

先の「コーチング・グループ」や「従業員との対話」同様に，プログラム終了後には，個人の能力開発と経営目標の達成につながるような詳細なアクションプランが作成される。

デルタ・プロダクツ

デルタ・プロダクツ（以下，デルタ社）は，会社がリーダーシップ開発の必要性に直面していることを十分理解していた。その人員構成から，向こう5〜10年の間にかなり大規模なリーダーの入れ替わりが予想されていたのである。同社では女性やマイノリティ（少数民族）が上級職に占める割合が低くな

っていた。スーパーバイザーやマネジャーたちは，女性やマイノリティの成長を支援するための十分なコーチング・スキルを持ち合わせてはおらず，また従業員は，自身のキャリアデザインのためのガイドラインも持っていなかった。

同社は外部コンサルタントの力を借りて，学習のための仕事の割り当て，学習グループ，学習フォーラム等を含めた能力開発の基本構造を作成した。同時に，能力開発のための従業員の選抜方法も確立した。

デルタ社は，フォーマルなリーダーシップ開発の対象者を能力の高い特定の集団に絞ることにし，最初のステップをそうした人物を特定することから始めた。対象者はすでに能力が高いと認知されていた従業員のプールから選抜された。選ばれた人々の学歴，人種や性別，職種，そしてキャリア上の関心は極めて多様だったが，全員が有能なリーダーで，積極的に学習すると期待された。

能力開発のプロセスにおいて，デルタ社が彼らに期待した態度や能力も明確なものであった。彼らは進んで実験し，ものごとについて別のやり方を探求し，自分をよく観察して判断を保留し，知ることから学ぶことへシフトするとともに，グローバルな視点で考え行動しようとした。単純にいうと，会社はプロセスの参加者たちに「経験から学ぶ能力」があることを示すよう期待していたのである。

参加者が必要なスキルや能力を身につけるサポートを行うため，同社はさまざまな種類の仕事の割り当てを活用した。現在の職務領域で重要な教訓を学ぶための大きなチャレンジを与えることに加えて，異動や異文化における仕事を与えてそこからまた別の教訓を学ばせるといったことを行った。

仕事の割り当てから学んだ教訓を強化するために，同社は参加者に対して「学習リーダー」と「学習マネジャー」というふたつの異なるサポート体制も提供した。「学習リーダー」とは，参加者の指揮命令系統の外にいる2～3階級上の人で，経歴，経験，人種，性別の点で広がりを持った人である。「学習リーダー」は，第5章の「成長を促す人間関係」で述べた役割のうち，三つの役割を担う。すなわち，参加者に会って，抱えている不満を聞く役割（カウンセラーの役割），仕事や能力開発のための他の経験から学んだことを話し合う役割（対話のパートナーの役割），およびアドバイスを求められた際に自身の経験に基づいた話を聞かせる役割（戦友の役割）である。「学習リーダー」は

全員4時間におよぶトレーニングを受ける。

「学習マネジャー」は参加者の上司である。「学習マネジャー」は，参加者が新しいスキルや行動を試すにあたって日々のサポートを行ったり，励ましを与えたりする。「学習マネジャー」は成長を促す人間関係のうち「フィードバック提供者」と「チアリーダー（応援者）」のふたつの重要な役割を担う。

一対一の人間関係に加えて，参加者は「学習グループ」および「学習フォーラム」からのサポートも受ける。「学習グループ」はホームルームと同じような役目を果たす。参加者はここで互いに集まって，自分が経験したことを伝えたり，話し合ったり，新しい行動について練習したりする。ここでのポイントは，安心できる環境で同僚たちからともに学ぶという点にある。「学習グループ」に参加することで参加者は，開放性や信頼感を高めたり，新しい見方を獲得したり，あるいはまた，どのような見方にも欠陥があることを認識したり，言葉の行間を読んだり，合意よりも理解しあうことに関心を向けるようになる。

これとは対照的に，「学習フォーラム」とは，特に「ストーリーテリング［訳注：物語を通じた相互学習手法］」を目的として時折開催される集まりのことで，すべての学習グループが参加する。

ストーリーのテーマとしては，合併，グローバリゼーション，仕事と生活のバランス，技術的選択，最近発生した出来事などが扱われる。「学習フォーラム」活用の前提にあるのは，同社の文化やその他のリーダーシップの重要な教訓は従業員のストーリーを通してコミュニケートされてきたということである。

デルタ社ではだれが能力開発システムの責任を担っているのだろうか。参加者が担っているのは，高いレベルのセルフマネジメント，能力開発計画の策定とその実行の責任である。経営層には，サポートや方向性の提供，学習のためのリーダーシップを発揮する責任がある。そして，ライン・マネジャーは，職場でのコーチング，スポンサーシップ（後援），フィードバック，および自身も学習意欲の高いマネジャーであることなどの責任を負うことになる。人事部門が担う責任は，能力開発施策の実行，およびそのための資源の調達である。

デルタ社は有望な従業員集団に対する適切で洗練されたリーダーシップ開発

プロセスを作り上げたと言えるだろう。プロセスにおける各経験には，アセスメント，チャレンジ，サポートの要素も含まれている。ひとつの経験がまた別の経験と結びつけられており，プロセス全体が，同社の事業ニーズおよび参加者個人のニーズに応えるように実現されているといえる。

短い実例

　総合的なリーダーシップ開発システムを一度に導入できる企業が少ないのも納得いくことである。実際，今回紹介した3社のうちの2社は1ステップずつ実行しながらシステムを作り上げてきている。企業に最もよく見られるのは，2〜3の能力開発経験をリンクさせ，ビジネス上の特定の文脈に組み込むことから始めるパターンである。

　ここから紹介する短い実例では，小さなステップを少しずつ積み重ねていけば，リーダーシップ開発のためのシステムを構築することができることを示すつもりだ。それぞれのテーマが非常に多岐にわたっていることに注意してほしい。ここで示す実例が持つ重要な側面は，各社とも，成長を促す経験をひとつ以上活用しているという点，およびシステム思考で構築を進めているという点である。

- ある保険会社では，従業員をリーダーシップ開発プログラムに派遣し，終了後は参加者が適切なコーチングを受けられるようにしている（能力開発のためのアセスメントと成長を促す人間関係のリンク）。この企業は，有望な人々を特定する重要な判断基準のひとつに「学習する能力」を使い始めている。
- ある銀行では，360度フィードバックをすべての上級マネジャーに提供し，その後，別の上級マネジャー集団に対してコーチになるためのトレーニングを実施している（360度フィードバックと成長を促す人間関係のリンク）。このフォーマルなメンターの関係は数年間継続するように設計されている。
- ある大手消費財メーカーでは，リーダーシップ開発プロセスの一環として仕事の割り当てをもっと有効活用することを決めた。過去この企業では，最も

優秀で聡明な MBA（経営学修士）を採用し，当人の能力を超えるような状況に「放り出す」ことをしてきた。しかし，同社は，MBA たちが放り込まれたチャレンジングな仕事に奮闘している最中に学習を高めていくための適切な介入方法を知った。仕事が主要な能力開発経験であるという認識は変わっていないが，現在では成長を促す人間関係を活用することで，学習の度合いが大いに高められるようになっている。

- ある製薬会社では，従業員およびそのマネジャーたちに，FIP に備えた準備をさせるための，まる1日の事前ワークショップを開発した。午前中は，会社やマネジャーが期待する成果について参加者とマネジャーが話し合いを行い，なぜ今のこの時期に，このような能力開発の機会に参加するのか，また，参加者が開発すべき能力分野に関するマネジャーとしての提案などについて意見交換が行われる。そして，プログラムの終了1週間後に再びレビュー・ミーティングを設定し，学習したことと能力開発目標のふりかえり，目標達成のために必要となる経験（たとえば，さらに追加すべき研修や任務，あるいは成長を促す人間関係など）のデザイン，目標に向けてマネジャーが提供できるサポート内容の明確化などが行われる。午後は，部下の能力開発をサポートする際に必要となる役割についてマネジャーたちが学習する。マネジャーたちは，プログラム終了後の部下によく見られる反応について点検し，それぞれどのように対処するのが最も望ましいのか，そしてプログラム前後の重要な対話をどのように行うべきかを学ぶのである。

能力開発システムを導入する際の課題

他の複雑なビジネス・プロセスと同様，完全装備の能力開発システムを実現するには大変な労力を要し，統合的なリーダーシップ開発を言葉で語ることと現実に実践することにはギャップがあることに多くの組織が気づく。実行にあたっての課題を十分につかむには，次にあげることを考慮する必要がある。

第1に，能力開発システムへの深い関与は，ときに組織の優先順位に反するような価値観や信念の体現を意味することがあるという点である。本章は，能

力開発に関する特定の信念に基づいているが，組織によっては，この信念を実践に移すことが優先事項になる場合もあれば，それに反するような場合もある。たとえ，だれもが学び成長でき，時間の経過とともに変化できる（また，そのような機会を与えるべきだ）と信じているマネジャーであっても，能力開発よりも日常の業務課題を優先せざるを得ないはずである。パフォーマンスの最大化を図ることの方が，能力開発の最大化を図ることよりも重要なのである。

また，個人やチームあるいは組織自体の継続的な能力開発を図ることは「健全なビジネス投資である」という信念も一般的に存在するが，実際には多くの場合，株主に対するROIをより高めることや，100%の顧客満足度を得ることが資源配分の優先順位を決定する。組織にとってのチャレンジは，能力開発も利益獲得も，どちらも同じく重点をおくべき継続的な経営活動であるという認識を確立することである。

2点目は，能力開発システムはマネジメント業務に大きな変化を迫るという点である。能力開発システムの構築は，特にマネジャーに対して時間や資源，ものの見方やスキルの変化を要求する。組織が能力開発を体系的に実行しようとすればするほど，マネジャーにはコーチの役割や能力開発の番人としての役割，さらには組織の意思決定と能力開発を結びつける役割など多くの重要な役割が集中することになる。マネジャーに期待されるこうした役割は，企業が現在マネジャーに期待している役割と大きく異なっており，能力開発システムの導入上，鍵となる課題のひとつである。たとえば，手厚いサポートが行われる能力開発システムでは，コーチとしての役割がマネジャーとして成功するための極めて重要なコンピテンシーのひとつになる。マネジャーには，それまでの教育や経験では十分に開発されてこなかったスキルが要求されることになるし，財務的側面だけでなく育成的側面を考慮して意思決定することが求められるようになる。

3点目は，いったん出来上がった能力開発システムは，組織内のその他の複雑なシステムが持つ「慣性（inertia）」を克服しなければならないという点である。企業において能力開発システムほど「有機的」なものはない。個人の能力開発が進むのに合わせて，能力開発の定義やサポート，あるいはその統合を

実現するための枠組みもまた進化する必要がある。しかし，どのような変化も組織の抵抗を引き起こす。抵抗の中には論理的なものもある。変化の中には企業の他のシステムに対して重大な影響を与えるものもあり，結果として数々の不便さを作り出すことになるからである。また，より微妙で人間的な理由もある。それは，現状維持が，急激に変化する環境とのバランスを保つための安定性を人々に提供するという側面である。

効果を発揮するためには，能力開発システムが柔軟なものである必要がある。では，どのようにデザインされている必要があるだろうか。それには，まず能力開発の流動的な側面を認識することが必要である。そして，継続的な修正と改善を前提として実験的に構築されていくことが重要であろう。継続して取り組まなければならない課題であることは間違いない。

4点目は，システムの設計にあたって，能力開発というものが本来持つ個別性を反映させる必要があるという点である。それは非線形的で，個々の能力開発課題に特化できるものである必要がある。組織の「慣性」への挑戦と強く関係するのは，個人の能力開発の多元性から生じる葛藤である。だれにでもフィットする能力開発経験というものが存在しないのと同様に，それを支えるシステムも一律で固定的ではいられないのである。

オンデマンドでカスタマイズが可能な形の能力開発を求める傾向は日増しに高まっている。これは今日のリーダーの能力開発課題が，より厳しいものに変化していることを反映したものだろう。組織の他のプロセスと同様に，能力開発システムをカスタマイズし，個別の事情に合わせていくことはより大きな影響力を持つ。しかし，能力開発システムが他のプロセスと異なるのは，個人とチーム，そして組織自体の学習と開発の集合体をサポートしなければならないという点である。能力開発のシステム・アプローチにおいては，まだまだ理解を進めなくてはならないことが多くある。

要　約

本章では，個々の従業員が一連のシステムとして能力開発経験をたどるプロセスに焦点を当ててきた。それは，アセスメント，チャレンジ，サポ

ートの3要素が備わった経験が他の経験と相互に関連づけられており，かつすべての経験が能力開発をサポートするような企業の「文脈」に組み込まれたものであった。そして，こうしたプロセスを全体的な能力開発システムにうまく統合したいくつかの企業の成功例を示すとともに，他の数多くの企業は奮闘中であることにも言及した。

　個人の能力開発プロセスのマネジメントと支援は，それを組織の中の他の形態の能力開発施策と結びつけようとするとき，ますます複雑さを増すことになる。本書が扱う範囲を超えることになるが，個人の開発，チームの開発，そして組織の開発のすべてを統合していくことが，将来直面する主要な課題になると私たちは考えている。

　すべての形式の能力開発を結びつけるには，新しい考え方や行動が要求される。これには，リーダーシップに対する新しい考え方や能力開発システムの展開方法における新しいやり方も含まれる。私たちCCLは，海図なき海（少なくとも私たちには，未経験の分野である）を少しずつ進みつつある。本書のパート3では，リーダーシップに対する新しい「考え方」について，私たちのアイディアを紹介する。

Chapter Eight
Enhancing the Ability to Learn from Experience

第 8 章
経験から学ぶ能力の強化

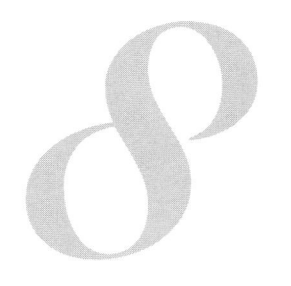

エレン・ヴァン・ヴェルサ
Ellen Van Velsor

ヴィクトリア・A. ガスリー
Victoria A. Guthrie

　世の中の変化のスピードがますます速くなっている中，リーダーに求められる能力も変化している。リーダーとしての能力を維持していくために，リーダーシップを要求されるポジションにいる人々は積極的かつ継続的に学習することが求められる。

　これは決して簡単なことではない。学習とはたやすいことでもなければ自然に身につくものでもない。本書パート 2 では，リーダーシップの開発に寄与する具体的な経験に多くのページを割く。ただし，経験したからといってそこから何かを学べるというわけではない。

　実際，私たちの研究（Bunker and Webb, 1992）からは，ほとんどのマネジャーは積極的かつ継続的に学習してはいないということがわかった。ほとんどの人々は「居心地の良い」範囲内で気楽な学習を行っており，新しいチャレンジに直面する環境下で学習することは厳しいと感じている。多くの人々は，過去に成功をもたらした行動を，たとえ状況が変わっていてそれが通用しないとわかっていても繰り返したがるものだ。一種の「慣性」が働くわけである。私たちはこのような慣性に打ち克つような経験を「慣性との決別」と呼んでいる。リーダーは慣性と決別するために，長い間自分の長所であると考えてきたことや，慣れ親しんだ学習方法をしばらくの間手放し，新しい長所を習得しなければならない。この学習過程で経験するストレスや挫折感に耐えていけるだ

けの強さと信念が彼らには必要である。

　ごく自然に積極的の学習が行える人もいる。このような人は生まれながらの天性や幼い時期の経験から簡単に学習できる個人的資質やスキルを持っている。しかし，このような人は例外的である。ほとんどの人は学習にかなりのサポートを必要としている。

　私たちは，人々がよりよい学習者になる術を学ぶことができるはずだと考えている。本章の主題は，マネジャーや彼らとともに働く人事の専門家たちが，「経験から学習する能力」を強化するのを支援することである。まず，経験から学習するということはどういうことか，また，人が簡単に学習できるようになるために役立つ要素にはどのようなものがあるかについて説明する。次に，自分自身，あるいは他人との協働における経験から学習するための能力を強化するにはどうすればよいかについて話を進め，その上で，マネジャーに積極的かつ継続的に学習させたいと考えている実務家に向けたガイドラインを提示しようと思う。

経験から学習する能力

経験から学習する能力とはどのような能力だろうか。また，なぜそれは非常に難しいもののように思えるのだろうか。私たちの見解では，経験から学習する能力には以下のようなことが含まれている。

- 新しい行動，スキル，態度がいつ必要とされるかを理解する。これには，現在のやり方ではうまくいかない場合を判断できる能力も含まれる。
- 新しいスキルを習得したり，これまで試したことのないスキルを試したり，新しいアプローチを試したり，視点を変えたりできるようなさまざまな経験を重ねる（このような新しい経験を避けたり，あるいはその必要性を否定したりしない）。
- 新しいスキルやアプローチ，態度を習得するための学習戦術を立案し実践する（本章の後半では四つの学習戦術について詳細に説明する）。

このような活動や適応性は，経験から学習する能力において重要な役割を果たす。これらのスキルは開発可能であり，したがって経験から学習する能力も強化できるはずだと私たちは考えている。それでも多くの人々にとっては，これらのスキルは簡単にあるいは自然に身につくものではない。

　学習に対する考え方が異なるために，経験からの学習が難しくなる場合もある。多くの人は学習というと，本を読んだり，講義を聴いたりするなど，教室での学習のことを考える。このような人は現在の経験が最も優れた先生なのだということに気づかない。彼らは，じっくりと自らの経験をふりかえり，それらの経験から得られる教訓を学び取るということはない。また，どうすれば経験からもっと多くのことを学べるかということについても考えがおよばない。

　前述した「慣性」が原因で，経験からの学習が困難な場合もある。慣性は人を後退させる。いつもと同じやり方で物事を処理したり，すでに持っているスキルを使ったり，今までと同じ見方で世界を見たりすることはたやすいことである。人は自分の長所を活かし，自らの業績に関して肯定的なフィードバックを得たいと思う。この慣性は年齢が高いほど，あるいは地位が高いほど悪い影響をもたらす。それまで成功している場合，「役に立ったこと」と決別するのは非常に難しいことである。人は概して，自分のスキルや考え方以外のものが「深刻に」必要になるまで，これまでのやり方ではうまくいかないということを認めないものである。

　経験からの学習はリスクを伴う場合もある。新しく学習する必要があると認めることはストレスを伴う。なぜならば，それは自らに対して（またおそらく他人に対しても），現在のやり方ではうまくいかない，あるいは現在のスキルでは不十分であることを認めることになるからである。多くの人はこれを認めることで何らかの不安を感じるようになる。そして，新しい考え方や行動が必要であるということから目をそむけたり，あきらめたり，あるいは否定したりしがちになるのである。

　さらに悪いことに，多くの組織では利益を出すことと人材を育成することとの間に強い葛藤がある。成長を促す仕事の割り当ては，学習と同時に失敗する危険性もあり，多くの組織は社員をこのような仕事に就けるよりは，確実に実績を上げられるような人，うまいやり方をすでに理解している人を重要なポジ

ションに配置したいと考えるものである。しかし，これは人々が居心地の良い範囲にとどまりたいとする傾向を，安全を理由に助長しているに過ぎないのである。

　必要なサポートを得られないために，経験からの学習が困難になることもある。学習（および失敗）のリスクに対するサポートも一種のサポートだが，必要な情報を入手したり，その意味を理解したり，能力開発計画を作成したり，また，新しいスキルを学習し伸ばす努力を怠ることなく，すでに通用しなくなっている行動や態度を変える勇気を持てるようにするプロセスや人間関係もサポートに含まれる。

学習する能力に関する個人差

　序章で説明したリーダーシップ開発モデルで，人は，アセスメント，チャレンジ，サポートの三つの要素があれば経験から学べる可能性が高いと述べた。しかし，モデルにはリーダーシップ開発プロセスにおける4番目の要素である「学習する能力」も組み込まれている。アセスメント，チャレンジ，サポートは成長を促すイベント自体の要素である。これに対し，学習する能力はそのイベントに関わる個人の特性である。最初の3要素がちょうど良い具合に存在するにもかかわらず，その経験から学ぶことができない人もいる。ほんのわずかな経験からでも多くのことを習得できる人もいる。なぜそのような差があるのかといえば，それは学習する能力が人それぞれに異なるためである。では，なぜそのような違いがあるのだろうか。またこの能力を変える方法はあるのだろうか。

　パーソナリティ（性格），特に学習に関係するパーソナリティについては何年もの間，大量の研究が重ねられてきた。これらを包括的にカバーすることは本章の目的ではないが，学習する能力を高めたいと考える人に役に立つと思われるいくつかの要素について簡単にふれたいと思う。さらにもうひとつ述べておきたいことは，多くの人はこのような特性はなかなか変えられないものだと考えるかもしれないが，実際には，アセスメント，チャレンジ，サポートを十分に，またバランスよく伴った能力開発の経験を通して，開発，強化できると私たちは考えているということだ。どのようにしてそれが可能になるのかにつ

いては本章の後半で説明する。

インテリジェンスの役割

　まず，インテリジェンス（知性）について取り上げる。それは，インテリジェンスが最も重要な特性だからというわけではなく，学習と聞いたときに多くの人が最初に思い浮かべるものだからである。成人の場合，伝統的な定義のインテリジェンスが学習する能力に果たす役割は比較的小さいと私たちは考えている。

　「インテリジェンス」という言葉を耳にしたとき，多くの人は1種類の意味しか思いつかないが，心理学や教育学の分野の専門家は，インテリジェンスには多様性があり，それら一つひとつが複雑で，人生の特定の領域で重要なものであることを示している。

　ハワード・ガードナー（Howard Gardner, 1993）は，言語（言葉を扱う），音楽（リズムと音のパターンを扱う），論理数学（数，記号，図形を扱う），空間（イメージや映像を扱う），身体運動（身体と運動を扱う），対人（他人とのコミュニケーションを扱う），内省（自己とその精神的リアリティーという内的側面を扱う）という七つのインテリジェンスを定義している。北米に住む多くの人が「インテリジェンス」という言葉で意味するものは，ガードナーの定義で言えば，言語，論理数学，および空間に関するインテリジェンスを組み合わせたものである。米国の学校教育の歴史は長いため，多くの人々が学習として最初に思いつく組み合わせであろう。しかし，これら3分野で優れていることが，長期的にリーダーシップを維持するために重要な経験から学習できる前提条件であるかどうかは疑問だ（Argyris, 1991）。非常に「賢明な」マネジャーが脱落することが多いのは，彼らが個人的変化や新しい行動の必要性を認識できないからである。

　これに比べて，ふたつのタイプの「人」に関わるインテリジェンスは，リーダーシップ開発の経験に影響を与えたり与えられたりすることがある。ガードナーは「対人的知能（interpersonal intelligence）」は他人を理解する能力であり，「内省的知能（intrapersonal intelligence）」は自分自身についての正確なモデル（ひな形）を形成し，このモデルを日々の生活で効果的に活かす能力であ

るとしている。

「対人的知能」が効果的なリーダーシップを発揮するために必須のものであることは明らかである。これはリーダーシップ開発においても重要な能力だ。なぜならば，成長を促す経験から何かを学ぶということは，多くの場合，直接的（成長を促す人間関係など），あるいは間接的（研修や仕事の中での他者との交流など）に，他人から何かを学ぶということを意味するからである。「内省的知能」は自己認識と密接に関係している。リーダーシップ開発のためのフォーマルな経験の多くが，その重要な目標として自己認識の強化を掲げている。つまりこれらの経験は，人々が，より包括的視野からより正確に自分自身を理解し，その自己理解を活かせるようにすることを目的としているのである。

自尊心と自己効力感

自尊心は2通りに定義できる。ひとつは全体的自尊心（一般的に言って自分は良い人間だという感情）で，もうひとつは具体的自尊心（特定の課題やカテゴリーにおいて自分が優れているという感情）である。具体的自尊心の方は，「自己効力感（self-efficacy）」と呼ばれることもある。「自己効力感」は特定の学習状況に最も関係するものだが，全体的自尊心も学習能力において重要な役割を果たす。自分は優れたマネジャーであるという認識は，自分の戦略的スキルに関するフィードバックへの対処に強く影響するが，概して自分をどう感じているかということも新しいスキルを習得する際のひとつの要素なのである。一般的に言って自分は良いマネジャーであり，全体的には知性もあり受け入れられる存在だと考えている場合には，戦略的スキルに関する批判的フィードバックに対しても，必要なスキルを学習しようという意欲を保ちながら対処できる。これとは逆に，自分は良い人間だがマネジャーとしては劣る（あるいは，全体的に自分は価値のない人間で，能力もない）と考えている場合，このような新しいスキルの習得に意欲を持つことはかなり困難だろう。

自尊心は，パーソナリティの中でもかなり研究されている分野だが，研究の多くは課題達成に関連したもので，学習に焦点を当てたものではない。自尊心の強い人は，弱い人よりもストレスの影響を受けにくく，否定的なフィードバ

ックに対する反応でも懸命に努力する傾向があることがわかっており、これは学習についても同様のことが言えそうである。つまり、自分の価値を確信していて、能力に関して適度な自信がある場合には、自分のスキルが新しいチャレンジには通用しないという事実に正面から向き合えるのだ。自尊心が相対的に高い人の場合、新しいチャレンジングな機会に対してもそれほどリスクを感じないようである。自尊心の高い人の方がフィードバックに対する恐怖心が少ないため、多くのフィードバックを求める傾向があるとする研究結果もある（Ashford, 1986）。

しかし、自尊心が高すぎる人（自信過剰）の場合、他人の影響や環境からの刺激を受けにくく（Brockner, 1988）、その結果、新しいスキルが必要であることに気づきにくいことがあることも研究の結果わかっている。自信過剰は学習にとって大きな障害になる場合もある。その人が長年にわたって成功や強みを賞賛されてきているような場合は特にそうである。フィードバックに対してオープンであることが、能力開発への最初の関門であると私たちは考える。自尊心が非常に高い人の場合、自らドアを十分に開けない傾向があるのだ。

自尊心が相対的に低い人の場合には別の問題がある。このような人々は、フィードバックからかなり強い影響を受ける。彼らは否定的なフィードバックを受けると、「自分のどこが悪かったのか」ということに関する情報を得たがり、建設的なことをあまり実行できない傾向がある。自尊心の低い人がパフォーマンスに関して否定的なフィードバックを受けると、課題（よりよいやり方は何か）に関してではなく、自分自身（私のどこが悪いのか）に目を向けがちである。この結果、パフォーマンスがますます悪くなってしまう場合もある。リーダーシップ開発では、自分を理解すること（つまり、自分の長所や能力開発が必要な点を理解すること）は重要な課題だが、能力開発に関するフィードバックを受けた場合には、能力開発目標の設定という自分の外の課題に目を向けていけるようになる必要がある。したがって、自尊心が低い人の場合、新しいスキルや行動が必要なことはよく理解しているものの、むしろ、学習に取り組むためのサポートや励ましを必要としていることがある。

学習やフィードバックについて、自尊心の強度よりもその安定性の方が重要であるという研究結果もある（Kernis et al., 1993）。自尊心が不安定な人は、安

定している人に比べて、自分の価値をパフォーマンスや個人的フィードバックに関連する状況からとらえようとする傾向があり、フィードバックの際に回避的になったり、防衛的反応をとったりする傾向がある。自尊心が不安定な場合、新しいスキルや行動が必要なことを認めるのが非常に困難になる可能性もある。

経験に対するオープンさ

過去10年間で、研究者たちはパーソナリティにおける確固たる要素のひとつとして「経験に対するオープンさ」があるという共通の見解を持つようになっている（McGrae and Costa, 1985, 1987）。経験に対してオープンな人は、人生は学習の繰り返しであると考え、新しいものを求め、そこから得られるチャンス（問題ではなく）を楽しむ傾向がある。このような人には冒険心があり、新しい考えを試すことや新しい経験をすること、また新しい人に会うことを楽しんでいることが見てとれる。

経験に対するオープンさは、トレーニングにおける上達とも相関があることがわかっている（Barrick and Mount, 1991）。トレーニングの成功を決める重要な要素として、参加する個人の姿勢があり、オープンさの高い人は一般的に未知の（学習）経験に対して積極的姿勢を持ち、意欲的に取り組む傾向がある。

まじめさや達成欲求

マネジャーが、トレーニングやその他の成長を促す経験に取り組むにあたって、経験に対するオープンささえあればよいというわけではないことも研究からわかっている（Young and Dixon, 1996）。経験に対するオープンさは学習や変化にとって必要な要素ではあるが、それだけでは十分ではないということである。

学習者は、新しい経験や情報に対してオープンであること以外に、考え方や行動を変えるために新しい情報を活用し、必要な変化を達成するために困難を乗り越える責任を積極的に引き受けることが必要である。このような責任のある粘り強さは、「まじめさ」というもうひとつのパーソナリティ特性、および

その人の達成欲求に関係している。

　以上ふたつの特性は重要である。なぜならば，どうすれば人が学習の責任を模索してこれを引き受け，フィードバックから学習に懸命に取り組み，困難な目標達成に向けて努力できるようになるかについての示唆を与えるものだからである。

学習に対する思い込みと変化への方向づけ

　思い込みを変えることが難しい場合がある。年老いた犬に芸を教えることはできないと固く信じている人は，学習は生涯にわたる活動であり面白いことの連続であると考えている人に比べると，能力開発経験からあまり学ぶことができない。同様に，結果は幸運や運命，あるいはその他の要因に左右されるものだと考えている人は，率先してリーダーシップを発揮したり，リーダーシップ開発に取り組んだりはしない傾向がある。

　「ローカス・オブ・コントロール（locus of control：統制の所在）」という言葉は，結果に対して自ら責任を持つ，あるいは自らが結果を左右できるのだという個人の見方を示す際に使われる。「統制の所在」は内的（結果は自分自身の努力によるものだ）と考えることも，外的（結果は幸運，運命，あるいはコントロールできないその他の因子によるものだ）と考えることもできる。この「統制の所在」に対する考え方は，フィードバックに対する反応や，自分の努力と達成度の関係についてどう考えるか，また学習の努力から得られる報酬をどう考えるかといったことに影響する。内的統制を持った人は，フィードバックの結果に行動を起こし，困難な目標に向かって長期間努力を持続できる。なぜならば，こうした人々は自分の能力開発は自分がコントロールするものだという考えを持ち，努力は必ず結果につながると信じているからである。

　自分の内面を注視できる人の場合（多くの米国のマネジャーはそうだが），統制の所在は能力開発においてそれほど重要な問題ではない。しかし，統制の所在を外的にとらえている人，つまり何が起ころうとそれらは自分のコントロールのおよばない外部の要素の結果だと考えている人の場合，ここでいう能力開発の経験が個人的な変化をもたらすことはあまりないだろう。外的統制の考え方は米国以外の地域のマネジャーや，成人の能力開発が努力に見合う価値を

生むという考え方に簡単に同意しない人々によく見られる。

感情を理解し不安をマネジメントする

　何かのやり方がわからないまま学習のチャレンジに立ち向かう場合，多くの人々は不安を感じる。したがって，この不安をマネジメントすることは経験から学習するために非常に重要である。このような能力を自然に備えている人もいるが，これもまた開発できる能力なのだ。次節ではこの能力について掘り下げる。

学習のスキルと戦略を開発する

　学習へのアプローチのしかたは人それぞれである。それは，持っているスキルや習慣によって形成された個人のスタイルによって異なる。直接的な経験から学ぶ方が好きな人もいる。この場合，行動志向で実験を中心とした戦略がとられる。また，熟慮や読書，他人との会話，あるいは研修から学ぶのを好む人々もいるだろう。

　研究と実践を通して，私たちは人の多様な学習のしかたを分類してみた。人の行動分類がわかれば，学習戦術のレパートリーが広がり，その結果さまざまな学習のチャレンジも克服できるのではないかと考えたのだ。その際，チャレンジそれぞれについても，最も適したアプローチのしかたがあり，使えるアプローチのレパートリーを多く持っている人が最も学習効果が高いだろうと仮定した。私たちは学習戦術を次の四つのグループに分類している。

1. 「思考」戦術は1人で行う内面観察の活動であり，これには，過去をふりかえって似た出来事や対照的な出来事を思い起こしたり，そうした活動から将来をヴィジュアルに想像したり，図書館やインターネットなどから知識や事実，知恵を収集することが含まれる。
2. 「行動」には，直接的かつ実践的な試み，あまり躊躇することなく学習を開始したり，その場で何かをやったりするなどの行動すべてが含まれる。
3. 「他者との接触」には，助言やサポートを求めたり，ロール・モデルやコ

ーチを特定し，その人にサポートを求めたりすることが含まれる。
4. 「フィーリング」戦術とは，人が学習から何らかのメリットを得るために，何か新しいことを始めるのに伴って生じる不安をマネジメントするための活動や戦略であり，失敗への不安で身をすくめるのではなく，新しいチャレンジングな任務に移る前に信頼できる同僚とその不安について話したり（あるいは日記に綴ったり）といったことが含まれる。

　人は不慣れな課題，つまり学習機会へのアプローチに際して，好みのアプローチをとるだけでなく，最も好む戦術をまず試し，それがうまくいかない場合にのみ次の戦術を試してみるという一定のパターンにしたがって行動する傾向があると私たちは考える。たとえば，私は新しい状況に直面すると，自分の好みである「行動」の戦術で対処する傾向があり，仮に説明書を読んだり（思考戦術），だれかにサポートを求めた方が良いような場合でも，同じようなやり方で行動する。フラストレーションが限界に達してようやく私は立ち止まり，「フィーリング」戦術を使って自分のフラストレーションに対処し，そこで初めて他人にサポートや助言を求めるのだ。私はおそらく，それが意味あることかどうかにかかわらず，この好みの順番（行動，次にフィーリング，そして他者との接触）を通過するのである。ひとつの戦術，あるいは好みの順番にずっとしがみついていることは，たとえそれがうまくいかないとしても非常に簡単である。実際「ブロックされた（凝り固まった）」学習者（Bunker and Webb,1992）はまったくその通りのことをやり，自分のアプローチを変えることなく，ひたすら一所懸命にがんばる。

　当然のことながら，問題は，好みのアプローチが常に最適のアプローチとは限らないということである。そのアプローチは，最も長い間使用し，最も熟練しているものの，この時点では必要ないものかもしれない。さまざまな経験からの学習能力を最大化するということは，自分がやりやすいと感じる学習スキルや戦術の幅を広げること，少なくとも（短期間は）自分にとって居心地の良い場所の外側で働くことを意味するのではないかと私たちは考える。多くの場合，新しいスキルや行動は，学習のための異なるアプローチを使用しなければ習得できない。

具体的に理解するためにフレッドのケースを考えてみよう。彼は人員削減やリエンジニアリングの後の，「少人数で多くをこなす（少数精鋭）」というトレンドが始まったころに仕事に就いた。彼は迅速に物事をこなし，その場その場で切り抜け，行動中心で仕事を進めることを習得した。彼は即座に考え実行することができる。ところが彼は，ときどき仕事がずさんで雑なことがあったり，毎度同じような練れていない計画を提示したり，戦略よりも戦術を好む傾向があるといったフィードバックを受けたのである。リーダーとして成長するために，フレッドはもっと思慮深く，慎重で，周囲と調和のとれた行動をとる必要がある。（仕事や学習に対する）彼の行動中心のスタイルは，これらのスキル学習には役立たない。「とにかくやる！（just do it）」というアプローチでは思慮深くはなれない。彼は，より思慮深くなるということにあまり関心がないのかもしれない。これまでの成功にとって思慮深さは重要ではなかったし，実際，これまで思慮深い人の決断の遅さに彼はイライラしていたのである。フレッドがまずやるべきことは，自分に求められていることに対するフィーリングに対処することである。その上で，求められるスキル習得のためのまったく異なる方法を見出す必要がある。

私たちの研究では，一般的に，効果的に学習できる人はすべての戦術を巧みに使用できることが示唆されている。次のサラの例について考えてみよう。彼女は，優秀な学校を優秀な成績で卒業し，配属された組織では記録的な個人業績を達成した。彼女は思慮深く，周到で，確固とした姿勢の持ち主だった。しかし，残念ながらリーダーシップの側面では，自分の行動範囲を広げて他の人と一緒に課題をなし遂げることが得意ではなかった。彼女は聡明ではあるが一匹狼的だというフィードバックを何回も受け，「集団の中で，他者と協力しながら課題を達成することができるようになる」という個人的目標を掲げた。

サラには思考アプローチ，つまり読んだり熟考したりする学習アプローチが自然なことのように思えた。そこで彼女はリーダーシップやチームワークに関する最適な本をそろえ，目標に向かって懸命に取り組んだ。十分に読みこみ，問題について熟考できたと感じられてから，彼女は学んだことを実行に移し，日々の他者との交流に応用してみた。しかし，うまくいかなかった。彼女はすぐに，古い学習スタイル（読書と熟考）では十分でないことに気づいた。他者

とうまく協働するためには他者から学ぶ必要があるのだ。つまり，学習目標を達成するためには他者との接触戦術を使う必要があったのである。自分の目標について同僚と話し合い，ロール・モデルを探し，変化への取り組みに対するフィードバックを求めるべきなのである。サラはそれが「新しいスタイル」で，自分にとって「快適な学習スタイル」ではないことにも気づいた。自分の問題を他人に話すということを考えただけでかなり不安になった。彼女が目標を達成するためには，フィーリング戦術も合わせて使ってこの不安をマネジメントしなければならないのである。

効果的に学習できるようになるために，フィーリング戦術を開発することは最も重要なステップかもしれない。なぜならば新しいチャレンジ，つまり新しいスキルを習得するために新しい学習戦術を使用することは，多くの場合心理的に非常に不安な状態を招くからである。この不安にうまく対処することが，これまでの習慣と決別し，経験から学習できるようになるための最初の重要なステップになる。

勇気をもってスキルを開発する

グローバル化，昇進，新しい仕事や事業部への異動，結婚や離婚，子供の誕生など，仕事や人生に変化が起きると必ずそこで新しいチャレンジに直面する。新しいスキル，行動，あるいは態度が必要であることを認め，さらにそうしたスキルを学ぶために不得意な学習戦術を使うには，ある程度の勇気が必要になる。

人々はときにこの勇気を持つことができず，すでに熟知している「居心地の良い場所」に留まってしまうことがある。しかし，学習の機会を逸したことの見返りは深刻である。時間がたつにつれ，ひとつの型にはまってしまうようになり，同じことを，相も変わらない結果を出しながら何度も何度も繰り返す。あるいは，変化に追い越されてしまい，パフォーマンスが落ちることになる。自らの意図や希望でキャリアから外れるのは，たいていの場合，その人のスキルや考え方がその仕事で必要とされるものに合致しなくなった結果である。ある人が特定のポジションや役割に最初は非常に適していたにもかかわらず，その仕事や組織からの要求が急速に変化し，必要なスキルを開発する能力が追い

第8章 経験から学ぶ能力の強化

つかずに結局そのポジションに適さなくなってしまうこともある。また，新しいスキルが必要なときに，自分の従来の強みを使ったり，過剰に使い続けるためにキャリアのレールから脱線するマネジャーもいる。

人事の専門家として，人々が勇気を持って学習のためのスキルを開発できるようにするにはどうすればよいのだろうか。序章で紹介したリーダーシップ開発モデルの3要素のうちのふたつが非常に重要である。つまり，(1)アセスメントとフィードバック，(2)サポートである（すでにおわかりと思うが，チャレンジは新しいスキルの学習過程の中に存在する）。もうひとつの要素として，さまざまな「成長を促す経験」を活用して人々の学習を支援することがあげられる。そして，私たちの研究からは，成長を促す経験をするタイミングも，経験から学習する能力に関係することがわかっている。

アセスメントとフィードバック——自分が直面しているチャレンジに，現在のスキルが適しているのか，いないのかを判断するためには，自分自身（現在の強みと能力開発ニーズ）やチャレンジに関する適切な情報が必要である。さまざまな形で提供されるさまざまな種類の情報が必要で，しかも，1回きりでなく長期的かつ継続的に必要である。

自分自身に関する情報はアセスメントとフィードバックから得られる。本書の序章で，アセスメントはリーダーシップ開発モデルの中で重要な構成要素であると説明した。この説明の背景には，能力開発を行う場合，人々は自分の現在の状況や何を学ぶ必要があるかについて点検するために，現在のスキルや考え方に関するフォーマル／インフォーマルなフィードバックが必要であるという前提がある。この意味から，アセスメントには相互に関連するふたつの目的がある。つまり，現在の強みや弱みに関する情報を提供する媒体となること，そして，新しいスキルが必要だということを人々が認識できるようにすることである。

アセスメントの形態はさまざまである。「フィードバック・インテンシブ・プログラム（以下，FIP）」（第2章を参照）では，さまざまなアセスメントやフィードバックの機会が提供される。これには，自己理解を深めるための性格検査や体験実習，シミュレーション，360度リーダーシップ・アセスメントな

どがある。360度アセスメントは，プログラムとは別に使用することもできる。これは，人々が自分のパフォーマンスを知り，長期間にわたって（たとえ別の職場環境に移っても）自分の能力開発ニーズを意識していくのにコスト効率のよいやり方である。（アセスメント手法の詳細は，第1章を参照）

　FIPや360度フィードバックの重要なメリットは，自分を他人がどう見ているかについて，正確な，もしくは全体的な理解を深めることができる点である。自分にとって重要な他者（上司，同僚，部下，プログラムの参加仲間など）の自分に対する考えを知り，自分自身の自己評価との相違点や類似点を発見することは大きな刺激であり，他者の視点から自分の行動を理解する第一歩となる。

　FIPも360度フィードバックも人々を固定観念から解放するのに役立ち，自分を見つめなおさせ，能力開発が必要，あるいは望ましいと判断させるきっかけになる。固定観念からの解放の過程で得られることのひとつに，自分の強みを確認することによる自己効力感の強化がある。私たちはFIPの効果測定を通して，その重要なメリットに自信や自尊心の強化があることを発見した（Van Velsor, Ruderman and Phillips, 1989; Yound and Dixon, 1996）。性格や動機が原因で，能力開発の経験に挑戦してみようという気のない人が360度フィードバックの恩恵を受けることもよくある。つまり，360度フィードバックがきっかけとなって，自分自身についてもっと深く掘り下げて考え，改善のための目標を掲げる意欲を持つようになり，さらなる能力開発に関心を抱くようになるというものである。

学習のサポートの源泉とその重要性——慣性との決別，自らの弱点をさらすリスク，失敗に対する不安など，学習に伴う苦難が学習を困難なものにしている。多くの人はこの過程においてサポートを必要とする。

　サポートにはさまざまな形態がある。序章のモデルで紹介したように，あらゆる効果的な能力開発の経験を構成している要素のひとつはサポートである。たとえば，新しい仕事の割り当てという能力開発経験の場合，学習者であるマネジャーは，類似の仕事をしている人々のネットワークに加わったり，その仕事でベテランの上司からサポートを得たりすることができる。360度フィード

バックが能力開発経験である場合，サポートは入念に設計されたフィードバック・プロセス（Tornow, London and GGL Associates, 1998），結果を解釈するための優れた専門家，また優れた能力開発計画ツール（Leslie and Fleenor, 1998）などから得られる。

　サポートと言われると，人々は多くの場合一対一の対人関係を思い浮かべるし，この種のサポートが学習にとって不可欠なこともよくある。自尊心の低い人にとって，チャレンジングな経験から学ぶことは難しいことだが，協力的な上司がいれば，自尊心が低いことによる学習への弊害は緩和されることが研究から明らかになっている（Ruderman, Ohlott and McCauley, 1996）。

多様な能力開発経験の活用——人は多様な能力開発の経験から学び，また経験が学習能力を高める。たとえば，成長を促す人間関係からリーダーシップに関する重要なレッスンを学び，効果的なコーチングを受けることは，前出の他者との接触という学習戦術の開発に役立つ。能力開発の経験と学習戦術との間にはお互いに補強しあう相補関係があるわけだ（序章を参照）。

　マネジャーが，必要とされる広範囲のリーダーシップ・スキルや学習戦術を開発するための一番優れたアプローチは，キャリア全体を通して多様な経験を組み合わせることである。たとえば，前出のサラのケースのように，これまでまったく経験したことがないチャレンジに直面している場合，不慣れで苦痛を伴う学習戦術を使用しなければならない場合もあるだろう。この場合には，彼女が仕事の割り当て自体から学習したこと（これもひとつの能力開発の経験だが）は，同時に別の能力開発経験が起こることによって強化される。別の能力開発経験とは，彼女の必要とする学習戦術を得意とするベテランマネジャーとのコーチングの関係，学習戦術に焦点を当てたスキル・トレーニングへの参加，チームワークや他者と協働するワークショップ，あるいはチーム行動やスキルにおいてモデルとなるような人物との人間関係などである。

能力開発経験のタイミング——CCLの最近の研究プロジェクトで，私たちは上級幹部たちを対象に，彼らの組織で成功したマネジャーと脱線したマネジャーに関するインタビューを行った。次のコメントは，これらのインタビューで

得られたもののひとつである。「私は，彼女にコーチングをしていた。私たちは何回もセッションを開いて，問題を明確にし，活動計画を立てた。彼女自身に原因がある問題もあったし，またそうでないものもあった。しかし，彼女は実際には変わらなかった。1，2週間は変化したように見えるのだが，またもとに戻ってしまった」。

この経営幹部が話していた人物は，その後間もなくこの組織から去ることになる。彼女は永遠に変われないのだろうか。この話からだけでは判断できないが，私たちはおそらくそうではないと考える。人は皆意欲さえあれば変化でき，また学習戦術の範囲を広げることもできるはずである。しかし，だれにでも，新しく直面した経験から何かを学習するのが簡単なときもあれば困難なときもある（Van Velsor and Musselwhite, 1986）。言い方を換えれば，タイミングも重要な要素だということだ。

多くの人は，ものごとがうまくいっているときは自分のやり方について他者に意見を求めようとせず，また，それに心を開こうともしない傾向がある。一般的に，学習に対して意欲的であるか消極的であるかにかかわらず，ほとんどの人は，ものごとがうまくいっていないとき，あるいは失敗の危険性を感じているときに情報やフィードバックを求めるものである。自分の現在の理解のしかたや考え方，アプローチ，あるいは自分自身のコンピテンシーを疑問に感じる理由があるとき，人々はなぜものごとがうまくいかないのかを知りたがり，何らかの変化に心を開こうとする。

新しい知識やスキルに対するマネジャーの欲求は，特にトランジション（キャリア上の変化の節目）の時期に高まる傾向があり，この時期には彼らは学習と能力開発経験によりオープンになる。たとえば，多くの人々は，新しい仕事に着手するときに，自分の知識不足を強く感じ，成功に役立つ強みを得たいと切望し，コーチングなどの経験を積極的に受け入れる。また，新しい仕事を一定期間経験した後の方が，全体的なアセスメントから得られる利益は多いようである（Conger, 1992）。

これとは逆に，成長を促す新しいチャレンジを受け入れられないとき，あるいはそうすべきでないときもある。たとえば，過度の業務量を強いられているときや，精神的に弱気になっているときなどである。多くの人は，感情面での

負担が重くなり過ぎている場合には,たとえサポートが普段より多く得られたとしても,自分自身やパフォーマンスに関する情報を処理できない。

　要約すれば,能力開発経験のタイミングが学習能力に大きく影響する場合があるということである。人はたいてい,モティベーションに重大な影響をおよぼすようなライフイベントが起こると,(一時的に)学習能力を失ってしまうものである。したがって,たとえパーソナリティや多様な学習戦術の獲得の面では安定していても,学習の必要性に対する認識や人生の重大な出来事によるストレスによって,学習能力がより高いときもあれば低いときもあるのだ。

　『経験からの教訓(*Lessons of Experience*)』(MaCall, Lombard and Morrison, 1988)から引用した次の例を紹介してこの本節を終えたいと思う。これは,人が学習の準備ができているとき,新しい学習戦術を獲得したとき,そしてタイミングが適切なときにいかに学習効果が高くなるかを示している。

　　　初めて開発部門の技術者集団の管理者になったころ,私はマネジメントに関して技術者と同じような考えを持っていました。私は業績評価のすべてに目を通しましたが,愚かにも,私はまだそれを行える状態ではなかったのです。私は技術者たちに彼らの悪い点や良い点のすべてをこと細かく説明しました。彼らに対してそのようなフィードバックを行った人はそれまでだれ1人いませんでした。私はもう少しでこれらの技術者を完全に駄目にし,組織の士気をガタガタに崩してしまうところでした。明らかに,私は熟練したコーチではなかったのです。そこで私は他者にサポートを求めました。そしてついに,良い技術者になるためには物理学の法則を知る必要があるように,良いマネジャーになるためには心理学の法則を知っていなければならないということを学びました。これは私にとっては大きな教訓となりました。つまり,ある仕事でのスキルをそのまま他の仕事で使うことはできないということです。新しい職務に就く場合には,それに飛び込む前にできるだけその職務に関して学習すべきです。できるだけ多くの時間を割いて,ふたつの仕事の違いを学び,自分の経験則が通用しない状況でそれを使ってしまわないようにすべきです(p.28)。

些細な出来事からの学習

　本章（および本書）の大部分は，学習や能力開発を促進する大きく劇的な出来事や戦略に焦点を当ててきており，家庭や職場で人々に影響を与える日々の小さな経験にはあまり触れていない。しかし，個人の能力開発を達成するための非常に現実的なやり方は，人が日々直面している中小の出来事やチャレンジを新しい学習方法を試す機会としてとらえることである（Lombardo and Eichinger, 1989）。毎年行われる人事考課における話し合い，家庭の危機に直面している同僚のサポート，育児や家庭内の計画に関する配偶者との話し合いなどのありふれたチャレンジは，新しい学習戦術の活用に慣れ，変化に対応する能力を開発する手段を提供してくれる（Lee, Guthrie and Young, 1995）。これら日々の出来事により，人は自尊心を築き，同時に新しい行動に挑戦してみようという気になるのである。

実務家のためのガイドライン

　人々の「経験から学ぶ能力」を高め，学習を質量ともに増大させるのを支援するために以下のことをお勧めする。

1. マネジャーたちに，どこで何を学ぶかと同等に，どうやって学ぶかにも注目するよう促す――彼らは読書や熟考から学習プロセスを開始し，思考にかなりの時間を費やして初めてアクションを起こす傾向があるだろうか。それとも，すぐに行動を起こし，自分よりも豊富な専門知識や経験を持つ他者に情報を求めることなく自分であれこれ試す傾向があるだろうか。彼らは他の学習戦術をとることをどのように考えていて，新しいビジネスに挑戦する不安感を解消するために，現在持っているスキルをどのように使おうとするだろうか。
2. マネジャーが学習戦術のレパートリーを広げるのを助ける――コーチングは他人との接触が自然にできないマネジャーの助けになるし，思慮深い学習者が行動を起こすのを助ける。行動志向の学習者は，日誌を利用するこ

とで能力開発の経験から多くのことを学べるようになるだろう（ただし，この場合日誌を書くようコーチングする必要がある）。

3. 学習能力に影響する自尊心や，その他の個人特性を高めるためにできることはすべてやる——自尊心は人が経験から学習する能力を強化する。現在の自分の考え方を脅かすことなく，新しい考え方に目を向ける力を養う。また，自尊心を持つことで，自分の弱点に対する不安が軽減され（学習すべきことがあってもいいという気持ちになる），学んで改善していくことができるのだという信念が生まれ，学習への意欲を高めることができる。自尊心は経験から学習するための基盤である。FIPは，自信を高め，自己認識を起こさせるのに非常に効果的である。自信も自己認識もともに人々を新しい学習スキルの習得に動機づける。自尊心が危うくなるような場合には，必要なサポートを差し伸べられるようにしなければなならない（これは，修羅場を含むあらゆる能力開発の経験の期間中で必要である）。

4. 現在の能力開発システムやプログラムを精査する。個人を成長させる，あるいはその可能性がある仕事の割り当てについても同様に精査する——それらは，アセスメント，多様なチャレンジ，およびサポートのしくみがバランスよく反映されているだろうか。良いアセスメントは，意欲のある人に「どこから開始すべきか」を示し，その人の学習能力を強化させる。また，能力開発の経験を受け入れる準備が整っていない人を動機づけるのにも有効である。チャレンジは，新しいスキルや学習方法を開発する必要性と機会を提供することで学習能力を強化させる。そして，誠実なフィードバックや，知識，経験などで励ましたり支援したりしてくれるコーチやメンター，あるいは仕事上のパートナーなどによって学習の能力や意欲はさらに強化される。

5. もっと定期的でインフォーマルなフィードバック（学習能力に関するフィードバックを含む）を，同僚やその他の人から得る方法を見つけられるよう援助する——日々，忙しさに追われているマネジャーたちにとって，新しいスキル開発の必要性を絶えず意識したり，異なるアプローチを使用したりすることは非常に困難なものだ。同様に，フォーマルなフィードバックやアセスメント（性格検査や360度フィードバックなどを用いたパフォ

ーマンスや能力開発に関する組織的なフィードバック）は，そう頻繁には行われない。インフォーマルなフィードバックは，たとえそれが小さな出来事に関するものでも能力開発につながる多くの機会を与えることがある。
6. 組織内に，成長を促す経験が充満しているような学習環境をできるかぎり作る——そうすることで，マネジャーたちは短期的な失敗や挫折を恐れて学習を抑制する必要がなくなる。

Chapter Nine
Assessing the Impact of Development Experiences

第9章
能力開発経験の効果測定

エレン・ヴァン・ヴェルサ
Ellen Van Velsor

　今日，多くの組織が莫大な時間と資金をリーダーシップ開発に注ぎこんでいる。これは，経営幹部たちが，リーダーシップは開発，強化できるものであり，良いリーダーシップは企業全体の業績に差を生み出すはずだと信じているからである。しかし，彼らはその信憑性も要求する。リーダーシップ開発が，あらかじめ計画した経験や構築したシステムの結果として生じるものであることを実際に確認したいと考えている。

　CCLは過去20年以上にわたり，リーダーシップ開発プログラムについて研究してきたが，その間，効果測定の問題と何度も格闘してきた。プログラムは意図する目標に合っているか。プログラムの効果をどのように評価するか。個人の変化を測定する最も良い方法は何か。結果は収益に正しく反映されているか。これらの問題はみな，能力開発システムを計画している組織にとって非常に重要なものである。

　本章では，リーダーシップ開発経験の効果測定に関して私たちが学んだことを広く取り上げる。私たちの効果測定研究の大部分は「フィードバック・インテンシブ・プログラム（以下，FIP）」に関するものだが，それ以外の経験（仕事の割り当て，修羅場，および他の人々との人間関係など）から学んだという人々の報告に関する情報も大量にある。

効果測定のゴール

リーダーシップ開発戦略の効果を測定する場合，まず，組織内の関係者（上級幹部，人事の専門家，研修スタッフ）がどのような目標を持っているかを理解することが重要である。彼らはどのようなリーダーシップ能力を求めているのだろうか。その能力は経験から学び，育成できるものだろうか。どのような行動の変化が必要だろうか。

評価の対象になっている能力開発のイベントから何が期待できるのかについて，最初に理解しておくこともあわせて重要である。異なる種類の経験に同じ学習成果を期待するのは適切ではない（McCall, Lombardo and Morrison, 1988; Van Velsor, and Hughes, 1990; McCauley et al., 1994; Ohlott, McCauley and Ruderman, 1993）。また，相互にリンクした複数のイベントが長年にわたって生み出した効果と同じレベルの効果を，ひとつのイベントに対して期待するのも妥当ではない。

最後に，なぜ効果測定を行うのかが明確でなければならない。能力開発の経験の効果測定にはいくつかの目的がある。

1. 個人の成長が，能力開発経験の結果であるとわかること
2. 能力開発への介入のあり方を評価し，より目的に合ったものになるようチューニングすること
3. 能力開発の経験への参加が，最終的な収益に影響を及ぼしているかどうかを立証すること

通常，個人の能力開発が成されたかどうかを確認することが効果測定における最も優先度の高い目標である。したがって，経験の結果として人がどのように，あるいはどれだけ学習し変化するのかということに最も焦点が当てられる。イベントそのものの評価や修正もねらいに含まれる場合には，イベントによる介入が持つさまざまな側面が個人の能力開発にどのように寄与しているかということについて知る必要があるだろう。また，収益への影響を調査するこ

とが目標である場合，個人の変化と職場グループの変化の両方に焦点を当て，これらを財務的結果に関する情報と関連づける必要がある。一般的に，組織は上記三つの目標すべてに関心がある。

効果のすべての側面を調査する大がかりな研究では，「発展的評価」と「総括的評価」（伝統的なふたつのアプローチで，本章の後半で説明する）の両方を使ってすべての側面を検討するとともに，さらに組織学習の普及といった，より広い視野からの検討も行われる。これについても後述する。

リーダーシップ開発の成果

ほとんどのリーダーシップ開発の試みは個人に焦点を当てたものだが，同じ組織内の多数の個人を対象とする場合，集団全体の士気や生産性にも影響が出るだろう。このような場合，効果測定は個人と集団の両方の結果，あるいは組織全体の成果に対して焦点を当てることになるはずである。

個人の成果：五つの領域モデル

私たちは，学習と能力開発，そして変化のタイプを分類することが有効だと考え，それらを別々に測定する方法を見つけた。このアプローチはふたつの理由から実用的だと思われる。ひとつは，多様なタイプの能力開発がすべての人に同じように起きるのではなく，また一個人に同時に起きるのでもないという現実を反映している点である。もうひとつは，それぞれ異なるタイプの学習が起きる状況について理解できれば，能力開発のプロセスとイベントにチューニングを加えることができるという点である。

図9.1のモデルは，変化が起こりうる五つの分野を簡潔に示している。私たちはこれを「効果の領域（domains of impact）」と呼んでいる。いかなる能力開発の経験も，1種類だけですべての領域に影響するわけではないことを念頭においてほしい。実際，多くの人の場合，特定の能力開発経験の効果はひとつのドメインに集中する。たとえば，リーダーシップの強みと弱みに対する理解を深めることに焦点を当てているFIPは，主に自己認識の領域に影響する。同時に，フィードバックだけではその人のリーダーシップのスキルを開発する

図 9.1　影響（効果）の領域のモデル

知識の獲得 (knowledge acquisition)	自己認識の確立 (self-awareness building)	スキル開発 (簡単なものから複雑なものへ) (skill development)	行動変革 (簡単なものから複雑なものへ) (behavior change)
	ものの見方の変化 (perspective change)		

短期間、あるいはひとつの出来事で開発されるもの　　　　長期間、あるいは複数の出来事を通じて開発されるもの

ことはできない。つまり，新しいスキルを実践し行動を変えられるような仕事の割り当て（行動変革領域）や，それに伴うコーチングやスキル・トレーニング（スキル開発領域）によって補われる必要がある。

知識の獲得——新しい知識は，FIPから仕事の割り当てのためのスキル・トレーニングまで，ほとんどすべての能力開発のイベントで獲得できる。たとえば，「成長を促す人間関係」のひとつの目的は知識の移転である（第5章を参照）。360度フィードバックの質問項目は，通常，効果的なリーダーシップのモデルや，組織の戦略的方向性に関連するスキルに基づいている。360度フィードバックを活用することにより，自分自身のことだけでなく，同時に，組織の中で有能なリーダーになるにはどのような能力や行動が必要なのかを学ぶことができる。

　これらすべての経験から得られる知識にはさまざまなものがある。人々は自分自身について，あるいは他の人が自分をどう思っているかについて新たな情報を得る。また，変革型リーダーシップの構成要素や，国による違いを生み出す文化的価値観，リーダーシップ・スタイルに影響する性格特性など，リーダーシップそのものについての新たな見方を習得することもある。さらに，新しい知識の獲得がしばしばモデル中の次の要素，つまり新たな自己認識を引き起こすことも期待できる。

自己認識の変化——自己認識，つまり自分自身の強みや弱み，そして自分の行動や態度が他の人に与える影響に関する理解は，主に他人からのフィードバッ

クが豊富に得られる経験を通じて強化される。FIP（第2章）が主に自己認識の領域に影響を与えるのは当然だが，他のタイプの経験，たとえば「成長を促す人間関係」も360度フィードバックと同じようなフィードバックの源泉になり得る。

　強化される自己認識には，全体的なもの（たとえば，「私はなかなか良いマネジャーだ」）もあれば，より具体的なもの（たとえば，「私は他人の意見にあまり耳を貸さないと思われている」）もある。FIPに参加した後，自分が自分をどのように見ていたか（たとえば，「私は自分に厳しすぎる」といったもの）についての洞察が得られたことを報告した人もいるし，参加，達成，承認など自分の欲求に対する洞察（たとえば，「私は巻き込まれることを望んでいて，ときにその欲求が自分に過剰労働をさせることがある」「私には夢中になれるような価値あるものが必要だ」といったもの）を得たと報告してくれた人もいる（Van Velsor, Ruderman and Philips, 1989）。

　行動変容の前に，自己に関する新たな認識，すなわち「変化が必要だ」ということに気づく必要があると考えるのが自然だろう。さらに，新たな自己認識が新しいスキル向上の動機づけとなることもよくある（経験からの学習に含まれる要素についての詳細は，第8章を参照）。

ものの見方の変化——ものの見方の変化は，目に見える行動の変化というよりむしろ態度の変化であるという点で自己認識の確立に似ているが，異なるのは個人の持つ強みや弱みではなく，人に対する洞察や日々の生活・労働環境に対する洞察に焦点が当てられたものであるという点である。一般的に，ものの見方の大きな変化は，自分自身への新しい見方の獲得よりも時間がかかり，ゆっくりと起こるものだが，ひとつのインパクトの強いイベントの結果として起こる場合もある。

　ものの見方の変化は，自己認識の変化と同じく，知識を習得した結果として起こることもある。たとえば，「技術の専門家にならなくても，組織をマネジメントすることはできる」ということに気づくのはものの見方の変化だが，マネジメントに関する知識をより多く得ることによってそのことを理解する場合もあるのである。

ものの見方の変化は，これもまた自己認識の変化と同じく行動変容の基礎になる。実際，ものの見方の変化は革新的である。なぜなら，現実に対する見方が根本的に変化するのである。その結果として行動変容が起きるのは珍しいことではない。マネジャーの仕事は技術的な仕事とは異なるのだということに気づけば，その人はその時点から現場の各論に直接干渉することへのこだわりを手放すことができるはずである。

革新的なものの見方の変化がもたらす影響は，FIPに参加した人のコメントからも見ることができる。「私はプログラムに参加したことで，人は皆違い，人によってその動機づけのされ方も，優先順位も異なるのだということに気づき，そのような違いを探すようになりました。職場に戻ってから私は，1人ひとりの部下の分析を開始し，『さあ，みんなやってくれ！』というように十把一絡げにするのではなく，別々にマネジメントするようになりました」。

ここでのものの見方の変化（他人は自分と違うし，また互いにも異なっているという見方への変化）は，「状況対応リーダーシップ理論（部下の職務能力に合ったやり方でマネジメントする必要があるという考え方）」という新たな知識によって生み出されたものである。そして，ものの見方が変化することで，新しい自己認識が生まれているのだ（「私は部下を個別にマネジメントをする必要がある」）。

もちろん，人を異なるやり方でマネジメントすることを学ぶにはかなり複雑なスキル群を必要とする。ひとつのプログラムに参加しただけでこのようなスキルを開発できることはほとんどありえない。変化の可能性を活かすには，コーチングやスキル研修などのフォローアップが必要である。

スキル開発——変化の四つ目の領域はスキル開発である。計画的なスキル開発や改善は，多くの場合，アセスメント経験によって改善の必要性が認識されたときから始まる。もちろん，フォーマルなアセスメントがなくてもスキル開発や改善は可能である。よくあるのは新しい任務やチャレンジを引き受けたときである。スキル・トレーニングとOJTは新しいスキルを開発する際におそらく最もよく用いられる方法である。

新しいスキルの習得には，多くの場合，時間と複数の経験を必要とする。エ

ンパワーメントや学習戦術といった，ものの見方や自己理解に関する変化を伴うようなスキルの場合には特にそうなる。建設的なフィードバックや葛藤処理といった，プロセスの学習に基づくスキルは比較的早く獲得できる。

行動変革——行動の変化は，状況や問題に対して異なった行為や反応をとることを必要とする。たいていの場合，これは他のタイプの変化の結果として生じる。

　行動変革は，懸命な努力と実践を必要とする点でスキル開発に似ている。行動変革も単純なものから複雑なものまで多様である。より単純な行動変革は，アセスメントから得られた新しい発見や新しいスキルの習得の結果生じる。他人への干渉をやめる，スタッフとの定例会議の計画をたてる，家族ともっと多くの時間を過ごすといったことを決めるのがこれにあたる。一方で，意思決定する前により詳しい情報を収集したり，他人のものの見方を取り入れて自分の見方に反映させるといったような複雑な行動変革は，より多くの時間と努力，そして高いモティベーションによってのみ達成される。

　真の行動変革は，通常，ひとつの能力開発経験（たとえそれがどんな経験であっても）によってもたらされることはない。長期間にわたる努力の繰り返し，継続的なフィードバック，そして，関連づけられた複数の能力開発イベントの活用などを通して初めて起きるものである。

集団や組織としての成果

　個人のリーダーシップ開発を，集団の変革を促すために用いる組織もある。この場合期待することは，能力開発機会を与えられたマネジャーがより有能な集団のリーダーになること，そして，強化されたリーダーシップによって職場の生産性や収益性が向上することである。大量のマネジャーが能力開発イベントに送り込まれる場合，その背景にはたいていその効果を組織全体に波及させたいという期待がある。このような場合，要望される効果には財務的なものが含まれるのが一般的である。こうした期待の連鎖について図9.2に示す。

　集団レベルでの変化を測定するひとつの方法は，組織風土調査や職場満足度調査の活用である。もうひとつは，組織にすでに存在する生産性基準や集団の

図9.2　リーダーシップ開発に期待されること

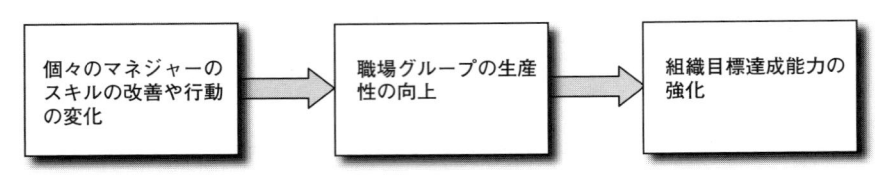

個々のマネジャーのスキルの改善や行動の変化 → 職場グループの生産性の向上 → 組織目標達成能力の強化

成果指標を利用することである。

変化を見つけるための一般的原則

リーダーシップ開発イベントの効果を評価する際に，常に適用されるべき原則が少なくとも六つある。

多様な角度から検討する

　ある人の行動やスキルのレベルについて，多数の情報源からアセスメント・データを収集することが大切なのと同様に，その行動やスキルのレベルがどのように変化したかを測定する際にも多様な見方を取り入れることが大切である。

　評価者集団（上司，同僚，部下，自分自身）によって，変化の度合いや，時には変化の方向にすら解釈が異なるケースはよくある。これは，イベントの開始当初に，参加者のスキルレベルについて評価者それぞれの認識が一致しないのと同様である。また，評価者集団は多様な「メガネ」を通して変化を見る。たとえば，あるマネジャーは自分の部下をどの程度厳密に監督すべきかということについて，上司の考え方に同意できないかもしれない。上司が望む変化の方向性は部下が望むそれとは異なるかもしれない。

　私たちは，すべての評価者の見方に価値があり，全体像は断片よりも常に多くの洞察をもたらすという立場に立っている。変化についての多様な見方を収集する方が，ひとつの情報源に頼るよりも豊富な情報が得られる。ひとつの見方のみから引き出される結論は，たとえそれが深刻な誤解を招くものではなかったにしても不完全であることが多いのだ。（参加者による）自己申告は，当然ながら常に他の情報源からの報告と比較されるべきである。変化の兆候に最

初に気づくのは改善に向けて懸命に努力しているその人自身である場合が多く，彼らは，自分の努力が報いられると信じたい，あるいは自分の努力を正当化したいと思うがゆえに他者が気づかない変化を見ようとする傾向がある。

複数の領域を評価する

あるひとつのリーダーシップ能力の開発が，変化の五つの領域すべてに影響をおよぼす場合がある。また，能力開発経験から受ける影響が人によって異なるというのも十分に考えられることである。特定の領域で変化を経験する人もいればそうでない人もいる。したがって，影響を与える可能性のある関連領域まで測定する方法を開発し，それぞれの領域での変化を評価することが大切である。

複数の手法を使用する

能力開発の経験が個人に与える効果には，スキルの改善，自己認識の向上などさまざまなものがあるため，異なる種類の効果を測定できるようにしておく必要がある。また，効果測定の目的も，個人の能力開発度合いの把握，プログラム自体のチューニング，あるいは収益面での効果を測定するなど複数あるかもしれない。このため，優れた効果測定の研究では複数の測定手法が活用されている。

たとえば，FIPにおけるリーダーシップ開発の量的，質的評価と，プログラム自体の改善点の検討が目標である場合，学習内容に関する自己申告と長期間にわたる事後アセスメント（本章の後半で説明）を組み合わせるとともに，「デプス・インタビュー［訳注：一対一の詳細で深いインタビュー］」を活用して，プログラムのさまざまな部分がどのように受け取られているかに関する情報を集める（これらの手法については，すべて次節で詳細に説明する）。あるいは，メンタリング・プログラムの能力開発面での効果や収益面での効果を把握したい場合には，2方面からのアプローチが必要である。個人の能力開発については，インタビューと自己申告をもとに参加者が設定した目標をフォローする。収益面での効果を理解するには，参加者の仕事仲間へのインタビューから職場の生産性や意欲に関する情報を収集し，これらの情報と財務上の結果を長期間

にわたって関係づけていく。

変化を長期間にわたって見る

比較的短い間に効果が現れる能力開発経験もあるが（たとえば知識の増加や自己認識の向上），効果が現れるのに時間がかかる経験もある（たとえば複雑なスキルの習得やリーダーシップ・スタイルの変化）。特に能力開発のシステム・アプローチを採用している場合にはそうした傾向にある（図9.1を参照）。さらに，経営環境が変化し，組織の仕事が再構築された場合にはそれまでとは異なるリーダーシップ能力が必要になる。これらの要素すべてを考え合わせると，能力開発自体も効果測定も長期間のアプローチを採用することが重要になってくる。

個人と集団レベルの変化を評価する

一般に，個人を対象としたリーダーシップ開発であっても，その結果として集団の生産性や満足感，あるいは風土面での変化が起こることへの期待が一定レベル存在する。同様の力学は逆方向にも働く。すなわち，集団に焦点を当てた能力開発の試み（本章ではカバーしていない）が，そこに所属する個人に大きな効果をもたらす可能性もあるのだ。このため，能力開発の試みがなぜ，またどのようにして広く組織的な効果をもたらすのか，もたらさないのかを理解するためには，個人の変化だけでなく職場グループの変化，収益面での変化の記録などあらゆる方向に目を向けることが重要になる。

比較のための対照群を用いる

多数のマネジャーがメンタリングやFIPに参加する大規模なリーダーシップ開発施策の最中やその後に，組織に著しい変化が起きたとしても，それが能力開発経験による学習と直接関係があると単純に見なすことはできない。すべての組織が日々直面している経営環境の変化が人々の行動に影響をおよぼしているのかもしれないからだ。人々の行動の変化が能力開発経験に起因しているのかどうかを知る唯一の方法は，その経験に参加した人とそうでない人の集団（つまり，対照群）とを比較することである。最も信憑性の高い結果を出すに

は，対照群のその他の特性（たとえば仕事の特徴や組織内でのレベル，在職期間，性別，人種）も参加者集団と同様であるべきである。

同様に，人々が複数の能力開発経験に関与している場合（組織が能力開発に対してシステム・アプローチをとっている場合），対照群を用いなければ，変化が具体的にどの出来事に起因するのか知る術がない。

変化を評価するための七つの方法

ここで，個人に対する多様な能力開発経験の効果を測定するための七つの具体的な手法に話題を移す。多くは集合研修のプログラム評価から得られたものだが，ここで述べるテクニックはすべて，あらゆる種類の能力開発経験を評価する際に役立つと考える。それぞれの手法から得られる情報と問題点について表9.1にまとめる。

イベント終了時の評価

この評価方法は参加者のイベント終了直後の反応を知るためのもので，しばしば「スマイル・シート」と呼ばれる。こうした方法は集合研修で使用されることが多く，参加者に求める情報はおおむねそのイベントが楽しかったか，有益だったかといったことに限定される。

イベント終了時の評価は，イベント提供者が参加者の直後の満足度を測るのに役立つ。こうした評価を長期間にわたって検討することは，研修スタッフの能力評価の一手段にもなる。しかし，参加者に実際にどのような影響を与えたかを知るという点では限られた価値しか持たない。参加者がプログラムを楽しんで，自分では有益だったと考えたからといって，その人が大きな能力開発を遂げられることを意味するわけではない。

プログラムの内容や学習した事柄は仕事にどれくらい応用できるか。自らの目標をどの程度達成できそうか。さらには知識習得，自己への気づき，ものの見方の変化，スキル向上，あるいは行動の変化といった点でどの程度達成できたかといった重要な質問への答えは得られない。

実際いくつかの研究では，イベント終了時の評価は仕事における現実の変化

表9.1 能力開発経験の効果を測定する方法

	得られる情報	手法に付随する問題
イベント終了時の評価	イベントの有用性と楽しめたかどうかに関する参加者の直後の反応が得られ，イベント自体に焦点を合わせる場合に有益	実際の学習や能力開発度合いを評価するものではない
学習成果の自己申告	人々が経験から学んだ内容：「反応」以上のものが得られる	自己認知のみの把握：実際の変化を評価するものではない
質問票（アンケート）	多くの効果領域に関係づけることができる：変化について複数の視点からの定量データを得られる	「事前事後（pre-and-post）」の効果測定手法が持つ複数の問題によって，データが間違って解釈される恐れがある
事後回顧評価	変化の測定におけるいくつかの問題を克服できる：変化に直接関係した情報が得られる	仕事上の変化，あるいは評価者における変化が依然として問題：過去のパフォーマンスに関する評価者の記憶に依存してしまう
目標や行動計画のフォローアップ	目標や計画の達成度を評価する：収益面の効果をより直接的に指摘する	目標達成だけでは視野が狭くなってしまう可能性がある
デプス・インタビュー（一対一の詳細で深いインタビュー）	より深い理解が得られる：他の手法を補うことができる	時間と労力がかかる
日誌	長期にわたる効果へのより深い理解が得られ，他の手法を補うことができる	参加者が書く内容によって評価できる効果は限定される：機密保持の問題がある

にまったく関係していないことが証明されている。ディクソン（Dixon, 1990）は，大手メーカーの1200人の参加者に対する研究で，獲得した知識に関する事後テストの得点とその後のパフォーマンスに相関はないこと，同様に，研修の楽しさ，研修の有益さ，学習の度合い，講師のスキルなどに関する参加者の評価もパフォーマンスとの相関はないことを報告している。

学習成果の自己申告

　イベント終了時の評価からさらに進んで，参加者の知識の獲得，自己への気づき，新しいものの見方などに関する情報を得るための方法のひとつに，参加者による学習成果の自己申告を収集するというものがある。一般的に，能力開発機会が意図した効果を発揮した場合，参加者の学習もその能力開発機会のゴールに沿ったものになる。

　手法は簡単だ。参加者に，その経験の結果，自分自身や他者，あるいはリーダーシップについて学んだことを一覧表にするよう依頼する。集団で実施すればデータをテーマごとに分類することができる。また，ある程度時間がたったところでこれを繰り返すことで，学習効果がどのように大きくなったか，あるいは変化したかを見ることができる。これは参加者が獲得した新しい知識や気づきについて多くの情報を提供してくれる。

　私たちはこの学習成果の自己申告を，後日，大規模な集団に対して実施するアンケートの素材として使用することがある。このようなアンケートがコンピュータ集計できるようになっていれば，より効果的に利用でき，回答結果の内容分析に必要な手間が省ける。

　回答結果は，能力開発のフレームワーク作りや，目標のフォローアップ・ツールとしても有用である。事後回顧評価と合体させてデータ・ベース化すれば，長期間にわたる変化を観察するのに特に役立つ。

質問票の活用

　質問票（アンケート）は昔からある情報収集の手段で，たくさんの利用方法がある。多くの組織では，あらゆる種類の能力開発プログラムと同様に，質問票や360度アセスメントを用いて人々にフィードバックを提供している。360度アセスメントは，個人のスキルと特定の仕事に要求されるスキルとの適合度を評価することもできるし，仕事上で能力開発が必要な分野を特定することにも活用できる。

　フォローアップの質問票を使って，一定時間が経過した後の変化を測定することで次のステップが見えてくる。能力開発目標やアクションプランの作成に

活用するのであれば，常に同じ質問票を使ってフォローアップの測定を行うことが重要である。「プレ・ポスト（事前事後）質問票」と呼ばれるこの2段階のプロセスは，有益なフォローアップ情報を提供してくれる。ただし，再実施までの期間が適切で，同じ人が回答し，その人の仕事が変わっておらず，回答者の思考の枠組みが変わっていないことが必要である（Terborg, Howard and Maxwell, 1980; Millsap and Hartog, 1988; Bedian and Armenakis, 1989; Golembiewski, 1989; Tennis, 1989）。これら必要な条件について次から詳細に見ていく。

再実施までの期間——どの能力開発経験も人々に多様な変化を生じさせる（図9.1のモデルを参照）。知識の獲得や新しい自己認識の獲得といった変化はほとんどすぐに現れるので，能力開発経験の直後，あるいはその最中にも測定することができる。また，ものの見方の変化や単純な行動の変化も比較的短期間で発生する。しかし，他の変化，たとえば実践を要するもの，より根本的な変化，あるいは複雑なスキル開発などは，たとえ良いサポートやコーチングがあっても長期間（6～8ヶ月）を要する。

どれくらいの時間が経過しているかによって，再評価（リアセスメント）で見つけられる能力開発の種類も異なる。3～6ヶ月後に行われる再評価では，知識や自己認識に関する変化が見つけられるかもしれない。このような変化は参加者個人からのみ報告される。一方，12～18ヶ月たって行われる再評価では，リーダーに必要な複雑なスキルや行動における変化が見つけられるだろう。このような長期的な変化は他人から観察され報告されるものである。

評価者の変化——変化を評価する期間が長いほど，より多様な変化をつかむことができるが，ここにはトレードオフがある。再評価までの時間がたっていればいるほど，評価者の構成が変わる可能性が高くなるのである。最初の質問票でフィードバックを提供した人のうち少なくとも何人かは新しい人に代わっている可能性がある。したがって，1回目と2回目の評価を完全には比較できないかもしれない。

職務責任の変化——さらに問題を複雑にするのは，再評価までの時間が長いほど，参加者が異なる仕事に就く可能性が高くなることである。その人のスキルは同じか，もしくは向上しているにもかかわらず，新しい仕事ではその価値が変わってしまう場合があるのだ。たとえば，最初の仕事では強みだった，「だれとでも接しやすい」ということが，締め切りが厳しい次の仕事では「障害」となるかもしれない。これは，1回目と2回目のフィードバックを一字一句正確に比較したい人にとってはやっかいな問題である。

このような混乱や不満を軽減するために，大部分の人は最初の評価のときと同様に，再評価の際にもファシリテーションやサポートを必要とする。良いファシリテーションが行われれば，たとえ混乱する可能性のあるフィードバックであったとしても，仕事上のチャレンジの点で変わったことをふりかえり，これから取り組むべきことについて明らかにする機会となるのである。

評価者の思考の枠組みの変化——最後に，その人の仕事や評価者が同じでも，ある状況においては再評価のフィードバックが誤解を招くことがある。実際にはその人が改善しているにもかかわらず，再評価の結果が同じだったり，低くなったりするのはよくあることなのだ。たとえば，私たちの調査でたびたび見つかるのは，評価者が2回目の質問票で参加者に低い評価をつけているにもかかわらず，わざわざ余白にその参加者がどれほど変わったかを記入しているような例である。

この矛盾には何が隠されているのだろうか。これは「レスポンス・シフト・バイアス（response shift bias）［訳注：内的基準の変化による回答偏向］」と呼ばれる現象で，評価者が，評価に関する訓練を受けないまま他者のスキル評価をするよう依頼されているなど，いくつかの環境的な要因に起因する。

評価者が，1回目にどのような評価を行ったかを思い出せず，2回目の変化の評価がうまくできないこともときどきある。質問票自体が良いリーダーシップのスキルや行動を具体的に説明しているため，評価者に学習効果が生まれ，2回目には何を観察すべきかがより明確になっているかもしれない。また，評価される人が変化を起こそうと積極的に取り組んでいることを知っているため，その人に対する期待が高くなり，無意識に基準を高く上げてしまい，実際

にはパフォーマンスが改善しているにもかかわらず，前回よりも評価が低くなるという皮肉な結果を生み出すこともある。

このような欠点があるにもかかわらず，プレ・ポスト（事前事後）の質問票は今後も間違いなく活用されるだろう。運営者にとって比較的簡単に実施でき，参加者に再評価の機会を提供し，さらに関係者に対してあいまいさのない数値化された結果を示すことができるからである（効果測定において360度フィードバックをどのように活用できるかについての詳細は，Martineau, 1998を参照）。

事後回顧評価

プレ・ポスト評価の比較で見られた問題をいくらか緩和する試みが，事後回顧評価（post-thenアセスメント）と呼んでいる回答スケールである。これは基本的に能力開発のイベントからしばらくたってから実施し，その時点（イベント後3, 6, 12, あるいは18ヶ月後）と過去の特定の時点（たいていは能力開発のイベント直前の時点）での，参加者のパフォーマンスを比較するよう評価者に依頼する。評価者は参加者が初期にどのようであったかを思い出し，同じ書式のふたつ別々になった回答スケールに評価を記録する。通常，回答欄のスケールには，一般的な質問票（5段階スケール）よりも多くの（9あるいは10段階の）選択肢がある。このため，評価者はより細かい変化量を記録することができる（図9.3を参照）。

この技法の利点は，従来型のプレ・ポスト手法の主な問題点のひとつ，つまり，ふたつの評価が異なる時期に行われる場合，評価者の内的基準が変わっている可能性があるという問題点を排除している点にある。過去のスキルのレベルに対する評価者の「回顧的」評価が有効であると「信じる」しかないという弱点はあるが，この手法の方がより直接的に変化を測定できる。情報を活用するにあたっては，評価の中の特定の部分に焦点を当て，得点の違い（あるいは変化）にだけ，あるいはスキルの変化と現在の評価の両方に目を向ける。情報をいつ収集するかによって，どのような情報が得られるかは変わってくる点に注意してほしい。比較的短期間（たとえば3ヶ月）で観察や測定が可能な能力開発もあれば，もっと長く（おそらく1年かそれ以上）かかるものもある。

現時点ではこの手法の活用は限られており（Hoogstraten, 1982; Collins and Horn, 1991; Howard, 1993; Henry et al., 1994），信頼性に関する研究もあまりない。しかし，期待できる手法であると思われる。

図9.3　事後回顧評価スケールの例

フォローアップ・アセスメント（評価者向け回答用紙）

対象者の達成度合いを適切に示している選択肢に回答してください。

自己認識の向上
1. 他人が彼または彼女をどのように見ているかを理解している
2. 彼または彼女のマネジメントのスタイルが，ともに働く人々にどのような影響を与えているかわかっている
3. 彼または彼女の行動が他人に与える影響に気がついている

自信の向上
1. 物怖じせず自信を持って行動する
2. 組織に対して貢献できると確信している
3. 才能や能力を認識し，正しく評価している

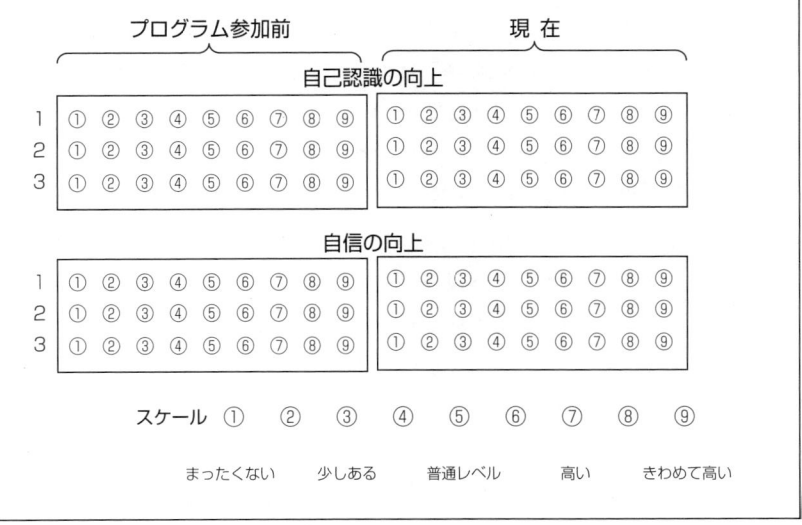

	プログラム参加前	現在
	自己認識の向上	
1	① ② ③ ④ ⑤ ⑥ ⑦ ⑧ ⑨	① ② ③ ④ ⑤ ⑥ ⑦ ⑧ ⑨
2	① ② ③ ④ ⑤ ⑥ ⑦ ⑧ ⑨	① ② ③ ④ ⑤ ⑥ ⑦ ⑧ ⑨
3	① ② ③ ④ ⑤ ⑥ ⑦ ⑧ ⑨	① ② ③ ④ ⑤ ⑥ ⑦ ⑧ ⑨
	自信の向上	
1	① ② ③ ④ ⑤ ⑥ ⑦ ⑧ ⑨	① ② ③ ④ ⑤ ⑥ ⑦ ⑧ ⑨
2	① ② ③ ④ ⑤ ⑥ ⑦ ⑧ ⑨	① ② ③ ④ ⑤ ⑥ ⑦ ⑧ ⑨
3	① ② ③ ④ ⑤ ⑥ ⑦ ⑧ ⑨	① ② ③ ④ ⑤ ⑥ ⑦ ⑧ ⑨

スケール　① ② ③ ④ ⑤ ⑥ ⑦ ⑧ ⑨
　　　　　まったくない　少しある　普通レベル　高い　きわめて高い

出典：Center for Creative Leadership（1998）より抜粋

目標設定や行動計画のフォローアップ

　能力開発の経験の中には目標設定や行動計画の作成が含まれているものもあるが、そうでない経験でも具体的目標を持たせることはできる。実際、能力開発の経験には具体的目標を持たせるべきであろう。最近の調査によると、目標設定を含んでいる能力開発経験の方が、そうでない経験よりも強い効果を持つことがわかっている（Kluger and DeNisi, 1996）。このような経験の効果に関する情報を収集する一般的方法は、電話、メール、あるいは面接などの手段で計画や目標のフォローアップを行うことである。

　目標のフォローアップで評価できるのは、(1)計画はどの程度達成されたか、(2)どの程度、またどのようにして計画を修正したか、(3)計画実施にあたり、どのような障害があったか、という3点である。

　一般的なアプローチは、イベントの3～6ヶ月後に、人々にその進捗状況について尋ね、目標をどのくらい達成したかに基づいて効果に関する結論を導き出す。最大の関心事は最初の質問、つまり計画はどの程度達成されたかであり、これは納得できることである。特に実行中の作業プロジェクトに関係する計画の場合、達成度は収益に関係してくるため当然のことと言えるだろう。

　しかし、他のふたつの質問も見過ごしてはいけない。私たちが目標設定に関する研究から得たひとつの結論は、目標設定後、状況が変化した際に目標を修正するスキルを身につけるプロセスを学ぶことは、目標を達成することと同じくらい、あるいはおそらくそれ以上に重要であるということである。特定の目標や計画がどの程度達成されたかを尋ねるだけでなく、変化する周囲の状況に合うように目標を変更する能力が向上したかどうかも確認すべきである。

　この場合、評価者には新しい調査手法ではなく、新たな見方と質問が必要になる。もともとの目標が達成されなかった場合、その理由を見つけることが重要だ。その人は、まわりの状況が変化したこと、あるいはもともとの目標設定のフレームワークが不適切であったことに気づき、変化した状況に合うよう意図的に計画を修正したのだろうか。もしそうであれば、目標が達成されなかったと単純に結論づけるのは間違いである（目標設定へのアプローチに関する詳細については、第2章を参照してほしい）。

デプス・インタビュー

　一対一の詳細なインタビューは単独で行っても，あるいはより定量的な手法である質問票やその他の手法の補助として活用しても，より深く広い視点を得ることができる手法である。

　デプス・インタビューの構成例は表9.2に示す。

　インタビューは参加者本人にだけ行うこともできるし，余裕があれば，対象を広げて参加者の上司，部下，同僚，顧客，あるいは家族など本人以外の人々に対して行うこともできる。この手法によって得られたさまざまな見解によって，他の情報もより深く解釈できるようになり，期待したレベルの効果がなぜ達成されたのか（あるいはされなかったのか）を理解するのにも役立つ。

日　誌

　能力開発の経験の中に日誌をつけることが含まれている場合，その人が何を学んでいるか，経験をどのように理解しているか，その考え方が時間の経過とともにどのように変わっているかについて，日誌が豊富な情報を提供してくれる。しかし，この場合重要なトレードオフがある。日誌が参加者にとって最も効果的に使用されるためには，自分の考えや感情，および学習内容について記した個人的な日記としての役割を果たすべきである。どこかのタイミングで評価者が日誌を見ることがわかっていると，思いのすべてを自由に書くことができず，結果的には日誌の効用を低下させる。多くの場合は，日誌を内省のためのひとつのツールとして活用するよう奨めて（結果として効果を高める手段となる），しかし，日誌から得られる評価情報は使用しないというやり方がよいだろう。

表9.2 デプス・インタビューの構成例

インタビュー協力のお願い
　以下は，私たちがインタビューであなたと話し合いたい質問事項です。私たちに連絡の上，インタビューの時間を設定する前に，これらに目を通し，メモをとるなどしてください。インタビューの目的をご理解いただくことが重要です。私たちは，「能力開発の経験」があなたにとってどれくらい役に立ったか，また今後内容をどのように改善していくべきかについて理解を深めたいと考えています。このためにも，あなたの忌憚のない正直な回答を聞かせていただけるようお願いいたします。あなたの回答内容は極秘に扱われます。

＜全体的な影響＞
1. 「能力開発の経験」の中で，あなたに影響を与えた最も重要な手法を2，3あげてください。
2. 一緒に働いている人たちに，あなたが1年前と比べてどのような点で変わっているかと尋ねたら，彼らは何と答えると思いますか。またそうした変化に「能力開発の経験」はどの程度寄与していると思いますか。
3. この「能力開発の経験」には，あなたのグループに変化をもたらすような要素がありましたか。
4. この「能力開発イベント」の，あなたにとってのヤマ場は何でしたか。

＜個人の目標や行動計画＞
5. この「能力開発イベント」に参加していなかったとしても，あなたは自分自身の目標を設定し，それに向かって取り組んでいたと思いますか。
6. 目標に向かって取り組む際に（あるいは行動計画を実行する際に），何か障害が発生しましたか。
7. 目標に向かった取り組みは，あなたの能力をどのように伸ばし，学習を強化しましたか。この取り組みにおいて，あなたの行動を変える必要がありましたか。もしそうだとすればどのような点ですか。
8. ふりかえってみて，設定した目標は最も適切であったと思いますか。

＜コーチとの協働＞
9. コーチとはどのくらいやりとりしましたか。またどのようなやりとりがありましたか。
10. その関係から何が得られましたか。
11. その関係がうまくいくようにするのに何か障害がありましたか。
　　こうすればあなたのコーチがもっと効果的に指導できたのではないかと思われるようなやり方がありますか。

＜プロセスの改善＞
12. この「能力開発の経験」の改善点と思われることは何かありますか。

出典：McCauley and Hughes-James（1994）の研究から抜粋

仕事経験の効果測定：特に考慮すべき点

本書で取り上げる構造化されたリーダーシップ開発の活動の中には，効果測定のプロセスもその基本構造の一部として含まれているものがある。たとえば，FIP やスキル・トレーニングなどでは，最初に現在のスキルのレベルを評価し，最後にその変化を確認する。しかし私たちは，リーダーシップ開発はフォーマルなものだけでなくインフォーマルなものからも得られると確信している。OJT によって驚くほど洞察力が深まり，個人の大きな変化のきっかけになることはわかっているが，その本当の価値は簡単に測定できないため，あまり認識されていないことが多々ある。このために，本人が自分が何を学んだかを熟考する機会を逃し，組織も他の社員に応用できるはずの重要な情報を入手しそこなってしまう。

ここでは，成長を促す人間関係や仕事の割り当てなどの重要な経験について論じる。人は何らかの形のアセスメント機会がなければ，その経験に役立つ自分の強みや能力開発ニーズについてあまり考えない傾向がある。

こうした経験が持つメリットを十分に活かすためには，まずその人の強みや能力開発ニーズに関するフォーマルなアセスメントを行うとともに，仕事そのものや育成パートナーについてもアセスメントすることが極めて重要である。参加者が，それぞれの仕事や人間関係からどのようなことを得られるかをまず理解して初めて，最も効果的な「人と仕事」，あるいは「人と人」の組み合わせを考え出すことが可能になるのだ。会社の戦略目標に沿った個人の能力開発目標を定義した上で経験をスタートさせると，その人にとっても組織にとってもそのメリットはさらに大きくなる。

日誌やコーチングのような技法はいずれも，時間の経過に伴った個人の変化を測定するために活用できる。個人が自身の学びをふりかえるのを促し，能力開発をさらに強化する。

リーダーシップ開発が職場におよぼす効果の測定

個々のリーダーの影響力が向上すれば，そのリーダーが率いる職場の集団に

も，士気，生産性，革新性，あるいは収益性の点で前向きな影響があると考えるのは当然のことである。しかし，このような集団レベルの成果には，リーダーシップのクオリティ以外にもさまざまな要因が影響しており，個人の能力開発イベントと組織的成果との間の関係を正確に示すのは，（不可能でないとしても）非常に難しいことである。しかし，やってみる価値はある。一般的な追跡でも，集団が望む結果を達成するのに障害となっていることに関する重要な情報が得られるからである。また，追跡を行うことでリーダーは，変化のための努力がどのように受け入れられているか，さらに何を行う必要があるかについて貴重なフィードバックが得られる。

集団自体が新しい知識や新しい自己認識を習得していると想像するのは難しいことだが，チームとして働くことの重要性，組織におけるその集団の役割，また他の集団との関係のあり方など，そこに働く個人が所属する集団について新しい考え方を持てるようになるのは意味のあることである。この種の新しい認識は，フィードバックを中心としたリーダーシップ開発やチーム開発プログラムに集団の成員全員が参加することによって得られる。

開発されるべき集団スキル（対話のスキルや組織的な学習能力など）や，集団として共同で変化を生み出す行動（たとえば，ひとつの集団として他の集団とどのように交流するか，集団として実行する仕事，生産性向上など）といったものがある。対話のスキルなどのように具体的なスキル・トレーニングを通して開発できる集団スキルもあるし（第4章を参照），またチームの実際の業務を通して開発できるスキルもある。

集団レベル，あるいは組織レベルでの効果を明らかにする場合，対象となる集団や，その集団がともに働いている他の集団に対してフォーカス・グループ・インタビュー［訳注：小集団を対象とした構造化されたインタビュー］を実施する。チームワークに関する測定ツールはこの分野の変化の測定にも使用できる。ただし，事前事後の比較については前述のプレ・ポスト評価に伴う問題点に配慮していただきたい。さまざまなツールを用いて組織風土やその特定の側面を測定することができる。さらに，能力開発のイベントの前と後に，その集団に関する情報を他の集団から収集し，集団行動の変化を調べたり，個人レベルの効果に関する情報と比較したりすることもできる。

個人と集団双方の情報収集をすべて終えたとき，図 9.2 に示されたブロックがすべて埋まり，能力開発経験が個人，集団，および組織全体にもたらした効果の量，質，そしてその理由が全体的に見えてくるはずである。

収益面での効果測定

営利目的の組織の場合，目標は当然のことながら収益の向上を中心としたもののはずである。このような組織の上級幹部がマネジャーたちをフォーマルな能力開発プログラムに送り出す場合は，たいてい，収益面で明らかな効果が出ることを期待するものである。しかし，多くの場合このような期待は達成されない。これには少なくともふたつの理由がある。まずひとつには，多くの組織が，リーダーシップ開発のためのイベント型アプローチというたったひとつの戦略しか用いないことである。しかし，ひとつのイベントだけでは，大勢の社員がいる集団の生産性を上げるために必要な多方面の変化は生み出せない。

ふたつ目には，マネジャーたちがより優れたリーダーになって集団の生産性が飛躍的に向上したとしても，収益性の向上にはさらに多くの因子が影響しているという理由である。景気，市場の変化，政治や規制面での動き，金融市場の混乱，原材料の供給や生産設備にダメージを与える自然災害，労働者のストライキ，あるいは移り気な消費者の好みなど，こういったことから会社を守れるリーダーシップ開発プログラムといったものはない。

しかし，収益面での効果について明らかにしたいという思いは常にあるものだ。そのためには，個人レベルの効果を可能性のあるすべての領域で慎重に評価し，集団（職場）レベルの変化（満足度，風土，生産性面の変化）や，変化が足りない理由をつかむことのできる調査を設計することが非常に重要になる。こうした調査は，個人がどのように能力開発しているかについて追跡するとともに，どのような因子が組織の目標達成に影響しているのかを浮かび上がらせてくれる。

組織学習のためのツール

従来,能力開発施策の効果測定にはほとんどの場合「レポート・カード」アプローチと呼ばれるものが使われていた。これは,プログラムがそのゴールとどの程度合致しているかを確認するためにプログラムを評価するものである。技法的には総括的評価に分類されるこの評価アプローチは,能力開発プログラムやそのプロセスを継続するか中止するかを判断する際よく使用される。しかし,こうした総括的評価から得られる知識はたいていの場合,問題視されているプログラムに関するもので,この情報に基づいて判断をすると,そこですべて終わりということになりがちである。評価から得られた情報を教訓に変換していけるとは考えられていないのである。

これに対し,発展的評価の場合,能力開発のイベントやシステムがどのようにすればより目標に合致するものにできるかに焦点が当てられる。継続的に改善していくという精神のもとに,現在どのようなレベルの効果が現れていて,効果を最大化するにはイベントをどのように改善すればよいか発見しようとするのだ。問題の核心は,「どれくらいやったか」ということではなく,「何を学習すればさらに改善できるか」ということにある。

大規模な効果測定では,発展的フェーズと総括的フェーズの双方を入れることができる。たとえば,メンター・プログラムのパイロット・フェーズでは発展的研究を行い,プログラムが実際に立ち上がり実践の段階に入ったら総括的アプローチでフォローするということもできる。しかし,この場合も特定のプログラムだけが関心の対象となっている。

組織がもっと広範囲でメリットを得られるような効果測定方法がある。「参画型評価 (participative evaluation)」「協同型評価 (collaborative evaluation)」「エンパワーメント評価 (empowerment evaluation)」,あるいは「評価的な探求 (evaluative inquiry)」などさまざまな名前で呼ばれる新しいアプローチが最近関心を集めている。その理由は,このようなアプローチが組織全体に学習をもたらすという付加価値にある (Cousins and Earl, 1992, 1995; Fetterman 1994, 1996; Preskill and Torres, 1996)。このようなアプローチの特徴は,プログラム

の参加者が，自身や他人の学習に直接貢献できるよう促す共同作業的で参加型の人間関係にある。参加者は，内省，対話，および行動計画を通して，評価情報を収集する役割を担うと同時に，自らも自分が学んだことの理解を深めることができるのである。

組織が学習するためには，その組織内の個人が継続的に学習するとともに，集団も学習しなければならない（Dixon, 1996）。定期的に評価を実施する場合，特に発展的評価を実施すると，人々は「何が学べ，どう改善することができるだろうか？」という問いを発することに慣れていく。そして時間がたつにつれ，そうしたマインドセットが組織全体に学習志向の風土を作り上げることに貢献するのである。

まとめと実務家へのガイド

まとめると，リーダーシップ開発戦略の効果測定を効果的に行うためには以下のことが重要となる。

- イベントやプログラムに対する組織内の関係者の目標を理解する。
- 測定しようとする能力開発経験から（無理なく）期待できることを理解する。
- 効果測定の目的を明らかにしておく。

イベント自体に焦点を当てる場合には，他の側面の効果も測定できるような調査設計となるよういくつかの重要な質問をすべきである。

- そのイベントやプログラムはどのような結果を生み出したか。
- さまざまな側面がどのように貢献しているか（仕事の割り当てでいえば，上司や同僚のサポートや仕事そのものがどのように貢献しているか）。
- 1人ひとりの参加者の効果はどのように異なるか。またそれはなぜか。

総合的な効果測定の設計は，予想される効果のほとんどが考慮され，それら

を把握する方法を提供するものでなければならない。それによって，さまざまな情報の断片を検討し，予期せぬ結果（これが重要な場合もあるのだが）を把握することで，妥当でモレのない結論を導き出すことができる。効果に関する総合的な調査を設計する際には，上記質問に加えて以下のようなチェックポイントやアイディアが役立つ。

- 本人，上司，同僚，部下などさまざまな視点から検討する。
- 知識習得，自己認識，ものの見方の質的変化，スキル開発，そして行動の変化など複数の領域を評価する。
- 効果の全領域をカバーするよう，複数の手法を使用する。
- 変化を時間の経過とともに測定する（能力開発の種類によって変化の発生時期は異なる）。
- 個人レベルと集団レベルの両方を評価する（特に収益性面での効果が重要な場合には両方行うことが必要）。
- 能力の向上や変化が，能力開発の経験によるものであって，その他の組織的イベントが原因ではないことを確認するため，比較対象としての対照群を活用する。

最後に注意すべきことは，能力開発経験が組織全体の能力開発システムと結びついている場合，効果測定はそのシステムの核になるということである。その場合効果測定は，学習を重視し，持続させる組織を構築するという最も重要な目的のために活用されることとなる。

Part Three
Leadership Development:
Issues

パート 3

リーダーシップ開発
：課題

Chapter Ten
Leadership Development Across Race and Gender

第 10 章
人種と性別を越えた
リーダーシップ開発

マリアン・N. ルーダーマン
Marian N. Ruderman

マーサ・W. ヒューズ-ジェームズ
Martha W. Hughes-James

　CCL が 1970 年に初めてそのドアを開けたとき，プログラムに参加したマネジャーのほとんどが白人男性であった。したがって，CCL の初期のリーダーシップ開発はこの母集団のためにデザインされたものであった。その後，経営管理分野での人口分布が変化するにつれて，私たちの顧客の基盤も変化した。白人女性のマネジャーがドアをくぐってやってくるようになり，有色人種のマネジャーたち（男女ともに）もやってくるようになった。伝統的なリーダーシップ開発の手法は，はたしてこうした異種混合の母集団に対しても有効なのかどうか，私たちは自問し始めた。研究文献をレビューした結果，私たちは「リーダーシップ開発の実践が白人男性の経験とキャリアのみを反映したものであれば，女性や有色の人々が不利をこうむる可能性がある」という，常識的な問題を確認することとなった（Morrison and Von Glinow, 1990）。
　この章では，年を追ってますますその多様性を増すマネジャーたちに対して，共通のリーダーシップ開発戦略を用いることの適合性を分析する。とりわ

　本章で紹介する多くの概念について見解を共有させていただいた Nacelle Livers, Kate Panzer, Dana McDonald-Mann, Craig Chapel, David Sharpe, Sharon Rogolsky, Sara King, Carl Bryant, Bill Howard, Ellen Kossek, Kelly Spence, そして Martin Davidson に感謝の意を表したいと思います。

け，人種と性別という角度から，360度フィードバック，フィードバック・インテンシブ・プログラム（以下，FIP），チャレンジングな仕事の割り当て，成長を促す人間関係，承認方法について分析する。

リーダーシップのダイバーシティ研究の歴史

白人男性から培った自分たちの知識基盤が，多様な人種グループのマネジャーにも通用するのかという問いに対する研究をCCLが最初に行ったのは1980年代半ばである。米国の経営幹部たちがどのように学び，成長し，そして変わるかに関する基調研究を行った（McCall, Lombardo and Morrison, 1988）。結果として，サンプルは事実上すべて白人男性であると判明した。当時は経営幹部の大多数が彼らによって占められていたからである。この研究によって，経営幹部たちは，だんだんと困難さを増していく異動や仕事の割り当て，そして経験から能力を開発することがわかった。この結果は能力開発の主要な戦略としてのチャレンジの役割を浮き彫りにしてくれた。男性の経営幹部に関する研究が終わると，モリソン＝ホワイト＝ヴァン・ヴェルサ（Ann Morrison, Randy White and Ellen Van Velsor）は女性の経営幹部についても同様の研究を当てはめてみた。この研究に十分な数の女性経営幹部を見つけ出すのに彼らは広範囲を探索しなければならなかった。彼らの研究における76人の経営幹部のうち，73人が白人で，3人が黒人であった。彼らの研究は1987年の著書，『ガラスの天井を破る（Breaking the Glass Ceiling）』として実を結び，こうした女性たちにとっての重役室への道は，白人男性のものと同様の点もあれば異なる点もあることが提示された。彼らは，白人男性の能力開発につながるチャレンジングな経験の多くが，女性の能力開発でも同様の役割を果たすものの，女性たちは偏見や異なる扱いといった，さらなるバリアに直面するということを発見した。こうしたバリアは，女性が組織で昇りつめることを困難に，もしくはほとんど不可能にするような「ガラスの天井」として作用しているのだ。

この研究は，女性のためだけのFIPの展開へとつながった。当初，このプログラムは主に「ガラスの天井」に関する調査研究を共有する手段として展開

されたが，開始してみると，参加者が，同じような状況に置かれている仲間の女性たちとともに自分自身のリーダーとしての能力開発に集中できる場所として，それ自体が大変な価値を持つことがわかった。このプログラムが，ある特定の人口学的特性を持つグループを対象とした私たちの最初のプログラムとなり（特定の職種向けのプログラムはすでにあったのだが），女性マネジャーの能力開発について学ぶ新たな場となったのである。

これを皮切りに，リーダーシップ開発のプロセスを理解する取り組みは他の人口学的特性を持つグループのマネジャーへとその対象を広げていった。1988年には，私たちは「リーダーシップのダイバーシティに関するガイドラインプロジェクト（the Guidelines on Leadership Diversity: GOLD）」のための情報収集を開始した。この研究では，白人女性に加えて，有色人種の男女（アフリカ系米国人，ヒスパニック，アジア系米国人）のリーダーシップ開発のための組織的活動に着目した。そこで明らかになったことは，「ガラスの天井」はすべての人種の女性だけでなく，非白人の男性にも同じように当てはまるのだということである。アン・モリソンが『新たなリーダーたち（*The New Leaders*)』（Morrison, 1992）に発表した報告では，多様性を持つマネジャー集団の能力開発に関する企業のベストプラクティスが分析されている。

これらの大規模な研究は，特定の問題を扱った他の研究によって補完された。「白人男性と女性の能力開発経験の比較」（Van Velsor and Hughes-James, 1990），「男女におけるマネジメント業務の違い」（Ohlott, Ruderman and McCauley, 1994），「ダイバーシティのベスト・プラクティスに関する議論」（Morrison, Ruderman and Hughes-James, 1993），「男性と女性の昇進の力学」（Ruderman, Ohlott and Kram, 1995），「ワークチームの多様性」（Jackson and Ruderman, 1995, Ruderman, Hughes-James and Jackson, 1996）などである。これらの研究は，リーダーシップ開発プロセスの特定の側面について深い理解を与えてくれた。

顧客の要求がさらに私たちの活動に影響を与えた。1994年に，自社のアフリカ系米国人マネジャーは，白人マネジャーと同様の機会を得ていないのではないかと懸念したある顧客が，私たちにアフリカ系米国人のためのFIPを展開するよう要請してきた。このプログラムは，通常のリーダーシップ開発カリ

キュラムに加えて，歴史的に差別を受けてきた人種特有の課題をいくつかを扱っている。

本章の焦点

この章では，アフリカ系米国人のマネジャーと，白人女性のマネジャーの能力開発に関するCCLの研究に光を当てる。研修室での経験と，前述のような出版済みの研究に加えて，現在進行中のふたつの大規模な研究についても説明する。ひとつは，経営幹部がどのように学び，成長し，変わるかに関する人種間の差異に着目した研究で，もうひとつは，主に白人女性マネジャーの能力開発におけるトレンドに焦点を当てたものである。

　重要な但し書きが必要である。それは，私たちの知識基盤のほとんどは，伝統的に白人男性が権威的ポジションを保持してきたような米国の大企業で働く白人女性とアフリカ系米国人の男女に関する研究からきているという点である。白人女性のリーダーや，アフリカ系米国人のリーダーがより一般的であるような，教育やボランティア組織といったセクターにおけるリーダーシップは研究していない。さらに，黒人と白人の比較を越えた人種的差異についても同様である。こうした限界は私たちが持っている情報の種類によるものである。他の集団に関する私たちのデータベースは極めて小規模である。加えて，本章における私たちの焦点は，奴隷と弾圧という人種間の歴史的背景を持つ米国のものである。

　本章では，マネジメントの地位にある白人女性，黒人女性，そして黒人男性に共有された経験に注目するが，彼らの経験が同じものであると仮定してはいない（Kossek and Zonia, 1993）。これらの集団間の差異は多く，そして重要でもある。黒人女性は，白人女性なら直面しないような人種的バリアに直面する（Betters-Reed and Mmoore, 1995）。黒人男性は職場での性差別に立ち向かう必要はなく，米国社会で男性が持つ特権の恩恵を受けているのである。可能な部分についてはこうした集団の経験の違いも議論するつもりだ。しかし，データが限られているため，リーダーシップ開発手法における人種と性別による影響の違いに関する深い議論はできない。

最後の限界は，本章の筆者がそろって白人女性米国人であるという点である。客観的な視点を持とうと努めてはいるが，私たちの「めがね」は自分自身の経験を反映せずにはいられない。自分たちの見方に多様性を加えるために，トレーナーや研究者，男性と女性，アフリカ系米国人や白人といった多様な仲間からのフィードバックを取り入れている。

本章は大きく三つの節で構成されている。まずは白人女性と，黒人の男女の能力開発に関わる背景問題をいくつか議論することから始める。その次では，一般的なリーダーシップ開発経験について再考する。最終節では，一連の研究から得られる示唆について要約し議論する。

背　景

リーダーシップ開発は真空状態で起こるわけではない。米国企業で昇進するには，アフリカ系米国人や白人女性はかなりの障害を克服しなければならない。本節では，まず六つの最も普及している「バリア（障壁）」について見ていく。その上で，「マネジャー＝白人の男性」と自動的に想起させるような偏見と社会化の過程に直面しながらも，マネジャーとしてのアイデンティティを確立するというチャレンジに焦点を当てる。

昇進に対するバリア

1980年代の初めから，白人女性も有色人種の男女同様，リーダーシップ開発のための通常のチャレンジに加えて，いくつかのハードルに直面したという記録が多く存在している。196人のマネジャーへのインタビューをもとに書かれた『新たなリーダーたち（*The New Leaders*）』（Morrison, 1992）の中で，モリソンは，歴史的にマネジメントと関わりがなかった集団が共通して持つ六つのバリアについて述べている。

偏見——偏見（prejudice）は最も頻繁に言及されたバリアであった。モリソンは偏見を，「性別や民族のバックグラウンド，あるいは肌の色といった人種的な特徴において準拠集団とは異なる人々を不完全であると見なす傾向」と定義

している（1992, p.345）。言い換えれば，偏見とは「多数派の集団と異なることは，自動的にパフォーマンス能力の欠如を暗示している」という前提である。

1995年に行われた，民間企業のマイノリティ（少数民族）や女性の昇進を阻害してきた力に関する労働省連邦「ガラスの天井」問題委員会（Department of Labor, Federal Glass Ceiling Commission。以下，連邦「ガラスの天井」問題委員会）の報告書を含め，キャリアのバリアに関するいくつかの研究で，偏見は大きな障害であることがわかっている。組織における女性の進歩に関する把握とモニタリングを行っている専門機関「カタリスト」も，ステレオタイプ的な先入観が主な障害であるとしている（1996）。米国における18人の著名なアフリカ系米国人と白人女性に関する最近の調査では，すべての女性が仕事で性差別か人種差別，あるいはその両方に対処しなければならないと述べている（Richie et al., 1997）。

こうした偏見の多くは，広く流布された「女性や有色人種は上級マネジャーには適してない」という暗黙の固定観念である。たとえば男性マネジャーたちは女性を，成功するマネジメントに必要な資質を欠く存在と見なしている（Heilman, Block and Martell, 1995）。概して，男女の特徴は異なっていて，男性は女性より能力があり，活動的で，潜在能力があり，感情が安定しており，独立していて合理的であると見なされているのである。さらに，女性が「成功したマネジャー」と表現される場合，彼女たちは一般的な固定観念でいうところの女性の肯定的側面（たとえば人間関係に長けているといったもの）をいくらか失ってしまう。つまり，彼女たちは一般の女性よりも非友好的だと見なされるのだ。アフリカ系米国人や，他の有色人種に対する偏見はこれよりもっと否定的なものである。

リーダーシップの潜在能力が評価されたり，配属が決められたりするときに固定観念はとりわけ重要になってくる。固定観念は長所や能力に基づいた意思決定の妨げになり得る（Ruderman and Ohlott, 1990）。偏見は多大な影響を持っており，マネジャーや同僚が他者をありのままに見ることを妨げるのだ。

貧弱なキャリア計画——貧弱なキャリア計画も「バリア」であることがわかっ

た。女性や有色人種は，上級の地位につながるさまざまな仕事や経験，人間関係を経験する機会が限られている。通常，男性は昇進につながるような注目度が高い，ハイリスク・ハイリターンの仕事を割り当てられる（Ohlott, Ruderman and McCauley, 1994）。重役レベルにおいてさえ女性が男性より権威がないことは部下の数からもわかる（Lyness and Thompson, 1997）。大企業のアフリカ系米国人のマネジャーたちはスタッフのポジションに集中しており，それゆえ昇進に必要なライン経験をすることができないのだ（連邦「ガラスの天井」問題委員会，1995）。

モリソン（1992）は，貧弱なキャリア計画は，メンターや人脈との異なった経験からくるものでもあると指摘している。メンターや人脈の活用は，仕事に関連する情報，サポートや助言を交換できるといったメリットをもたらすのだが，多くの女性や非白人マネジャーには，メンターはもとより，キャリアのサポートを頼めるような人がだれもいないのだ。このためキャリア計画も貧弱になってしまう。

労働環境の悪さ――第3のバリアは労働環境の悪さである。これは本質的に，組織の中でひとりぼっちの旅をしているというプレッシャーと関係する。組織の上層部において，有色人種や白人女性は数の面で白人男性に圧倒的に劣勢である。白人男性の多くは（意図的にせよそうでないにせよ），有色人種や白人女性に異なる扱いをする。彼らは情報の輪からも疎外されている。さらに悪いことに，この孤立は疎外された人々に，「自分がキャリアについて話し合ったり，助言を受けたりできる相手がだれもいない」と感じさせてしまう。この問題はとりわけ黒人女性について目立つ。彼女たちは白人女性よりも同僚のサポートを受けることがずっと少ない（Bell and Nkomo, 連邦「ガラスの天井」問題委員会での例証，1995）。

孤立とともに，ロール・モデル（手本となる人）の欠如もまた労働環境の悪さの原因となっている（Morrison, 1992）。中級のマネジメント職以上に昇進した黒人と白人の女性たちには，ロール・モデルやメンターとなる人がほとんどいない。対照的に，野心のある白人男性マネジャーには共鳴すべきロール・モデルが多数存在する。

組織感覚の欠如——モリソンが見つけた四つ目のバリアは組織感覚の欠如である。今日，組織の中で成功するには，ビジネス環境に対する一定レベルの順応が必要となる。有色の人々や白人女性は，しばしばゲームのコツを知らないために出世しそこなってしまう。組織内の政治や，同僚や上司の意図に対する注意が不十分なのだ。彼らはまた，アフターファイブやゴルフといった，コツを学ぶためのインフォーマルな方法も見落としている。

この感覚の欠如から多くの女性は，「人々はフェアに行動し，自分にふさわしい肩書きを与えてくれるもの」と考えてしまい，肩書きを得るための交渉術を持たないのである（Morrison, 1992）。

同類を心地よく感じる——五つ目のバリアは，人々は自分の同類と付き合うことに心地良さを見出す傾向があるという事実である。人は自分と似た人々と一緒にいることを好む（Byrne, 1971）ために，支配的ビジネスグループの白人男性たちは，異質な人々に手を差し伸べて，彼らをビジネスエリートに引き入れることをあまり心地よいと感じないかもしれない（Kanter, 1977）。上司たちは，部下の昇進を決めるにあたって，自分にとっての心地良さを考慮に入れる（Ruderman and Ohlott, 1994）。性別や文化的背景，人種が異なることが他の人々を居心地悪くさせてしまうため，こうした型に合わない人々は非公式に排除され，機会を得られないのである。この現象は利害が大きい状況ほど現れる傾向がある。

キャリアと家庭の両立——最後のバリアは，キャリアと家庭の両立の難しさに関係している。共働きの結婚生活においてさえ，女性は家事と家族に対する責任のほとんどを負っているという現実がある（Morrison, 1992; Newman, 1993）。上級マネジャーの仕事は，しばしば100％の専念を要求する。多くの女性にとって子育ての期間は，キャリア構築の期間（伝統的に組織がマネジャーに結果を示すことを期待する時期）と重なっている。また，介護の役割はキャリアのどんな時期にもやってき得る。多くの企業政策が未だに，「だれかが家にいて家庭をやりくりするはずだ」という，1950年代的な前提に基づいている。

企業世界で成功するために、多くの女性が家庭を持つという考えそのものをあきらめている。概して、女性の経営幹部たちは男性の経営幹部に比べ、家庭や子供を持つ人が少ない傾向にある (Lyness and Thompson, 1997)。家庭生活の欠如を伴った仕事に対する極度の献身は、このタイプのライフスタイルを選択する女性たちに犠牲を強いることになる。彼女たちは家庭を持つことから得られる感情面、成長面での利益を受けそこない、その他の面でも同僚たちと同じようにはいかないのである。

　これらの六つのバリアは通常の能力開発のチャレンジの「外部」にあるという点で重要である。「伝統的ではない」マネジャーたちは、役員室への旅路の中で新たなスキルや見方を開発することに加えて、こうした障害に対処しなければならないのである。さらに、これらの障害は単純な偏見がもたらすもの以上に強力なものである。人種の関係は、奴隷制度という歴史的背景に染み込んだ、米国のより大きく複雑な環境を反映したものであり (Nkomo, 1992)、男女の関係は古めかしい家父長制度という遺産に埋めこまれているものなのだ (McBroom, 1992)。こうしたより大きな社会的な問題は、リーダーシップ開発のプロセスを妨げるものとしてまるで「風景」のように横たわっている。

マネジャーとしてのアイデンティティと所属集団

　白人女性と有色人種のためのリーダーシップ開発プロセスを考察するにあたっては、マネジャーのアイデンティティに対する人種と性別の影響を考慮することも大切である。リーダーとしての自身の見方を開発していくことは、複数の成長と発達の段階を含んだ複雑なプロセスである (Hill, 1992)。リーダー自身が固定的なリーダー像とフィットしなかったり、偏見に直面したり、道を示すロール・モデルやサポートが存在しなかったりする場合、このプロセスはさらに複雑なものとなる。

　マネジャーとしてのアイデンティティを形成するという通常の課題に加えて、歴史的にこうした機会を得ることを拒まれてきた集団の人々は、さらにふたつの課題に取り組まなければならない。それは、複数のアイデンティティをマネジメントすること、そして調和することである。

複数のアイデンティティを操る――すべてのマネジャーは，リーダーとしての自己像を開発する努力をしなければならない。アフリカ系米国人や女性は，その方法を見つけ出し，それでいてなお，自らの人種や性別のアイデンティティを包含した自分観を維持しなければならない。

複数のアイデンティティをコントロールすることのジレンマは，エラ・ベルによる黒人のキャリアウーマンを対象とした研究，「二文化併存の人生経験（Bicultural Life Experience）」（Bell, 1990）の中で雄弁に語られている。そこでは，こうした女性たちが生きている複数の文化的世界，すなわち，黒人世界での自分自身の居場所と個人的生活を築きながらも，白人・男性社会になりがちなプロフェッショナルの世界でキャリアを積み上げていくことが同時に要求される世界について記述されている。彼女たちは，いかにプロフェッショナルになるかを学ぶことに加えて，ふたつのコミュニティに属することから生じる相反する要求や期待への対処も学ばなければならないのだ。ベルによれば，こうした女性たちはどうやって境界の結節点になるか，どうやって継続的に一方のコミュニティから他方に移動できるようになるかを必要に迫られて学ぶとされている。

複数のアイデンティティをコントロールすることは，私たちの研究対象である女性マネジャー（ほとんどは白人）にとって鍵となる問題である。彼女たちは達成者としての自分のアイデンティティに強く引き込まれており，極度に仕事に重きを置いている。しかし同時に，「仕事を超えた自分」というアイデンティティを切望している存在でもある。マネジャーとしてのアイデンティティに，アスリートや芸術家，音楽家，母親，恋人，子供，そして友人としての自己像を統合したいと願っているのである。最高のマネジャーになるという目標の裏に置き去りにしてきたと感じている「隠されたアイデンティティ」について，多くの女性が語っている。彼女たちは，マネジメントの役割ばかりが強調され，その他が排除されるようなビジネスの世界で，多面的なアイデンティティを形成しようと奮闘しているのだ。

調和する――アイデンティティに関わる第二の葛藤は，組織に調和するには何が必要かを見つけ出すことである。人種や性別を問わず，すべてのマネジャー

はこの問題と闘っており，そしてこれは決して容易なことではない。調和に何が必要かは組織や部門によって異なるからである。しかし，白人男性にとっては一般的により容易になる。というのも企業のマネジメントが期待することは，白人男性が社会化されてきたことと合致するところが多いからである。それ以外の集団から来たマネジャーにとってはもっと難しくなる。

　白人女性にとっては，適応幅の狭さ，つまり，女性マネジャーとして容認される行動の範囲が極めて制限されているという問題がある（Morrison, White and Van Velsor, 1987）。経営幹部の女性たちは，仕事上の役割と性別が持つ社会的役割という相反する期待にある程度ふりまわされる。彼女たちは男性のように振る舞う必要があるが，かといって「女性らしくない」と思われるまでになってはならない。女性のように振る舞う必要があるが，かといって「あまりに女性的」であってもいけない。困難なのは，まったく異質ないくつかの性質を包含するような首尾一貫したアイデンティティを創り出すことなのだ。権威者として認められるために，女性マネジャーたちは他人に耳を傾け支援するといった典型的な女性らしい振る舞いと，力強くて結果志向であるといった典型的な男性らしい性質の両方に足を突っ込む必要があるのである。

　私たちの女性リーダーシップ開発プログラムに参加している女性の何人かは，養育的であると同時に力強くあることの難しさについて話題にする。たとえばアシュリーは，「男たちよりもマッチョだ」というフィードバックを受けた。内省の後に彼女はその通りだと認めた。真剣に受け止めてもらうために，彼女は極端な手法を採っていたのだった。なぜなら，他の女性たちがもっとソフトで支援的な手法をとったがために痛い目にあったのを見てきたからである。このフィードバックを受けてから，アシュリーは自分の部下たちに加えていた圧力をいくらか和らげることにした。彼女はマネジャーとしての自分のスタイルにより自信を持つようになった。強靭な精神を持つことは重要ではあるものの，結果を得るために過度にタフになる必要はないと気づいたのだ。

　この狭い適応幅の中でジャンプすることを拒否する女性たちにとっては，調和はより難しいことである。彼女たちは，個人の業績と有能さとを同一視するような，典型的なマネジメントのモデルと調和したいとは思っておらず，有能さと成長は他者をエンパワーメントすることによって得られるという発想に基

づいた別のアプローチを好む傾向がある（Fletcher, 1996）。この人間関係的アプローチは，部下たちに厳しくするよりも，他人を支援したり，育てたり，耳を傾けたりするなどの行為を良しとするものである。

　人間関係的アプローチは，有能さは個人の業績とイコールであるとするヒエラルキー型の組織の見方とは対照的である。こうした組織では，人間関係的スタイルは過小評価されているため，そうした行動をとっている女性たちの多くは自分たちが規準に反した行動をしているかのように感じる。人間関係的スタイルが影響力を発揮するための王道であると考えている女性たちにとって，伝統的な組織に調和するのは試練となる。

　アフリカ系米国人にとって，調和はさらに込み入ったものになるだろう。彼らは，アフリカ系米国人が歴史的に下位レベルの地位に追いやられてきたような環境でリーダーとしてのアイデンティティを開発するという課題に直面する。助けになるようなロール・モデルやコーチがほとんどいないため，彼らはいったいどんな振る舞いが受け入れられるのかを模索しなければならないのだ。

　アフリカ系米国人が直面する課題のひとつは，組織の中で白人に受け入れられる存在でありながらも，いかに「黒人」でいられるかを見つけ出すこと（Dickens and Dickens, 1991）である。私たちがインタビューしたマネジャーのうちの何人かは，リーダーと見なされるためには，自分たちの個性や黒人らしさを発揮し過ぎないようにしなければならないと警告されたと報告している。彼らは髪型や服装，そして感情表現のトーンを落とすように言われた。多くのアフリカ系米国人にとって，自らの中心的側面を失うことなく，どうやって米国という企業に調和するかが問題なのである。

　アフリカ系米国人向けのリーダーシップ育成プログラムでは，調和に関する会話はしばしば強い感情を伴う。白人たちは組織の中で感情を見せる権利を持っており，その表現の仕方の自由度も高いものである。それに調和するためには，黒人は他人の受け止め方に多くの注意を払わなければならない。たとえば，だれかに異議を唱えるとき，白人男性は大声をあげたり，テーブルをたたいたりすることさえできる。彼は強靭な精神と情熱を持っているとみなされるかもしれない。しかし，もしも黒人男性が声を荒げたりテーブルをたたいたり

したら，むしろ攻撃的なゴロツキのように見なされがちなのである。

つまり，リーダーとしての自己像をつかむこと（これは常に複雑なプロセスだが）は，組織において歴史的にトップレベルから締め出されてきた集団の人々にとっては，ずっと込み入ったことである。彼らは他人（ときには自分自身）が持つ企業のマネジャーのイメージに当てはまらず，ロール・モデルもおらず，限られた指導機会の中で，ときに厳しいまでに矛盾するさまざまな期待に直面しながら，どのようにしてリーダーとなるかを探り当てなければならないのである。

リーダーシップ開発の実践

キャリアのバリアとアイデンティティの議論を踏まえて，ここからは，本書の各章で詳細に述べられてきた四つの鍵となるリーダーシップ開発経験，すなわち，360度フィードバック，FIP，チャレンジングな仕事の割り当て，そして成長を促す人間関係について見ていくことにしよう。ここでは，人種や性別という要素がこれらの経験にどのような複雑な作用をもたらすか検証する。その上で，マネジメントの領域で歴史的に疎外されてきた人々にとって重要なもうひとつの戦略について述べることにする。その戦略とは「承認」である。

フォーマルなアセスメント：360度フィードバック

近年，360度フィードバックという手法（第1章参照）はポピュラーになってきた。この構造化されたプロセスでは，上司や同僚，部下，ときには顧客までもが特定のマネジャーの影響力について匿名で評価するよう求められる。そして，それらの評価結果は対象者本人の自己評価と比較されて本人にフィードバックされる。この比較データは，本人が，マネジャーとしての有能さに関連する行動に照らして，自身がどこに位置するのかを理解するのを助ける。マネジャーたちに，他人の見方から自分を見つめなおすことを促すこの種の経験は重要である。白人男性に比べ，インフォーマルなフィードバックを得る機会が少ない傾向にある白人女性や黒人のマネジャーにとっては特に重要となる

(Morrison, 1992)。

　他のマネジメント育成ツールと同様に，360度フィードバックを活用する経験のほとんどは，米国に存在するマネジャーや役員の集団，つまり白人男性という集団から導き出されたものである。この種のアセスメントの成否はフィードバックの信頼性と有用性にかかっているわけだが，前述のキャリアのバリアはこれら信頼性と適合性を損なってしまう。特に，これらのツールが多様な集団に用いられる場合，四つの疑問が浮上する。

1. その内容は，このマネジャー集団に有用か。
2. このツールは白人男性以外の集団に対しても有効か。
3. 多様な集団ごとの基準データはあるのか。
4. 回答にバイアスがかかっていないか。

評価内容の適切さ——360度フィードバックの活用を決める際の重要な論点は，そのツールの中で使われる設問が「どこからきているか」ということである（Van Velsor, Leslie and Fleenor, 1997）。フィードバックが信頼でき，かつ有用であるためには，その設問が妥当かつ適切なマネジメントのコンピテンシーを示している必要がある。ほとんどのツールが扱っているマネジメントのコンピテンシーは，能力に関する理論や実践家の経験，あるいはそれらのコンビネーションに基づいたものであり，過去に，一般的なマネジャーに通用するものとして作られたものである。しかしながら，多様なマネジャー集団に対しても妥当性を持つためには，そのツールは多様性を持つマネジャー集団に関する調査研究や理論に根ざしたものでなければならない。

　ひとつの人口セグメントのマネジャーのみに基づいたツールは，影響力や能力に関する限定的な見方しか提供しないことになる。他のセグメントを含むことで，より広い定義に至ることになるのだ。たとえば，「文脈的流動性（contextual fluidity）」と呼ばれるものは，ある文化が持つ文脈から別の文化の文脈へと上手に移動する能力のことだが，これは明らかに，二文化的な社会に生きるアフリカ系米国人にとって重要なスキルである（Dickens and Dickens, 1991）。しかし，グローバリゼーションの進展による多様性の増大はこうした

複数の文化の間をうまく動ける人々を必要とするようになっており，今日ではすべてのマネジャーにとって重要な能力になりつつある（Thomas, 1996）。

似たようなこととして，女性マネジャーたちは，プロとしての成長や組織の中での影響力を高めるために，従来多くの男性マネジャーに見られた個人としての有能性に加えて，人間関係的アプローチをとるということがあげられる（Fletcher, 1996）。女性は他者を支援することやプロジェクトを全体的に俯瞰すること，エンパワメントや他人を通じて業績を上げることに大きな価値をおいている（Fletcher, 1996）。これらは今日的な『学習する組織（Learning Organization）』の中で求められている活動（Senge, 1990）であり，感情指数（emotional intelligence quotient: EQ）の高いマネジャーに必要なコンピテンシーそのものである（Goleman, 1995）。しかし皮肉なことに，有能さに関する伝統的なモデルでは過小評価される行動でもある（Fletcher, 1996）。ツールのコンテンツに女性たちの経験を反映させることで，「有能さ」についてより広い見方が提供されるのである。

もうひとつの考察として，いくつかの領域の評価内容が，特定の集団に対してより有用なフィードバックを提供するということがあげられる。教育心理学の研究でセドラセックたちは，学生としての成功に非認知的変数が関係する度合いが白人学生よりも黒人学生において強いことを発見している。白人が多数の大学で学ぶ黒人たちにとって，特定の変数が成績や持続性の重要な予測要素となるのである。ポジティブな自己概念，現実的な自己讃美，人種差別を理解しそれに対処する能力，短期的ニーズよりも長期的目標を求める傾向，強いサポートとなる人の存在，リーダーシップの成功体験，コミュニティ活動での実績，学問への精通などがそれにあたる（Sedlacek, 1987; Tracey and Sedlacek, 1984, 1985, 1987）。これらの変数は大学という環境の中でマイノリティとして進んでいく能力を反映している。白人が多数のビジネス世界においてもこうした成功の予測変数があるだろうし，黒人マネジャーには有効なフィードバックのツールとなるかもしれない。黒人のマネジャーたちは，学生と同様に人種差別やマイノリティとしての立場に関連した複雑な諸問題に対処するために，広範囲なスキルを持たなければならないのである。

360度フィードバックツールの基礎となるモデルに，より多様で異質なマネ

ジャーのサンプルを反映させることで，より適切な評価内容を導き出すことができる。

妥当性──評価内容が対象とする集団に適切であることに加えて，そのツールが妥当であることも重要である。言い換えれば，ツールの評価得点が，対象とする集団の有能さと関係していなければならない。もちろん，このことはいかなる集団に対しても重要だが，多様な集団を扱う際には，異なる集団であっても評価ツールの得点と有能さの基準が連動していることが特に重要になる（Van Velsor Leslie and Fleenor, 1997）。これは「比較妥当性（comparative validity）」として知られており，集団Aが特定の尺度で得点が高い場合，それは集団Bにおいても同じ意味を持つか，たとえば，「人間関係構築」という尺度における得点が持つ意味は，男性の基準においても女性の基準においても同じと見なせるかということだ。評価情報が信頼でき有用であると見なされるためには，得点が示す意味が，異なる人種のマネジャーにも性別の異なるマネジャーにも同じである必要がある。

　異なる多面評価ツールの比較妥当性に関する知見はあまり多くない。CCLやその他のこうしたツールの供給者は，性別に関するいくつかの研究をすでに行っており，特定のツールは男性においても女性においても同じように有能さを測定できることがわかっている。異なる民族，あるいは人種集団の比較妥当性に関する研究レポートが出版されているかどうかは私たちもまだ把握していない。CCLでは現在，360度フィードバックツールのひとつについて，アフリカ系米国人と白人における比較妥当性を検証する研究が行われている。

基準データの違い──ほとんどの多面評価ツールは標準得点や一般水準との比較による評価情報を提供する。これは，人々がフィードバックを受ける際に他人と比べてどうかを理解するための材料になると同時に，フィードバック自体をパワフルなものにする。対象者にとってふさわしい基準集団に基づいたデータを用いるべきなのは明らかである。

　有色人種と白人女性は，自分たちのアイデンティティ集団のマネジャーと一般的なマネジャーの双方と比較して自分がどうかというフィードバックに関心

を持つだろう。たとえば，CCLでよく用いられる360度フィードバックツールでは，異なるアイデンティティを持つ集団間でその基準データにはいくつか細かい違いが見られる（Fleenor, 1995）。ほとんどの尺度で，アフリカ系米国人のマネジャーは白人のマネジャーよりも優れており，男性よりも女性の方が高得点をあげているが，異なるパターンを示す尺度もいくつかある。こうした基準データの違いは共有されるべきであり，そのことによって女性と有色のマネジャーは自身へのフィードバックが意味するところをより正しく理解することができる。

どのような背景を持つ360度フィーバックツールであっても，それを用いる人は基準となるデータベースに注意を払わなければならない。基準となっているデータベースがどういった集団から導き出され，多様な集団ごとに異なる基準データがあるかどうかを知るのは重要なことである。トレーニングマニュアルや解釈ツールにもこうした基準データが含まれているべきである。

評価時のバイアス——フィードバックが期待する効果を発揮するためには，それを受けた人が，その情報は信頼に足るもので，重要かつ有効だと信じなければならない（Dalton and Hollenbeck, 1996）。正確で誠実なものだと見なされるフィードバックのみが変化の媒介者足りうるわけで，つまるところそこが肝心なポイントである。

ポジティブなフィードバックを受けたときのマネジャーの反応として期待されるのは，それが自身の強みの領域を示していると見なすことであり，反対にネガティブなフィードバックへの反応として期待されるのは，それを変化の必要性を示すシグナルととらえることである。しかしながら，ネガティブなフィードバックが偏見と先入観によって形作られたものだと受け手が思い込んだ場合には，このプロセスがゆがんだものになってしまう可能性がある（Cox, 1993）。マイノリティの男性や女性のマネジャーは，偏見や差別が自分たちへのフィードバックに影響を与えていないかどうかを確かめるという余分な作業に直面する。もしも，結果に偏見が含まれているとマネジャーたちが感じたならば，彼らは自己認知と他者の見方とギャップから学ぶことはできなくなる。マイノリティのマネジャーが対象に含まれているときは常に評価バイアスの可

能性を考慮しなければならない。

　バイアスがかかった評価結果には本当に違いがあるのかどうかというのは，いまだ調査を必要とする問題である。能力開発のためのフィードバックにおける評価者のバイアスの検証については，これまでほとんど何もなされてきていない。より一般的な評価バイアスについては膨大な研究があるが，それらは一貫した結果を示しているとはいえない。チェン＝ディトメイソ（Chen and DiTomaso, 1996）は1996年の著作で，この混乱した，そしてしばしば矛盾した文献についての詳細な再検証を行っている。

　育成的な360度フィードバックにおけるバイアスを実際に調べた研究はたったひとつしかない。1997年にマウント，シツマ，ハズーハ，ホルトによって報告されたこの研究は，評価者が，自分と同じ人種のマネジャーに対してより高い評価をするかどうかという問いを検証している。マネジャーたちのみで構成された大規模なサンプルによる調査の結果，研究者たちはあるカテゴリーの評価者（部下，同僚，そして上司）が，実際に自分と同じ人種のマネジャーたちをより高く評価していることを発見した。白人の上司たちは，黒人よりも白人を高く評価しており，反対に白人の部下は，白人を黒人よりも高く評価していなかった。白人の同僚の評価結果については結論づけできなかった。黒人の評価者のパターンは異なっていた。上司，同僚，部下のカテゴリーにおいて，すべての黒人評価者は，白人のパフォーマンスよりも黒人のパフォーマンスを高く評価しており，黒人のマネジャーたちが自分と同じ人種のマネジャーを好む傾向を示唆している。

　フィードバックに関して，この研究から得られるひとつの示唆は，白人の評価者から回答される黒人のマネジャーたちは，自分の部下たちが何を言っているかに最大の関心を払いたくなるだろうということである。このことは，個人に360度的な視野からアセスメントデータを提供する有効性を支持するものであるし，上司のみといったように単一の情報源だけからフィードバックを得ることの価値に疑問を呈するものでもある。黒人のマネジャーたちにとっては，可能であれば，黒人の上司やさらに上の上級マネジャーを含む複数の上司による評価を得ることが役立つであろう。

　育成的アセスメントに関する性別の観点からの同様の研究はまだ行われてき

ていない。しかしながら、一般的なパフォーマンス評価に関する性差の影響については数多くの研究が行われてきている。注目に値するのは、イーグリィ、マクジャニ、クロンスキーによる性別とリーダー評価に関する諸文献のメタ分析（1992）で、この分析は、リーダー評価に関するすべての実験的研究をカバーしたものである。これらの研究の強みは、性別以外のリーダーの特性については一定であるという点である。したがって、男性リーダーと女性リーダーの評価に関するあらゆる違いを社会的な性役割の問題に帰属させることができる。弱みとしては、これらの研究が大学生を対象にして実験室で行われており、組織の中で経験を積んだ大人の職業人を対象としていないという点である。

61の実験室での研究を俯瞰してみることで、イーグリィと共同研究者たちは、人々が、男女がそれぞれ同等の能力であるときに、男性よりも女性を若干ネガティブに評価することを見出した。このごく小さな傾向は特定の状況下で拡大されていた。女性が専制的なリーダーシップのスタイル（典型的に男性的であり、現在は好まれないスタイル）を採った場合、彼女らはよりネガティブに評価され、評価者が男性の場合にはさらに評価は低くなった。これは、女性が男性的、あるいは不適切とみなされるやり方で行動した場合に、男性よりも低い評価を受けることを示唆している。

育成的な360度評価におけるバイアスについての証拠は十分ではないが、組織の中には偏見が脈々と息づいていると多くのマネジャーが思い込んでいるという事実は十分に立証されている（Morrison, 1992; Catalyst, 1996; Federal Glass Ceiling Commission, 1995）。このことが示唆するのは、組織の中で多様なバックグラウンドを持つ集団を対象に360度フィードバックツールを用いる場合には、「ステレオタイプ（固定概念）」が結果にどのような影響を与える可能性があるかについてディスカッションできるような準備をしておくべきだということである。

参加者は、何を変えて何を変えないのかを明らかにするために、フィードバックがどの程度現実のパフォーマンス評価に基づいたものかを知りたいと考えるだろう。懸念を持つマネジャーに対しては、評価にバイアスがかかっているかどうかを見極め、理解するための手助けをすべきである。行動と認識の関

係，そして，認識がいかにゆがめられうるかについて議論できる準備をしておこう。しかし，真のチャレンジは，偏見という現実を認識しつつも，ネガティブなフィードバックを軽んじたり，無視したりする安易な言い訳を与えない方法で議論を運営することだ。正確か否かにかかわらず，同僚たちの見方は仕事における現実の一部であることを指摘しておくのも重要である。

このような難しさがあったとしても，女性やアフリカ系米国人のマネジャーが360度フィードバックの機会を得ることは重要である。人々の「違い」がインフォーマルなコミュニケーションを困難にしているような状況ではなおさら，フォーマルなアセスメントによって自身の成長とパフォーマンス改善に必要な情報をより多く得ることが役立つのである。

フィードバック・インテンシブ・プログラム

白人女性やアフリカ系米国人のマネジャーが，アセスメントの機会を得るのを確実にするひとつの方法は公式のFIP（第2章で詳述）を用いることである。

アフリカ系米国人のマネジャー，および女性のマネジャーたちは，伝統的な異種混合のプログラムか，「単一アイデンティティプログラム」と呼ばれる彼ら自身のアイデンティティ集団のために特別に作られたプログラムかのどちらかを選択することができる。CCLはアフリカ系米国人のためのリーダーシッププログラムと，女性のためのリーダーシッププログラムを提供している。どちらもCCLの伝統的な異種混合グループのプログラムと同様にリーダーシップ開発に焦点を当てているが，先に議論したキャリアへのバリアから発生する職場におけるアイデンティティの問題や複雑性の問題などに関連するコンテンツについても扱われるようになっている。さらに，参加者が，グループにおける役割の一部として自身の文化的，社会的な人生経験を活用できるように工夫されている。

「単一アイデンティティプログラム」には多くの利点があるが，能力開発のための環境としては議論の余地がある（Ohlott and Hughes-James, 1997）。次節では，このような訓練に関する賛否の両論を検討する。議論の要約は表10.1に示す通りである。

表10.1 単一アイデンティティ集団向けの FIP 参加の長所と短所

長　所

- マジョリティ（多数民族）組織におけるマイノリティ（少数民族）マネジャーであることによる経験が正当に扱われる
- 経験を共有したり，リスクテイクしたり，スキルを試したりするための安全でサポート体制の整った環境を提供する
- 通常経験するような孤立状態とは対照的に，自分とよく似た人々と過ごす機会を与え，仲間やロール・モデル（手本となる人物），文化を確認し合う場を与える
- それぞれのアイデンティティ集団に対するフィードバックの適切性に配慮している：すなわち，その集団のために作られたフィードバック・ツールを用いたり，あるいはその集団向けの基準データベースを持った汎用的フィードバック・ツールを提供する
- フィードバックのどの部分が有効で，どの部分が評価者の先入観に影響されているものかを参加者が見極めるのを手助けする
- そのアイデンティティ集団向けに役立つコンテンツが用意されている

短　所

- 能力が低いといった偏見に代表される，社会的な違いばかりが強調される危険性がある
- 「現実世界（人種や性別が混在する環境）」とは異なる環境で学ぶため，学ぶスキルの一般への適用性は影響を受ける可能性がある
- 参加者が特別扱いを受けているように感じさせたり，マジョリティのマネジャー集団に対して何か企てているのではないかといった印象を与えかねず，反動の可能性を生む

単一アイデンティティの FIP の長所——こうしたプログラムの最大の長所はおそらく，参加者に自身の正当性を証明する経験を与えるという点だろう。プログラムはマネジャーたちに，実際に起こったことの共有を通じて，他の人々も自分と同じようなことを感じたり経験したりしていることや，自分たちは独りでもなく頭がおかしくなっているわけでもないということを知る機会を提供する。ある女性マネジャーの言葉は，この「常態化（normalization）」の感覚を的確に表している。

> このプログラムはとにかく力強かった。だって，自分の中にどれほどの苦悩を抱えてきたかってことを認識していなかったし，それを修正してくれたり正当化してくれたりする人はだれもいなかったから。だから，ただただ前進して，抱え込んでいたのだと思います。
> ここに来て，本当に感情の琴線にふれられたことに気づきました。そん

な心の準備はなかったのですけど……。

　認知的な力の強化のように考えていたのですが，そんなことよりも自分が抱えていた感情の開放を抑え切れなかったんです。あれは，自分のこれまでの旅路が困難だったことの正当性の証明だったと思います。実際，本当に大変だったのです。

　第2の長所は，人種差別や性差別の経験だけでなく，経験や疑問，恐れ，そして成功を共有できる安全で支援的な場を提供する点である。参加者たちは，異質な人々が混ざったグループでは議論できなかったような問題に取り組めるのである。

　白人女性と有色の人々のうち，とりわけ組織で「初」のマネジャーになった人たちは，仕事に間違いがないかどうか入念にチェックされたり，より高いパフォーマンス基準に縛られたりする傾向がある（Morrison, 1992; Federal Glass Ceiling Commission, 1995）。このため彼らは，公然と弱点をさらけだすといった特定の行動に気をつけなければならない。単一のアイデンティティ集団によるプログラムは，人々が劣等のレッテルをはられるとか，ばかにされたり叱責されたりする恐れなしに，リスクを犯したり，疑問を投げかけたり，間違いをしたり，感情を表したりする空間を提供しているのだ（Baskerville, 1992; Josefowitz, 1990）。

　自分と似たような人たちとのプログラムで，マネジャーたちは安全で支援的な環境の中で新しいスキルを練習するとともに，「ガードを緩めること」ができるのである。アフリカ系米国人の参加者マーティンはこう説明している「混合の集団だったら，僕は心を開いて自分をさらけ出したりはしなかったでしょうね。心の奥で，アフリカ系米国人に対して一般化されたネガティブな印象を周囲が強めてしまうようなことは避けようと意識したでしょうからね」。

　こうしたプログラムの第3の長所は涵養的で支援的であることだ。こうしたプログラムに参加するマネジャーたち，特にアフリカ系米国人は組織の中で孤立している。彼らには，学んだり，フィードバックをもらったり，付き合いができるような自分以外の黒人マネジャーがいないのだ。単一集団での経験は，彼らに仲間とロール・モデルがたくさんいる空間を与えてくれる。白人男性マ

ネジャーの「同類でつるもう」とする要素が，同類のマネジャーを登用する方向に作用し，アフリカ系米国人のマネジャーたちを追いやってしまうのである。多くの参加者にとって，自分と同じような企業のマネジメントのチャレンジに直面しているアフリカ系米国人に囲まれるのはキャリア上初めてのことである。仕事がらみの状況でマジョリティになるのも初めての経験なのである。

　CCLの会議で，多文化カウンセリングが専門の著名な心理学者であるデラルド・スーは，人々が自分と同類の人々と一群を成すような機会を持つことがいかに重要であるかを述べた。「あらゆる集団，あらゆる文化は，自らの文化を実践し，繰り返していくことが必要です。とりわけ，白人志向の機関における人種的・民族的マイノリティには，慢性的に『無価値』の感覚が発生します」。スーによると（Morrison, Ruderman and Hughes-James, 1993, p. 65 で引用），群れの形成はその成員たちに「文化的滋養物」を与えると言う。

　同じような仕事状況に直面しそうな他人と過ごすという機会は，所属する組織の中で相対的に孤立している人々にとって大変な補強剤になり得るものである。しかし，サポート以上に，職場と自分自身をどのようにうまくマネジメントしていくかについて情報を共有することで，彼らは，他の人たちがやって有効だった解決方法やアイディア，アプローチなどを学ぶことになるのである。

　単一アイデンティティ集団によるFIPのもうひとつの長所は，実際のフィードバック・データに関することである。これらのプログラムでは，その集団のために開発した，あるいは既成のものをカスタマイズしたフィードバックツールを用いることができる。たとえば，女性のためのFIP向けに特別に開発された360度フィードバックツールでは，伝統的なリーダーシップ・スキルに関するフィードバックのほかに，男性優位の職場における女性に関連した特別の領域が加えられた。アフリカ系米国人のためのプログラムでは，最も伝統的なプログラムで用いているものと同じ360度フィードバック・ツールを使っているが，アフリカ系米国人の基準データが含まれたものである。こうした基準データはアフリカ系米国人が組織において白人とは異なる経験をすることの価値を示してくれる。私たちは現在，このアフリカ系米国人のマネジャー向けのプログラムで用いられる360度ツールの尺度の妥当性を検証し，導き出されるデータがアフリカ系米国人のマネジャーにとって完全に適切なものにな

るようデータベースを理論的，実証的に精査しているところである。

　女性，あるいはアフリカ系米国人だけのプログラムでは，フィードバックのどの側面が自分たち特有のもので，どの側面がマイノリティであることによる作用なのかを知ることができる。これはフィードバックについてのディスカッション，自分たちが属する集団の基準データの解説，そして，他の参加マネジャーたちからの「仲間としての」相互フィードバックなどを通じて明らかになっていく。ネガティブなフィードバックを受けたマネジャーたちは，偏見の影響を受けているかもしれないデータから有効なものを読み解くという課題にも対処しなければならない。このプロセスを効果的に作り出すには，ファシリテーターがこうした問題に慣れていて，注意を向けるべきデータ内容を示せる必要がある。

　リーダーシップに関連する強みや弱みを理解するにあたって，一般的なコンテンツだけでなく自分たち向けの特別なコンテンツにふれる機会があるのも単一集団でのプログラムの長所である。CCLのこれらふたつのプログラムは，組織の中でマイノリティの立場にあることがリーダーシップ開発にどのような影響を与えるかに焦点を当てている。前述の「バリア」についても扱い，それらに対処するための戦略に関する議論を後押しする。

　アフリカ系米国人のマネジャー向けのプログラムでは，ディケンス＝ディケンス（Dickens and Dickens, 1991）による，参加，適応，計画的な成長，そして成功という黒人マネジャー育成の4段階のモデルを採り入れている。また，人種的な風土に対処する際に一般的に見られる反応である「文化的偏執（cultural paranoia）」や「防衛的躊躇（protective hesitation）」という概念も組み込んでいる。これらは，黒人と白人の間で生じる特定の誤解を説明することに役立つ。「文化的偏執」とは，人種差別からくる影響に対処するために進化してきた「対応のメカニズム」についての社会学的な概念であり，虐待されることの予測や，潜在的な人種差別に対処しなければならないという「心の準備」に関するものである。「防衛的躊躇」は，黒人が，白人の持つ先入観を不注意に刺激するのを避けるために，言葉を交わす前に躊躇するといった個人の振る舞いのことを示している。防衛的躊躇は，黒人は白人と交流する際に警戒することを意味しており，たとえば，自分の言い方が自分にとって不利な状態をつ

くるかもしれないことを意識しながら言葉や行動を注意深く選ぶといった形で現れる。

　女性向けのプログラムにも特別なコンテンツがあり，そこでは組織内での政治的振る舞いを理解・認識するというテーマを扱っている。というのも，組織というものの理解の欠如が女性の前進のバリアになることが多いからである（Morrison, 1992; Catalyst, 1996）。また，通常の男女混合のプログラムよりも人間関係についてより多くを扱う。とりわけ，女性が人間関係に価値を見出す傾向とそれをさほど重視しない組織文化との間で起こる可能性のある衝突について取り上げる（Miller, 1986; Van Velsor and Hughes-James, 1990）。複数の役割を担うライフスタイルを管理する難しさに対処する方法も女性向けプログラムの特別なコンテンツのひとつである。これは多くの女性にとっての課題であり，女性のキャリアを妨げるものとして頻繁にあげられるものだからである（Morrison, 1992）。このプログラムは女性たちに，自分が何に重きを置き，人生から何を得たいと思っているのかについて理解を深めるのを支援している。

　ここまで述べてきたような長所にもかかわらず，単一アイデンティティ集団のプログラムにはまだ議論の余地がある。特定の人種や性別の集団に属する人々がこうしたプログラムを利用しようとしないのには数多くの理由がある。単一アイデンティティ集団のプログラムに反論を示す文献のほとんどは女性向けのプログラムに関するものだが，そこで提示されている疑問はアフリカ系米国人向けのプログラムにも当てはまるものだと私たちは考えている。

単一アイデンティティ集団による FIP の短所——提起されている疑問としては，これらのプログラムが「違い」を強調しているがゆえに長期的には有害であるというものがある。ヘイルマンは 1995 年の著作で，女性のためだけに作られたプログラムは，男性のステレオタイプ的な態度を不注意にも助長させる可能性があると述べている。この考え方にしたがえば，女性向けプログラムの存在が示すような女性特有のニーズがあるということは，彼女たちが「違っている」ことを示していることになるのである。こうした「違い」があることが，かえって能力不足や劣等性といった見方につながることがある（Fondas, 1986; Langrish, 1980）。自分たちが何かに欠けているように思われたくないた

めに，自分たちの対抗勢力であるマジョリティ向けのプログラムにあえて参加するマネジャーもいるかもしれない。

さらに，「現実世界」論議というものがある。この見方の擁護者たち（たとえば Langrish, 1980）は，トレーニングはいわゆる現実世界，つまり男性マネジャー支配優位の職場を反映している必要があると考えている。単一アイデンティティ集団向けプログラムにはマジョリティのマネジャーたちがいないため，社会的相互作用の面では偽りの環境となっているからである。職場で用いられる知識やスキル，経験は現実的な人種混在の状況で学習されるべきであり，そうでなければ，特定のスキルの適用性に影響が出てしまうというのがその主張である（Fondas, 1986）。

「反動の恐れ」も，この種のプログラムを避ける理由のひとつである。単一アイデンティティの参加者にとって価値のある「ともにいる」という感情は，他の人々にとっては脅威であるかもしれない。その集団専用のプログラムへの参加者たちは特別扱いを受けていると見なされるかもしれないし（Harlan and Weiss, 1980），そのために同僚や上司の敵意をあおってしまうかもしれない。単一アイデンティティ集団向けのプログラムは白人や男性の面目をつぶすために作られたのではないかという懸念も存在する。単一アイデンティティプログラムの参加者たちが一緒にいるところを見て，「何かたくらんでいるのではないか？」と疑う人もいる。特に参加者が同じ組織から参加している場合にそうした懸念は抱かれやすくなる。過激派といったレッテルを貼られるのを恐れて，こうしたプログラムへの参加を避けるマネジャーもいるかもしれない（Baskerville, 1992）。

実際には，混合集団プログラムの場合と比較してもそのようなバッシングが起こったという報告は私たちのトレーナーからはほとんどない。参加者たちは自分たち自身の強みと弱みに焦点を当てることに集中しており，他の集団を酷評するような時間はないのである。

どちらがいいのか？——マネジャーたちが単一アイデンティティ集団向けプログラムに参加しないという選択をする際に考えられる理由をいくつか述べてきたが，それでも私たちはこの種のプログラムの長所はその短所をはるかにしの

ぐものだと考えている。これらのプログラムに対する批判は主に論文からのものであり，実際の研修室における私たちの経験で言えば，プログラムのパワーはこの種の議論が指摘する懸念点を補ってなお余りあるものである。しかしながら，この議論は最終的にどちらのタイプのプログラムが自分にとって快適かをマネジャーたち自身が選択しなければならないという結論に行き着く（この意思決定におけるガイドについては，後段の「考慮すべき問い」を参照のこと）。

　単一，混合のどちらのプログラムも，専門家が参加者自身の強みと弱みを理解する手助けをし，成長と能力開発のためのフィードバックとサポートを注意深く提供する。参加者たちは大多数の経営幹部たちに用いられてきた標準的なやり方で自己探求の旅に出るか，それとも同じようなキャリアのバリアを経験しているであろう人々とともに，特別にあつらえられたやり方にするか自分で決める必要がある。どちらも正しい選択である。重要なのは人々が満足のいく，思いやりのある，適切なやり方で価値あるフィードバックを与えられることなのだ。

混合集団プログラムと単一集団プログラムの選択――考慮すべき問い

能力開発プログラムに参加するにあたってマネジャーたちは，自分自身のニーズと参加理由を見定めなければならない。次の質問は，伝統的な混合集団プログラムと単一アイデンティティ集団のために作られたプログラムのどちらがより適切であるかを判断するためのガイドとなるだろう。

- 人種（あるいは性別）が自分のキャリアに影響を与えていると思っているか。
- 混合の集団で学ぶのと，自分と同じような人々で構成された集団で学ぶのとどちらの方が居心地が良いか。
- 自分と同じような人々や，同様のキャリア上の課題を抱えている人々との心の触れ合いや連帯感を現在必要としているか。
- 所属する組織を反映した環境と，自分と似通った人々で構成された環境のど

ちらで新しいスキルや行動にトライし実践したいと考えているか。
- 伝統的な能力開発プログラムにすでに参加済みか。
- 所属する組織が伝統的なリーダーシップ開発プログラムにマネジャーたちを定期的に送り込んでいる場合，単一集団向けプログラムに参加することが「取り残された」感覚を生まないだろうか。

出典：Ohlott and Hughes-James, 1997

チャレンジングな仕事の割り当て

　新しいこと，異なることに人々を後押しするチャレンジングな仕事の割り当ては能力開発の鍵となる戦略である。チャレンジとなる仕事は，さまざまなリーダーシップの責務や状況への対処を学ぶ機会を提供する点で成長のために重要である（第4章参照）。
　このような仕事は，男女，黒人，白人すべてのマネジャーの成長を促す。過去の複数の研究を通じて私たちは，経営幹部たちが，自分の成功の多くはチャレンジとなる経験からきたものであるとみなしていることを発見している（McCall, Lombardo and Morrison, 1988; Van Velsor and Hughes-James, 1990; Rogolsky and Dalton, 1995）。
　しかしながら，チャレンジの生じ方については，人口学的な集団特性によっていくつか注目すべき違いが見られる。性別，人種にかかわらず，上級幹部たちは，経験したチャレンジについて自分なりに語れるストーリーを持っている。女性や有色の人々は，自身の能力開発に必要とされるようなチャレンジングな仕事に絶えずふれる機会があるわけではないし，マジョリティの男性たちが経験することのない人種差別や性差別からくる別のチャレンジを乗り越えなければならない。仕事経験の比較から，男性は女性よりもずっと多様なチャレンジングな仕事を経験していることがわかっている（Van Velsor and Hughes-James, 1990）。とりわけ，「ゼロからの立ち上げ」「問題の解決」「ラインからスタッフへの異動」といった，学習の多い経験に触れていることが多いことが報告されている。一般的に，同レベルのマネジメント階層にいる男性に比べて，女性は組織にとってそれほど決定的ではなく，注目を浴びないような仕事を経

験している（Ohlott, Ruderman and McCauley, 1994）。このことは，女性と男性が同レベルの階層に昇進したとしても，実際には男性の方が重要な学習の機会に接していることを示している。同じような階層で仕事をしている男女が異なる能力開発の機会を得るのは，偏見が巧妙な形で働いた結果なのである。

追加のチャレンジ——能力開発のために重要なチャレンジ経験が少ないことに加えて，女性は男性にはない別のチャレンジを経験する（Morrison, White and Van Velsor, 1987; Rogolsky and Dalton, 1995）。こうした追加のチャレンジは，偏見からくる障害，孤立，そして女性に課せられる複数の要求など，前述したいくつかのバリアに起因している。組織における女性のパイオニアたちは日々のビジネスの慌しさに加えて，差別や嫌がらせに対処することが目標達成の深刻なバリアになっていると指摘している。ある地位に初めて就いた女性たちは，周りに受け入れられるために格闘しなければならず，能力があることを周囲に納得させるため仕事をし続けなければならない。白人男性の経営幹部の経験にはこの種のチャレンジは見られない（McCall, Lombardo and Morrison, 1988）。

　私たちは現在，1990年代半ばに得たサンプルをもとに黒人マネジャーと白人マネジャーの経験の違いを調査している。見出されているパターンは白人女性と白人男性との比較によく似ている。たとえば，アフリカ系米国人のマネジャーたちは男女どちらも，白人のマネジャーよりも主要な業務に割り当てられることが少なく，また本当に重要な機会を得ることが少ない傾向にある。さらに，白人女性同様，アフリカ系米国人のマネジャーは性別にかかわらず白人男性がすることのないチャレンジを経験している。彼らは組織史上初の黒人マネジャーや，特定のポジションに就く初めての黒人マネジャーと同じような，「初めての人」としての経験をしているのだ。

　予備分析から浮かび上がってきた別の種類のチャレンジは「人種がらみ」と呼んでいるものである。このカテゴリーは，アフリカ系米国人がそのキャリアを通じて経験してきた先入観やステレオタイプ化，そして差別といった人種がからんだ状況を描写している。例としては，彼らがアフリカ系米国人であるが「ゆえに」仕事や昇進を得たのだという周囲の見方に対処することや，パフォ

ーマンスに対してネガティブな評価を受けた後の上司との関係において人種的な緊張関係に直面しなければならないといったことが含まれている。マネジャーたちは、こうした人種がらみの経験は、マネジメントのしかたに終わりなき変化をもたらすものだとしている。あるマネジャーは「成功するためには、自分のマネジメント能力がすべての人々に対してはっきりと実証できるものである必要があるということを学んだ」と言っている。別のマネジャーはさらに、「自分が直面しているバリアを取り除くためには、何か革新的な方法を見つけ出さなければならないのだとわかった」と述べている。

マジョリティではないリーダーたちは、ここで述べたような主要な出来事に加えて、また別のチャレンジを経験する。それらの多くは、対抗勢力である白人男性が直面するのとは異なった環境で仕事をしなければならないことに起因している (Morrison, 1992)。彼らが背負い込むもうひとつの重荷は、ロール・モデルや所属するアイデンティティ集団の代表として行動することである。「ダイバーシティ」の名のもとに、彼らは時折、メディアや組織内の人たちに向かって自分の経験について話すよう求められることがあるのだ。白人の女性マネジャーであるジャニスは、大学のキャンパスで配る採用パンフレットのために何度も何度も写真を撮られてきたと語った。アフリカ系米国人のマネジャーはよく、他の人々のメンターや黒人コミュニティのスポークスマンになるよう求められる。人種にかかわらず、すべての成功した女性たちは、たびたび女性特有の問題の代弁者となったり、多くの後続の女性たちのメンターになったりするよう求められる。

ほとんどの人がそれを断るのは難しいと感じているが、こうした機会は彼らの他の業務責任にさらに上乗せされた義務となる。あるアフリカ系米国人の男性マネジャーはこう言っている。「まるで三つの仕事をしているようだよ。研究開発という自分の仕事があって、会社の黒人従業員の代表の仕事があって、それに組織内の黒人の福祉関係の仕事まであるんだ」。

さらなるチャレンジは、前述の「人種がらみ」の問題からくるものである。ふたつの世界に住むことになる新しいリーダーたちの多くはキャリア上の要求と外部の要求をバランスさせなければならない。女性はしばしば、男性にはない子育てや老人介護といった追加の責任を負っている。アフリカ系米国人のマ

ネジャーは，同じ人種のコミュニティにおける自分の居場所を築き維持するというチャレンジに直面する。プログラム参加者の1人，非営利団体の代表でいくつかの高い学位を持っているアフリカ系米国人の女性は，コミュニティの中でロール・モデルとして行動するのは自分の義務であると感じ，シングル・マザーや妊娠しているティーンエイジャーたちと活動しながらかなり大きな責任を自ら担っていた。

　女性や有色の人々が経験するチャレンジ全体のレベルが，同じような仕事をしている白人男性とは異なっているのは疑いようのない事実である。彼らは，同じ業務をこなすためにそれ以上の仕事をしなければならないかもしれないのだ。

含意──モリソン（Morrison, 1992）は1992年の著作で，女性やアフリカ系米国人のリーダー育成において安易にチャレンジを濫用することに警鐘をならしている。ひとつには，過剰なチャレンジを課してしまう危険がある。極端に多くのチャレンジとそこからくるストレスは学習をほとんど不可能にするかもしれない。黒人や女性を役員室に急いで送り込もうとして能力開発を速め，マネジャーたちが準備できていないうちから重要な業務を課している組織もある。私たちが調査したある会社では，1人の黒人の経営幹部がラインでの何の経験もなしに重要な業務管理の役割を与えられていた。スタンフォードでMBAを取得している彼には才能も教養もあったが，このチャレンジは過大で困難なものだった。

　反対に，ほんの少しのチャレンジしか与えないという間違いを犯している組織もある。経営幹部やマネジャーたちは，女性たちが失敗するのではないかと恐れて，昇進させることにより慎重になる傾向がある（Ruderman, Ohlott and Kram, 1995）。女性は小さい昇進を繰り返していく傾向にあるため，組織の同じレベルに進むには男性よりも女性の方がずっと多くのステップを要する（Flanders and Anderson, 1973）。危険なのは，こうした慎重なアプローチが学習を制限することである。マネジャーは，大きな責任を負ったり，危機に対処したり，未知の状況に対応したりすることで学ぶのであって，業務における中程度のチャレンジでは学習の機会が少なくなってしまう。この状況は，さらな

るキャリアアップにおいても金縛り状態を生み出してしまう。担う任務の能力開発上の価値が低ければ低いほど，将来の昇進の対象から彼女を外す正当な理由が大きくなっていくのだ（Auster, 1989）。

　経験するチャレンジの違いが示唆するもうひとつは，能力開発のためのチャレンジの活用方法を組織が理解する必要性に関することである。意味のある仕事は能力開発を促す最も大きな力になる。いくつかの組織は能力開発のためのチャレンジをよりうまく活用している。あらゆるバックグラウンドの集団から将来の経営幹部を育成しようとするならば，組織はおかれた環境の中でどのようにチャレンジを用いるかを考え，成長を促す仕事が異なるバックグラウンドを持つ集団にどのように配分されているかを調査しなければならない。

　成長を促すチャレンジングな仕事の割り当てを組織がうまく活用するためのもうひとつのやり方は，チャレンジに取り組むマネジャーたちへのサポートに関することである。モリソンは複数のサポート源の存在が，マネジャーたちがどの追加のチャレンジを受け入れるかを選択するのを助け，またそれらへの対処にも役立つことを発見している（Morrison, 1992）。サポートには同僚的関係，情報，フィードバック，ストレス緩和などがある。

成長を促す人間関係

　成長を促す人間関係，すなわち個人の学習と能力開発を高めるような共同関係はリーダーシップ開発のための有効な戦略のひとつだが，女性や有色の人々にとっては特定の障害や複雑な力学が存在する。ここでは，インフォーマルな上下のメンタリング関係，およびインフォーマルなネットワークというふたつのタイプの育成的人間関係における人種と性別の影響に焦点を当てることにする。

上下間のメンタリング関係——人間関係と同じくらい重要なのは，能力開発の均等性（包括的な議論については第5章を参照）に関することで，女性や有色の人々がそうした機会を得ることは特に難しいと感じてしまうことである。研究者たちは，アフリカ系米国人は白人よりもメンタリングの関係を構築しておらず（Cox and Nkomo, 1991），女性たちは男性よりもメンタリングを受ける

ことが少ない傾向にある（Ragins and Cotton, 1991）ことを発見している。こうした人々が，彼らの対抗勢力とのメンタリング関係を持つ機会が限られているのは，単純に彼らがそうした上級レベルのポジションにいないからという理由によるものである（Morrison, 1992; Federal Glass Ceiling Commission, 1995; Thomas, 1990）。自分以外のアフリカ系米国人との人間関係を築きたいと考えるアフリカ系米国人は，所属部門や階層の壁を飛び越えていかなければならない（Thomas, 1990）。白人女性マネジャーであるジェニファーは，自分より上の白人女性マネジャーたちが自分を支援したがらず，きつい態度をとる背景に，彼女たち自身がこれまでの孤独な旅においてそうしたメンターを得ることを拒まれてきたという理由があることに気づいた。私たちの研究でも他の白人女性やアフリカ系米国人のマネジャーたちから同様の話を聞いている。

　こうした背景が，成長を促す人間関係の調達を白人に頼らざるを得ないという困難な状況にマイノリティのマネジャーを追い込んでいる。しかし，それも常に可能とはいえない。白人男性は自分と同類の人々と付き合う傾向にあるため（Dickens and Dickens, 1991），他の集団の人々と協同関係を築く機会を減らしがちである。女性や有色の人々を支援することは，自分の次の昇進，あるいは自分の仕事を危うくするものではないかと心配する白人男性もいるのだ（Kram and Hall, 1996）。

　ラギンスとコットンは，女性が男性のメンターを得ようとする際に存在するいくつかのバリアを見出している（Ragins and Cotton, 1991）。それらは，(1)女性はスポーツやその他の社会的な外出などを通じた男性との非公式な接触の機会が少ない，(2)周囲がそうした関係を認めないかもしれないため，女性は男性とメンタリングの関係を構築することに気が進まない，(3)女性はメンターや他の人たちに性的な接近と誤解されるのを恐れている，(4)男性メンターの候補が女性とメンタリング関係を結びたがらない，といったものである。マネジャー育成における人種の影響に関する私たちの研究の参加者の何人かは，白人マネジャーが共同関係を作りたがらない背景には，経験の浅いマイノリティマネジャーたちを失敗させるリスクはとりたくないという気持ちがあると話している。彼らは白人女性や有色の人々の将来への影響だけでなく，自分自身のキャリアに対する影響を恐れているのだ。

こうした底流のすべてが、白人女性と有色の人々へのメンタリング支援の欠落につながっている。さらに、人種や性別をまたいだ人間関係には、関係の性質と人々が受けるサポートのあり方に影響を与える特別な力学が存在する。

たとえば、異人種間、異性間の関係の双方において、白人女性と有色の人々は、後援や昇進の支持、フィードバックやコーチングといったキャリアサポートを受けてはいるものの、同人種間や同性間の関係にある人々ほどは、感情的、人間的つながりといった精神面でのサポートを受けていない（Thomas, 1990）。この違いは社会的な複雑さに起因しがちである。たとえば、異性関係にある人々は、アフターファイブの活動をともにするといった懇親を深めることにあまり関わらない傾向があるが（Ragins and McFarlin, 1990）、懇親の機会は精神的なサポートとなる友情を育むためのひとつの方法のはずである。

職場におけるダイバーシティに関する 1992 年の会議でディビッド・トーマス（David Thomas）は、異人種間および異性間の関係において遭遇する複雑さについて述べている。こうした複雑さの例としてあげられるのは、お互いに対するネガティブな先入観や誤った思い込み、性衝動や愛情行為の抑制、人種間の衝突が起きている組織における居心地の悪さ（あいつは寝返ったのか）、そして注目度が高い関係であるがゆえに起こる公的な監視状態からのプレッシャーなどである（Morrison, Ruderman and Hughes-James, 1993）。このような複雑さを考慮すれば、こうした人間関係に置かれたマネジャーたちが感情的な距離を保ち、あまり親密で個人的な関係を形成しないというのもうなずけるし（Thomas, 1989）、異性間あるいは異人種間関係において、白人女性や有色の人々は不利な立場にいることがわかる。彼らはプロとしてのアイデンティティや友情、カウンセリング、確認と受容といったメンタリングの心理学的な要素を享受できないかもしれないのである。私たちは、白人女性と有色の人々が適応にあたって複数のアイデンティティをコントロールしなければならないことや、孤立した環境で働くこと、また、フォーマル、インフォーマルにアセスメントを受ける機会が欠如しているといったことから発生する追加のチャレンジに直面していることをすでに理解している。そして、これらのチャレンジはすべて強力なメンタリング関係によっていくらかは緩和されるものである。異人種間および異性間関係からのサポートを受けられないことで、女性とアフリカ

系米国人のマネジャーたちはメンタリングが役立つような重要な役割に就けないでいるのである。

ネットワーク関係──ネットワークは成長を促す人間関係のもうひとつの形であり，メンタリングとともにキャリア開発のプロセス上重要なものである (Ibarra, 1995)。ネットワークは，同じような問題やチャレンジを共有しているマネジャーたちに組織の非公式な情報チャネルを提供し，能力やパフォーマンスについてのフィードバック源，他者の見方を知る機会といった一定のサポートをもたらし，組織に対する実践的な理解を広げてくれる。

　ネットワークを通じて，手段的，そして感情的というふたつのタイプの人間関係が形成される。成長中の部門の上級マネジャーだったダンは，新しくできたポジションへの配置を決めようとしていた。彼は，入社間もないマネジャーであるキャサリンと別のタスク・フォースで仕事をした経験があり，新しいポジションは彼女にぴったりだと思ったため，電話をしてその仕事について伝えた。その晩，キャサリンは，友達であり同期入社として信頼できるロビンに電話をかけ，ダンが自分のキャリアに関心を持ってくれているという興奮を分かちあった上で，新しい地位に手をあげることの是非について考えるためにロビンの助けを求めた。

　ダンのキャサリンとの関係が手段的関係の例である。これは，人材への接触や情報交換，専門知識，アドバイス，政治的接触，物理的資源といった，仕事に関係しキャリアの幅を広げるようなメリットを提供するものである。キャサリンのロビンとの関係は感情的関係の例である。単に手段としてのつながり以上の高いレベルの親密さと信頼によって特徴づけられており，友情や社会的サポートを提供するものである (Ibarra, 1993)。

　フォーマルなネットワークは，上司対部下の関係，ワークグループ，プロジェクトチーム，そして委員会といった仕事がらみの関係で成り立っているといういくつかの点で，フォーマルな組織図と似通っている。こうした関係は多くの場合，手段的関係（それだけとは限らないが）を生む傾向にある。他方，インフォーマルなネットワークは組織の中で自然発生する。これは仕事がらみや社会的関係，あるいは両方の関係を含んでおり，また手段的関係に加えて感情

的関係を作り出す傾向があるため、たいていの場合フォーマルなネットワークよりも広範囲にわたっている。フォーマルネットワークとインフォーマルネットワークの別の区分けとしては、インフォーマルなネットワークは個人が選択するものであり、そのためネットワークは多様にも単一的にも、彼あるいは彼女が望むように作り出される。マネジャー自身が決定することができるという点で、インフォーマルネットワークはキャリアアップの戦略として使われる。人種や性別による違いに関する研究が焦点を当てているのはこのタイプのネットワークである。

　ネットワークの戦略的利益は実質的なものであり、ある個人のネットワークの構成から、その人が資源や権力にアクセスできる度合いやアジェンダを実行する能力といったものを判断することができる (Ibarra, 1993)。つまり、ネットワークにいる人々の地位が高いほど、また広範囲にわたるほど強力な可能性を持っていることになるのである。

　女性や有色の人々にとっては、ネットワークは白人が大多数になりがちだ。というのも、彼らが最もコンタクトをとる人々だからである。異人種間および異性間関係は、おわかりの通り近しい友人関係に発展することはあまりないので、手段的関係以上のものにはならない傾向にある。また、友人関係 (Ibarra, 1995) と「文化的滋養物」(Sue, Morrison, Ruderman and Hughes-James, 1993) からくる効力感ゆえに、女性や有色人種の人々のネットワークは自分と似たような人々で構成されがちである。これらは感情的な結びつきをもたらす関係である。それでもなお、女性や有色の人々は組織に多くはいないため、マイノリティのマネジャーたちは自分の身近な職場環境で「文化的滋養物」を見つけるのが難しく、感情的結びつきを生み出すようなネットワーク関係を確立するためには組織の奥の奥まで入っていかなければならない (Ibarra, 1993, 1995)。

　こうしたすべての理由により、マイノリティのマネジャーたちは、感情的結びつきがあまりない、人種的に混在したネットワークを持ち、自分の身近な集団以外の人とより多くのコンタクトをとり、地位の高い人との関係をあまり持たないという傾向にある (Ibarra, 1995)。女性と有色の人々は、異なるネットワークの機会を持っているために人間関係の形も異なっており、結果的に成長を促す人間関係作りにおいて追加のチャレンジを強いられていることは明らか

である。

含意——学習のための人間関係への接触を増やすために，女性や有色の人々が取れる行動はたくさんある。

単一アイデンティティ集団向けプログラムへの参加によって，安全な環境での素晴らしいサポート源を得ることができる。またこれは，自分の組織外でのネットワークや成長を促す人間関係の基盤となる。

CCLプログラムの多くの参加者たちが，プログラム終了後も長い間お互いにコンタクトを維持している。たとえば，女性向けのFIPでは，お互いが「壁うち相手」となり，アドバイスやフィードバック，そしてサポートを提供しあうような仲間の集団が生まれた。参加した女性たちの多くがプログラム終了後もメーリングリストや電話を通じて他の参加者たちと連絡を取り合っている。アフリカ系米国人マネジャー向けのプログラムは最近，修了生のためのウェブサイトを立ち上げ，仲間のアフリカ系米国人をつなぐ手段として機能している。こうしたプログラムで形成された人間関係は，しばしばネットワーキングと友情のための重要なリソースをもたらす。

上級マネジャーたちと「成長を促す人間関係」を作る機会を増やすもうひとつのやり方は組織のフォーマルなメンタリングプログラムである。こうしたプログラムは会社が後援しているが，個々のマネジャーが自ら登録しなければならない。そして，自らメンター（マイノリティおよびマジョリティのマネジャー）を探し出し，通常の業務活動で無理のない学習の機会を探し，複数のメンターと関係を築くことで，ひとりに依存しすぎることを避けなければならない。マネジャー育成における人種の影響に関する直近の研究で，あるマネジャーが，彼のメンターが会社を辞めたときの困惑について話してくれた。彼は自分が独りきりであることに気づき，複数の関係を開拓するために自分自身のネットワークを立ち上げることが非常に重要であることを認識したのである。

逆の立場から見ると，メンターになることにも報酬がある。メンターの立場に就いているマネジャーたちもともに学んでおり，「先輩たち」もまた，この人間関係から大切な利益を享受していることが調査からわかっている（Kram and Hall, 1996; McCauley and Hughes-James, 1994）。

同様に，組織が従業員組合や単一アイデンティティ向けのネットワークを提供するならば，それに参加することで白人女性や有色の人々はメリットを得られるかもしれない。私たちの研究に参加したアフリカ系米国人マネジャーのメアリーは，彼女の企業で最近設立された黒人従業員ネットワークの共同代表を努めている。アフリカ系米国人マネジャーのために機能するネットワークの役割の多様さについて彼女はこう述べている「従業員の採用と定着，コミュニティとの関わりや市場の想定，教育と啓発，そして従業員の能力開発に責任を負うそれぞれのサブチームがあるんです。上級リーダーシップチームにプレゼンテーションしたように，私たちはたくさんのことをやってきました。上級リーダーたちは私たちがどれだけよくやっているかについてフィードバックをくれました。このネットワークには成功した有色人種のゲストスピーカーも入っています。メンタリングのプログラムもあります。特に何もないときは，オフィスのだれかに電話して，『ねえ，○○○でこんなことが進んでるって聞いたわ。ちょっと教えてくれないかな』って聞くんです」。

　このような公式のメカニズムを通して人々に自分と同じような人への接触の機会を与えることは，マイノリティのマネジャーたちが自分のインフォーマルな社会的ネットワークを広げる手助けになるし，また手段的つながりだけでなく感情的つながりを生み出す機会を提供する。組織の外部にある他のリソースとしては，地域あるいは全国レベルの専門家の集まり，コミュニティやボランティア組織などがある。人々を助ける機会だけでなく，他の白人女性や有色の人々に接触する機会も与えてくれる。

承　認

　これまでに述べてきた能力開発経験（360度フィードバック，FIP，チャレンジとなる仕事の割り当て，そして成長を促す人間関係）は，すべてのマネジャーにとって重要なものである。こうした経験は，入念に考えられたシステムに組み込まれれば，リーダーシップをとる地位にいる成人の成長を促進するために相互に作用する。しかしながら，女性と有色の人々のキャリア経験に関する研究は，決定的な一枚のピースが欠けていることを示している。この失われた戦略が「承認」である（Morrison, 1992）。

承認は，マネジャーの教育，訓練，スキル，リスクテイク，そして能力を強化するという意味で重要である。報奨は仕事がうまくいったことの証である。そしてそれは自己評価を高め，組織へのコミットメントを増幅させることにつながる。なによりも，報奨は組織にとっての価値を象徴することになる。

　多くの組織で，有色の人々や女性に，白人男性の経営幹部同様の報奨を与えることをためらう傾向がある。新しいリーダーたちは，伝統的なマネジャーたちほど自己投資に対する報いを受けてはいない。彼らは正当な価値よりも低い報酬や資源を受け取っている。

　承認の種類のうち，白人男性とその他のマネジャーの違いが大きく反映されているのは給与である。たとえ女性や有色の人々が相対的に能力が高い場合でも，給与の上では白人男性が優位に立っているという数多くの証拠がある。連邦「ガラスの天井」問題委員会のレポート（1995）によると，「専門の学位を持つアフリカ系米国人の男性は，白人男性の79%の報酬しか得ていない。専門の学位を持つアフリカ系米国人の女性は，白人男性のたった60%の報酬しか得ていない」のだ。同レポートは，「マネジャー業務における男性の報酬に対する女性の報酬の比率は，最低である銀行業界の50%から，人材サービス業界の85%までの幅がある」ことを明らかにしている。

　もうひとつの重要な報酬は昇進だが，ここでもまたその決定のされ方に違いがある。主流以外のマネジャーたちはたいていの場合，公式の昇進を受ける前に特定の業務の責任を担う。私たちが調査したある組織は，女性に対して思い切った昇進で報いることに消極的で（Ruderman, Ohlott and Kram, 1995），実際の地位に昇進させる前に彼女たちに「マネジャー代行」や，「アシスタント的役割」をしっかり果たすことを要求していた。その理由は，女性たちは「準備ができていない」からというものだ。同じような経歴を持つ男性たちがダイレクトにそうした地位に昇進させられているにもかかわらずである。同じような状況は黒人のマネジャーたちにも起きている（Dickens and Dickens, 1991）。

　このような小さな昇進が，承認における格差を招いており，能力あるマネジャーたちに「自分が過小評価されている」という印象を与えている。アフリカ系米国人研究の参加者の言葉を借りよう。「上司は私が大変よくやっていると言うのです……。でも，私は下の方のレベルに留まっていて，部下も少な

し，チャレンジの機会も少ない。仕事について狭い見方しか持っていない人がより上位層にいるのです。給与についても昨年と同じレベルに据え置こうと考えています。これを怒らずにどう処理すればいいのか私にはわかりません」。

女性や有色の人々は，多くの場合二重の重荷を背負って仕事をしている。彼らは，対抗勢力であるマジョリティの人々よりも仕事をしているのに，その評価が低いと考えている。そして，「初」の存在であることや，白人男性よりも優れたパフォーマンスを上げることへのプレッシャーなどの追加のチャレンジにも取り組んでいる。これはアンバランスな感覚を生み出し，そうした感覚はその企業で昇進することへのためらいや離職につながるとモリソンは述べている。多くの女性（Catalyst, 1996）やアフリカ系米国人（Dickens and Dickens, 1991）は，「ここでは自分のキャリアへの投資が報われない」と感じて会社生活から立ち去っていく。経営幹部としての潜在能力を持っている女性や有色の人々を留めおき，能力開発のプロセスに乗せるためには，組織が彼らに対して公正かつ適切に報いることが重要である。

報酬に関するもうひとつ別の問題は，それが濫用されるようになるという点である。ダイバーシティに向けた施策をより注目度の高いものにしようとして，マネジャーたちの準備ができていないうちに有色の人々や白人女性に対して報酬をばらまくような企業も見られる。たとえば，白人女性のリンダは，あまりにも急速に昇進させられたため，自分の準備ができていない業務の中でもがいていた。これは，リンダ自身を含む多くの人たちにダイバーシティ施策への疑問を抱かせていた。報酬が能力開発の推進力として用いられるためには，それが相応のものだと見なされなければならない。能力開発のために報酬を用いる際の課題のひとつは，過剰適用や過小適用による誤用の可能性があるということである。あまりに積極的で不当な報酬は，承認の不足と同じくらい大きな問題なのである。

能力開発の要素としての承認は，モリソンの新任リーダーの研究に由来しているわけだが，すべてのリーダー候補者の育成にとって重要であると考えられる。経営幹部のリーダーシップスキルの開発は膨大な時間とエネルギーの投資を必要とする。チャレンジへの対処，リスクテイク，そして学習と成長に対する承認は必要不可欠なものであり，すべての人々に対して行われるべきであ

る。

実務家への含意

多様性を持つマネジャー集団の能力開発を促進するためには，組織におけるリーダーシップ開発の役割は変化する必要がある。360度フィードバック，FIP，チャレンジとなる仕事の割り当て，成長を促す人間関係といった基本的な要素は白人男性同様，女性や有色の人々にとっても重要である。こうした経験は能力開発を促進，持続させ，従業員が共通に持つニーズに対応してあらゆる人の潜在的なリーダーシップ能力を高める。

しかしながら，女性や有色の人々は白人男性に比べてこれらの経験に接する機会が少ないのが厳しい現実である。彼らが自分のリーダーシップの強みをフルに開発し，真に組織に貢献しようとするならば，この現実は変わらなければならない。会社はその能力開発の取り組みを修正し，すべての人がアクセスでき，適切に運用されるようにする必要がある。そしてもうひとつの考慮すべき点は，多様性を持つ集団の能力開発においてはこれらのみが主要な戦略ではないという点である。スキル，努力，そして能力への承認がリーダーシップ開発において果たす役割を見過ごすべきではない。

能力開発プログラムが白人女性や有色の人々のニーズにしっかりと対応できているようにするために，人事の専門家たちは何をすればいいのだろうか。いくつかのアイディアを提示する。

- 女性や有色の人々の孤立化への対処として，インフォーマルなアセスメントの機会を増やす――特定のアイデンティティを持つグループ向けの従業員組合やネットワークの構築を促す。同じアイデンティティの集団はマネジャーたちが共通の経験や関心事を分かち合うのに役立ち，成長を促す人間関係を構築する機会を提供する。こうした人間関係はインフォーマルなフィードバックの機会だけでなくサポートも提供する。レイケム社は，社内の女性たちの孤立状態に対処するために，女性のためのネットワークプログラムを1991年から展開している（Federal Glass Ceiling Commission, 1995）。

- 女性や有色の人々に，フォーマルな育成的アセスメントの機会を活かすよう奨励する――360度フィードバックのような構造化されたアセスメントとフィードバックは，より大規模な能力開発プログラムの一部として活用できる。こうしたフィードバックを受ける機会は，単一アイデンティティ集団，混合アイデンティティ集団の双方に存在する。私たちが協力したある業界団体は，マネジメントに携わる多くの女性たちが参加できるFIPを後援している。業界内のさまざまな企業で働く有望な女性マネジャーが参加するこのプログラムでは，アセスメント・データとお互いからのサポートを同時に得られることができる。
- 多様な集団に対する360度フィードバックの実施のしかたについてファシリテーターやトレーナーを教育する――集団ごとに異なる基準データについて認識させ，先入観の影響についての議論に対処できるよう準備させる。それぞれの集団に有効な多様なサンプルに基づいたツールを選択するよう指導する。
- アフリカ系米国人や白人女性のマネジャーたちが経験する余分なチャレンジを考慮した，適切な仕事の割り当て方について意思決定者たちが理解できるよう手助けする――チャレンジが少なければ成長も少ないし，過剰なチャレンジは学習プロセスを圧倒してしまう。個々のマネジャーと成長を促す仕事をマッチさせるために，意思決定者たちにはガイダンスが必要である。さらに彼らには，異なるチャレンジの源泉を理解し，割り当てる仕事におけるそれらの要素に気づくための訓練が必要かもしれない。私たちが一緒に仕事をしている有名な米国企業は，黒人と白人間，男性と女性間における仕事の配分について研究している。その企業は能力開発におけるチャレンジングな仕事の効用を大きく認めており，すべてのマネジャーが主要な能力開発機会に接することができているかどうか関心を持って見ている。この作業を通じて会社のリーダーたちは，チャレンジとなる仕事を見分け，作り出すスキルを同時に磨いているのである。
- マネジャーたちがこうしたチャレンジとなる仕事から学ぶ手助けをする――チャレンジは能力開発の機会を提供するが，それを保障するものではない。学習の可能性についてのデータを提供するに過ぎない。人々が経験から学べ

るためには，その仕事に内省の機会が含まれるようにしなければならない（Seibert, 1996）。

- 自分とは異なる人々とどのように関係を作り出し発展させていくかについて，マジョリティのマネジャーを教育する――人間関係能力は，今日および近未来の組織において高いパフォーマンスを上げるための鍵となる要素である（Goleman, 1995; Hall and Associates, 1996）。自分と異なる人々との関係構築スキルは組織の中で広く応用することができる。デジタル・イクウィップメント社（現在はHP）でバーバラ・ウォーカーは，こうした人間関係のスキルの開発を促進するため，「コア・グループ［訳注：核となるグループ］」を活用した（Walker and Hansen, 1992）。このグループは「違い」について議論し，理解する場を提供した。トップレベルのマネジャーたちが黒人や女性と会い，人種的，性的違いに関する自分たちの考えや気持ちを忌憚なく論じるプロセスは，すべての参加者に「お互いにうまくやっていく」ことを実践する機会を与えた。さらに，人々が自分の偏見や前提を探求し，ときにはそれと対峙することすら可能にしたのだ。多様な組織における人間関係能力を教えるために活用できるその他のモデルや手法も存在する（Ferdman and Brody, 1996）。

- メンタリング・プログラムやメンタリング・サークル，学習パートナーなど，組織に現在あるフォーマルな育成的人間関係について検討する――それらは本当に主流でないマネジャーたちにとっても接触可能なものだろうか。この種のプログラムは学習の機会を提供し，関係するすべての人々をサポートするものであるが，白人女性や有色の人々にとっては，特に彼らが直面する余分のチャレンジを克服するために重要である。

- 異なる集団の人々に対して分配されている報酬のタイプとレベルを見直す――特に，給与，昇進，そしてボーナスのレベルは，人種や性別によって不均衡がないかどうかきちんと見直される必要がある。このような不均衡はダイバーシティのために用意されたどんなに素晴らしいプランもむしばんでしまう。同様に，上級幹部と仕事をする機会，業績達成の広報，褒賞などソフト面での報酬についても検討が必要である。

リーダーシップ開発のシステム・アプローチ

　アセスメント機会や手順の修正，チャレンジの効果的活用，サポートシステムの強化，そして公式・非公式な報酬の公正さの見直しは，女性や有色の人々のリーダーシップ能力を開発していく際の重要なステップである。しかし，これらのステップはそれぞれ切り離して考えられるべきではない。これらの要素が，より大きな能力開発システムの中で相互依存的な関係を持つパーツ群として見なされることが重要である。これらは互いに調和しあって機能し，結びつくことによって各部分の総和以上のものになるのである。

　たとえばベル・アトランティック社（現在はベライゾン・コミュニケーションズ）では，こうした要素を織り込んだリーダーシップ・ダイバーシティ・プログラムを開発した。彼らの「リーダーシップ・ダイバーシティ加速プロセス（Accelerating Leadership Diversity，以下，ALD）」は，アセスメントとメンタリング，そしてハイレベルのチャレンジングな仕事の割り当てを伴ったリーダーシップ開発プログラムを組み合わせるという戦略に沿って作られている。ALDの参加者たちはお互いにサポートを提供しあうグループを構成している。彼らにはメンターが割り当てられ，リーダーシップ開発プログラムの一環として360度アセスメントを通じた評価を受け，自身の能力開発計画に公式にコミットすることが求められる。権力と政治に関するワークショップが用意されており，大きな責任を伴った仕事が与えられる。彼らが受け取るアセスメント・データは，仕事に求められる要件に対処するための手がかりになる。参加者相互，およびメンターから受けるサポートは，アセスメント・データを理解し，成長を促す仕事の中にある能力開発上のチャレンジに対処するのを助ける。このプログラムへの参加自体が高いポテンシャルを持っていることの承認であり，学習した教訓をさらに強化するのを促している。プログラムの統合性が，異なる実践から最大の能力開発的効果を引き出すことを可能にしているのである。

　アセスメント，チャレンジ，サポート，そして承認という戦略的要素間の相互依存を考える際には，これら戦略的要素のバランスが重要である（Morrison, 1992）。たとえば，承認とサポートを伴わない過剰な業務のチャレ

ンジは問題を招く。白人女性や有色の人々が経験する追加のチャレンジがサポートと承認によって緩和されないと，最も意欲的な人々さえもくじけてしまう可能性がある。チャレンジが，サポート，承認，そしてアセスメントとつりあっていないために，組織は最も有望な才能を失うことになるのである。これとは反対に，チャレンジやアセスメントを伴わない過剰なサポートはうわべだけの学習をもたらす。マイノリティを連続的にスポットライトの中に立たせるといった不適切な承認は同僚の憤りやマネジャーたちによる過剰な監視につながる。

リーダーの育成にはこうした四つの力の要素のバランスが必要である。アセスメント，チャレンジ，サポート，そして承認をバランスさせるという課題は，私たちの女性向けプログラム，およびアフリカ系米国人向けプログラムの双方で議論されている。参加者たちはバランスを欠いてしまう可能性のある領域をどのようにコントロールするかを見つけ出すべく議論するが，この議論は組織全体のレベルで広く従業員を見渡しながら行う方がより適切である。というのも，不均衡に対処するには個人による解決だけでなく組織的な解決が必要だからだ。前出の議論にあるようなアイディアは組織においてこれら四つの要素をバランスさせるための方法を提示している。

ダイバーシティに対する組織的戦略

リーダーシップ開発における四つの要素の相互作用を検討するのに加えて，ダイバーシティを推進しているより大きな組織的システムの文脈で考えることが重要である。ダイバーシティを効果的に開発するには組織全体が関与している必要がある。アフリカ系米国人と白人女性のマネジャーに，アセスメント，チャレンジ，サポート，そして承認の機会を与えることは必要条件だが，十分条件というわけではない。マジョリティのマネジャーたちの役割についても考慮される必要がある。ダイバーシティを効果的に開発している組織では，強制，教育，そして巻き込みという要素を包含した戦略が用いられている (Morrison, 1992)。

強制——強制は，ダイバーシティの実践が忠実に守られるようにするために必

要である。女性や有色の人々をリーダーのポジションに就けるべく育成するならば、どのようにチャレンジとなる仕事を分配し、支援し、報いるかについて上級マネジャーたちが責任を持たなければならない。歴史的にみて米国では、強制的な執行なしにこうした変化は起こらない。女性や有色の人々の育成に、マネジャーのパフォーマンス評価やボーナス、あるいはその他の特典を結びつけることは多様性を促進する重要な手段となる（Catalyst, 1996）。

　ダイバーシティの実践で知られる会社の多くは強制というテクニックを活用している。たとえばテキサス・インスツルメンツ社は、ダイバーシティへの関与が認められたマネジャーたちへのインセンティブ報酬制度を採用している（Cauldron and Hayes, 1997）。エイボン・プロダクツ社（化粧品会社）もダイバーシティを持つ部下の育成責任をマネジャーに課している（White, 1997）。カリフォルニア州サンディエゴ市は、ダイバーシティの実行に関する責務をマネジメント評価システムの中に組み込んでいる（White, 1997）。

教育——現場の教育もまた不可欠なものである。人材開発のマネジャーたちはしばしば、最新の能力開発ツールや技法を学ぶことに多大な時間を割き、足元の一般大衆について十分に知ろうとしないことがある。マネジメント育成に十把一絡げ的なアプローチを適用しても機能しない。他の人々を育成する役割を担う人々、すなわち能力開発プログラムの責任者である人材開発マネジャーとラインの経営幹部はどちらも白人女性やアフリカ系米国人の育成をどうやって促進すべきかを学ぶ必要がある。これは既存のシステムの修正や調整が必要かどうかを厳しくチェックすることを含む。同時に、公式に育成責任を担う人々は、女性や有色の人々が多様なキャリア目標と、強み、弱みを持つ1人の人間として扱われるべきであることを認識しなければならない。チャレンジとなるのは、それぞれのマネジャーを一個人として見なしつつ、同時に特定の人口学的集団に所属していることから発生する固有の問題について理解していくことである。人材開発マネジャーにはこれらの特別な課題をどうやって能力開発システムに組み込むかに関する教育が必要である。

巻き込み——リーダーシップ開発戦略の最後の糸口となるのが「巻き込み」で

ある。経営幹部もマネジャーも，黒人も白人も，男性も女性も，互いに意義深い交流をする機会を必要としている。だれしも自分と同じような人たちと過ごすときを最も快適と感じることは否めないが，今日の組織では自分とは異なる人々との意義ある形での接触はマネジャーにとって避けられないことである。共通の目標へ向かって協働していくことがアイデンティティ集団ごとの違いを結びつけるひとつの方法である（Brewer, 1995）。

最後に，組織におけるダイバーシティの真の拡大は，強力なリーダーシップ開発システム「以上のもの」にかかっているということを指摘しておきたいと思う。ダイバーシティを持つ組織を開発する上で最良のチャンスをつかむには，あらゆる人事システムが，あらゆるマネジャーを包括するように改定される必要がある。本章で議論されたリーダーシップ開発の実践はそのほんの一部である。後継者計画，配置，給与，福利厚生なども改められる必要がある。このような全面的な改革に必要なステップに関する議論は本章でカバーした範囲の外にあるものだが，役立つ情報はいくつか存在する（Kossek and Label, 1996; Morrison, 1992; Jackson, 1992; Cox, 1993）。

Chapter Eleven
Developing Leaders for Global Roles

第11章
グローバルな役割を担う
リーダーの育成

マキシン・A. ダルトン
Maxine A. Dalton

　本書のすべての章を織りなしているのは，学ぶ意志と能力を持つ人はアセスメントやさまざまなチャレンジとなる経験，そしてサポートが含まれるプロセスを通じてリーダーシップのスキルを開発できるという命題である。米国におけるこのプロセスは本書の第1章から第6章で述べられたリーダーシップ開発の戦略を通じて実行されている。そして，この米国をベースとしたモデルは，「成人になっても学ぶことができる」「個人は自らの運命に対して責任を持つことができるし，そうすべきである」「昇進を決めるのは，年齢や家系，受けた教育よりもパフォーマンスである」「キャリア上の成功が自己のアイデンティティの中心をなす」といったいくつかの文化的前提に強く根ざしている。こうした「米国製の」リーダーシップ開発のツールや取り組みを，異なる前提が広く普及している別の文化に軽率に移転することはいくつかの問題を引き起こす。

　一方，今日のグローバル経済においては，リーダーシップ開発において「すべきこと」と「すべきでないこと」があまり明確でないという立場の人が増えている。そうした人々は国際的な組織で働くグローバルな責任を持つ現役マネジャーやその候補者たちであり，本章で焦点を当てる人々である。本章では同時にいくつもの文化にわたるマネジメントやリードを要求される役割を担う人の育成に関する課題についてみていく。

背景についていくつか説明しておく。本章は上級マネジャーの役割と責任について論じるが，これは，責任の範囲（多国籍にまたがってマネジメントする）が真にグローバルになるのは上級レベルだけだからである。本章の目的に照らして，個人的貢献レベルでの異文化横断的仕事は，上級のグローバルな役割に向けた準備となる経験と位置づけている。また，私の経験が主に営利組織で働くリーダーやマネジャーとのものであるため，本章での議論や事例はそれらの分野のものとなる。

本章は，本書の中でもより理論的，推論的な内容となっている。リーダーシップ開発に関する理論，実践，研究のほとんどは米国において発達してきた現象である。こうした取り組みの意味について文化内部での検証は始まっているものの，複数の文化にまたがる役割を担う人々の能力開発への取り組みは比較的新しいものである。実際にそうした役割自体も新しいものなのである。

背景——グローバル組織とは何か

ウィリアム・グレイダー（William Greider, 1997）は，グローバルな仕事の性質とその影響に関する明快で機知に富む本を執筆している。彼はグローバル組織を，その生産要素が多くの国家に分散しているものと定義している。グローバル組織の戦略は，低賃金の市場（しかし，生産に必要な技術的コンピテンスが存在するような）で生産し，高賃金の市場で売るというものである。グローバル組織は，予想可能な通貨価値や安定的で仕事上好都合な政治的・法的枠組み，有利な税制構造，スキルを持ちながらも従順な労働力，間接費の共有，そして既存のマネジメントとマーケティングのネットワークによって繁栄する。しかしながら，こうした望ましい状況は決して安定的で予測可能ではない（需要，価格，通貨価値，政治などの変化に左右される）ため，グローバル組織は生産過剰を回避し，必要な場合には生産要素を別の場所に移転できるようそのシステムの中に代替可能な機能を組み込んでいる。

たとえばスポーツウェア・メーカーのようなグローバル組織では，中国で生地を確保し，米国でデザインし，バングラデシュで製縫し，米国やカナダ，ヨーロッパ，シンガポール，日本などにある各チェーン店を通じて販売してい

る。こうした活動はすべて，世界中どこにでも置くことのできる世界本社によって計画，管理，調整され統率される。半永久的に根づき，別の場所へ移転しないような活動は存在しない。もしも中国の政治情勢が不安定になったら，生地の調達をメキシコに移すこともできるし，バングラデシュの労働コストが高くなりすぎた場合は，製縫はアラバマ州に移転してもよいのだ。しかし，スポーツウェア産業にとって製品を市場に出すタイミングは重要なため，機能移転の間に顧客を失うことのないよう，この場合，バングラデシュとアラバマ州にそれぞれ常時半分が稼働している工場を計ふたつ置くことになる。これにより，何か不安定な状況が発生して一方を閉鎖しても，もう一方の工場が垂直稼働できる状態を確保できるのである。

このシステムがこの企業の製品数だけあると考えてみよう。ズボン，ゴルフシャツ，水着，野球帽，スウェットスーツ，それぞれが調達先，製造，物流，販売において共通，あるいは異なるプロセスを持つとすれば，グローバル組織の姿が見えてくるはずである。そこでのリーダーシップの役割は国籍ではなく知識やスキル，能力を買われて世界中から採用された人々によって担われているのである。

この戦略を実行するために組織はさまざまな構造を適用してきた。グローバリゼーションに関する現在の議論のほとんどは，グローバルが実際何を意味するのか，そしてひとつの組織がグローバルに事業展開するためにはどのような構造を持てばよいのかに関するものである。構造に関する特に有効な議論がバートレット＝ゴシャールの著書（Bartlett and Ghoshal, 1989）に見られる。彼らは，構造は任務によって定義されなければならず，グローバルに事業展開する組織は多層的な構造を含む傾向があると主張している。言い換えれば，組織の活動のいくつかは地理的に，いくつかは機能によって，さらにいくつかは生産ラインによって編成されるということである。バートレットとゴシャールはこれらすべての構造を組み合わせた組織をトランスナショナル型組織（transnational organization）と呼んでいる。

スポーツウェア・メーカーの例でいえば，地域ごとの顧客に関する知識を活用するために販売は地理的に組織され，特定の法的，政治的枠組みの中で公正かつ一貫した政策と手続きを確立するために人事は地域ごとに機能によって編

成され，そして規模の経済性を獲得するために製造は世界各地の生産ラインによって編成されることになる。そのため，こうした組織構造の中で働く人々は，地理や機能，製品，あるいはそれら三つの組み合わせからくるさまざまな責任を持つことになる。

グローバルな責任を負うマネジャーやリーダーの仕事は何か

どのような場合に個人の職務上の責任範囲がグローバルであるといえるのだろうか。ある定義ではグローバルと国際的（international）とを区別している。グローバルな責任を担う経営幹部が，「世界全体のビジネス環境を理解しつつ職務遂行する」のに対して，伝統的な国際的，あるいは海外駐在のマネジャーたちは「ひとつの外国，およびその国と本部との関係をマネジメントすることに焦点を当てる」（Adler and Bartholomew, 1992）とされている。対照的に，国内的な責任を担う経営幹部は，一国すなわち自国における事業課題にフォーカスしている。こうした定義によれば，ふたつ以上の国にまたがる業務への責任という特定のレベルの責務に就いたときに初めてその人の仕事は真にグローバルであるといえるということを示している。

グローバル組織とグローバルな仕事に関する総合的な論文（Janet de Merode, 1997）の中で，ジャネット・デ・メロードはグローバルな仕事の役割要求を以下のように特徴づけている。

- 異文化横断的——多文化のチームを動機づける。異文化横断的な交渉を指揮する。ビジネス活動やマーケティング，販売における文化的影響を見抜きマネジメントする。異なる文化背景を持つスタッフを選考，評価する。
- コミュニケーション——複数のタイムゾーンにまたがる情報のマネジメント。多拠点の意思決定におけるローカル情報とグローバル情報の統合。（対内的には），互いに顔を合わせない，あるいはお互いを知らない関係者間の情報共有や交換の促進。（対外的には），公共，民間分野の多様なレベルの交流で会社の利益を代表する。通訳を通してでも外国語の中で効果的に業務遂行する。

- 関係——提携，合併，買収，ジョイント・ベンチャー，ライセンス契約など最善の協働形態を分析，選択できるようにするための関係を探し求め維持する。複数の国の公的規制の枠組みに関する知識を用いる。複数の文化背景の中で従業員のエンゲージメント（積極的関与）を高める。
- マーケティング——成長分野の発見やニッチ戦略の展開などのために，異なるマーケットにおける顧客志向の行動を主導する。新しく出現する顧客やマーケットに応じて絶えず製品改善していく革新的な企業文化を創る。ローカル・マーケットの情報を収集し，企業全体の戦略の根拠を固める。
- 事業活動——複数のマーケットにおける賃金，技術，為替取引，レバレッジなどを同時に機能させる。複数の未知の要素，リスクがある中で交渉を進める。時差ボケがあろうと通訳を介してであろうと異なる環境で効果的に交渉する。

　一見，こうした役割要求はどんな会社のどんな上級幹部の場合でも当てはまるように見える。確かに，国内のリーダーたちは動機づけ，交渉し，スタッフを選考・評価し，情報を管理・統合し，意思決定をしなければならない。しかし，グローバルな任務に付随する無限に多様な要素はそれらを量的にも質的にもまったく異なった形にすると私たちは考えている。
　国内的な役割では，たとえ職場グループが極度に異種混合で，いくつかの時間帯に分散していたとしても，すべての人はまだそこで支配的な同じ文化，法的・政治的構造などの下に働いている。グローバルな役割においては，文化のスタイルや法的，政治的な支配性を決めるのは場所であり，グローバル・マネジャーはこれらの諸変数が掛け合わされた事柄に対する責任を担っている。文化的な違いがあるがゆえに，この役割には人類の自由や文化的・環境的分裂，投資家や株主の要望とその国の国益の間に生じる対立といった深い道徳的，倫理的矛盾が埋め込まれている（Greider, 1997）。
　たとえば，大手石油会社は，外国勢力による国の天然資源の損失に抗議した3人のアフリカ人活動家の絞首刑にいくらか責任があるのだろうか。オハイオ州ヤングスタウンの時給25ドルの労働者から仕事を取り上げ，1日7ドルのバングラデシュに移転することは間違っているのだろうか。中国で友好を築く

ためお金を贈るのは贈収賄と見なされるのだろうか。それとも仲介者の手数料と解釈されるのだろうか。そして，国益と企業利益との間に本来内在する対立についてはどうだろうか。外国資本企業の最大利益は，自国の最大利益と対立するため，自国で事業をしている外国人は信用できないというのは世界一般の通念ではなかっただろうか。

グローバル・リーダーたちは，時間，空間，国，そして文化の境界線を超えて仕事をする。次節では，こうした役割要求を満たすために必要な能力，あるいは開発すべき能力について取り上げる。

グローバルなリーダーが必要とする能力

大衆的，学究的を問わず，著述家たちはグローバルな役割におけるマネジャーのスキルの説明に苦心してきた。これは要約するのが難しいテーマである。というのも，一部の著述家たちはグローバル組織で働くマネジャーやグローバルレベルの激しい競争環境で働いているマネジャーについて記述しているものの，それらは必ずしも任務としてグローバルな責任を持っているマネジャーについてのものではないからである。グローバルな仕事についての議論は時折，本人や家族が外国で働き生活するための準備を中心とした海外駐在者の議論に置き換わってしまうことがある。次に引用する著述は有能なグローバル・マネジャーの能力に関する最先端の考察だが，これが完全なものであるというつもりはない。

デヴィッド・ウイークスは「カンファレンス・ボード」［訳注：the Conference Board：米国に本部を置く，著名な経営者の非営利団体］での研究において，成功するグローバル・マネジャーを，ビジネスの知識と高度の忍耐と柔軟性，そして人々とともに働く能力を持った人と述べている（Weeks, 1992）。ロザベス・モス・カンター（Kanter, 1995）はグローバル企業のリーダーを，知識を発達・統合でき，必要に応じた資本，アイディア，人々の動員ができ，多数のインプットとアウトプットのためのポイントを作り出し，新たなコミュニケーションルートを生成し，分散化している専門性，影響力，生産の拠点をマネジメントできる，「コスモポリタン」であると述べている。バートレット＝ゴシャール

(Bartlett and Ghoshal, 1989) は有能なグローバル・マネジャーを,「複数の構造を持つ企業体」で構成されるマトリクスを心の中に保持することができ,ビジネスが要求する方向へマトリクスを再編していく能力のある人々と表現している。ウィルス＝バーハム (Wills and Barham, 1994) はもっと包括的に,国際的マネジャー（複数の国と文化を同時にマネジメントする人々）を,「世界に生きている (being-in-the-world)」存在として表現しようとしている。彼らは,このもつれたような全体像を構成する諸要素を,認知的複雑性,心理的成熟性,感情的エネルギーとして定義している。

こうした大雑把なレビューもグローバルな役割で有能であるために必要なスキルと能力が国内的な役割で必要とされるものと本当に違うのかという問いへの答えとしては物足りない。カンターの記述がグローバルな任務の複雑さ特有の「何か」を最もよくとらえているように思われる。彼女は世界中の市場の雑多性と混沌から学び,それをレバレッジ［訳注：テコ］にできる能力を持った個人について述べている。文化的違いに適合することと,そうした違いを競争上のレバレッジとすることは別物である。同様の傾向として,アドラー＝バーソロミュウ (Adler and Bartholomew, 1992) は,国籍を越えて活躍するマネジャーのスキルについて,知識を深め,文化的にダイナミックな組織を創造することを目的として,海外任務においてだけでなく日常レベルでも異文化間のやりとりをするのに使われる能力であると述べている。

こうしたさまざまな記述は議論の特色を表すものである。これまで概説した著者とその他の人々の記述,特にデ・メロードの統合的な研究からの記述は,「グローバルな役割は特別なことを要求する」という本章の仮説を示すものである。こうした要求を満たすためには,リーダーたちは次のようなことを有していなければならない。

- 高レベルの知覚的複雑性——絶えず続く変化が必然のグローバル・マネジャーの役割は,市場や通貨,規制変更,労働環境など,複数の地域から,大量の,矛盾を含む情報を集め,それらを理解し,合理的かつタイムリーな判断を下す能力を要求する。
- 卓越した対人関係スキル——異なる文化には異なった習慣や価値観,そして

マネジャーの役割期待があるという認識は，優れた対人関係スキルが求められることをマネジャーに自覚させ，おかれた国と状況の中で適切な振る舞いを見つけ出すことを促す。徹底した礼儀正しさや相手を尊重する態度は，多くの場合，文化的誤解に基づいた振る舞いに対する周囲の寛容な反応を引き出す。

- 経験から学ぶ能力——いくつかの文化の中で働いているマネジャーは絶えずビジネスと人々に関する情報を受け取る。しかし，彼らがそれらを受け容れ，それにしたがって行動しようとしない限り，そうした情報は役立たない。つまり，経験から学ぶことにオープンである必要がある。
- 高度な道徳に基づく思考——文化的に許容されている活動には倫理的ジレンマを含むものがあるということを認識することで，より高度な道徳的思考が必要であるとわかる。

　これらのすべてのスキルは本書で記述している実践方法を活用して開発することが可能である。しかし，同時発生的で異文化横断的という仕事の性質は個人の学習への取り組み方についての異なる解釈を加える。

　グローバルな責任を担う人は，本社の所在地にかかわらず，世界中のどんな場所からも選ぶことができる。重役会には多くの国籍の人々が含まれるだろう。マネジメント・チームのメンバーは世界中のあらゆる場所から集まってくる可能性がある。実際，1人ひとり異なる国の出身であるとともに一部は海外駐在者でもあるだろう。

　こうした層に対して，彼ら自身が文化的に予測できることの範囲内で能力開発をするというのでは十分といえない。彼らにとって唯一の文化的な予測とは，「私は今日，どこにいるのか」「今日，向かいに座っている人はだれか」そして，「このシチュエーションでどう振る舞うのが効果的か」といったレベルである可能性もあるのだ。典型的なグローバル・マネジャーは，ある月のうち2週間は米国の3ヶ所を巡り，次の2週間はシンガポールに飛び，最後の1週間をイギリスの本部で過ごすといった状態にある。どうすれば人々をこのレベルの複雑性に向けて能力開発することができるのだろうか。

仕事の割り当てとフィードバックと人間関係の統合

　グローバルな仕事に必要な能力とスキルを養成する最も強力な手段は，フィードバックと成長を促す人間関係が思慮深く統合された仕事の割り当てである。

　仕事からの学習（やらなければならないことであるがゆえの学習）は，成人の能力開発に関する普遍の教義のように思われる。しかしながら，仕事の割り当てから何度も学ぶというのは幸運な偶然であり，後になってからでないと理解できない。能力開発における仕事の割り当ての活用は，「目的を持った楽観主義」として位置づけられるべきものである（Seibert, Hall and Kram, 1995）。そのためには，活用可能な仕事の種類とそれらの仕事からどのような能力が開発されるのか，そして，割り当てられた仕事の恩恵を受けるのはだれかについて知っておく必要がある。

　残念ながら，だれかの能力開発ニーズに必要に応じて応えられる仕事のメニューを提供するために事業を変えていくことは不可能である。むしろ従業員の方に，そうした仕事の割り当てがあった場合に，潜在的な能力開発の機会として認識し活用できるような準備がなければならない。学習を引き起こすには仕事だけでは十分でないことを理解すべきである。学習に不可欠なのは，（アセスメントによって明らかになった）明確な能力開発の目標，新しい行動の試みに対して継続的なフィードバックを得るための方策，コーチやロール・モデル，その他，第5章で記述した多様な人々からの人間関係面でのサポートである。

　「目的を持った楽観主義」を会社の能力開発プロセスの中に位置づけるには，グローバルな仕事への願望と潜在能力を持つグローバル・マネジャー候補が特定される必要がある。ターゲットとなる候補は文化的に適切なアセスメントを通じて獲得した明確な能力開発目標を持っていなければならない。つまり，機会を十分に利用するには，候補者たちは自身の強みと弱みを理解し，自分が求めている経験の種類を知らなければならないのである。

　人材開発の専門家やライン・マネジャーは，仕事がどのように能力開発につながるかを理解する必要がある。適用できそうな仕事のタイプを知り，それら

の情報を組織全体に広める役割を担わなければならない。対象者とその上司は仕事の割り当てが生じたときにはそれをいつでも利用できる状態でなければならないし，フィードバックの求め方や活用のしかた，そして学習をサポートしてくれるコーチやロール・モデルの特定のしかたについて教えられ，準備ができている必要がある。

　つまり，グローバルな仕事を担う個人の能力開発に関わるすべての人たちは皆何らかの役割を負っているのである。そして，最も有効な機会とするために，能力開発のプロセスにはアセスメント，チャレンジ，サポートという三つの核となる要素が含まれていなければならない。

　この議論は他の章で示された原則の繰り返しになるが，グローバルな仕事に必要とされるスキルを教える仕事のリストを補足する事柄であるため，ここで再度押さえておく。これらのリストは直線的なつながりを見せているが，現実にはそれほどスムーズに事は運ばない。組織での実際の能力開発はもっと入り組んだものである。グローバルな仕事を担うリーダーの育成は，その他のあらゆる仕事を担うリーダーの育成とも似ている。能力開発上のタスクと業務上のタスクがかみ合った場合に最もうまく機能する。

　このダイナミックなプロセスは，国際的な責任を担うある上級幹部の半生の中に強烈に描き出されている。個人的なこと，仕事に関することにかかわらず，現在の仕事に就く準備となった経験について尋ねられた彼は次のような話を披露した。

　家族が旅行好きだったため，彼は子供の頃，何ヶ国かを訪れた。大学生の頃には夏休みに兄とイギリスからヨーロッパにかけてヒッチハイクをした。卒業と同時に彼は，世界中に生産設備を持つ会社に就職した。研究開発の技術者として早いうちから成功を収めた後，彼はその技術的専門知識を買われてアジアでの事業を担当している副社長付きのスタッフ・アシスタントとして本部に配置された。この副社長は，どこにいようとも周りの人々とうまくやっていく能力を持った経験豊かな国際的マネジャーであった。彼は上司とともにアジア中を飛び回り，副社長がいかに熟練したやり方で人々と仕事をしているかを観察する機会を得た。

　次の仕事は生産マネジャーだった。そこで彼は，バングラデシュ，アラバ

マ，ウェールズ，マレーシアの生産拠点で活用できる共通の品質管理プロセスを開発するための新プロジェクトが立ち上がるという話を人づてに聞いた。そのチームは関係4ヶ国からやってきた人々で構成されるというもので，イギリスとアジアを旅行したことがあった彼は，そのチームに自発的に手を挙げた。

このとき会社は人事スタッフによる能力開発のための介入を行った。まだ若いマネジャーだった彼は人事から，すべての工場で効果的に導入されうるような品質管理プロセスを提案するというチームとしての目標に加えて，彼自身の個人的な目標として，異文化横断的なチームおいてより影響力を発揮するにはどうあるべきかを習得することが期待されていると伝えられた。その上で，積極的傾聴や誠実性ある行動，チームメンバーの最高の部分を引き出すこと，そして文化的相違に対する正しい認識を表すといったスキルに基づいて評価されたのである。彼はチームに入る前に，このアセスメント結果に基づいた能力開発目標を設定することを求められ，他のメンバーたちとその能力開発目標を共有するよう勧められた。このプロジェクトを終えた後，彼はタスクにおけるジレンマや何をどうやって学んだか，それは将来立ち上がる異文化横断的なプロジェクトにどう活用できるかといったことに関するインタビューを受けた。これは彼にとってポジティブな経験であり，その後，彼が国際的な機会を探し続けるきっかけとなったのである。

いま，このマネジャーは彼自身の成功を，旅行好きという幸運な偶然や，国際的経験のある良きロール・モデル，そしてどのようにして経験から学ぶかを見せてくれた人事の専門家のおかげだと考えている。

このマネジャーの例を念頭におきつつ，重大な問題に目を向けることにしよう。どのようなプロセス，経験の連続が，グローバルな仕事に不可欠とされるスキル（知覚的複雑性や対人能力，道徳的思考などのスキルと，経験から学ぶ能力）を開発するものとして期待できるのだろうか。

特定とアセスメント・プロセス

成長を促す仕事上のチャレンジを特定するには時間と注意が必要だが，ときには早急にポジションに就く人を確保しなければならない場合がある。成長を促す機会が現れたときにそれを最大活用するには，ライン・マネジャーや人事

の専門家は，グローバル・マネジャーになりうる潜在性を持った人を知っていなければならない。

初期段階での特定，試用，仕事の下見——グローバルな能力開発のキャリア管理に責任を負う人々は，グローバルな役割へのキャリア・パスをたどる適性があり，またそうしたキャリアに関心を持っている人間を探し出さなければならない。この過程で考えられる最初のステップは，キャリアの初期の段階から出張や目新しいもの，国際的な仕事を好み，外国語を話し，外国で暮らした経験を持つような人を特定することである。

　出張が好きでない人もいるし，国際的な仕事を決して望まない人もいる。自国の中の多様性に対処することができない人，関心がない人もいる。グローバルな仕事が持つ時間的な要求と対立するような生活上や仕事上の目標を持っている人もいる。また，潜在能力を持ちながらも，国際的な仕事に挑戦したいのかどうか自分でもはっきりしない人もいる。こうした人々には，機会をとらえて外国からのゲストを接待させたり，自国文化を含めた文化的な違いにふれさせたりするなど視野を広げるようにしてみるといいだろう。

フィードバック・インテンシブ・プログラムと能力開発プロセス——現れた機会を能力開発機会として特定するためには明確な能力開発目標が必要であることが指摘された。米国のマネジャーたちにとってフィードバック・インテンシブ・プログラム（以下，FIP）は，強みと弱みがわかり，能力開発目標を明確化するための強力な方法となりうるものである。目標設定は，ある人がグローバルなキャリアに関心を抱いていると目されたら直ちに，また主要な仕事に就く前にも行われるべきである。目標達成についても仕事の終了後に聴取すべきである。しかしながら，このフィードバックと目標設定をどのように起こすかは，文化に基づいて決定される必要がある。第2章で述べたように，FIPは，特定の国においては対象者にとって文化的に適切でない可能性があるからだ。

チャレンジとなる仕事のバリエーション

　どのような組織にも，やるべきことが明快に反映された多様な仕事がある。

それらは期間，密度，範囲などに違いがあるが，準備のある学習者には異なるスキル群を身につける機会を提供する。

出張と遠く離れた多国のプロジェクト——出張と多国にわたる仕事は，ビジネス事情における文化的相違，つまり人，金，法，習慣，言語に身をさらす機会を与える。こうした経験を通じて人々は，他者の話を聴き，他者をリラックスさせ，言語の障壁を越えて口頭や文書でコミュニケーション（通訳を通す場合も含めて）する力を開発する。そして，他者が，自分が慣れ親しんだ見方とは違った形で物事を理解することを認識する。ものの見方に違いがあることを単に知るだけでなく経験することは，「グローバルな」スキル開発の初期のステップとなるものである。

異文化横断チームの一員として働く——異文化横断チームの一員として働くとは，上級レベルのグローバルな仕事に特徴的な，同時進行で複数の文化にわたる影響を考慮しなければならないという要素を経験する機会になる。チームは地理的に分散していることが多いため，コミュニケーションにおける身体的なサインは見えない。人々は時間，距離，文化を越えて意味を解釈することを学び，信頼することを学ぶのである。

海外駐在の仕事——前出の仕事と同様に，人々は自分の知らないことを学び，ものの見方を知る練習をし，自己認識と対人関係スキルを高める機会を持つことができる。また，この仕事は文化的な背景を持つビジネス慣行に埋め込まれている倫理的なジレンマに気づく機会を提供する可能性を持っており，異なる文化的背景の中で仕事を達成するとはどういうことかを正しく理解させ始める。

マネジメント責任を伴う海外駐在の仕事——マネジメントの仕事は，境界を越えた橋渡しの役割を担う機会を与える。それは本部の意向を受け入れ，国に説明し，その国の意向を本部に説明することである。この仕事はレベルと場所によって，重要な外向的役割をマネジャーに経験させる。特定の国の法や政治的

枠組みを理解し，その枠内で交渉をすることを学ぶのである。ここでの倫理的ジレンマはさらに深いものになるかもしれない。

帰国してからの仕事──ここでは学んだことを他の人々に教える機会を得る。帰国後の経験は，海外派遣の選考や準備，配置をサポートする管理政策面だけでなくビジネス戦略に関する情報を提供することで実を結ぶ。皮肉なことに多くの米国の企業では，帰国者たちはよくても無視されるか，下手をすると不在だったために出世コースから外れてしまっている。ドルトン＝ウィルソン（Dalton and Wilson, 1996）は『フォーチュン』誌が選ぶトップ100企業の上層部の帰国者16人へのインタビューにおいて，「国外での仕事の間にあなた方が習得したことを，組織はどのように活用しましたか」と尋ねているが，全員が異口同音に「活用していない」と答えている。そのうちの1人は，「もう帰国して2年になりますが，そんなことを尋ねたのはあなたが初めてですよ」と言った。別の人はこうも述べている。「スライドを見せてくれと言った人だって1人としていませんよ」。

　グローバルに競争しようと先を争いながら，必要とされる人材の育成に配慮しないというのは困ったことだ。グローバルな仕事を担う人材の育成の最大の障壁となっているのは海外派遣者の扱いの悪さである。これが変わらない限り才能ある人々はこの任務を引き受けないだろうし，長期的にはその組織はグローバルな存在として成功することはないだろう。

大規模な多国籍プロジェクトのマネジメント──この種の仕事は複数の文化と遠く離れて働く経験をもたらす。学習の機会として，バーチャルなチームを形成し維持する，めったに会わない人たちを管理する，文化的違いからイノベーションを生み出すためにチームを活用する，置かれている状況をチームメンバーの育成に活用するといったことを含んでいる。

地域的責任を伴う仕事──この種の仕事では，南北アメリカ大陸や環太平洋地域，中東，ヨーロッパといったように，ひとつ以上の文化にまたがった仕事に関与することになる。仕事はおそらく営業，人事，財務などの機能領域のもの

になるだろうから，法律，外貨，地域的慣習からの影響が際立って重要になってくる。

製品に関するグローバルな責任——最後に，真のグローバルな仕事（多くの国にまたがって管理すること）は，前段階で身につけたスキルすべてを必要とするとともに，さらに知覚的な複雑性の開発を要求することとなる。プロジェクト管理とは違って，この仕事はビジネス・サイクルを通じた製品やプロセスのマネジメントを必要とする。これは，前出のグレイダーとカンターが言うところの責任レベルにあたり，組織の生死と将来に影響を与える戦略的決定がなされるところである。この種の仕事に選ばれる人はまぎれもなく，かなりの経験を持つ上級幹部である。この役割における成功は，その経営幹部のキャリアの歴史における経験の多様さと密度に負うところが多いと私たちは考えている。

支援的な人間関係——キャリア上の仕事を通じてグローバルな仕事に就くことを望むマネジャーは，グローバルなキャリアで成功をおさめたロール・モデルとなる人や，助言やサポート，フィードバックを提供してくれるメンターを持つべきである。グローバルな仕事に関心があり，その領域で高い潜在能力を持つと認定された若いマネジャーは，理想的にはキャリアのどこかの時点でこれら成功したグローバル経営幹部の近くで仕事をする機会を与えられるべきである。

三要素すべてを結びつける

　本章の最初の方で示した仕事のリストは，初期段階での仕事の下見と国際的なことへの接触から，短期の出張や海外駐在の仕事を経て，プロジェクトや製品のグローバルな責任を担うまでの絶えず増大する責任範囲に基づいた年代記を示している。個人に降りてくる仕事の連続性がどのようであれ，それまでの仕事を土台とすべき場合もあれば，それまでとは質的に一線を画すべき場合もある。

　CCLは，仕事の中に存在する能力開発的なチャレンジと，特定の仕事が教えることのできるスキルを評価測定するための技術を開発している（たとえば

McCauley, Ruderman, Ohlott and Morrow, 1994 を参照)。これらの技術は，ここで議論された仕事が教えることを明らかにする可能性を持つツールとしてさらに探求されることが必要である。ドルトン＝ウィルソン（Dalton and Wilson, 1996）は海外駐在者を対象とした研究において，彼らが海外任務から学習したと語った 43 以上の教訓を特定している。こうした教訓は，対人関係スキル，文化の知識，知覚的スキル，個人的スキル，ビジネスの知識，そしてマネジメント・スキルという一般的な項目に分類された。次に引用する言葉は仕事から生じる学習の種類を説明している。

> 他人の話を傾聴するには，耳に注意を集中するのに加えて，体全体を使って聞くということを学ばなければなりません。そうすれば，彼らにとって何が価値なのかがわかります。他人を説得するためには，彼らの世界観と枠組みの覆いを取らなければならないのです。

> 私は何かをする際のまったく異なるものの見方と方法を学びました。傾聴することと，協働というスタイルの価値を再評価するようになりました。しかし，それは困難なことでした。あまりにも異質な人々を信頼するのはとても難しいことです。関係を構築し，信頼できるかどうかを判断しなければならないのですから。

> 私は観察すること，受け容れること，拒むことを学びました。私は自分の個性，価値観，やり方，信念を失うことなく，私にとって価値のあることとは何かを自問しなければなりませんでした。それらすべてがチャレンジでした。

最後に，国際的な仕事に国内的な仕事が組み込まれている場合，一方の経験から得る学習が補強され，他方の経験との間で実を結ぶことになるだろう。たとえば組織は，国際的な仕事から戻ってきた人々が次の海外駐在者候補へのオリエンテーションをしたり，他国での生産拠点の立ち上げ計画の議論に加わったり，他国での能力開発方針やトレーニング・プログラムの実行に関する人事

の話し合いに加わったりする機会をつくることができる。
　これまでのところ，グローバルな役割を担う人材の育成は，前出の各章で提案された能力開発戦略（仕事の割り当ての思慮深い活用，フィードバック，戦略的な能力開発目標に向けた人間関係）を踏襲しているように思われる。これらの戦略をグローバルなスキルを身につけるために活用する際に，異なると思われるのは学習のプロセス自体である。

文化を越えて学ぶ能力と意欲

　序章で提示されているモデルから見た場合，グローバルな仕事にとって学ぶ能力と意欲はプロセスの一部でもあり成果（特定のスキル群，メタ［高次の］・コンピテンシー）でもある。事実，これはあらゆる種類の仕事に通じる成果だが，グローバルな仕事が持つダイナミックな性質に対して特に重要である。

　「学ぶスキル」という言葉が意味していることは何だろうか。グローバルな仕事に関わる人にとっては何か違う面があるのだろうか。ベアード＝ブリスコー＝チュードン（Baird, Briscoe and Tuden, 1996）は，グローバル・マネジャーを目指す人には，アクション・ラーニング（実行を通じた学習技法）と自己内省（self-reflection）のスキルが教授されているべきだと主張しており，これらの学習のためのスキルを，気づき，柔軟さ，適応性に分類している。スプライツァー＝マッコール＝マホーニー（Spreitzer, McCall and Mahoney, 1997）たちはさらに詳細な分類によって，国際的な経営幹部を目指す人々に必要な「学ぶスキル」をアセスメントしている。

　CCLで1980年代半ばに始まった研究に基づいて，スプライツァー＝マッコール＝マホーニーは，マネジメントとリーダーシップにおける重要なスキルは経験から学習されるというアイディアを発展させ（McCall, Lombardo and Morrison, 1988; McCauley, Ruderman, Ohlott and Morrow, 1994），経験からの学習を促す行動の研究に取り組んできた。彼らは，特に国際的マネジャー（海外駐在，もしくはより一般的な国際的な問題を扱う仕事など，いくらかでも国際的な視野が求められる仕事に携わっている経営幹部）を研究対象としている。

スプライツァーたちは，国際的な経験から学ぶことができ，優れたマネジャーになりうる人を識別すると思われる 14 の行動群を特定した。彼らはそれをふたつのグループ，(1)学習志向の行動特性（learning-oriented behaviors）と(2)ゴール想定コンピテンシー（end-state competencies）（『国際的な役割において重要な学習志向の行動とコンピテンシー（*Learning Oriented Behaviors and Competencies Important in International Roles*)』を参照）に分けている。キャリアの初期段階で学習志向の行動特性を示す若いマネジャーは，ゴール想定コンピテンシーとその結果として生じる有能性を最も獲得しやすい傾向にある。言い換えれば，これらのコンピテンシーは多様で豊かなマネジメントのキャリアを持つ定評ある有能な幹部マネジャーに見られる行動やスキル，態度の集合体である。

国際的な役割において重要な学習志向の行動とコンピテンシー

〈行　動〉
フィードバックを活用する
フィードバックを求める
異文化に冒険的である
学ぶ機会を求める
批判に対してオープンである
柔軟である

〈コンピテンシー〉
文化的な違いに敏感である
誠実に行動する
成功することに専心する
広いビジネス知識を持っている
人々の最良の部分を引き出す
洞察力がある
はっきりとした態度を示す勇気を持っている

リスクを取る

出典：Spreitzer, McCall and Mahoney, 1997 より許可を得て引用

　スプライツァーとその同僚は，特に異文化に冒険的であるとみられる人や，学ぶ機会を求める人，そして洞察力があり，批判に対してオープンな人が国際的な役割において有能であるとされる可能性が最も高いことを発見した。
　スプライツァー＝マッコール＝マホーニーの研究を土台にすれば，グローバルな役割に関する育成的アセスメントは，経験から学ぶために重要な能力に基づくものと考えることができる。このアセスメント結果のフィードバックを受け止め，経験から学ぶ能力を開発するために活用できる人は，理論的には上級レベルのグローバルな役割に備えるためのさまざまなチャレンジをよりうまく活かせるようになるということである。ゴール想定コンピテンシーや性格特性よりも，学習行動が評価されるというのはアセスメント技術のまた別の適用方法である。
　しかし，個人がどのように学ぶかはその人の文化的枠組みによって規定される。これは有能なグローバル・マネジャーになるためのスキル開発は他と何が異なるのかを明らかにする上での核心的な問題かもしれない。経験からの学習は人間に見られる普遍的な現象である。学ぶためのサポートを得ることと，目標達成のための行動に関して絶えざるフィードバックを受けることは，おそらくは文化のいかんにかかわらず学習に不可欠なものであろう。
　しかし，こうした学習行動（チャレンジングな経験に身をさらし，フィードバックを求め，活用し，人間関係のサポートを求めること）の表出のしかたは文化的に規定される。同じ意味や目的を持っていたとしても，学習のための行動は多様な文化ごとに異なるものである。
　つまり，グローバルに仕事をしようというマネジャーは，まず自分自身の文化の中でどのように学ぶかを理解しなければならない。反対に，世界の別の場所で仕事をするにあたっては，その文化の中では学習がどのようにサポートされているかを理解しなければならない。たとえば米国のマネジャーは，「他人が気が進まない場合でも，フィードバックをくれるよう強く訴える」ことで，フィードバックを活用しようとするかもしれない。これはスプライツァー＝マ

ッコール＝マホーニーの観点からすれば学習能力を示す行動のひとつである。しかし，この行動は極めて米国的である。もし，このマネジャーが日本での任務に就いていたとしたら人々に不快感を与える恐れがある。あるいは，実際には自分が気づいていないだけなのに，「フィードバックを受けていない」と感じるかもしれない。フィードバックは直接的に彼のところに来る代わりに，上司からその同僚，さらに別の同僚に伝えられ，そして最後に仕事帰りの一杯を引っ掛けているときに彼の元へ届けられるかもしれないのだ。

　学ぶための行動が，意図しないような結果につながるというもうひとつの例は，「学ぶ機会を求める」という文化的な「構造」にある。多くの西洋文化では自ら機会を求めてそれに関与しないのは志や自発性が欠如していると解釈されるが，別の文化においては，攻撃的な機会の追求は，節度がないとか年功や職歴などをめぐる集団規範を乱しているといったように解釈されることもある。

　これを説明する例として，東京，ロンドン，ニューヨーク，シンガポール，そしてモントリオールから来た店舗マネジャーで構成されるプロジェクト・チームを想像してみよう。彼らの仕事は，フロリダにいるデザイナーがよりタイムリーに顧客の声を受け取れるようなシステムを構築することである。この仕事には(1)システムを構築することと，(2)小売りに関する共通の問題を共同で迅速に解決できるような委員会を設立すること，のふたつが含まれている。迅速に集まって仕事に取り掛かれるようになるために，委員会のメンバーは互いに敬意を払い信頼を寄せなければならないし，対面と遠隔の両面で情報を共有したり，フィードバックを提供し合わなければならない。フィードバックはどのように提供され，受け取られているのだろうか。ニューヨークから来た代表は日本の代表に対して，「自分のアイディアをちゃんと聞いてくれていないように感じますが，いかがですか」と公の会議の場で言う（つまりフィードバックを与える）べきだろうか。日本人のメンバーは，ニューヨークの代表を飲みに誘って何杯か飲んだ後に，「あなたは会議でしゃべりすぎる」と言う（つまりフィードバックを与える）べきだろうか。このチームが前進するためにはメンバー1人ひとりが，自分以外のチームの全メンバーが「それぞれの文化的期待の範疇でどのように学ぶのか」ということを学ばなければならない。

まとめると，グローバルな役割に就く際には，自分が接している文化の人々がどのように機会に関与するのか，どのようにフィードバックとサポートを求めるのか，そしてそれらをどのように認識するのかといった，彼らの文化の中での学習プロセスの進み方を理解する必要がある。言い換えると，学ぶ過程で見られる行動は文化によって異なるということである。グローバルな役割を担うリーダーの育成は，彼らが次のようなことを理解するのを手助けすることを意味している。

- 経験からの学習がどのように生じるか——一般的原則
- 自分自身の文化の中で，その原則はどのように展開されるか——具体的な方法
- 自分が仕事をするそれぞれの文化の中で，それらはどのように展開されるか——グローバルに学ぶ方法を学ぶ

道徳的思考の開発

　グローバルな責任を担う人材の育成を考えるときに，もうひとつ質的に異なると思われるスキルは道徳的思考の開発である。グローバルに仕事をしている人々は，文化的差異に耐え，適応することを期待される。グローバルな経営幹部にとっては複数の文化的差異への対処を意味する。電話が鳴るたびに，通話の相手は，解決が必要な固有の問題を抱えた別々の文化圏の人であるかもしれない。当然，こうした忍耐と適応の中には，グローバル・マネジャーから見て道徳的，倫理的に疑問を感じるような活動への対処が含まれる。

　実際，グローバルな仕事を担う人が直面する最も困難な能力開発的タスクは，異文化横断的な仕事に内在する道徳的，倫理的ジレンマに対処することかもしれない。本章の最初の方でふれた合理的経済モデル——低賃金の国で生産し，高所得の国で販売し，投資家の価値を最大化する——が，天然資源の限られた世界における人類の状態と向き合うことになる。この領域において，グローバルな指導者としてのスキル（もしくはスキル不足）は，私たちの共通の未

来に対して最も大きな影響を与えることになるのである。

　ビジネスのグローバル化は世界を変化させている。しかし，そうしたビジネスを運営するグローバル経営幹部たちは，この変化に関して選出も任命も受けてはいない。多くの場合，見えない媒介者なのだ。「彼らは自分たちの会社のために新しいグローバルな現実に対処すべく，中国やマレーシア，東欧に駐在していました。彼らが個人として生き残るか失脚するかは，自分の会社が生き残り繁栄するかどうかにかかっており，自国の繁栄に基づいたものではありません」（Greider, 1997）。そして，駐在国の繁栄に基づくものでもない。

　この利害のグローバル化が世界を救うという人もいれば，苦痛を悪化させるだけであると信じている人もいる。これは複雑で難しい問題である。グローバルな役割を担う人材育成で重要となることは，複雑な倫理的問題に取り組む機会を組み入れ，それを強調することである。これはバランスシートの読み方や，外国語，あるいは新市場への新製品投入のしかたを学ぶのと同じくらい，おそらくそれ以上に重要なことである。

　組織は自分たちのビジネス運営に関する公式の倫理規定を構築する必要があるが，個人は道徳的なあいまいさに対処するための訓練とサポートを必要とする。「グローバルなビジネス環境では，緊張状態において価値があるのは例外よりもむしろルールである」（Donaldson, 1996）。これは，食事の際にどのフォークを使うのかというレベルの緊張状態ではない。それは経済的，文化的文脈の中で定義される，基本的人権や神聖な伝統に関わる緊張状態なのである。グレイダー（Greider, 1997）は，あるハイテク企業が若いイスラム教徒の女性たちに，給料を父親に渡すのではなく自分で保管するために個人の銀行口座を開くことをどのように教えたかという事例を紹介している。この行動は，女性の自立に価値を置く人々には良いことと映るが，伝統的な家族の役割と価値観の維持に関心を抱く人々にとってはマイナスに見えてもおかしくないのである。

　道徳的思考を開発するためには，目に見える公的な影響を持つようなチャレンジングな仕事を与えられる必要がある。会社のゴールを満たすことのみで，その他の法的，政治的なトラブルに一切関わらないような仕事は効果的な国際的任務とはいえない。文化的枠組みと経済の現実にまたがった道徳的，倫理的

ジレンマを引き受け，議論し，解決することは，グローバルなリーダーが得るおそらく最も重要な能力開発の機会である。

グローバルな仕事に必要なスキルを教える数々の任務を踏まえた上で，道徳的思考のスキルを開発するための仕事として次の三つを追加しておく。

1. 組織のビジネス上の倫理規定を策定する異文化横断的なタスク・フォースの一員として働く。
2. 作成した倫理規定を世界中の現場に持っていって説明し，フィードバックを受け，フィードバックに基づいて改訂する。もちろんいくつかの国では，本部から来た代表にフィードバックすることが無礼，あるいは得策ではないと見なされているため，情報収集の作業自体がチャレンジの一部となることもある。
3. 厄介な問題を議論し解決する。世界規模の倫理的ビジネス委員会の一員として働く。

繰り返すが，グローバルな仕事における倫理的，道徳的ジレンマへの取り組みは，グローバル経営幹部にとって最も重要な能力開発ニーズである可能性がある。これはダメージ・コントロール（被害対策）や問題の回避とは異なり，人間として，そして責任ある組織の一員としての成長に関わることなのである。

まとめ

組織はビジネスをますます国際的に運営するようになっており，重要な国際的役割を担う人材の必要性は高まっている。組織は未だ答えが出ていない深刻で現実的な問題に直面している。

- グローバルな役割を担う人をどうやって育成するか。
- グローバルな仕事をするために個人が有するべきスキルと能力は何か。
- そうしたスキルと能力は，有能な国内のマネジャーのスキルとは本当に違う

のか。

　本書が提示している基本モデルは，国内的な仕事と同様にグローバルな仕事に対しても適切なものだが，いくつかの側面で特別な注意を向ける必要がある。とりわけ，成長を促す仕事の性質が異なっているため，必要なスキル学習のためのベストな機会をどの仕事が最も提供しうるのかを理解しておかなければならない。このことは，成長を促す仕事を国際的な学習の最善の方法と考えている私たちにとってより重要なポイントである。核となるスキルである「学ぶ能力」もまた色合いの違ったものとなる。グローバルな仕事をしている人々は，「多様な文化の中での学習方法」を学ぶ必要があるためである。最後に，異文化横断的な仕事に内在している倫理的，道徳的問題に対しては特別な注意が向けられる必要がある。

Chapter Twelve
Approaching the Future of
Leadership Development

第12章
リーダーシップ開発の未来へのアプローチ

ウィルフレッド・H. ドラス
Wilfred H. Drath

　最終章まで読み進んだ読者が考えていることは，おそらく「未来のリーダーをどのように用意すればよいか」といったことではないかと推測する。あるいは「将来のリーダーは，いったいどこからやって来るのか」というものかもしれない。あなたが人事のマネジャー，企業の経営幹部，非営利のボランティア，市民団体のリーダー，あるいは単に関心を持った市民のいずれであっても，本書を読んでいるのならば，リーダーシップの将来に関する懸念が一度ならず頭をよぎったことに気づくはずである。

　現代生活の相矛盾するふたつのテーマがこの心配を表面化させている。世界がだんだん小さくなり，コミュニケーション手段や輸送技術の発達によって人類がより集合的になってきているように見える一方で，同時にさらに砕かれ，分割され，結びつきの度合いは低くなっているようにも見える。人々の接触が密になるにつれて，同時に私たちはお互いから離れ，人種や性別，国籍，宗

　次の人たちに深い感謝の意を述べたいと思います。彼らはチャレンジへの励ましの源であり，支援してくれた人々です：Robert Burnside, Cedric Crocker, Michael Hoppe, Winn Legerton, Cindy McCaluley, Russ Moxley, Chuck Pauls, Joan Tavares, Ellen Van Vensor, そしてKenneth Wilcoxに。また，Robert Kegan と Kenneth Gergen に対して恩義と感謝の念を表したいと思います。彼らの考えがここで示されたコンセプトの展開の中心となりました。

教，あるいは経済的地位などによって形成された，特定の利害という『飛び地』の中へ引きこもっているかのように見受けられる。より包括的になりつつあるものと格闘しようとするかのように，私たちは，より排他的になるよう絶え間なく駆り立てられている。

このことが思慮深い人たちに，将来のリーダーシップに対する心配を引き起こしている。リーダーシップは人々を共通の目標に向かって協力させるものだと見なされているため，利害や力の多様化が進み，人々がそれぞれ固有の観点を主張する傾向が強まっている光景は，「効果的なリーダーシップ」のあり方の前途に疑いを抱かせるのである。人々は，「この組織（あるいはコミュニティ，国家）の中で，私たちが持つすべての論点や価値観，ニーズ，そして異なる見方をまとめ上げるビジョンを表明できるようなリーダーをどうやって見つけ出せばいいというのか」と尋ねる。これは辛らつな質問である。この問いは暗に「無理だ。そんなリーダーはもはや存在しない」という答えをほのめかしているからだ。

それでも，この悲観的な感覚と並行して新たな楽観主義の兆候も現れている。この兆候は，「答えはおそらくひとりのリーダーではない。リーダーシップとは一個人の行動を超えたより大きなものだ」と感じている人たちから発信されている。これは未熟なアイディアで，その意味はほとんど明快とはいえないが，組織やコミュニティに所属する多くの人々が，リーダーシップをひとりの非凡な人の行為ではなく，多くの凡人たちによって共有された分散型のプロセスと考えるようになってきている。

本章で扱うのは，この新しいリーダーシップの精神である。前出の各章は，個人をリーダーとして育成するための知恵と専門知識を提供しており，これは十中八九，私たちが常に必要とするであろうことである。しかしながら，本章は組織やコミュニティの相当数の人が，リーダーシップに関与することを望んだり，求められたりするような未来の考察を試みるものである。こうした未来ではリーダーシップ開発はどのようなものになるのだろうか。個人をリーダーとして育成することから，もっと多くの人をリーダーシップ・プロセスの参加者として育成することへ移行を私たちはどのように始めることができるのだろうか。

リーダーシップ概念の進化

リーダーの育成は太古の昔からの関心事である。古代エジプトには，ファラオにリーダーシップを身につけさせることが，多大な思索と分析が捧げられるほどの重大事だったという証拠がある。『国家論』の中でプラトンは，リーダーを，統率の意志を持たない「銅」の人々（職人や労働者）と区別して，「金」の人間であると述べている。アリストテレスの思想は帝国の未来のリーダーたるアレキサンダー大王を生み出した。しかし，この古くからのアプローチは「生まれつきのリーダーである」と見なされた人を育成するものであり，リーダーシップ開発という概念とは別のものである。

より最近の概念は，習得した能力や境遇がリーダーシップに大きな違いを与えるという視点に立っている。戦時に分隊を統率することになった軍曹，懸命に働いて会社の社長となった使い走りの少年，ひとつのアイディアを事業にまで育てる夢想家，決定がなかなか下らないときに進み出て評決の責任を担う物静かな陪審員などである。これらはリーダーになった人々の例であり，特定の文脈において1人の人間の中に現れるリーダーシップの例である。これは，今日我々がリーダーシップ開発を考えるときにたいてい念頭にあるものである。必要に応じてリーダーとして行動するという，ほとんどの人が持っている一般的な人間の能力を開発することである。これは，リーダーとして生まれついたと見なされる人を訓練し育成するという古い概念とはかなり異なっている。

リーダーシップ開発のアプローチの変化は，リーダーシップそのものの概念が変化することによって生じた。本書が50年，100年前に書かれていたとしたら，見初められたリーダーを育てて教育すること，「明白な」リーダーシップの資質を持った人々をその義務を果たせるよう訓練することに焦点が当てられていただろう。リーダーシップは純粋に生まれつきのものであるという前提が，だれもが習得でき状況に応じて現れるものという概念に取って代わられたため，リーダーシップ開発のアプローチは，選ばれた少数の人の中にある先天的な能力を育てるというものから，概して，リーダーになる方法を人々に「教える」というものに変化した。本書はそうした基盤，つまり程よい知性を持つ

成熟したすべての人たちのリーダーシップ能力をいかに開発するかという考え方に立脚している。

　言い換えれば，リーダーシップそのものと，リーダーシップ開発の概念とが並んで変化したということである。どのようにリーダーシップ開発するかを考える際には，どんなリーダーシップが前提とされているかが重要になってくる。そしてこれが本章の主題に私たちを導いてくれる。リーダーシップの概念が再びどのように変化し，それらの変化は今後のリーダーシップ開発の取り組みにどんな影響を与えるのだろうか。

　リーダーシップの変化はそれがどう定義されるかだけではなく，人々がそれをどのように実践するか，つまり職場グループやチーム，組織の中にいる人々の実際の行動にも関係する。人々が実際にすることは彼らが何を考えているかによるところが大きい。概念と定義が行動の枠組みを与えるのである。リーダーシップの変化はこのように，行動の変化と行動に対する考え方の変化の両方を反映している。

　リーダーシップは何百年もの間それほど変化しなかったように思えるかもしれない。本章で明らかにしていくが，私はリーダーシップの実践活動は大きな変化を遂げてきたと考えている。変わっていないのはリーダーシップの必要性である。人々は多様な集団やコミュニティ，部族，そして組織の中に，方向性を生み出し，混乱を回避し，状況の変化に対応するための何らかの力を常に必要としてきたように思われる。人類は互いに共同することによってこの惑星で生き残り，そしてリーダーシップとは，私たちを共通の方向へ進ませるような「何か」に対して私たちが与えた名前なのである。方向性を生み出し，外部の変化に対応するという目標は，昔と同じように今日でも存在する。しかし，歴史を通じて確実に変化し続けていると思われるのは，人類がこのリーダーシップという力を生み出すために用いる方法である。

　古代世界では，リーダーシップの概念とは優位，つまりフォロワーを支配するという概念だったと考えられる。王たちが存在し，臣民が存在した。自然法によって王が率い，臣民はそれにしたがった。このリーダーシップ概念は何千年にもわたって広く存在してきた。しかし，米国独立戦争の時代になると，民主主義の高まりに伴うより啓蒙的なアプローチと合致して，はっきりと異なる

リーダーシップ概念が浮上し始めた。これは社会的影響としてのリーダーシップ概念であり，そこではリーダーたちはフォロワーを尊重し，理解する必要を認識し，合理的，感情的アピールを通じて彼らを動機づけるよう試みるのだ。これは*交換的（transactional）* リーダーシップと呼ばれてきた（Bass, 1985）。

20世紀には，人間が外的，社会的関心だけでなく，内的な心理学的動機も持っているという人間性への理解を反映して近代的リーダーシップ概念が進化した。近代的リーダーシップ概念は，人々の中に社会的目標への心からの関与を創り出し，1人の人間の個人的関心をより大きな社会的関心に変換するというものである。これは*変革的（transformational）* リーダーシップと呼ばれており（Bass, 1985），リーダーシップに関する洗練され，よく研究された理解を表すものである。

これらのリーダーシップの概念と実践に関する変化には，リーダーとフォロワーの間の平等性が高まっていくという一貫した傾向が見られる。リーダーは絶対的な支配者であるという古代の概念から，リーダーが必要と考えることを人々にさせるようにすることがリーダーの仕事であるという概念へ，そしてリーダーとフォロワーはより大きな目的への貢献という内的感覚を共有しなければならないという概念へと，その力と役割におけるリーダーとフォロワー間のギャップは縮小してきた。

そして今日，リーダーシップの概念と実践はさらに別の変化を遂げようとしていることを感じさせるいくつかの兆候がある。今はまだ新たな形態はまったく明らかになってはいないものの，今度の変化はリーダーとフォロワーとの区別を消し去ることを含むかもしれない。そう遠くない将来，リーダーシップは相互の行動の中に現れるプロセスとして理解されることになるかもしれない。これが意味することは，いかなる権威や権力を持つ役割に就いていようと，ともに働く人々は，意義あることや変化への適応の仕方，有益な方向性など，以前は1人のリーダーによって与えられていたビジョンを決定する上での相互依存的なパートナーとして見なされるということである。

表12.1は，進化中の概念として，このリーダーシップ像をまとめている。

リーダーシップ概念が進化すると無用のものが残される。これはたとえば，「古代の」リーダーシップ概念（支配）は今日も依然健在であるものの，それ

表 12.1　リーダーシップ・モデルの進化

	古代	伝統的	近代的	将来
リーダーシップ概念	支配（統治）	影響	共通の目標	互恵的関係
リーダーシップ行動	フォロワーを指揮する	フォロワーを動機づける	心からの関与を創出する	相互による意味形成
リーダーシップ開発の焦点	リーダーの権力	リーダーの対人関係スキル	リーダーの自己理解	集団の相互作用

は現在でも有益な目的に役立つ場合においてのみであることを意味している。それぞれのリーダーシップ概念が次の概念に取って代わられたと同時に存在しなくなると考えるのではなく，どの新しい概念もそれ以前の概念を包含しており，以前の概念の上に新しい何かを構築するものと考えた方が有効であろう。

　一般的に，より新しい概念は，古い概念に何らかの限界が生じること，すなわち古い概念の有用性が薄れてしまうことによって生まれる傾向がある。リーダーシップの場合，たとえば多くの暴君たちが発見したように，支配という概念は人々を本当に動機づける力として限界がある。フォロワーたちはしばしば罰を回避するだけのためにしたがい，その結果として彼らの仕事の質は大きく損なわれる。この限界に焦点が当たって影響の概念が発達した。これは支配の概念に基づいて，その有益な部分（混乱や衝突を回避するための決定の中心としてのリーダーといったこと）を維持しつつ，フォロワーのより質の高い努力を引き出すポジティブな動機づけを利用することでその限界を克服しようとしている。

　同様に，共通の目標への心からの関与を創出するという近代的リーダーシップ概念は，影響の概念の限界に焦点を当てている。影響は，外的なニーズや見返りに訴えて真の動機を生み出そうとするリーダーの能力による限界を持っている。共通の目標という考えには，人々が自分自身の目標が含まれている共通の目標に向かって働き，内面的，内発的動機が喚起されれば動機は強化されるのだというアイディアが加味されている。リーダーの役割は，共通の目標を創り出し，明言し，それらへの積極的関与を促すプロセスをマネジメントするというものになった。影響の概念は捨て去られたわけではない。というのも，リーダーたちはしばしばそのプロセスで理性と感情に訴える影響力を行使する。

しかし，影響はより大きな概念の一部の働きなのだ。影響の概念はこのように拡大され，その限界への取り組みがなされたのである。

リーダーシップの概念とは，歴史の経過とともに築かれた，複雑で多層的な構造物である。この多層的な意味がその定義を複雑かつ困難にしているのだが，同時に多様な形態で取り入れることのできる万能な道具にもなっている。

時の流れとともに，いくつかの形態は使い古されていく。世界が変化するにつれて，古い解決法はそれ自体が問題と化す。リーダーシップが現在，および近い将来にどのように変化していくかを考えようとするならば，私たちは近代的リーダーシップ（共通の目標に対する心からの関与を促進するという概念）の有用性がどこまで通用するかを問う必要がある。ますます固有の関心事の中に身を隠すようになっている人々が持つ多様な考え方を知れば，共通の目標という概念自体に近代的なリーダーシップの限界があるかもしれない。

グローバルな輸送手段やコミュニケーションによって世界がより密接なものになり，人々がともに働く上で理解しなければならない文化やものの見方が多様化するにつれて，単一の，画一的なものの見方から共通の目標を作り出すのはますます難しくなってきている。難しいというより，おそらくあまり意味がなく効果的ではない。

たとえば，「都市開発」という目標を，どうやってひとつの観点から効果的に表現できるだろうか。多くの人は，それを望ましい目標と考えるかもしれないが，その解釈は環境保護論者，ビジネス・オーナー，不動産業者，パートタイム労働者，ホームレス，あるいは新社会人など，さまざまな集団の人々によって多様なものとなるだろう。それぞれの人たちが，都市開発とは何を意味するのかについての固有の観点を持っており，それは自分の権利から見れば筋が通っているものの，他の観点からは異なっていて比較のしようがないものかもしれない。不動産業者と環境保護主義者の見方は違うと言ってもいいだろう。しかし，ひとつの軸に沿ったものではある。両者は価値観において反目するが，基本的な論点については同意するはずである。逆にホームレスの人の見方は，この議論とはまるっきり次元の違うものとなるだろう。この見方はこの問題におけるリーダーシップにどのように組み込まれ得るのだろうか。

リーダーシップ概念は，より広く多様な声（とりわけ心からの関与を生み出

すという近代的概念）を取り入れようと進化するとともに，こうした声が「同じ言葉を話していない」ことによる混乱の芽も生み出してきた。これはしばしば，地方議会における白熱した議論や対立以上の結果を招く。まるで同じコミュニティにいないかのような感覚さえ招き，無気力状態を作り出す可能性もある。人々がリーダー（市長，議員，地域のビジネス・リーダーなど）に，何とかすべての見方に配慮した将来のビジョンを創出することを期待してしまうと，たいていは落胆することになり，リーダーシップの欠如を非難することになる。

複数の「世界の見方」とともに成立している世界（あるいは都市）では，共通の目標は複数の思想と価値観の様式，複数の意味の様式で表現される必要がある。これは1人のリーダーの手に負えることではない。リーダーとしての1人の人間とその他のフォロワーという構図を持つリーダーシップのモデルでは，このような世界の複雑な要求に対して適切とはいえないだろう。必要とされるのは，対立や抑圧，妥協を通じて解決を図るのではなく，むしろ真に「違い」を認め，創造的，有益な方法でそれらを維持するようなリーダーシップの形である。

こうしたアプローチがリーダーシップの実践に求められているという証拠はあるだろうか。次節では，証拠と考えられそうないくつかの組織的な事例について紹介する。これらはリーダーシップを新しい角度から理解，思考しているような人々の例である。

なぜ変化が必要か――組織の現在の動向

管理監督をせず，チームに自らの仕事の責任を持たせ，そのチームによって組織を編成している会社もある。そうした状況では，それぞれのチームが相互依存的に結びついた他のすべてのチームに責任を負っている。ここではそれぞれのチームの活動が，関係する他のチームから仕事の質や納期の面で評価されるという，ある種，市場における責任のようなものが創り出されている。このような仕組みは，社内外の顧客ニーズを満たすという意義に端を発している。各個人，各チーム，そして組織を形成している相互に関連したチーム

がこのリーダーシップに参加しているのだ。

　「高いところ」から「意思決定」してチームの仕事を管理する人が事実上いないことはしばしばある。多くの場合，さまざまなチームが何らかの相互調節（アジャストメント）に近いものによって調整されている。過去においては，こうした調整と方向性共有の手段としての相互調節は，緊密に結びついた人々による比較的小さな集団に限られたものであった。より大きな組織ユニットまでを含む相互調整の拡大という考え方は，まったく異なるリーダーシップ概念を発展させるものである。

　関連する傾向として，多くの組織が，異なる役割や機能を明快に分けてきた組織の壁や縦割り構造を崩そうとしている。境界そのものはなくならなくても，境界の性質に関する私たちの概念は変わるかもしれない。大部分の組織において，機能的な境界は，上からの，より抽象的なレベルからの調整の産物である（古典的な官僚制組織）。各機能がより密接に協働できるような状況を組織が創ろうとするにつれて，「上」からの調整は「横」との調整（マネジャー対マネジャーからグループ対グループ）に置き換わっているように見える。それはリーダーシップの仕事をかなり複雑なものにし，集団内や集団同士の違いを包含するようなリーダーシップのアプローチを求めるものである。機能と機能の*間*に存在する方向性や意味へのニーズを認識し，調整していくようなリーダーシップのモデルが求められていると考えられる。

　ますます増加する組織の中の多様性も，新たなリーダーシップのモデルの必要性を示唆している。もし組織が異なる文化を包含しようとするならば，異なる価値観やものの見方を，相互に支え合うものと考え，異なる価値観，哲学，姿勢，考え，感情を同時に包含できなければならない。人々を導き，動機づけ，コミットさせるビジョンをリーダーが創り出すことができるという考えに基づくリーダーシップの古いアプローチでは，このニーズには十分に応えられないと思われる。単純に言って，たとえフォロワーたちの考えに基づいたビジョンであっても，1人の見方から表現されることで，単一の文化と「世界の見方」によるビジョンとなることは避けられない。多様性を持つ組織におけるビジョンは多面性を持っていなければならないし，そこでの意味も相互的で，継続した相互作用の中から生成されたものでなければならない。「共有されたプ

ロセス」としてのリーダーシップ概念はこの方向に向かうステップになるだろう。

　組織をもっと顧客に直接的に反応できるものにしたいというニーズは，現場で働く人々の規定外の意思決定の範囲を拡大するとともに，その権限の委譲をもたらす。この動向もまた新たなリーダーシップのモデルを必要とするものであると考えられる。人々に自分の仕事やその成果に対してより直接的に責任を担わせることで，組織のアイデンティティや評判を，トップに立つ一握りの戦略家たちではなく，多くの人の手に委ねるのである。現場の従業員が顧客との直接のコミュニケーションの中で意思決定する責任を，マニュアルよりも自分自身の判断に負うようになれば，組織の戦略は，多数の人々の日常の行動の中で明らかにされることになる。組織の戦略が効果的なものであるためには，組織のすべてのレベルの，あらゆる仕事をしている人々が，その戦略の展開に参加している必要がある。ここでも共有されたプロセスとしてのリーダーシップへのアプローチが求められることになる。

　最後に，「学習する組織」と呼ばれるものに内包されるすべての諸概念は，新たなリーダーシップ概念に依拠するかもしれない。基本的に「学習する組織」と伝統的な組織との違いは，オープン（開放的）システムとクローズド（閉鎖的）システムというコンセプトにある。伝統的な組織は多かれ少なかれ環境の変化に対して「安定」という目標を持つ閉鎖的なシステムと考えられてきた。「学習する組織」は，環境と相互作用しながら連続的に進化する開放的なシステム（私たちは，日常的な言葉としてこれが何を意味するのかをまだ理解するに至っていない）と考えられている。伝統的な組織では，組織を安定的に保つリーダーシップを発揮し，高度に概念的な事業展望を持つリーダーによるひとつの支配的なビジョンを強調するようなリーダーシップ・モデルが有効だったとしても，「学習する組織」は，連続的適応のための変化に向かうようなリーダーシップのモデルを必要としているのである。

　これは，年度やその他の特定の時間軸でのサイクルではなく，変化の発生ごとに適応のための柔軟なナビゲーションを獲得する方法をなんらかの形で見つけ出さなければならないことを示唆している。それは，船乗りたちが航海中に自分たちがやっていることや海について知ったことを，お互いに叫び合ってい

る船のイメージである。船長をリーダーと考えるのではなく，船員システム全体がリーダーシップと見なされるのである。もし会社がこの種の大規模な相互調整によって運営されるならば，相互に関連する仕事の関係性の中から新たな方向づけが浮かび上がるのを可能にするようなリーダーシップへのアプローチが必要となる。

　組織で起きているこれらの変化に加えて，リーダーシップに関する多くの著述家も新たなリーダーシップ概念について思案し始めている。近代的リーダーシップの基礎をなすものとしてすでに言及した変革的リーダーシップの概念（Bass, 1985）は，リーダーとフォロワーの間における貢献意欲と解釈の相互依存性を示している。リーダーシップを意味形成過程（meaning-making）［訳注：直訳すれば「意味形成」だが，ここでは後述のワイクのsense-makingと区別するため，また，本章で展開される「リーダーシップを集団による意味形成過程そのものと促える」アイディアをより明確にするために「意味形成過程」と意訳することにした］として理解しようとする試みで協働したこともあるジョセフ・ロスト（Rost, 1991）は，リーダーとフォロワーとの間で平等に共有されたプロセスとしてリーダーシップを論じている。ハイフェッツ（Heifetz, 1994）は，リーダーシップを，人々に自身の基本的前提を見直し再定義を求めるような適応のプロセスとしている。彼は，既存のリーダーシップ概念が権威の概念と混同されることがあまりにも多く，それゆえリーダーシップが必要とされるような適応的変化にめったに直面しないようなポジションの権威的人物と結びつけられてしまいがちであることを指摘している。学校におけるリーダーシップ概念の変化の必要性に関する著述の中でランバートたち（Lambert et al., 1995）は，リーダーシップを「相互依存的プロセス（reciprocal processes）」という観点から定義している。カール・ワイク（Weick, 1995）は，組織行動の創出における「意味形成（sense-making）［訳者注：起こっている事象や経験していることに関して，これまでの経験から構築してきた何らかの枠組みの中に位置づけようとする人々の認識過程］」プロセスの重要性を強調している。これは，仕事相互の結びつきと出来事に対する人々の相互解釈を含むプロセスである。このようにして，近年リーダーシップ理論はその実践と並行して新たな見方に向かった構築が進められてきている。

　リーダーシップ概念に関するこうした変化が，リーダーシップ開発の実践に

どのような影響を与えるかを理解するための最後のステップは、そうしたリーダーシップはどのように「見える」ものなのか、より詳細に描写してみることだ。それは影響という伝統的概念や共有された貢献意欲といった近代的概念とはどう違うのだろうか。

「共有された意味形成過程」としてのリーダーシップ

出現しつつあるリーダーシップ概念は、リーダーシップの源泉についての再考を求める。それはもはやリーダー（あるいはフォロワー）によって起動されるものと見なされるのではなく、*共働する人々の互恵的な結びつき*（reciprocal connections）の中から始まるものと理解されることになるだろう。これは、最も今日的なリーダーシップ概念（依然として、リーダーシップは個人のイニシアチブと行動の産物であるという考え方に基づいている）から見ても著しい変化である。現代的な考え方においてさえ、未だに「リーダーが」共有のプロセスを立ち上げるものだと見なされているのである。

一個人ではなく人々の相互作用によってリーダーシップが立ち上げられるという概念は、リーダーシップは個人の特性であるという考え方をはるかに超えている。これはまた、だれもがリーダーになれるという考え方を超えたものでもある。リーダーシップはリーダーとフォロワーの間で分かち合うことが可能であり、そうあるべきだという考え方すら超えたものなのだ。

この新しい概念は、リーダーシップは共働する人々の相互作用の中で始まり、終息するとしており、それは、リーダーシップ・プロセスはリーダーとフォロワーの間で「共有されたとき」に最も効果的になるということとは違う。「共有」こそが、プロセスが発生する源なのである。それはリーダーから出てくるものでもなければ、フォロワーから出てくるものでもない。1人の人に由来するものではないのである。そうではなく、人々の間で進行していること、ともに仕事をするときの相互的な意味形成（約束や契約、解釈、合意など）の中から出てくるものなのである。これが、「共有された意味形成過程（shared meaning making）」としてのリーダーシップである。

このコンセプトは理解されにくいものだと思う。あまり哲学的な論議に入り

込まないよう私はこれを，経験，とりわけ複数の解釈が可能な経験に関する相互の，あるいは連結的な解釈をもたらすものであると考えている。「群盲，象をなでる」という古いたとえを用いれば，それはすべての部分的情報の総体を意味する。これは，足の大きさ，胴の長さ，尻尾の感触といった多様な見解の要約以上のものであり，異なる基準からの多様な観察結果を持つすべての人々が，「ひとつの動物」という同意された見解に至ることである。「共有された意味形成過程」とは，いくつかの現象に対する理解と価値判断のしかたについて同意する人々による相互の社会的過程だと言える。本章を読み進める中でこのことがよりクリアになるよう期待する。

ある事例

リーダーシップに関するこの新しい概念が具体的にどのようなことなのか考えてみよう。それは支配や影響，共有された貢献意欲といったより古いリーダーシップ概念が含まれるものなのだろうか。リーダーシップは強力で指示的な人から発せられるべき場合があるというのが本当ならば，共有された意味形成過程としてのリーダーシップはどうやってこれを説明できるのだろうか。この場合の答えは，強力で指示的なリーダーの有効性を，そのリーダー自身の能力の結果ではなく，「集団全体がその働きの意味をどう理解したか（どう理解し，価値づけるかに関する合意への到達）」の結果によるものと考えることによって説明できるというものである。

熟練工の親方の工房にいる見習い工たちを例に取ってみよう。見習い工は親方の知っていることを知らない。彼らは親方の指導を必要とし，何かを正確に行うためにそのやり方を教えてもらう必要がある。彼らの関係は，工房での労働と引き換えに親方が指導するという互恵的関係である。この同意された意味の観点から，見習い工たちは親方からの強い命令を自然なものと見なす。彼らはそれを当然のことと受け取るのである。

この「当然の現実［訳者注：厳密には当然視されている現実］」は，創り出され，同意された意味の代表的なものである。強力な指示的リーダーシップが自然で，人々がそれを当然のことと考えているのであれば，それは単純に「常識」であり，その集団は相互の関係の中で固有のリーダーシップ過程を創り出して

いると言えるのだ。

　しかし，見習い工たちがさらに学び，経験を積んだ場合にはどうなるだろうか。彼らは親方が見たこともないような新しい機械を使って仕事をし，親方がしたことがないような経験を持つようになる。この時点で，見習い工たちと親方の関係は変化する。古い互恵関係は意味を成さなくなるし，見習い工たちはもはや自分の仕事と引き換えに親方から学ぼうとはしない（もう一人前の専門家である）。そして今度は，見習い工たちが親方に新しい機械について教え，親方はこれまで通りに彼らに小売店や顧客を供給するという新たな相互依存関係が生まれる。

　この新たな相互依存関係は，新たなリーダーシップ過程，すなわち彼らの所作についての新しい意味づけのしかたをもたらす。それは親方が指示的なリーダーシップ・スタイルを変えなければならないといったことではなく，集団による意味理解のシステム全体の変化である。後で探求するが，新しいリーダーシップ過程を生み出す全体システムの必要性は，未来のリーダーシップ開発のあり方を示唆するものである。

　ややシンプルながら，親方と見習い工の例は，共有された意味形成過程としてのリーダーシップに，支配，影響，共有された貢献意欲といった古いリーダーシップ概念がどのように含まれるかを説明するのに役立つ。これはリーダーやフォロワーと呼ばれる人々を，リーダーシップ過程の創出者たちとみなすのではなく，リーダーシップ過程の*結果*と見なすようなリーダーシップ概念なのである。人々は，ともに働くときに，また，ともに働くのに何が重要で価値があるか，一緒に前に進むにはどうすればいいかを理解しようとするときに（簡潔に言えば，ともに働くことを意味づけるときに），この「過程」を進行させる。反対に，ともに働くことの意味づけに失敗したとき，人々は自分たちの間にリーダーシップを生み出すことに失敗することになる。

新たな可能性

　この概念は，それ以前のリーダーシップ概念の有益な側面を含みつつ，リーダーシップの新たな可能性を創出し，そしてすでに議論したように，共通の目標という現代的概念の限界を克服しようとするものである。この新たなリーダ

ーシップ概念が切り開いた可能性をよりよく理解するためには多少の想像力と思考実験が必要である。

　リーダーシップというものが，リーダーと呼ばれる1人の人間から発せられるなどとは一度も考えられたことがない世界にあなたが住んでいると想像してみてほしい。リーダーシップはともに働く人々の間の相互関係から出現すると考えられているような，そんな世界にずっと住んできたと想像してみよう。

　この想像の世界（リーダーシップに関する前提以外は我々の住む世界とまったく同じ）に住んでいるとして，あなたは自社の製品市場における最近の変化にどう対応すべきか悩んでいる会社の一員だと仮定しよう。

　会社の人々はこの「問題」に関して多様な解釈を持っている。ある人たちは製造の問題だと確信しており，それを支持する数多くの根拠を示す。またある人たちは，問題は顧客教育とマーケティング戦略にあると，同じくらい確信しており，彼らもまた自分たちの見方を支持する調査結果や見事な根拠を持っている。

　さらに別の人たちは，新しい競合相手からの深刻な脅威があることを主張し，それを裏づける事実や数字を持っているのである。問題をまったく認識していない人たちもいるかもしれない。彼らは会社が本質的な方向性を変えずに成功していた過去の同様の時期を引き合いに出す。

　これは簡単に答えの出ない，難しい状況である。リーダーシップが「共有された意味形成過程」だと見なされる世界では，この状況にどのような取り組みがなされるのだろうか。

　まずはじめに，会社を混乱に陥れたとして，現行のリーダーやトップ層が非難されることはない。「彼ら（経営陣）が私の言うことを聞いてさえいたら……」などという人間は1人もいない。人々は口に出すまでもなく，このような状況をもたらしたのは，会社における相互の話し合いや，仕事，思考のやり方であるということを理解している。どうやってともに前に進むかということに関して共有された感覚が欠如している場合は，人々はリーダーではなく相互の関係性に注意を向けるべきであると考える。

　そして，まずはじめに探求されるのは，問題の原因と性質に関する見方の違いである。最初のリーダーシップ行動は，なぜ私たちはこれを違うように見る

Handbook of Leadership Development

のか，我々の持つ多様な経験はどのようにこれらの異なる解釈を生み出したのか，という問いかけである。どの解釈が「正しい」のかを見出すことが目標なのではない。なぜならこの想像の世界では，それ自体で自明に正しい解釈など存在しないと人々は見なしているからである。解釈は単に何が起きているかを理解する手段にすぎない。会社が適切な行動，決定，方向性などを選択するのを助けるのに最も役立つ解釈を見つけることが目標なのである。これは，提示されている多様な視点の根底に，そのような前提，価値観，感情（つまりどんな意味）が存在しているのかを探求することによって行われる。リーダーシップに対する模索は，人々の間で何が起きているのかを見つめることによって展開されていくのである。

　このリーダーシップ過程が効果的ならば，最良の場合，長期にわたる会社の活力を生み出すようなダイナミックな意思決定や行動を導き出す。この過程が失敗すると，最悪の場合，無気力や優柔不断な展望，価値観などといった行き詰まりをもたらす。想像の世界におけるこの現実は，私たちが生きる実際の世界にある効果的，非効果的なリーダーシップについての現実と同じである。これはユートピア的なリーダーシップのビジョンではなく，むしろそこに関与する感受性やスキル，経験によって，効果的にも非効果的にもなりうるようなリーダーシップのビジョンなのである。

　では，この想像の世界では人々は何らかの形で平等なのだろうか。たぶん，そうではない。人々は権力や権威，責任や義務を負うことに対してさまざまな欲求を持っている。また，経験や学習，成熟度についてもさまざまだ。リーダーシップそのものを生じさせるわけではないものの，創り出される意味に多大な影響力を持つ人々（教師，アドバイザー，メンター，年長者）がいるかもしれない。彼らは他の人々と同様，リーダーシップ過程の参加者として理解される。彼らは全体の意味形成過程に役立つ特定の権力や権威を委ねられてさえいるかもしれないが，意味形成過程を引き起こしている，あるいはリーダーシップを発動している存在とは見なされない。さらに，知識や経験が少なく，権威への関心もあまりない人たちもいるはずである。しかし，そういった人たちがリーダーシップの客体と見なされることもない。彼らの役割が計画を実行することであったとしても，彼ら自身は相互関係の中でこれらの計画の意味を理解

する。それは，自身の業務だけでなく，全体に対する責任を担っていることになるのである。

したがって，リーダーシップの効果は過程そのものの活力によって規定されることになる。つまり，関連を持つ人々の間の相互作用の活力と，その相互作用を改善し，より豊かにしていく責任を人々が積極的に担おうとする度合いによって決まってくるのである。経験や権威の少ない人々も，豊かな経験と大きな権威を持つ人々と同じようにリーダーシップ過程を改善することになる。そして，リーダーシップ過程全体の「改善」とは，事実上，人々がリーダーシップ「開発」をどう考えているかということに当たる。

このちょっとした想像上の小旅行は，「共有された意味形成」の過程としてのリーダーシップ概念が，少なくとも「考えられ得るものである」という可能性を喚起するためのものでそれ以上の意図はない。ただ，こうしたリーダーシップ概念は，リーダーシップ開発の取り組みに対する深い示唆を富んだものであるといえるだろう。

リーダーシップ開発の未来に対する示唆

このアイディアが，まさに時代が求めようとしているリーダーシップ概念ならば，リーダーシップ開発の取り組みに関してどんな示唆を持つだろうか。リーダーシップ開発とはどのようなことを意味するだろうか。そこには何が含まれるのだろうか。そして，どのように実行されるのだろうか。

こうした疑問に対する明確な答えは見えていない。というのは，私が述べているリーダーシップ概念は，ごくごく試験的にしか活用されてきていないからである。今必要とされているのは，今日行われているリーダーシップ開発からどのように未来のそれへと移行していくかに関するアイディア，すなわち，伝統的な感覚で自らをリーダーととらえている人々を対象として，そうした人々が，近い将来に自分自身を著しく異なる視点から見つめ始めることを可能にするような方法である。

移行へのアイディア

　リーダーシップ開発のアプローチにおける三つの変化が，この移行を起こすのに役立つ。

参加能力の開発——リーダーシップの源泉を，リーダーを超えてともに働く人々の互恵的関係へと移行させるということは，リーダーをプロセスの一参加者として，すなわち，自律的に率先，動機づけ，評価をする存在と見るのではなく，むしろ未完成で相互依存的な役割として見ることを意味する。

　それゆえ，リーダーシップ開発は，ゆくゆくは人々に自律的，主導的モードの行動を身につけさせるような個人的特性の開発から離れていく。1人で立って困難な要求を出す（単独で責任を担う）人々をどのように育成するかということから，相互依存という構造の中で自らを信頼される，活性化要員として保つ（個人的に，かつ他の人々とともに責任を担う）能力をいかに人々に養うかということに移っていくだろう。そしてカリキュラムも，「責任者となる」ことよりも「参加する」ことへ，独立よりも相互依存に向かってゆっくりと進化していくだろう。

　このようなカリキュラムのデザインでは，人々に相互依存を受け入れるような準備ができているかどうかを考慮する必要があるし，既存の権威やリーダーシップの概念を超越するというチャレンジに対するサポートを準備する必要がある（Pauls and Drath, 1995）。このことを言い換えれば，個人の自律の能力の開発なしに，相互依存の概念を開発することはできないということである。私がここで述べる能力開発アプローチの大部分は，自律的な責任をフルに担う能力を開発する人々が，この種の能力開発機会の対象層であるという仮定に基づいている。ケーガン（Kegan, 1994）は，この点で，人々を混乱させてしまう（理解するのがあまりにも難しく，何から手をつけていいのかわからなくなる）ことへの懸念を述べている。

　関連して，従来のカリキュラムが持つ，リーダータイプと見なされる人の育成という側面も変化する。リーダーシップ概念そのものが徐々に変化するため，いわゆる「先天的」なリーダーが存在するという考え方はだんだんと疑問

視されるようになる。人々が相互依存の様式で意思決定や，問題解決，方針策定をする経験を積むにつれて，特定のリーダー的な人々から「先天的」リーダー資質を引き出すようなリーダーシップ開発活動は，ますます見当違いなものになっていくに違いない。人々がリーダーに「責任をお任せする」のではなく，より相互依存的に働き，個人的かつ共同的な責任を担い始めると，リーダーシップの有効性は相互関係づくりという集団の能力によって左右されるのであり，1人ひとりの特性にはあまり関係がないと結論づけられるようになる。

状況の中で育成する――リーダーシップ開発の専門家たちは「状況（context）における個人」を見ることが必要になってくる。「関係性」が関心のより中心的存在となる。つまり，関心の焦点を，人々が人間関係の中にどのように入り，どう振る舞うか（対人関係スキル）ではなく，人々の相互関係へとはっきりとシフトすることだ。

　個々人を状況の中にとらえ，相互の意味形成過程としてのリーダーシップを見るために，人々相互の関係性に効果的に注意を向けるには，個人のとらえ方をシフトするのが有効である（Gergen, 1994）。「私は論争好きであなたは融通が利かないから，我々の関係は対立するのだ（我々の特性と能力がこのような関係を引き起こしている）」と考える代わりに，「私たちお互いの関係性がどのように私の論争癖とあなたの頑なさを生じさせているのか（私たちの相互作用が，私たちをこうさせている）」と考えてみることが求められているのだ。

　この，関係性を個人の能力や行動の原因ととらえる見方は，方向性の付与や価値観の創出，精神的な指導といったリーダーシップ的なものがどのようにして個人の「中」にではなく，集団における行動のつながりや相互の関係性の中に出現するのかを理解するための道を拓いてくれる。

　前述したように，リーダーシップに関する新たな諸概念は，リーダーシップ開発の主眼がますます「個々人の」「一般化可能な」能力を高めることではなくなってきているということを示している。リーダーシップ開発のカリキュラムは，「責任を担う」ことではなく「参加すること」に関するものに向かうだろう。個人の相互関係的な特性への視点のシフトは，リーダーシップ開発の専門家たちに，リーダーシップ開発を特定の状況における相互関係づくりの強化

ととらえるよう求めることになる。

　この点に関する有効なアイディアは，「注意深い相互関係化（heedful interrelating）」（Weick, 1996）と，それに続くエレン・ランガー（Langer, 1989）による，「心配りのある相互関係化（mindful interrelating）」という概念である。これは，人々は多くの場合，ある種，自動操縦的（考えることなし）に，自分たちの関係が及ぼす影響に注意を払うこともなく関係作りをするというものである。リーダーシップが「共有された意味形成過程」の概念に近づけば，リーダーシップ開発の活動は相互関係の質や，あり得る形態，どうすれば人々がさまざまな形態の相互関係に参加できるかといったことに注意を払う必要がある。

　つまり，相互関係の活力がリーダーシップのクオリティに関係するのであれば，リーダーシップ開発においても，相互関係作りの過程を巧みで注意深い形にしていくことが私たちに求められるのである。組織学習のアプローチとして近年関心を集めている（Dixon, 1996）「ダイアローグ」はこの点を補完するものだろう。

　強調しておかなければならないのは，これは単に対人関係トレーニングの焼き直しではないという点である。対人関係のトレーニングは新たなリーダーシップ開発の文脈でも有益なもののように感じられるが，対人関係スキルを社会的背景の中で行使される個人能力であるとする前提が置かれがちである。この前提は，相互関係が役割や分担を生み出し，さらに，それらを請け負う人々を生み出すという「相互的な」やり方から注意をそらしてしまう。新しいリーダーシップ開発のカリキュラムでは，こうした相互に関係しあう活動の全体が扱われなければならないはずである。後段では，リーダーシップ過程に参加する能力を高めるためにお互いの注意深い関係作りに取り組んでいる人々の事例にふれてみたいと思う。

職場グループのリーダーシップ能力を育成する――この新たなリーダーシップ概念によって，リーダーシップ開発活動の焦点は，個人から相互依存的なグループへと移行する。将来的にはリーダーシップ開発は，相互依存的な仕事に従事する人々の間の関係性を変えることを目的とするようになるだろう。これ

は，リーダーシップ開発がいわゆるチーム・ビルディングの領域，さらには組織開発（organization development，以下，OD）の領域に持ち込まれたことになるが，しかしそこには明快な違いがある。古いリーダーシップ概念では組織やチームをリーダーシップ行動の対象として見なす。そして，個人としてのリーダーがチームやワークグループ，組織に対して働きかけるのである。チーム，ワークグループ，組織はリーダーの外側に位置するものであり，リーダーとは区別された存在なのである。

新たなリーダーシップ概念は，チームと組織について異なる着想をもたらす。つまり，個人が「仲間入りする」ような個人の外側の実体ではなく，すべての相互作用の総和であるというものである。それは各人が参加し，そこで行動するような「モノ」ではなく，1人ひとりが生み出し，さらにそれ自体が1人ひとりの存在を生み出すという絶えず進化し変化する相互関係のパターンであるという見方である。

しかし，いつ私たちは「モノ」ではなく，「活力ある相互関係のパターン」へと組織観を変化させるのだろうか。また，リーダーたちの場合はどうであろうか。リーダーたちはどのようにして組織を「自分たちから離れた」「上から働きかける対象」ではなく，自分たちもその一部であるかのように組織に参加することができるのだろうか（Sayles, 1993）。

伝統的な見方では，リーダーシップは一般労働者がリーダーになることで分け与えられた過程と仮定されているが，出現しつつある見方では，伝統的なリーダーシップの役割に従事している（それゆえに伝統的な期待に制約されている）人々が，うまくやっていくために特にがんばらなければならないすべての包括的な過程と見なしている。

このため，リーダーシップ開発の専門家たちには相互関係のパターンという文脈にのっとって動く方法を見つけ出すことが求められる。私たちがチーム・ビルディングやODと考えてきたものをリーダーシップ開発の方向に拡大することが求められているし，同時に，私たちがリーダーシップ開発と考えてきたものはODの領域に向かうよう求められているのだ。個人と組織，個人学習と組織学習という能力開発のふたつの領域は，おそらく新しいリーダーシップ概念の適用が進む中のどこかの時点で交わっていくものと思われる。

チーム・組織開発とリーダーシップ開発の統合

　チーム開発と OD に関する私の主張と，既存の概念との違いについてしばしば説明を求められることがある。リーダーシップ開発はチーム・ビルディングであるとする私の言い方は，一部の人たちにはまるで車輪を再発明しているかのように感じられるようである。
　「私たちはすでにチーム・ビルディングについては十分理解していますよ」
　「で，どうしてこうした新しい概念が必要なのですか」と問われる。
　これは，チームと組織の開発がどのようにしてリーダーシップ開発との統合へ向けて進むのかという議論につながるよい質問である。
　OD は，私が出現しつつあるとするリーダーシップの概念と親和性が高いものである。実際，OD はおそらくこの概念の出現に大きな役割を果たしたはずである。組織をシステムと見なし，システムのレベルで活動することによって，OD の実践家たちは継続して，組織で働く人々の相互関係という論点にフォーカスしてきた。私が言っていることの大部分は多くの OD 専門家にとっては古いニュースなのである。
　それでも現在のところ，OD はリーダーシップを組織の中のサブシステムと見なす傾向がある。既存のリーダーシップ概念と同様に，共有の目標への影響，あるいは貢献という役割は，組織のシステム全体の一構成要素としか見なされていない。一方，もしリーダーシップが組織全体を通して共有される意味形成の過程として見なされるならば，OD はリーダーシップ開発により近づくことになる。なぜなら，組織の開発とは組織を作り上げている相互関係を開発することに他ならないからである。過去において私たちはリーダーシップ開発と OD をいわば別々の箱の中に入れていたものの，将来はこれらの活動がより統合されていく姿を見ることだろう。
　ほとんどとは言えないまでも多くの組織では，マネジメントの能力開発と OD の機能は組織図上分かれているだけでなく，異なる文化と世界観を持っている。マネジメント能力開発の文化は，個人としてのマネジャー育成に必要なことに焦点を当てて個人の視点から世界を見る傾向がある。一方で OD は，チームと組織のシステム全体を見るという，システムの視点から世界を見てい

る。ここで示しているリーダーシップとリーダーシップ開発の見方は，個人の開発と組織の開発というふたつの文化の統合へとつながるものである。

　リーダーシップ開発とODが統合されそうないくつかの具体的分野としては次のようなものがあげられる。ただし，これらに限定されるというわけではない。

　(1)個々人が，相互的なパートナーとして他の人々とともに用いている意味づけと理解のプロセスに注意を向ける。つまり関係性に対して注意深くなるための取り組み，(2)個人と職場グループの中，およびその間に存在する異なる価値観，見方，文化的な真実を特定し活用する取り組み，(3)前提を探求し，個人，集団，集団間のレベルでの世界観の違いからもたらされる政策や戦略，決定への異なる解釈についてオープンに検証する取り組み。

リーダーシップ開発としてのチーム開発――ケース・スタディ

　リーダーシップ開発とチーム開発の統合を考える際に浮上する課題を説明するために，中規模の製薬会社のマーケティング・グループに行った研究に基づくインフォーマルなケース・スタディを紹介する。

　自分たちの仕事を調整する必要のある人々は，一致した思考のパターンを生み出す（Weick, 1995）。本章で提示している言語を用いると，この「一致した思考のパターン」は，「形成された意味（made meaning）」といえるだろう。この製薬会社のマーケティング・グループにおける，一致した思考パターン（あるいは形成された意味）は「製品マーケティング（product marketing）」と名づけられていた。これは，各々の製品をその製品を必要とする顧客（医師やその他のヘルスケア専門家たち）にマッチさせる活動を伴う自社製品のマーケティングにおけるアプローチである。このアプローチによって，たとえば製品Aをその購買層にマッチさせていく形でマーケティングが行われる。製品と顧客がマッチする数が増えるほど売上も増加する。このアプローチに通底している考え方は，どのような顧客がどのような条件のもとで製品Aを必要とするかを理解しようというものである。

　製品マーケティングの概念は，長い間マーケティング・グループにおいて活用されており，この意味で伝統的アプローチといえる。この会社は長年にわた

ってこのアプローチを用いてヘルスケアの専門家たちに製品を販売してきたため，製品マーケティングは明らかに効果的なものとして確かな地位を築いてきた。成功事例もある。

　さらに人々は，一定期間にわたって製品マーケティングを実行してきたため，特定の一致したパターンと言語を身につけていた。そしてそのことが，実行に関わる人々の間の相互作用を効果的なものにしていたのである。意味形成の視点から言えば，製品マーケティングは，人々がお互いの仕事を理解し，ともに意味のある活動を続けたいという感情を喚起するような力強く効果的なリーダーシップのプロセスと考えられるのである。

　こうした状況で，製品マーケティングの意味形成過程を邪魔する事態が起こるとすればどのようなことが考えられるだろうか。ひとつの答えは，異なる視点，つまり，ともに働く上での異なる「一致したパターン」が出現する可能性，そしてさらに言えば，それが伝統的な製品マーケティングを批判し，挑戦するかもしれないということである。もしもこうした事態が起これば，リーダーシップの一貫性を生み出している現在の相互関係のパターンに対する疑問が生み出される。そしてそれはリーダーシップ開発につながる潜在的要素を生み出していることでもある。

　そして，そうした事態こそがこのマーケティング・グループで起きたことである。製品マーケティングに関する既存の一致した意味は，ニーズではなく場所による顧客の特定を中心に展開していくという異なるアプローチからのチャレンジを受けたのである。どんな専門家たちが製品Aを必要としているかを知ろうとする代わりに，この地理的マーケティングアプローチは，特定の地域におけるすべての専門家たちがどのような製品の組み合わせを必要とするかを知ることによってマーケティングを規定しようとするものである。地理的マーケティングは，このマーケティング・グループにおいて歴史的に製品マーケティングの「真実」と見なされていたことに対して，直接的，間接的にチャレンジしている。そして，この状況はチーム開発がどのようにリーダーシップ開発という考えと統合されうるかを考える材料を提供してくれる。

　副次的な話として，この状況には別の教訓も含まれている。この新しい地理学的アプローチは副社長を含むマーケティング畑の人々によって紹介された。

現存の意味形成のやり方に対して挑戦する人々は,「革新者」あるいは「新しい, 異なる思考を持った人々」と位置づけられがちだが, 皮肉にも, この副社長が前に働いていた会社ではこの地理的アプローチが伝統的アプローチであり, 彼女は革新者ではなく伝統的な専門家として他の人々とやりとりしていたのである。このことは, 人々を文脈の中で見ること, そして彼らの個人的属性（革新的, 伝統的といった区分け）を, 社会的相互作用を構成する要素として考慮すべきであることを改めて確認させてくれる。

ひとつの一致した相互作用のパターン（製品マーケティング）が別の一致した相互作用のパターン（地理的マーケティング）によって批判とチャレンジを受けることになったならば, マーケティング・グループというコミュニティの内部ではいくつかのことが起こるだろう。このケースの成り行きは次の五つの過程として描くことができる。

1. おそらく最初の段階では, 製品マーケティングの実行に関わっていた人々は, 自分たちの一致した相互作用のパターンについて説明し, 擁護し, 理論的根拠を示すよう求められているように感じる。
2. 製品マーケティングが「ここでの我々の仕事のしかたです」という当たり前の現実は, 別の考えうる一致したパターンを認めることで「相対化」されることになる。製品マーケティングに対する人々の「当たり前」のスタンスは, 二度と以前の状態に戻ることはなく, 何かが変わっており, そして変わり続けるのだ。これは能力開発のひとつの特徴である。つまり, それより前の見方を相対化するという見方の変化である（Kegan, 1994）。
3. ひとつしかなかったところにふたつのアプローチが生み出された。それ以上にそれぞれのアプローチが, それぞれの立場からマーケティングを意味づける独自の相互関係のパターンを生み出し, これが, ふたつの異なる意味形成のコミュニティを創り出す。それぞれの集団はそれぞれのアプローチを意味あるものと見なし（なぜなら, これは文字通り彼らのしている仕事を意味づけるものだから）, 同時に, もう一方のアプローチをそれほど意味がないものとして見るようになる。強力な意味形成の過程（言い換えれば, 単一のリーダーシップ過程）がひとつだけ存在したところに, 今度は同時にふたつ

の意味形成過程（ふたつのリーダーシップ過程）が起こっているのである。考えられるふたつの「方向性」が存在し，考えられるふたつのやり方が秩序と環境への対応を創り出す。そのどちらも，すべての人ではなく一部の人たちに意味をなすものである。
4. これは，それぞれの側が「もう一方の」側を何かしら問題のあるもの，解決されるべき問題として見なすという結果に導く。製品マーケティングの観点からすれば，「この新たなアプローチに直面して，我々の継続的な効果性をどのように主張したらいいか」ということになる。地理的マーケティングの側からすれば，「伝統的な方法にしがみついている人たちに対して，我々のアプローチをどのように確立させればいいのだろうか」ということになるのである。
5. 副社長は，どちらかというと地理的なアプローチに同調しながらも，対立を超えて進むために，私たちにふたつのアプローチを「統合する」手助けをするよう要請してきた。

　ここでの彼女の役割に注目してほしい。「統合」という彼女の願望は伝統的用語では，部門的な政治を超えて共通の地盤を探るという，彼女の良識と能力に帰属されうる「リーダーシップ」行為である。この分析の意図は，この部門におけるリーダーシップ過程を別の言葉で理解しようというものである（もちろん，その時点での実際の理解を超えない範囲で）。個人としてのこの副社長は，絶えず，「リーダーとして」ふたつのアプローチの間にあるチャレンジングな対立に対処し，集団全体から取り除くよう求められていた。彼女は自分の行動としてそれが最善とはいえないと認識し，この課題への対処に部門全体を巻き込むことを試みて我々を招き入れたのである。伝統的な期待を満たすためにできる最善のことをしながら，一方で，新しく，未だぼんやりとしか理解されていないリーダーシップ概念を模索することで，彼女はリーダーシップのパラダイムの間にはさまれたのである。
　このときまだ私たちは，意味形成過程の開発としてのリーダーシップ開発を促進するといったことにどうやって着手すべきか理解しようとし始めたばかりであった。彼らのリーダーシップ過程における一時的な協同者および参加者に

なるために，私たちがマーケティング・グループとどのような相互作用を試みたかを簡単に記述する。

　私たちが焦点を当てたことのひとつは，ふたつの一致したパターンを，どちらも等しく正当であり，等しく議論の余地のあるものとして際立たせることである。私たちの考えは，もし私たちが地理的マーケティングを筋道の通ったアプローチとして構築することに参加し，それによって「検証されておらずリスキーである」ことを示唆する要因となっている「新しさ」を取り去り，同時にもう一方で，製品マーケティングのコミュニティがその真価を正しく表現する（それを「擁護する」ことなしに）のを援助すれば，お互いを「競争」と見なすような構造はひっくり返されて，人々はすぐに相手側の真価を認めるようになるだろう，というものであった。

　私たちは，この部門を製品マーケティングと地理的マーケティングのふたつのサブグループに分割した上で，彼らにこの2，3ヶ月の間で，自分あるいは相手の集団について自ら話したり聞いたりしたことをインデックスカードに書かせることから着手した。各サブグループのテーブルの上には，カードの大きな山ができた。それから，彼らにサブグループのままで，カードを三つのカテゴリーに分類してもらった。それは，(1)「明らかに本当」の意見やフレーズ，(2)議論の余地がある意見（本当だと考える人もいるが，グループの他の人は同意しないもの），(3)議論の俎上に乗せられないと思われる意見（そう思う人もいるだろうが，大きな声では言わないだろうこと），の三つである。

　それから我々は，それぞれの集団に，「明白」の山，「議論の余地のある」山，そして「表明されない」山の順に，だれかに声を出して読んでもらうよう求めた。どの場合でも，どのカードを読んでどれを読まずにおくかはグループに完全に委ねられた。最後の山の中にある，もう一方の集団に対するかなり批判的な観点を示すものも含めて，ほとんどのカードが読み上げられた。

　この実習の終わりに，マーケティング・グループの人たちはおおむね，共同で仕事をする上での助けになったという感情を表した。おそらくこれは，この実習（および我々が彼らと行ったその他の作業）が，彼らを「もう一方の」集団に対してだけでなく，自分自身のサブグループに対する，微妙ながらも力強い「再関係づけ」を促したことによって，マーケティング・グループの全員の

見方を再構成したためと思われる。ここで,「より調和したマーケティング・グループ」の可能性が創り出されたことになる。私たちの期待は,彼らが自分たちそれぞれの意味形成のやり方を,別の意味形成の枠組みから再検討することによって,2種類のマーケティングを同時に行うことの意味を理解しようとする動きが促されることである。うまくいった場合,競合するアプローチと思われたものは,統合へ向かって動き出すことができる。この例で提示したい仮説は,このような再検討とより包括的な相互関係のパターンの創出は,多様な仕事を理解する手段を増加させるがゆえに,リーダーシップ過程を「開発する」というものである。

　この事例から,リーダーシップ開発の意味が,私たちがリーダーシップ,および開発を「何と見なすか」に依存していることは明白である。リーダーシップを「共有された意味形成過程」として見なす視点からは,リーダーシップ開発はより広範な差異の統合に向けた「相互関係の開発」ということになる。それゆえリーダーシップ開発は,個人の場合のように,リーダーと見なされる人々の育成というのとは異なる。それは,共有された意味形成過程の開発であり,個人的というよりも多人数的な現象なのだ。

　マーケティング・グループのケースをこの観点から見れば,リーダーシップ開発は,伝統的な意味形成（製品マーケティング）に対して,新たに提案された意味形成の方法（地理学的マーケティングという）から提示されたチャレンジに伴うすべてのことに関係するものである。このケースでのリーダーシップ開発は,地理的マーケティングに取り組み,採り入れると同時に,この新しいやり方が伝統的なアプローチを受け入れ,採り入れることによって,マーケティング・グループが,相互の仕事に対する共有された理解を生み出す能力を拡大していく過程と理解することができる。

　別の言い方をすると,もしもこの集団が製品マーケティングと地理的マーケティングを競合するアプローチとして見なすことをやめ,代わりにふたつの異なる側面を含む全体的なものとしてマーケティングをとらえるならば,私たちはこれを,この集団が,新たな要望を理解してそれに対処するという変化への適応能力を「拡大した」と見なすことができる。この見方では,リーダーシップ開発の目的は,既存の手段に対抗する未知のチャレンジに対して,既存の仕

事のしかたに変化を生み出すことで適応していくという,新しい状況に対する集団の対応力を高めるといったことになるのである。

この一連の論理展開は,「製品マーケティングと地理的マーケティングを統合したい」という副社長の願いは,実のところマーケティング・グループのリーダーシップを開発したいというものであることを示唆している。これは,「組織開発」や「チームの育成」に向けて行われたことが,相互作用の中で働く人々のリーダーシップ能力の開発という,リーダーシップ開発の作業として置き換えられ,再認識されうる可能性を創り出すものである。

副社長の願いをリーダーシップ開発の願いとしてとらえ直すことの興味深い点は,新たな「一致したパターン」と対面し取り入れようとチャレンジしている集団とともに作業する中で,私たちは,この副社長の有効な意思決定と人々をお互いに利益のある方向へ向かわせる影響力(つまり,効果的な「影響力と貢献意欲作りのリーダーシップ」に関わるいくつかの性質を発揮する力)についても強化した可能性があるという点である。このように,リーダーシップの新しい概念と伝統的概念のふたつを同時に見つめるやり方は,過渡期にある組織の中で活動する際に必要なものである。

結　論

本章では,リーダーシップ概念そのものの変化という観点から,リーダーシップ開発の将来の展望を想像してきた。リーダーシップ概念自体が変化するにつれて,リーダーシップ開発のアプローチも変化するのである。

これまで,リーダーシップは常にリーダーという視点から考えられてきた。フォロワーという役割がより重要になり,リーダーの役割とより等しくなりつつあるにもかかわらず,リーダーシップとは一方に対して働きかける個人の知性の産物であるという前提は未だに残っている。それでも,ますます緊密に結びつく世界の複雑性に日々の実践の中で対処しなければならない組織の第一線や実行場面において,この前提の有効性は課題に直面している。リーダーシップの望ましい成果である,共通の方向性の創出,意味や価値を共有している感覚の創出は,人々の相互作用,とりわけ人々の「世界の見方」や文化が著しく

異なるような場合の相互作用から効果的に現れるという理解がますます広がりつつある。共有された意味形成過程としてリーダーシップ観が出現しつつあるのである。

　これはリーダーシップ開発の専門家の活動の文脈全体を変えるものである。リーダーシップ開発の哲学と実践を導くいくつかの基本的前提の再考が求められている。専門分野としてのリーダーシップ開発は，新たなリーダーシップ概念の産出とその支援という，ふたつの重要な役割を担うことを求められているのである。

　いくつかの今日的取り組み，とりわけリーダーシップ開発を進行中の仕事と結びつけようとしている人々，また，組織におけるより全体的なリーダーシップ開発の枠組みを創り出そうとしている人々は，新しい方向性に通じる道をすでに指摘し始めている。

　そして，個人としてのリーダーシップ開発へのアプローチと，チーム・組織開発のアプローチは統合されていくことが求められている。これは，個人としてのリーダーシップ開発の観点からすると，個人を文脈において考えること，リーダーシップ開発を進行中の同時発生的な仕事において行うこと，そしてチームのマネジャーだけではなく，チーム全体とともに取り組むことを意味している。そして OD の観点からすると，信頼，感情の浮上，集団資源の活用，開放的なコミュニケーション，効果的な相互作用などを，リーダーシップ要素ととらえてチームと組織の育成を考えること，すなわち，リーダーシップをサブシステムとしてではなく，システムとサブシステムを構成するプロセスととらえることを意味している。

　ここで提示しているリーダーシップおよびリーダーシップ開発観は，ふたつの方向性が同時に組み込まれたものである。ひとつは，より大きな社会的過程という観点からリーダーとしての個人が持つ影響を相対化することによって，リーダー個人に起因する役割を小さくすることである。この意味で，このリーダーシップ観は，リーダーシップは複雑な組織の全体的な機能と有効性にとってさほど重要ではないとするような見方に同調するものである。組織のシステムとしての全面的な複雑性と，外界に対して高度に分化された関係は，リーダーと呼ばれる人々の影響力がはるかにおよばない存在である。

もう一方で，このリーダーシップ観は，個人間の影響の過程を超えてリーダーシップを拡張，精密化するものであり，人々が共同の作業を理解し，それに意味を付与するようになる過程の中心にリーダーシップを位置づけようとするものである。この意味で，リーダーシップは共通の目標の創出や，それに向けた人々の動機づけを含むだけではなく，目標（あるいは目標の欠如すら）を意味あるものにするような基盤そのものを構成するという，これまで以上に重要なものとして理解されている。

Afterword
あとがき

ラス・S. モクスレイ
Russ S. Moxley

エレン・ヴァン・ヴェルサ
Ellen Van Velsor

シンシア・D. マッコーレイ
Cynthia D. McCauley

　本書では，人はどのようにしてより良いリーダーになれるかということについて私たちが CCL で学んできたことを紹介した。私たちはリーダーシップ開発に関する重要な疑問を投げかけ，そしてそれに答えてきた。それが読者の方々のお役に立てるなら幸いである。

　しかし，本書の冒頭で述べたように，本書はある特定の時点におけるリーダーシップ能力の開発に関する見解を述べている。組織に対する内外の力は，企業が目標達成のためにどのように組織されるか，どこで仕事を行うか，社員がキャリアの意味をどのように理解するかといったことを変化させていく。外部の力としては，たとえばグローバリゼーションやテクノロジーの急速な発展などがある。内部の力には，ダウンサイジング，リストラクチャリング，および労務構成の変化などが含まれる。

　こうした力により，リーダーシップやリーダーシップ開発に関する新たな疑問が生じ，そしてそれらに対する答えが私たちの視野を広げてきた。現在，私たちが答えを求めている疑問の抜粋をここでご紹介しておこう。

- 有能なリーダーになるために必要な能力は，普遍的か，それとも，国や文化によって異なるか

　市場のトレンドは明快なようである。企業はますます自国の境界線を越えて

新しい市場を求めるようになっている。(情報技術も含め) テクノロジーや輸送技術の変化により、製品をどこでも製造し販売できるようになった。また、発展途上国の成長はそのメリットをさらに大きくしている。

A. T. カーニー社の役員であるフレッド・シュタイングレイバー氏は、この25年間に国際間取引が急成長した背景には主に以下の四つの理由があると説明している。

1. 世界中の企業に余力が出てきている。その上に、関税が低く規制が少なければ、企業にとって海外に市場を求める新たな理由とチャンスが出てくる。
2. テクノロジーがグローバリゼーションを加速させ、テクノロジー自体が新しい製品やサービスを豊富に提供する起点になっている。
3. 先進国から発展途上国へという経済力の移動が加速している。シュタイングレイバー氏は、25年後は上位15ヶ国の経済大国のうち9ヶ国が新興市場になっていると予測している。
4. 顧客ニーズが集中化している。A. T. カーニー社の調査によると、国内製品を好む傾向は減少しつつあり、国際製品を好む傾向が強まっている。

グローバリゼーションにより人々の多様化も進んでいる。しかし、このように多様化した人々が共通に持っているものは何だろうか。また相違点は何だろうか。彼らはどのようなリーダーシップ観を持っているのだろうか。

このような質問に答えることにより、私たちはリーダーシップを効果的に発揮するために必要な能力についての理解を深め、このような能力がどのようにして開発されるかに関して新たな理解を得ることができる。第11章でダルトンがこれに関する私たちの現在の理解を紹介した。しかし、これは私たちにとっては比較的新しい研究および実践の分野であり、実際、他にもこの分野に取り組んでおられる方々もあり、現時点では私たちは答えよりも疑問の方を多くかかえている。

- **新しい雇用契約の現実の下で、組織がリーダーシップ開発にさらに継続して投資する理由は何か**

私たちは本書で、リーダーシップ開発とは長期間にわたる継続的プロセスで、さまざまな能力開発の経験を含み、かなりの投資を行っている組織に存在するものであると述べている。社員に対して彼らが必要とするリーダーシップ

能力を開発するというのは，かつての雇用契約には適合しているように思われる。かつての雇用契約では，暗に終身雇用が保証されており，このことは組織が社員の育成に対する投資から高いリターンが期待できることを意味していた。

今日の職業人生において人々は，キャリアではなく雇用者を何度か変える傾向にある。「21世紀のキャリアは，組織ではなく個人が舵を取り，環境や個人の変化に合わせて，個人がその時々において新たに作り出していくであろう（Hall, 1996, p. 8）」といわれるような環境下では，組織がリーダーシップ開発への投資からリターンを得ることがますます難しくなってきている。たとえば，ある組織が有能な人材に最初の7年間，いくつかのストレッチした仕事や能力開発のコーチ，フィードバック・インテンシブ・プログラム（以下，FIP）を提供して投資を行ったとする。しかし，この7年間の投資がようやく実を結ぼうというときになって，これらの人材が自らの意志で，あるいは組織のダウンサイジングによって他の組織に移ってしまうということは大いにありうることである。

今後，個人がキャリアの舵取りをするようになっても，組織は長期的なリーダーシップ開発に投資し続けるだろうか。あるいは，いくつかの組織が提携してリーダーシップ開発に対する責任を共同で分かち合うような，新しい能力開発環境ができてくるのだろうか。それとも，個人が自身のキャリアに対してより大きな責任を負うようになったように，新しい雇用契約の下では，自分に必要な能力開発の経験を計画し実行することついても個人の責任負担が大きくなるのだろうか。

関連する疑問として，「ダウンサイジングは，リーダーシップに関する私たちの理解にどのような影響をおよぼすか」というものがある。ピーター・ドラッカーは，ダウンサイジングおよびこれに関連する新しい雇用契約の結果，すべての労働者はボランティアになっていると述べている。これについてのもうひとつの考え方は，労働者1人ひとりを起業家として，組織に対してではなく仕事や職業に対して忠実な存在と見るというものである。この変化により，家族主義的リーダーシップは古い雇用契約と同様に時代遅れのものとなっている。そこでまた疑問が出てくる。このような新しい環境で，リーダーシップを

効果的に発揮するにはどうすればよいのだろうか。リーダーシップを担う人々にはどのような新しいスキルや知識が必要とされているのだろうか。

- リーダーシップ開発を速めることは可能か

　組織ではスピードがますます必要な要素になってきている。新製品をどれくらい素早く市場に出せるか。顧客のニーズにどれくらい速く対応できるか。競合他社よりも早く新しいトレンドを発見し対応できるか。こうした質問が出るからには，リーダーをもっと速く育成することは可能かという疑問があったとしても何の不思議もない。この疑問の背景にあるのは，単なる短気さだけではない。組織は成長しており，新しい業務をリードしていける人材を常に求めている。さらに，組織の構造がますますフラットになるにつれ，リーダーシップが広く分散され，より多くの人々にリーダーシップが求められるようになっている。

　本書全体にわたって，リーダーシップ開発には時間がかかることを私たちは強調している。たとえば仕事の割り当てから最大限に学ぶためには，自分の下した決定やとった行動の結果がどうであるかを経験し，表面に見えている問題の背後にある繊細な問題を見出すために，同じ仕事に2〜3年は就いている必要があると考えられる。フォーマルな360度フィードバックなどのように一見短期間のイベントのように見えるものでも，より長期的な期間が必要である。このフィードバックに基づいて行動変革をするためには，一定期間，集中した実践や継続的フィードバックが必要なのである。

　したがって私たちは，リーダーシップ開発の過程が「迅速化できる」という考え方には慎重な姿勢をとっている。しかし，慎重であるからといって次のような本質的な疑問の重要性を軽視しているわけではない。すなわち「リーダーシップ開発の過程を強化するためには何をなすべきか」「リーダーがすぐに学習できるように能力開発を組織の仕事によりうまく統合させるにはどうすればよいか」「個人やチーム，組織が学習のスピードを上げるために，私たちが創り出し，活用することができる新しい能力開発経験とは何か」といった問いである。

- 情報技術や通信技術の急速な発展は，リーダーシップにどのような影響をおよぼすか。リーダーシップの能力を，仮想世界で育成することは可能か

情報技術や通信技術の急速な発展（これにより人々はより簡単に情報を生成し，整理し，アクセスすることができるようになったわけだが）は，リーダーに必要な能力および能力開発経験の設計に現実に影響をおよぼしている。

　新しいテクノロジーは，組織内における権力の分散や人間関係の発生に影響をおよぼす可能性を持っている。これらの特性がリーダーシップにおよぼす影響についてはさまざまな意見があるが，ここではその中でも特に目立っているものをふたつ紹介する。(1)組織全体で情報へのアクセスがますます増えることにより，水平化の効果がもたらされている（フォーマルなリーダーシップの役割を担う人々が，もはや情報が流れるためのパイプ役ではなくなる）。(2)アクセスできる情報が氾濫し，人々の，情報の意味を理解する能力への負荷が高まる（これらすべての情報およびそれが組織におよぼす影響を理解することは，リーダーシップの仕事をますます複雑なものにしている）。

　従来からのリーダーの能力の多く（自己認識，社会システムの中で効果的に働く，創造性など）は，今後も重要であることに変わりはないが，テクノロジーがリーダーシップに関する私たちの考え方を変えていくことは否定できない。テクノロジーの発展は，情報の量は言うにおよばず，その情報をどのように共有するかという点に関しても根本的な影響をすでにおよぼしている。この傾向は今後も続くことは間違いないだろうし，むしろ加速されていくことだろう。情報に関するこの新しい基盤を理解するためには，新しい知識，スキル，能力が求められ，その結果リーダーシップ開発がどうあるべきかに関する私たちの理解も変わってくる。

　たとえば，「社会システムの中で効果的に働く」ための能力を開発する場合について考えてみよう。テクノロジーの発展により，私たちはこの能力の概念に，地理的に分散しているチームと働く能力，および情報の流れが階層構造やフォーマルな役割に基づいていない社会システムの中で働く能力を新たに含めることが必要になる。

　他にどのような変化が待っているだろうか。テクノロジーの発展は，他にどのような形でリーダーシップに関する現在の考え方や実践のあり方を変えていくのだろうか。仮想世界の中でリーダーシップの能力を開発することは可能かという疑問を持つ人もあるだろう。パート１の著者の多くがいくつかの可能性

を指摘している。たとえば，360度フィードバックをオンラインで収集し処理する，スキルベースのトレーニングにおいて遠隔学習の技術を使用する，コーチングや学習ネットワークにオンラインでアクセスする，ナレッジ・データベースを活用して情報をオンラインで収集し共有するといったことである。

　リーダーシップ開発のプロセスにテクノロジーを応用することにより，いくつかの能力開発の経験がより幅広く利用できるようになり，また必要に応じて直接アクセスできるようになるであろう。このことは非常に素晴らしいことである。なぜならば，効果的な能力開発の経験にとって，タイムリーであることと内容の妥当性のふたつは重要なポイントであり，ともにオンライン・アプリケーションからメリットを得られる可能性があるからである。つまり，必要なときに必要なことを学習できるようになるわけだ。

　それでもまだ疑問は残る。どのようなリーダーシップの能力が，オンライン・アプリケーションで効果的に学習できるのだろうか。オンライン・アプリケーションは他の能力開発の経験とどのように統合できるだろうか。ハイテックとハイタッチのバランスはどうあるべきだろうか。

- リーダーシップ開発とチーム開発は同じことを意味するようになるのか

　私たちのリーダーシップのモデルにおいて非常に現実的な変化が，自己管理型のワークチームからもたらされつつある。このようなワークチームはよりフラットな構造で，階層的でなく，信頼を基盤にまとまっている。自己管理システムでは，リーダーシップのコンセプトには新たに別の定義がなされる。つまり，「リーダーシップとは，チーム内で発生する共有された活動である」と定義される。第12章で，ドラスがこのような考え方を紹介している。

　自己管理チームの台頭により，またそれなりの疑問が生じている。リーダーシップ開発としてチーム開発を考えるということはどういう意味だろうか。チームに対して，どのように，アセスメント，チャレンジ，およびサポートを提供できるだろうか。チームの強みや能力開発の必要性とはどういうことだろうか。このようなチームがリーダーシップの役割を効果的に果たすためには，チームにはどのような知識やスキルが必要だろうか。さらに，リーダーシップに関するこのような新しい定義は，組織の他の部分にも応用できるだろうか。

- 労働力の人口構成の変化は，リーダーシップに関する私たちの見解や，リー

ダーシップ開発の実践にどのように影響するか

「ワークフォース 2000（労働力に関するレポート）」，およびその他類似の研究で，労働力の人口構成が変化しており，しかもそれは劇的なものであることが明確に示されている。近い将来，女性やその他のマイノリティが労働者の過半数を占めるようになるだろう。彼らはこれまでとは異なる独自の価値観，希望や期待，リーダーシップに対する期待を持ち込んでくる。このような人口構成の変化により，リーダーシップの役割を担う人々には，より多種多様な考え方に注意を向け，それらの間に共通の基盤を見出すということが新たに要求されるようになる。

第 10 章でも述べたように，これまで CCL の研究や実践は主に白人の男性に焦点を当てたものであり，白人女性やアフリカ系米国人の女性や男性についてはごくわずかの範囲であった。それ以外の集団に関しては情報も経験もあまりない。

人口構成の変化により，リーダーシップの実践も変わってくると私たちは考えている。女性についてはこの考えが正しいことを立証する事実がいくつかある。第 10 章で紹介したように，女性は「プロフェッショナルな面での成長や組織の有効性のために，人間関係的なアプローチ」を取り，「他者を支援すること，プロジェクトを全体的視野から見ること，相互のエンパワーメント，そして，お互いの目標達成」に大きな価値を置いていることがわかっている。しかし，女性以外の集団の場合にリーダーシップの実践にはどのような影響があるかという疑問についてはまだ十分に研究されていない。

また，人口構成の変化により，リーダーシップ開発の取り組みはどのように変わるかという点も私たちの疑問である。白人の男性にとって重要な能力開発の経験，つまり 360 度フィードバック・プログラム，FIP，仕事の割り当て，成長を促す人間関係は，白人女性やアフリカ系米国人にも重要であることがわかっているが，それらの能力開発経験が活用され，適切に応用されるようにするには修正が必要である。他の集団が含まれた場合に，こうしたアイディアや実践がどのような影響を受けるかについては私たちはまだ理解していない。

私たちは CCL において，アイディアを行動に移し，また行動をアイディアに移すよう努力している。これは，研究において正しい疑問を呈する努力が，

研究を通じて学んだことからのリーダーシップに関する理解を広げ，リーダーシップ開発の実践に影響を与え，さらに実践を通して学んだことが研究上の疑問に影響することを意味している。いずれにせよ，私たちの学習のスタート・ポイントは正しい疑問を持つことである。これで『リーダーシップ開発ハンドブック』を締めくくるが，ここで私たちが投げかけた疑問は，私たちにとっての新しい学習の始まりなのである。

Trend Report

リーダーシップ開発の最新トレンド

シンシア・D. マッコーレイ
Center for Creative Leadership (CCL)
シニア・フェロー

　過去10年間の米国におけるリーダーシップ開発を振り返ってみると，表面的にはそれまでと変わらないように見える。企業はリーダーシップ開発にそれまでと同様に投資し続けており，その目的も変わっていない。「マネジャーが現在のポジションでより成果を上げること」「能力が高いマネジャーに，より責任が重い仕事をさせるための準備」「企業変革を実行すること」というのが主な目的だ。

　また，企業の活用するツール，プログラムも変わっていない。自己理解のための研修，スキル習得を目的とした研修，アクションラーニング，360度評価，アセスメントセンターの活用，エグゼクティブ・コーチング，メンタリング，成長を促す仕事のアサインなどである。

　しかしながら，より深く観察するとリーダーシップ開発に関して三つの変化が起こっていることに気づく。それは，「仕事と学びの統合」「適応力と協働する力の開発」「タレントマネジメントシステムの中でのリーダーシップ開発」の三つである。以下ではそれぞれについて紹介する。

仕事と学びの統合

　成人学習理論によると，「経験」がリーダーシップ開発の核であるとされている。演習，シミュレーション，特命プロジェクト，ジョブ・ローテーション

を利用した実践的なリーダーシッププログラムは「経験」をうまく利用している。これらのプログラムには,チームによる振り返り,同僚からのフィードバック,コーチとの対話,日誌を書く,といった「内省」の場が用意されている。「内省」することによって,「経験」からの学びが効果的になる。自分の思考や行動のくせ,自ら下した意思決定の原因と結果の関係,あるいは見過ごしていたかもしれない他の選択肢の可能性について,「内省」によって学ぶのである。

「内省」のプロセスは,直面する仕事に適用することから始めるのが効果的である。マネジャーの部下に対するコーチ能力を高める試みもその一環である。マネジャーに業績を上げさせることだけではなく,部下育成にも責任を持たせることによって,「仕事」と「育成」の統合を図ることができる。必然的に,部下も「仕事」と「学び」を統合することになる。

仕事と学びの統合のツールとして,eラーニングという手法もある。eラーニングを活用すれば,マネジャーが問題や挑戦的な課題に直面したときに,ネットを通して,直ちに知識・ツールや,適切な人々にアクセスすることができる。有益な情報にアクセスし,それをリアルな問題に適用し,その結果を振り返るというサイクルを回すことで,学習が促進されるのである。

適応力と協働する力の開発

企業は現在,変動性が高く複雑な環境に直面しており,マネジャーには新しい状況にすぐに適応できる力が求められている。また,不確実性が高まる一方で,使える資源が限られる中で,メンバーのモチベーションを高める方法を探すことも求められている。さらに,複雑な問題を解決するために,マネジャーは組織の壁を越えて協働することが必要になっている。CCLの最近の調査によると,経営幹部の86%が,組織の壁を越えて協働していくことがきわめて重要になっていると答えている。しかし,実際に行っているのは7%と,その難しさがわかる。

適応力と協働する力は,各企業のコンピテンシー項目として頻繁にみられるようになり,リーダーシップ開発プログラムでも両者を同時に高めることが求められている。このふたつのコンピテンシーは,新しい価値観に基づくスキル

である。過去に蓄えた専門性の重視や個人主義というものは、米国の文化に深く根ざした価値観であり、そう簡単に払拭できるものではない。そういう観点からすると、これらふたつのコンピテンシーを身につけていくことは難しいと言える。

タレントマネジメントシステムの中でのリーダーシップ開発

最近では、タレントマネジメントシステムの中にリーダーシップ開発のプログラムを統合していくことが人事には求められている。タレントマネジメントシステムとは、採用、育成、組織への関与を強めるためのトータルシステムのことである。このシステムの中では育成はひとつの部分であるし、リーダーシップ人材は、多くのタレント人材の中の一集団である。しかし、リーダーシップ開発をタレントマネジメントシステムの中で扱うことによって、リーダーの選抜や能力開発プログラムを行うにあたって、他の人事プロセスとも整合した共通のコンピテンシー・モデルを使うことが可能となる。

また、タレントマネジメントシステムの中で扱っているエンゲージメント・サーベイの結果から、企業全体として必要なリーダーシップ能力を見つけることもできるだろう。

■

このように、リーダーシップ開発に関する目的やメソッドは過去10年の間大きな変化はなかったといえる。しかしながら、リーダーシップ開発の責任者は、変化する環境に対応するために「仕事と学びの統合」「適応力と協働する力の開発」「タレントマネジメントシステムの中でのリーダーシップ開発」を強化してきているのである。

(出所:『RMSmessage』21号, 2010年4月号)

Endnote for the Readers

監訳者解説

金井　壽宏
Toshihiro Kanai

　本書『リーダーシップ開発ハンドブック』は，つぎの書籍の全訳である。*The Center for Creative Leadership: Handbook of Leadership Development*。センター・フォー・クリエイティブ・リーダーシップというリーダーシップの育成と研究で名高い機関から出ている書籍であり，これまで「日本語で読めるものはないのか」という質問をよく受けてきたこともあって，これからは本書を紹介できるのがうれしい。そういう意味で，待望の書籍である。

是非，読んでいただきたい方

　本書は，次世代の経営リーダーを育成する役割を持つラインの経営者と管理職と人事担当役員，人事部長，人事スタッフに必携の書籍のひとつとなるであろう。同時に，自らもいっそう強力なリーダーシップをキャリアの初期から磨いていきたいと思う若手にも，ぜひ一読してほしい書物である。

　さらに，リーダーシップ研究者にも，育成という観点から研究を産業界の要望に歩み寄せるうえで，大切な文献となることであろう。社会心理学におけるグループ・ダイナミクス，経営学における組織行動論やリーダーシップの研究者にとっても，つぎのような意味を持つ。つまり，これまでも有効なリーダーシップ行動の研究が豊富に蓄積されてきてはいるものの，それをもっと実践的にし，とりわけ育成への含意をしっかり求めていく必要があり，その際に本書が大い

に参考になるであろうということだ。リーダーシップの体系的な育成の研究はまだまだ緒についたばかりであり，かつその奥行きは深い。そんな中，本書は，今後のより実践的な調査研究の指針を，研究者たちにも提供するであろう。

　大部の書籍であるので，なかなか個人で持つのは難しいかもしれないが，会社のライブラリーや人事部のデスク，研究室に閲覧可能な形でおいていただき，育成という面からリーダーシップに興味を持つ広範な層に読んでもらえればありがたいと，監訳者も翻訳チームのリーダーであった古野庸一さんとともに願っている。

リーダーシップ論のトレンド——理論の精緻化以上に，育成論や「経験の研究」

　リーダーシップというテーマは，実践と結びつかないとわびしいものがある。リーダーシップ論にやたら詳しいが，リーダーシップのかけらもないひとがいたら，学び方がどこか間違っていると考えたほうがいい。リーダーシップについて学ぶということは，いかにして自らもリーダーシップを発揮するためにどのように自分を育てるか，あわせて自分が見本（さらには手本）のリーダーとなることによって周りの人びとからより若いリーダーを育てるか，という観点からなされるべきである。また，人事部の中で，文字通りの人事に携わるスタッフも，教育・研修に従事するスタッフも，ともに，リーダーシップの理論に詳しくなる以上に，人事面，教育面から，リーダーシップの育成を促進する達人になっていかなければならない。リーダーが次世代リーダーを育成する，経営者が次世代経営者を育成するという風土，つまり経営リーダーシップ育成風土がある会社では，リーダーシップ育成は，人事部からではなく，経営リーダーの実践を通じてのより若い世代への薫陶から始まることがよく認識されている。この問題をめぐってわたしと深いコンタクトのあった日本イーライリリーでは，前社長ニュートン・クレンショー氏のイニシャティブで，"Leadership development starts with leaders" という標語の下に，社長以下役員全員が本気になってリーダーシップ育成に取り組み，また，彼らのアクション・ラーニングそのもののテーマも，すべてリーダーシップ育成に関わるものであった。

　リーダーシップ育成に熱心な他のいくつかの企業でも，社名をひとつずつこ

こではあげられないが，興味ある動きが表れている。そのような動きからいくつかのポイントに気づかされる。まず，人事部自身も変わらなければならない。経営者自らがリーダーシップを発揮するのはもちろんのこと，人事部でリーダーシップ育成に携わるマネジャーやスタッフも，自らリーダーにならなければならない。これまでにない体系的で加速化されたリーダーシップ育成の仕組みをつくり，実現すること自体，人事部の方々自身による，変革型リーダーシップの発揮を要請するのである。

リーダーシップ育成の体系化・加速化の4留意点

　本書は，1人ひとりの読者なりに，自分にぴったりの留意点を引き出せるほどに実践的な書であるが，リーダーシップ論とリーダーシップ育成論の双方に関心があり，リーダーシップの教育・研修も多数実施してきたわたしの立場からいうと，わたしがこの書籍から，リーダーシップ育成の体系化・加速化を考えるうえでの留意点を引き出すとしたら，つぎの4つになる。

　①リーダーが「リーダーを育むリーダー（leader-developing leader）」になること，②ラインと人事が連動して，配属・異動をリーダーシップ育成の面から工夫すること，③人事の教育担当は，研修のみに依存する発想から脱却すること，④上記の3つの点すべてを通じて，コミュニケーションやフィードバックを重視すること，が肝要だということである。これらの4点を簡単に説明するとつぎのようになる。

　まず①について。経営者からミドル，現場のリーダーに至るまで，各層でのリーダーが「リーダーを育むリーダー」になることによって，組織内にリーダーシップの連鎖が生まれていく。リーダーシップは，リーダーシップを発揮しているひとから学ぶに越したことはない。つまり，薫陶が肝心だというわけである。

　つぎに②について。次世代のリーダーが，だれの薫陶を受けながら，どのような仕事に，どの程度のストレッチ（チャレンジ）度合いで経験するかは，ひとえに配属・異動にかかってくる。

　さらに③について。重要な点だが，リーダーシップ育成のために研修・教育にも頼るとしたら，そのプログラムは，人事面での配属・異動と連動するのが理想的である。選抜型の経営幹部候補の研修であるなら，これまでのキャリア

でどのような経験をだれのもとでしてきたかを選抜の基準とし，研修プログラムの中で，受け身で学ぶのではなく，各自がかいくぐってきた自分の仕事上の経験や自分を鍛えてくれた上司などからの薫陶を内省する機会を設け，そのうえで，研修後の異動に育成的につなげる，つまり，つぎのステージで，だれのもとでどのような仕事経験をさせるとさらに「一皮むける」か，という点に配慮した異動を行うことである。

　最後に④について。これらの全ステップを通じて，リーダーシップを実践的に学ぶ個人に，仕事の場でも，教育・研修の場でも，できる限り多くのフィードバック機会を授けることが重要である。「リーダーを育むリーダー」になるには，リーダーとして自分なりの経験を内省し，そこから抽出された自分なりのリーダーシップの持論を持つべきである。そして，それを持っているだけでなく，言語化して，部下の全員に対してではなくても，右腕となるひとには，公言することも時には必要である。次世代リーダーとなる部下にとっては，「リーダーを育むリーダー」が，リーダーシップのコツを言語化し，少なくともコツを話題にして，かつ言行一致させていれば，リーダーシップを学びやすくなる。経験と薫陶からリーダーシップのコツを読み解く言語によるヒントが加わるからである。薫陶というものについて，言葉ではなく「背中を見てひとは育つ」と言い切るひともいるが，果たしてそうだろうか。育ってほしいひと，育てたいと思うひととの間では，コミュニケーションは密なほうがいい。わたしがそう思うだけでなく，わたしが経験と持論をお聞きした経営者の中には，それを心がけているひとが実際に多くおられたので，そう確信する。研修の場も，経験を内省し，持論を見つけ出すのがミッションなら，一方的な講義はそぐわない。ファシリテータ役を兼ねる講師と受講生との間の，また受講生同士の対話，議論などの形で，コミュニケーションが活発な場が理想だ。そのような場が実現していくと，内省が内向きにならずに，それどころか内省こそがアクションへの自信につながるものとなるのである。ともに受講した同輩からのフィードバックが，自分を知るうえでも役立つ。松下幸之助も述べているとおり，自分を知ることなしに，ひとをリードすることはできない。このように，先に述べた，①，②，③のどのステップでも，コミュニケーションやフィードバックが非常に重要であることを強調しておきたい。日本人でCCLの本

場でLDPなどの研修を受けたり，CCLの360度フィードバックを受検したり，CCLから各種のライセンスを得ているひとは稀であるが，そういう方にお会いする機会があるたびに，強調されたことは，「フィードバックが命だ」ということであった。

わたしと古野さんがCCL（やLominger）に注目したわけ——70−20−10の70

　リーダーシップ育成への関心を高めた世界的に有名な教育・研究機関としては，ひとつには，本書の著者たちが属するセンター・フォー・クリエイティブ・リーダーシップ（CCL）があり，もうひとつは，そこからスピンアウトして生まれたロミンガー（Lominger）があげられる。ロミンガーの社名は，LombardoとEichingerというCCLの初期の中核メンバーだった二人の名前から，Lomと−ingerを連ねたものである。だから，ルーツはCCLということになる。

　2006年の夏に，リーダーシップの体系的育成で定評のある米国企業のフィールド調査に出向いたときに，行く先々で耳にしたのは，CCLの『経験からの教訓』（邦訳はないが同名の書籍がある）というフレーズと，ロミンガーが提示する「70−20−10の法則」であった。前者は，リーダーシップの育成の鍵が経験にあることを示した。また，ただ経験をくぐるだけでなく，その経験がリーダーシップを育む上で持っている意味を探ることが大切なので，「経験から教訓を引き出すこと」を強調した。後者は，効果的にリーダーシップを発揮できるようになった経営幹部から，そこ至るまでに有益だった出来事，つまりリーダーシップを育むのに役立ったことを具体的な出来事（イベント）の形で聞き出した。その結果を集計すれば，そのうちの70パーセントが仕事上の経験，20パーセントがその仕事をしているときの上司や顧客などとの関係（薫陶），残りの10パーセントが研修・教育であった。

　わたしと古野さんが，「一皮むけた経験」の地味な調査に乗り出したのは，わが国では，このような「経験の研究」が欠けていた（皆無に近かった）からである。なにしろそれまで，7割ものウェイトを占める，将来リーダーシップを発揮するのに役立った仕事上「一皮むけた経験」という観点から，わたしたちは，日本の最高経営責任者や経営幹部をみてこなかったのである。そこで，

わたしは，関西経済連合会を母体に役員レベルの調査を行い，古野さんは，リクルートワークス研究所後にリクルートマネジメントソリューションズを拠点に，将来を嘱望されたミドル・マネジャーの調査を実施し，また，古野さんもわたしも，継続して日本を代表する会社の社長や会長，ベンチャー経営者を対象として，リーダーシップ育成に役立てようという観点から，「仕事で一皮むけるとはどういうことなのか」について，生の声を収集してきた。

　ちなみに，70-20-10という数字は，おおまかであるし，コーディング次第で数字がゆれるので，ひとり歩きさせないほうがいい。質問のしかたや，インタビュー結果のコーディングのしかたによって，この比率は変わってくる。わたしのインタビューのやり方では，仕事の経験についてまずストーリーが聞き出せたら，その経験をだれとともにしたか，を必ず尋ねている。そうするとリーダーシップの手本となったひとだけでなく反面教師も含め，他の人びとの存在が浮かび上がってくる。上司だけでなく，ななめ上の上司，上司の上司，経営トップ，さらには社長直轄のプロジェクトなどにおいては，自社の社長，場合によっては，取引先の会社の社長なども登場する。このように，薫陶を受けた多彩な顔ぶれの人びととの関係性という軸が出てくるので，薫陶のウェイトは，20パーセントよりも高いだろうという感触を持っている。わが国では，薫陶のところのウェイトがロミンガーの提示する数字より高いのではないかという感触を持っているのは，わたしだけではない。一皮むけた経験について議論する場で，経営幹部候補もよく口にしていた（定性的なデータなので，「聞き方」だけでなく，「コーディングのしかた」によっても，薫陶のウェイトがもっとあがるだろうという見解もなんと受講生から聞かされたことさえあった）。つまり，経験のストーリーに他の人びとの存在を尋ね，関係性や薫陶のストーリーもみつかれば，同じイベントに経験と薫陶が重なり合っていて，一見するとひとつのイベントに見えるが，両方にコーディングされるべきものが意外と多くなっていくであろう。

　実際のところ，ゼロからの立ち上げは，教訓の多い良質な経験であり，そのような経験の場にはエース格の上司やプロジェクト・マネジャーが配置されることが多いし，会社の将来の主力事業の立ち上げは，しばしば社長直轄のプロジェクトになる。また，海外勤務経験者に，一皮むけた経験を聞くと，必ずと

いっていいほど海外での経験があげられるが，そもそも海外現地法人の社長には，リーダーシップにすぐれた経営感覚のあるひとが選ばれていることも多いので，その関係性の中で学ぶことができることになる。たとえば，前者の立ち上げの例としては，現在ヤマトホールディングの社長の瀬戸薫さんが挙げられるが，瀬戸さんは3代目宅急便課長のときに，当時ヤマト運輸の社長だった小倉昌男さんの薫陶を受けながら，クール宅急便を立ち上げている。また，後者の海外勤務の例としては，中村邦夫さんを挙げたい。中村さんが米国現地法人の社長のときには，そこで勤務していたミドルや若手は，後にパナソニックの中興の祖となる変革型リーダーに直接，薫陶を受けていたことになる——しかも，海外では，日本にいるときよりはワンランクかツーランク上の仕事を経験することになりがちなうえに，現地法人の社長の近くで，直接学ぶ機会が多いのがふつうである。このように，同じ出来事，つまり宅急便課長，松下の米国現地法人勤務が，経験という面でも，薫陶という面でも，のちにリーダーシップを発揮するうえで，役立ったという事例になる。

　われわれが，薫陶のウェイトが2割よりも高いと推測する第2の理由は，反面教師からも学ぶことがあるという点である。これを考慮に入れれば，ウェイトはさらに上がるし，「あんなふうに行動してはだめだ」という点から薫陶とは呼べなくても，上司や上司の上司，あるいは取引先の会社の担当や上司，さらには社長などとの関係から学ぶことも多いはずである。

　今後，経験の調査のなかで，必ずそのときの上司や社内外の顧客など，いっしょに仕事をした人びとから学んだことがあるかどうかも明示的に調べれば，仕事経験と関係（薫陶）について，ロミンガーのあげる70と20という数字は，わが国では変わってくるのではないかとも思われる。体系的な調査が日本でも必要な領域である。

CCLという機関について——古野さんとわたしとのCCLへのかかわり

　CCLはリーダーシップの研修と研究で名高いので，名前を聞いたことがある読者も多いと思われるが，少しだけ，その概要を書いておこう。

　今は，わが国では大正製薬が取り扱っているヴィックス・ドロップ（のど飴の会社）の創業者，H.スミス・リチャードソン・シニアが，1970年に基金を

出して，企業の社会貢献活動として，ノースカロライナに創設した非営利組織がその前身である。ちょうど，TOEFLやGMATなどのテスト事業を行うETSが，非営利組織でありながら，大きな収益をあげているのと同様に，CCLもまた，収益性の高い非営利組織（highly profitable not-for-profit organization）であって，この分野では名声が高い。わが国でも，CCLのLDPというリーダーシップ育成プログラムの日本版が作成され，導入されかけたことがあるし，CCLのスキルスコープという360度フィードバックやルッキング・グラスという組織のシミュレーション・ゲームには日本版が誕生し，わが国でも活用され始めている。

わたしとCCLとの最初の接触は，ある経済団体がLDPの日本版を作成するに際して，わたしの研究室を訪ねてこられ，フィードバックの専門家をどのようにすべきかという難問を議論したことに始まり，その後，CCLの副所長（当時）のデイビッド・ノーア氏と，10数年ほど前に大阪で会って話し合った頃にまで遡る。ノーア氏は，雇用調整などの対象となり苦労し傷ついたひとたちに関する研究（*Healing the Wounded*）をまとめた直後であった（この書籍は，2009年に新版が出ている）。

その後，先に述べたとおり，CCLの『経験からの教訓』（*Lessons of Experiences*）に依拠した調査を小規模ながら，役員レベルを対象に行ったところ，リクルートの古野さんが，同種の調査をミドル・レベルを対象に行い，その後ふたりで共同して，トップとミドルのデータの両方を使って論文を書き上げ，『一橋ビジネス・レビュー』に載せてもらった（その英語版は，英国の出版社からも書物の1章として出版された。── Ralf Bebenroth and Toshihiro Kanai eds., *Challenges of Human Resources Management in Japan*, London, UK.: Routledge, 2011）。リクルートには行動力があるひとが多く，米国のCCLを訪ね，最新のコーディング・スキームを入手して，われわれの調査結果を報告してきてくれた。その際，リクルートによる調査だけでなく，関西経済連合会の調査も，古野さんをリーダーとする研究チームによって，CCLのスキームに基づいて，より厳密に複数の評定者によって再度コーディングされた。

それ以後も，古野さんは，リクルートの『Works』誌で，わたしは，神戸大学大学院経営学研究科とゆかりの深いNPO現代経営学研究所の『Business

Insight（BI）』誌で，CCLのフォーマットを参考にした「一皮むけた経験」のインタビューを，社長や会長などを調査対象にして継続して行ってきた。古野さんたちの成果は，『リーダーになる極意』（古野庸一著，リクルートワークス研究所編著，金井壽宏解説，PHP研究所，2005年）にまとめられた。後に同書は，日経ビジネス人文庫の1冊『日本型リーダーの研究』（古野庸一著，リクルートワークス研究所編著，日本経済新聞出版社，2008年）となり，入手しやすくなった（残念ながら，わたしの解説はこちらには入っていない）。BI誌のシリーズの社長・会長インタビューで，金井担当の「一皮むけた経験」を収集する形式でなされた全インタビューを英訳してウェブにあげるプロジェクトが，膨大な時間と作業を要するものの，進行中である。これは，海外の研究者から，日本の経営者を知るのに適切かつ信頼できるインタビューなどについて英語で読めるものが少ないのでなんとかしてほしいという要望に対応しようとするものである。

ところで，古野さんは，かつてCCLの有力メンバーで，『経験からの教訓』の共著者のひとりであるモーガン・マッコールに，南カリフォルニア大学在学中に直接学んでいる。そのコースは，毎回ゲスト方式で，そのゲストの人物の経験と経験からの教訓を聞き出すというスタイルであったそうだ。このような縁もあり，マッコールの単著が出たときに，それを邦訳として出すことにした。それが，『ハイ・フライヤー―次世代リーダーの育成法―』（金井壽宏監訳・解説，古野庸一・リクルートワークス研究所訳，プレジデント社，2002年）であり，「一皮むけた経験」をふまえて，リーダーシップ育成をどのように体系化していくかを扱った書籍である。

『ハイ・フライヤー』に続く翻訳プロジェクト

われわれは，そのプロセスで，CCLのメンバーによる著者や報告書を多数入手していたので，今回訳すことになった，このハンドブックの存在は知っていた。英語が苦にならない人でも，熟読をしたらかなり時間のかかる大著である。もちろん，読むのに要する時間と，それを正確に訳すのに要する時間との間には大きな開きがある。だから，こんな本の訳があったらいいなぁとは思っても，ハンドブックというだけあって分厚い書籍なので，うかつには「これを

訳そう」と叫ぶことはできなかった。古野さんも，わたしも，『ハイ・フライヤー』の邦訳プロジェクトでも，プロの翻訳者を介さずにそれを断行したときの苦労を昨日のように覚えている。そのため，皆さんが手にとっておられるハンドブックの元の英語の本の内容について論じることがあっても，なかなか訳そうという気持ちにはならなかった。

　しかし，『ハイ・フライヤー』の邦訳書の完成間際に，古野さんにお伺いすると，つぎのようなことがわかった。『ハイ・フライヤー』の邦訳の後，2003年には，リクルートワークス研究所で，このハンドブックの翻訳チームをつくり，さっそく作業を開始したそうである。大著なので，途中作業が頓挫しかけた時期もあったそうだが，チームメンバーの嶋村伸明さんが，その後も情熱を維持して，ひとりで粛々と翻訳作業を進めてきた。それがようやく陽の目を見た。古野さんとその翻訳チームのリーダー格の嶋村さんと，リクルートらしく明るく優秀な翻訳に協力してくださったメンバー全員とともに，この大部の本書が，ようやく日本語でも読めるようになったことを喜びたい。

■

　最後に，この監訳者解説の場を借りて，この大著の編集作業をなさっていただいた白桃書房の平千枝子さんのお名前を記して，謝辞とさせていただきます。

　そして，いちばん大事なことですが，読者の皆さんへのお礼とお願いをここで述べさせてください。厚い書籍ですが，ここまでとうとう読破していただきありがとうございます（先に，ここをお読みになっておられる方には，読み終える前ですが，これを読み始めてくださりありがとうございます）。本訳書をより完全なものにするために，読者の皆さんへのお願いがあります。まだまだ読みにくいところ，こなれた日本語になっていないところ，ひょっとしたら大勢の目を通していても，われわれの訳し方がまちがっているところが残っているかもしれません。そのようなところ，とくに誤訳の可能性があるところがみつかった場合には，お知らせいただければ，誠に感謝すべきありがたいことだと心得ております。

　どうか，いつまでも座右の書に。

Translater Afterword

訳者あとがき

嶋村　伸明
Nobuaki Shimamura

　本書はリーダーシップ開発を専門とする非営利の国際的教育機関である Center for Creative Leadership（以下，CCL）によって出版された *Handbook of Leadership Development* の日本語版である。

　CCL は『フィナンシャル・タイムズ』や『ウォールストリート・ジャーナル』といった経済誌が毎年発表するエグゼクティブ教育機関のランキングで常に世界のトップ 10 以内に登場する存在であるが，わが国ではさほど知られておらず，リーダーシップ開発の研究者や実践家，および一部のグローバル企業の人材開発担当者の間で認識されている程度である（CCL の概要については「序文」および巻末に掲載の紹介文を参照されたい）。CCL がユニークなのは，その活動領域をリーダーシップ開発に特化させていること，そして，リーダーシップ開発プログラムを提供するといういわゆる教育ベンダーとしての顔を持ちながら，一方でそこで得た経験を研究活動に還流することでリーダーシップ開発における世界一流の研究機関としてのプレゼンスを確立しているという点である。CCL はリーダーシップ開発というテーマにおいて，理論と実践の間を行き来しながらその知見と提供サービスを進化させている数少ない教育機関なのである。

　本書は，そうした CCL の実践家と研究者によって編纂されたものであり，高度に実用的な内容であるとともに，高度に学術的な内容を含んでいる。人材

開発に関わる人であれば，リーダーシップ開発研修や360度アセスメントなどに携わる中で，だれもが一度は疑問に思ったことがあるようなことが，直面する問題についてきちんと取り上げられており，丁寧な分析の後に一定の見解やガイドラインが示されている。そして同時にそれらの見解やガイドラインは確かな理論研究と実証研究に裏づけられたものでもある。ゆえに，本書で展開されるさまざまなテーマにおける結論の多くは単純明快な記述とはなっていない。彼らの実践と研究の結果から導きだされた現時点でのひとつの有効な考え方として提示されている。明快な結論やガイドラインを求めたい実務家にとってはややまどろっこしい言い回しもあるかもしれないが，リーダーシップ開発という人間的，社会的なプロセスを意図的に進めていこうとする活動に関わる数多くの変数の存在と複雑性を認識する意味で有効と考え，すべて原文に忠実に翻訳したつもりである。

　優れたリーダーシップに関する書籍は数多く翻訳されているが，組織としてそれをどのように開発していくのかを，特にそれを推進する側の人事，人材開発の専門家の見地から体系立てて記述された書籍はわが国では極めて少ない。本書の主な想定読者は，企業やそれ以外の組織で成員の人材開発に携わる人々や部下の育成に関心を持ち積極的に関与する姿勢を持つマネジャーの人々である。人材開発領域の人々は，本書が取り上げているテーマやそれぞれのテーマで展開されている議論の内容そのものが実践的なものであることに共感するとともに，実務面でのヒントを得ることができるだろう。また，今日広く普及している人材開発，組織開発手法のほとんどが1998年に出版された本書で実務的にカバーされていることに多少の驚きを感じるかもしれない。部下育成に関心の高いマネジャーの人々は，自身が暗黙のうちに持っていた「人が育つ条件」について改めて整理，確認でき，より効果的な働きかけができるようになるかもしれない。以下，「序章」とも重複するが，本書の構成について日本語版として多少の補足をしておきたい。

　「序章」では，本書の全編の土台となっているリーダーシップ開発のモデルが提示されている。効果的なリーダーシップ開発の要素とその全体像を理解し，それ以降の章を読み進むにあたっての地図を頭に入れるために最初に序章

を読むことをお勧めする。ここで提示される効果的な能力開発経験の三つの要素，アセスメント，チャレンジ，サポートは，シンプルだが非常に実践的で奥の深いモデルである。リーダーシップ開発のみならずあらゆる面での人の成長を考える上で多くのインスピレーションを与えてくれる。このモデルを念頭に置くだけで，企業内の人材開発企画には多くの工夫ができるはずである。

続くパート1は六つの章で構成されている。パート1は能力開発を促す具体的な経験を取り上げており，第1章の「360度フィードバック」に代表されるポピュラーな手法から，第6章の「修羅場」といった，一般的なリーダーシップ開発ではなじみのない経験まで，幅広く取り上げられている。後半の第3章から第6章については，時間のある読者は『ハイ・フライヤー――次世代リーダーの育成法』（モーガン・マッコール著，金井壽宏監訳，リクルートワークス研究所訳，プレジデント社）を合わせて読まれると良いだろう。能力開発につながる経験についてより深い理解が得られると思われる。また，日本のリーダーにおける能力開発経験について関心のある方は，『日本型リーダーの研究（日経ビジネス人文庫）』（古野庸一，リクルートワークス研究所編集，日本経済新聞出版社），『Works』Vol. 47号（リクルートワークス研究所）を参照されるとよいだろう。

パート2は，リーダーシップ開発の「プロセス」に焦点が当てられている。第7章「リーダーシップ開発のシステム・アプローチ」では，トップマネジメントを巻き込んだ全社的な取り組みの重要性とその効果を理解することができるだろう。近年，多くの企業で取り組まれるようになった「次世代リーダーの選抜育成」企画に携わっている人々にとって示唆に富む内容が含まれていると考える。ここについては，『リーダーを育てる会社　つぶす会社』（ラム・チャラン，ステファン・ドロッター，ジェームズ・ノエル共著，グロービスマネジメントインスティテュート訳，英治出版），あるいは『AP方式による次世代リーダー発掘と集中的育成――人材を社内で見つけ育てる後継者育成制度』（ウィリアム・C. バイアム，オードリー・B. スミス，マシュー・J. ペース共著，竹内清之監訳，ダイヤモンド社）なども合わせて参考にするとよいだろう。第8章は，能力開発過程の重要なピースである「経験から学ぶ能力の強化」についてである。ここでは，学習戦略，戦術といったやや耳慣れない言葉が登場す

るが，個人の好む学習スタイルを考慮に入れた能力開発施策という考え方は，日本でまださほど広く普及していない「学習スタイル」の概念とともに，今後実践が進められるべき分野と考える。第9章は「能力開発経験の効果測定」である。近年，人材開発施策の効果測定への関心が急速に高まりつつある中で，極めてあいまい，かつ複雑で，その開発が長期にわたり，何をもって効果とするか決めにくい「リーダーシップ開発」の効果測定に一定の指針を与えてくれるものである。効果の有無を強調する経営幹部に一読いただくのも有効かもしれない。

　パート3は，リーダーシップ開発における課題を取り上げている。第10章は，女性や有色人種といった，いわゆる伝統的な組織の中ではリーダーの職責に就く機会が少なかった人々のリーダーシップ開発についてである。近年，日本企業でも現実的な課題となっているダイバーシティ（多様性）開発に携わっている人々に参考となるに違いない。同様にグローバルリーダーの開発（第11章）も多くの企業で今日注目されているテーマであろう。なお，原書ではこのパート3に「リーダーシップ開発における異文化の問題」という独立した章が含まれているが，CCLのプログラムに代表されるいわゆる米国流のリーダーシップ開発プログラムを異文化に移転させる際の知見が中心の章であるため，日本語版では割愛していることをお断りしておく。

　最後の第12章は実務的な内容とは異なる。また，多くの読者にとって少し理解しにくい内容かもしれない。ここでの主たるテーマである，リーダーシップを「集団の能力」とみなす考え方をより理解するには，私たちの社会活動に対する少し違った見方を必要とする。こうした見方について理解されたい方は，『あなたへの社会構成主義』（ケネス・J. ガーゲン著，東村知子訳，ナカニシヤ出版），『組織化の社会心理学』（カール・ワイク著，遠田雄志訳，文眞堂），『ポジティブ・チェンジ―主体性と組織力を高めるAI』（ダイアナ・ホイットニー著，ヒューマン・バリュー編集・監修・翻訳，ヒューマンバリュー），『組織のコミュニケーション論』（狩俣正雄著，中央経済社）などを参考とされたい。一方で，12章ではリーダーシップに対する考え方についての歴史的変遷が極めてコンパクトにまとめられており，リーダーシップ論のレビューとして役立つだろう。

以上，本書の各章について，より深く理解するための日本語で入手できる参考書籍とともに紹介してきたが，全編にわたって関係する優れた書籍として『日経文庫　リーダーシップ入門』（金井壽宏著，日本経済新聞社）をあげておきたい。リーダーシップ，およびリーダーシップ開発をめぐる理論的，実践的コンテンツがわかりやすく展開されている。本書や CCL に関する言及も随所に登場する。

　本書は，リーダーシップ開発の大いなるマップであり，その取り組みに携わる人々に目標達成のためのガイドラインを提供するものである。そのほとんどは，欧米における実践と研究に基づいたものであり，いくつかの知見をそのまま日本のリーダーシップ開発に取り入れるのは一考を要するかもしれない。しかしながら，基本となっているモデル，開発手段の適用にあたって考慮すべきこと，より効果的な開発過程にするために取り込むべき要素などの実践に基づいた知見は，企業におけるリーダー育成を再考する上で有り余るほどの視点とヒントを提供してくれるはずである。本書が日本企業におけるリーダーシップ開発の取り組みに何らかの形で寄与することを切に願っている。

　本書の出版にあたっては多くの方々にお世話になった。リクルートマネジメントソリューションズ組織行動研究所長古野庸一さんと神戸大学大学院経営学研究科金井壽宏教授には出版の後押しから最終的な訳語，文体へのアドバイスまで全面にわたって多大なご尽力をいただいた。また，リクルートマネジメントソリューションズ福田隆郎さんの決断なくしては翻訳作業自体がスタートしなかった。この場をお借りしてあらためて感謝申し上げたい。
　本書の出版企画は，リクルートワークス研究所リーダーシップ研究プロジェクト（2001 年当時）に端を発する。当時のメンバーにもお礼申し上げたい。そして，白桃書房編集部平千枝子さんには，遅々として進まない作業に忍耐強く付き合っていただくとともに，常に適切なご指導をいただいた。心から感謝申し上げる。最後に，長期間にわたった作業を支えてくれた家族にもお礼を言いたい。
　みなさん，本当にありがとうございました。

References 参考文献

Adler, N. J., & Bartholomew, S. (1992). Managing globally competent people. *Academy of Management Executive, 6*(3), 52-65.

Alden, J., & Kirkhorn, J. (1996). Case studies. In R. L. Craig (ed.), *The ASTD training and development handbook*. (4th ed.). New York: McGraw-Hill.

Aldwin, C. M. (1994). *Stress, coping, and development*. New York: Guilford Press.

Ali, A. J. (1990). Management theory in a transitional society: The Arab's experience. *International Studies of Management & Organization, 20*(3), 7-35.

Anderson, T. (1993). *Den of lions*. New York: Ballantine.

Argyris, C. (1991). Teaching smart people how to learn. *Harvard Business Review, 69*(3), 99-109.

Ashford, S. J. (1986). The role of feedback seeking in individual adaptation: A resource perspective. *Academy of Management Journal, 29*(3), 465-487.

Atwater, L., Rousch, P., & Fischtal, A. (1995). The influence of upward feedback on self and follower ratings of leadership. *Personnel Psychology, 48*, 35-59.

Auster, E. (1989). Task characteristics as a bridge between macro- and micro- level research on salary inequality between men and women. *Academy of Management Review, 14*(2), 173-193.

Baird, L., Briscoe, J., & Tuden, L. (1996). Globalizing management to meet the challenges of global business. Presentation to the Executive Development Roundtable, Boston University School of Management.

Baldwin, T. T., & Padgett, M. Y. (1993). Management development: A review and commentary. In C. L. Cooper & I. T. Robertson (eds.), *International review of industrial and organizational psychology (vol. 8)*. Chichester, England: Wiley.

Bandura, A. (1986). *Social foundations of thought and action: A social cognitive theory*. Upper Saddle River, N.J.: Prentice-Hall.

Barclay, D. (1992). Commitment from the top makes it work. *IEEE Spectrum*, 29(6), 24-27.

Barrick, M. R., & Mount, M. K, (1991). The big five personality dimensions and job performance: A meta-analysis. *Personnel Psychology*, 44(1), 1-36

Barsoux, J. L., & Lawrence, L. P. (1997). *French management*. London, England: Cassel.

Bartlett, C., & Ghoshal, S. (1989). *Managing across borders: The transnational solution*. Boston: Harvard Business School Press. (クリストファー・A. バートレット, スマントラ・ゴシャール著／吉原英樹訳　1990.『地球市場時代の企業戦略—トランスナショナル・マネジメントの構築』日本経済新聞社)

Bartlett, C., & Ghoshal, S. (1997). The myth of the generic manager: New personal competencies for new management roles. *California Management Review*, 40(1), 92-93.

Baskerville, D. M. (1992). Are career seminars for black managers worth it? *Black Enterprise*, 23(5), 122-129.

Bass, B. M. (1985). *Leadership and performance beyond expectations*. New York: Free Press.

Bedian, A. G., & Armenakis, A. A. (1989). Promise and prospects: The case of the alpha, beta, gamma change typology. *Group and Organizational Studies*, 14, 155-160.

Bell, E. L. (1990). The bicultural life experiences of career-oriented black women. *Journal of Organizational Behavior*, 11(6), 459-477.

Betters-Reed, B. L., & Moore, L. L. (1995). Shifting the management development paradigm for women. *Journal of Management Development*, 14(2), 24-38.

Brake, T. (1997). *The global leader: Critical factors for creating the world class organization*. Burr Ridge, Ill.: Irwin.

Brett, J. M. (1984). Job transitions and personal role development. In K. M. Rowland & G. R. Ferris (eds.), *Research in personnel and human resources management*, Greenwich, Conn.: JAI Press.

Brewer, M. B. (1995). Managing diversity: The role of social identities. In S. E. Jackson & M. N. Ruderman (eds.), *Diversity in work teams: Research paradigms for a changing workplace*. Washington, D.C.: American Psychological Association.

Brockner, J. (1988). *Self-esteem at work: Research, theory, and practice.* San Francisco: New Lexington Press.

Broderick, R. (1983). How Honeywell teaches its managers to manage. *Training, 20*(1), 18-23.

Bunker, K., & Webb, A. (1992). *Learning how to learn from experience: Impact of stress and coping.* Greensboro, N.C.: Center for Creative Leadership.

Burgoyne, J. G., & Hodgson, V. E. (1983). Natural learning and managerial action: A phenomenological study in the field setting. *Journal of Management Studies, 20*(3), 387-399.

Burke, M. J., & Day, R. R. (1986). A cumulative study of the effectiveness of managerial training. *Journal of Applied Psychology, 71*(2), 232-245.

Byrne, D. (1971). *The attraction paradigm.* New York: Academic Press.

Campbell, D. P., & Nilsen, D. (1993). Self-observer rating discrepancies: Once an overrater, always an overrater? *Human Resource Management, 32*(2, 3), 265-281.

Catalyst. (1996). *Women in corporate leadership: Progress and prospects.* New York: Catalyst.

Caudron, S., & Hayes, C. (1997). Are diversity programs benefiting African Americans? *Black Enterprise, 27*(7), 121-132.

Cavanagh, G. F. (1984). *American business values.* (2nd ed.). Paramus, N.J.: Prentice-Hall.

Center for Creative Leadership. (1998). *Reflections.* Greensboro, N.C.: Center for Creative Leadership.

Chen, C. C., & DiTomaso, N. (1996). Performance appraisal and demographic diversity: Issues regarding appraisals, appraisers, and appraising. In E. E. Kossek & S. A. Lobel (eds.), *Managing diversity: Human resource strategies for transforming the workplace.* Cambridge, Mass.: Blackwell.

Chiaramonte, P., & Higgins, A. (1993). Coaching for high performance. *Business Quarterly, 58*(1), 81-87.

Clark, K. C., & Clark, M. B. (1994). *Choosing to lead.* (2nd ed.). Greensboro, N.C.: Center for Creative Leadership.

Clark, L. A., & Lyness, K. S. (1991). Succession planning as a strategic activity at Citicorp. In L. W. Foster (ed.), *Advances in applied business strategy (vol. 2).* Greenwich, Conn.: JAI Press.

Cobb, J., & Gibbs, J. (1990). A new, competency-based, on-the-job programme for developing professional excellence in engineering. *Journal of Management Development,*

9(3), 60-72.

Collins, L. M., & Horn, J. L. (1991). *Best methods for the analysis of change: Recent advances, unanswered questions, future directions*. Washington, D.C.: American Psychological Association.

Conger, J. A. (1992). *Learning to lead: The art of transforming managers into leaders*. San Francisco: Jossey-Bass.

Conger, J. A., & Kanungo, J. A. (1988). *Charismatic leadership: The elusive factor in organizational effectiveness*. San Francisco: Jossey-Bass. （ジェイ・A. コンガー，ラビンドラ・N. カヌンゴ著／片柳佐智子・松本博子・山村宜子・鈴木恭子訳 1999.『カリスマ的リーダーシップ―ベンチャーを志す人の必読書』流通科学大学出版）

Covey, S. R. (1991). *Principle-centered leadership*. New York: Simon & Schuster. （スティーブン・R. コヴィー著／フランクリ・コヴィー・ジャパン訳 2004.『7つの習慣―原則中心リーダーシップ』キングベアー出版）

Cousins, J. B., & Earl, L. M. (1992). The case for participatory evaluation. *Educational Evaluation and Policy Analysis, 14*(4), 397-418.

Cousins, J. B., & Earl, L. M. (eds.). (1995). *Participatory evaluation in education: Studies in evaluation use and organizational learning*. London: Falmer Press.

Cox, T. H., Jr. (1993). *Cultural diversity in organizations: Theory, research & practice*. San Francisco: Berrett-Koehler.

Cox, T. H., Jr., & Nkomo, S. M. (1991). A race and gender-group analysis of the early career experience of MBAs. *Work and Occupations, 18*(4), 431-446.

Curtis, L. B., & Russell, E. A. (1993). A study of succession planning programs in Fortune 500 firms. Paper presented at the annual meeting of the Society for Industrial and Organizational Psychology, April 29-May 2, San Francisco.

Dalton, M. (1995). Going international with assessment for development. *Issues & Observations, 15*(2), 5-6.

Dalton, M. A., & Hollenbeck, G. P. (1996). *How to design an effective system for developing managers and executives*. Greensboro, N.C.: Center for Creative Leadership.

Dalton, M. A., & Hollenbeck, G. P. (1997). *Best practices in 360-degree feedback processes*. Presentation, Tools for Developing Successful Executives, Center for Creative Leadership., Greensboro, N.C. (November 1997).

Dalton, M., & Wilson, M. (1996). Antecedent conditions of expatriate effectiveness. A paper presented at the American Psychological Association, August, Tronto, Canada.

Davies, J., & Easterby-Smith, M. (1984). Learning and developing from managerial work experiences. *Journal of Management Studies, 21*(2), 169-183.

Dechant, K. (1990). Knowing how to learn: The "neglected" management ability. *Journal of Management Development, 9*(4), 40-49.

Dechant, K. (1994). Making the most of job assignments: An exercise in planning for learning. *Journal of Management Education, 18*(2), 198-211.

de Merode, J. (1997). An annotated review prepared for the Global Leadership Development Research Project. Greensboro, N.C.: Center for Creative Leadership.

Derr, C. B. (1987). Managing high potentials in Europe. *European Management Journal, 5*(2), 72-80.

Dickens, F., Jr., & Dickens, J. B. (1991). *The black manager: Making it in the corporate world.* (Rev. ed.). New York: AMACOM.

Dixon, N. M. (1990). The relationship between trainee responses on participant reaction forms and posttest scores. *Human Resource Development Quarterly, 1*(2), 129-137.

Dixon, N. M. (1996). *Perspectives on dialogue: Making talk development for individuals and organizations.* Greensboro, N.C.: Center for Creative Leadership.

Donaldson, T. (1996). Values in tension: Ethics away from home. *Harvard Business Review, 74*(5), 48-62.

Dorfman, P. W., Howell, J. P., Hibino, S., Lee, J. K., Tate, U., & Bautista, A. (1997). Leadership in Western and Asian countries: Commonalities and differences in effective leadership processes across cultures. *Leadership Quarterly, 8*(3), 233-274.

Douglas, C. A. (1997). *Formal mentoring programs in organizations: An annotated bibliography.* Greensboro, N.C.: Center for Creative Leadership.

Douglas, C. A., & McCauley, C. D. (1997). A survey on the use of formal developmental relationships in organizations. *Issues & Observations, 17*(1/2), 6.

Douglas, C. A., & Schoorman, F. D. (1987). The role of mentoring in career and psychosocial development. Unpublished master's thesis.

Drath, W. H., & Palus, C. J. (1994). *Making common sense: Leadership as meaning-making in a community of practice.* Greensboro, N.C.: Center for Creative Leadership.

Dunnette, M. (1993). My hammer or your hammer? *Human Resource Management, 32*(2, 3), 373-384.

Eagly, A. H., Hakhijani, M. G., & Klonsky, B. G. (1992). Gender and the evaluation of leaders: A meta-analysis. *Psychological Bulletin, 111*(1), 3-22.

Elashmawi, F., & Harris, P. R. (1993). *Multicultural management: New skills for global success*. Houston: Gulf.（F. エラシュマウィ，P. R. ハリス著／マルチカルチャーマネジメント研究会訳　1996.『グローバル経営時代のマルチカルチャー・マネジャー』産能大学出版部）

Evered, R. D., & Selman, J. C. (1989). "Coaching" and the art of management. *Organizational Dynamics*, *18*(2), 16-32.

Feghali, E. (1997). Arab cultural communication patterns. *International Journal of Intercultural Relations*, *21*(3), 345-378.

Ferdman, B. M., & Brody, S. E. (1996). Models of diversity training. In D. Landis & R. S. Bhagat (eds.). *Handbook of intercultural training*. (2nd ed.). Thousand Oaks, Calif.: Sage.

Fetterman, D. (1994). Empowerment evaluation. *Evaluation Practice*, *15*(1), 1-15.

Fetterman, D. (1996). *Empowerment evaluation: Knowledge and tools for self-assessment and accountability*. Thousand Oaks, Calif.: Sage.

Filipczak, B. (1992). Working for the Japanese. *Training*, *29*(12), 23-29.

Flanders, D. P., & Anderson, P. E. (1973). Sex discrimination in employment: Theory and practice. *Industrial and Labor Relations Review*, *26*(3), 938-955.

Fleenor, J. W. (1995). Race differences in Benchmarks ratings. Unpublished manuscript, Center for Creative Leadership, Greensboro, N.C.

Fleenor, J. W., McCauley, C. D., & Brutus, S. (1996). Self-other rating agreement and leader effectiveness. *Leadership Quarterly*, *4*, 487-506.

Fletcher, J. K. (1996). *Relational theory in the workplace*. (Technical report no. 77). Wellesley, Mass.: Stone Center, Wellesley College.

Fondas, N. (1986). Single-sex vs. mixed-sex training. *Journal of European Industrial Training*, *10*(7), 28-33.

Friedman, S. D. (1986). Succession systems in large corporations: Characteristics and correlates of performance. *Human Resource Management*, *25*(2), 191-213.

Gabarro, J. (1987). *The dynamics of taking charge*. Boston: Harvard Business School Press.

Gardner, H. (1993). *Frames of mind: The theory of multiple intelligences*. New York: Basic Books.

Geber, B. (1992). From manager into coach. *Training*, *29*(2), 25-31.

Gergen, K. J. (1994). *Realities and relationships*. Cambridge, Mass.: Harvard University Press.（K. J. ガーゲン著／永田素彦・深尾誠訳　2004.『社会構成主義の理論と実践―関係性が現実をつくる』ナカニシヤ出版）

Goldstein, I. L. (1993). *Training in organizations*. (3rd ed.). Pacific Grove, Calif.: Brooks/

Cole.

Goldstein, A. P., & Sorcher, M. (1974). *Changing supervisor behavior*. New York: Pergamon Press.

Goldman, D. (1995). *Emotional intelligence*. New York: Bantam. （ダニエル・ゴールマン著／土屋京子訳　1998．『EQ—こころの知能指数』講談社プラスアルファ文庫，講談社）

Golembiewski, R. T. (1989). The alpha, beta, gamma change typology: Perspectives on acceptance as well as resistance. *Group and Organization Studies, 14*, 150-154.

Graham, S., Wedman, J. F., & Garvin-Kester, B. (1993). Manager coaching skills: Development and application. *Performance Improvement Quarterly, 6*(1), 2-13.

Greider, W. (1997). *One world, ready or not: The manic logic of global capitalism*. New York: Simon & Schuster.

Grove, C., & Hallowell, W. (1994). *Final report of the DIAD Project*. Brooklyn: Cornelius Grove & Associates.

Hall, D. T. (1996). Protean careers of the 21st century. *Academy of Management Executive, 10*(4), 8-16.

Hall, D. T., & Associates. (1996). *The career is dead—long live the career: A relational approach to careers*. San Francisco: Jossey-Bass.

Hall, E. T. (1966). *The hidden dimension*. New York: Doubleday.

Hall, E. T., & Hall, M. R. (1990). *Understanding cultural differences: Germans, French, and Americans*. Yarmouth, Maine: Intercultural Press.

Hargrove, R. (1995). *Masterful coaching*. San Francisco: Pfeiffer.

Harlan, A., & Weiss, C. (1980). *Moving up: Women in managerial careers: Third progress report*. Wellesley, Mass.: Wellesley Center for Research on Women.

Harris, M., & Schaubroeck, J. (1988). A meta-analysis of self-supervisor, self-peer, and peer-supervisor ratings. *Personnel Psychology, 41*(1), 43-61.

Harris, P. R., & Moran, R. T. (1993). *Managing cultural differences: High-performance strategies for a new world of business*. (3rd ed.). Houston: Gulf.

Hazucha, J. F., Hezlett, S. A., & Schneider, R. J. (1993). The impact of 360-degree feedback on management skills development. *Human Resource Management, 32*(2, 3), 325-351.

Heifetz, R. A. (1994). *Leadership without easy answers*. Cambridge, Mass.: Harvard University Press. （ロナルド・A. ハイフェッツ著／幸田シャーミン訳　1996．『リーダーシップとは何か！』産能大学出版部）

Heilman, M. E. (1995). Sex stereotypes and their effects in the workplace: What we know and what we don't know. In N. J. Struthers (ed.), Gender in the workplace. (Special issue). *Journal of Social Behavior and Personality, 10*(6), 3-26.

Heilman, M. E., Block, C. J., & Martell, R. F. (1995). Sex stereotypes: Do they influence perceptions of managers? In N. J. Struthers (ed.), Gender in the workplace. (Special issue). *Journal of Social Behavior and Personality, 10*(6), 237-252.

Hendricks, W., & Associates. (1996). *Coaching, mentoring, and managing.* Franklin Lakes, N.J.: Career Press.

Henry, B., Moffit, T. E., Caspi, A., Langley, J., & Silva, P. A. (1994). On the remembrance of things past: A longitudinal evaluation of the retrospective method. *Psychological Assessment, 6*(2), 92-101.

Hill, L. A. (1992). *Becoming a manager: Mastery of a new identity.* Boston: Harvard Business School Press.

Hill, R. (1994). *Euromanagers and Martians: The business culture of Europe's trading nations.* Brussels, Belgium: Europublications, Europublic SA/NV.

Hofstede, G. (1980). *Culture's consequences: International differences in work-related values.* Thousand Oaks, Calif.: Sage.（ギァート・ホーフステッド著／万成博・安藤文四郎訳　1984．『経営文化の国際比較―多国籍企業の中の国民性』産業能率大学出版部）

Hofstede, G. (1982). *Values Survey Module (VSM) and scoring guide.* Delft, Netherlands: Institute for Research on Intercultural Cooperation.

Hofstede, G. (1991). *Cultures and organizations: Software of the mind.* London, England: McGraw-Hill.（ヘールト・ホフステード著／岩井紀子・岩井八郎訳　1995．『多文化世界―違いを学び共存への道を探る』有斐閣）

Hollenbeck, G. P., & McCall, M. W., Jr. (forthcoming) Leadership development: Contemporary practice. In A. K. Kraut & A. K. Korman (eds.), *Changing concepts and practices for human resources management: Contributions from industrial/organizational psychology.* New Directions in Industrial Psychology, San Francisco: Jossey-Bass.

Hoogstraten, J. (1982). The retrospective pretest in an educational training context. *Journal of Experimental Education, 50*(4), 200-204.

Hoppe, M. H. (1990). A comparative study of country elite: International differences in work-related values and learning and their implications for management training and development. Unpublished doctoral dissertation, University of North Carolina at Chapel Hill.

Hoppe, M. H. (1993). The effects of national culture on the theory and practice of managing R&D professionals abroad. *Research and Development Management*, *23*(4), 313-325.

House, R. S. (1996). Classroom instruction. In R. L. Craig (ed.). *The ASTD training and development handbook*. (4th ed.), New York: McGraw-Hill.

Howard, G. S. (1993). I think I can! I think I can! Reconsidering the place for practice methodologies in psychological research. *Professional Psychology Research and Practice*, *24*(3), 237-244.

Ibarra, H. (1993). Personal networks of women and minorities in management: A conceptual framework. *Academy of Management Review*, *18*(1), 56-87.

Ibarra, H. (1995). Race, opportunity, and diversity of social circles in managerial networks. *Academy of Management Journal*, *38*(3), 673-703.

Ibarra, H. (forthcoming). Paving an alternate route: Gender differences in managerial networks. *Social Psychology Quarterly*.

Institute for Research on Learning. (1993). *Reflections on workplace learning*. Palo Alto, Calif.: Institute for Research on learning.

Jackson, S. E. (1992). Stepping into the future: Guidelines for action. In S. E. Jackson & Associates (eds.), *Diversity in the workplace: Human resources initiatives*. New York: Guilford Press.

Jackson, S. E., & Ruderman, M. N. (eds.). (1995). *Diversity in work teams: Research paradigms for a changing workplace*. Washington, D.C.: American Psychological Association.

Johnson, D. W., & Johnson, R. T. (1989). *Cooperation and competition: Theory and research*. Edina, Minn.: Interaction.

Josefowitz, N. (1990). Teaching management skills to women: Why women learn management skills better in all-female groups. *San Diego Woman*. (Apr.), 12-14.

Kanter, R. M. (1977). *Men and women of the organization*. New York: Basic Books. （ロザベス・モス・カンター著／高井葉子訳　1995.『企業のなかの男と女―女性が増えれば職場が変わる』生産性出版.）

Kanter, R. M. (1995). World class: Thriving locally in the global economy. New York: Simon & Schuster.

Kaplan, R., Drath, W., & Kofodimos, J. (1985). *High hurdles: The challenge of executive self-development*. Greensboro, N.C.: Center for Creative Leadership.

Kaye, B., & Jacobson, B. (1995). Mentoring: A group guide. *Training and Development*, *49*(4), 22-27.

Kaye, B., & Jacobson, B. (1997). Rebooting your mentoring program: Accelerating the learning process. Paper presented at the Tools for Developing Executives Users' Conference, Center for Creative Leadership, April, Greensboro, N.C.

Kegan, R. (1994). *In over our heads*. Cambridge, Mass.: Harvard University Press.

Kelleher, D., Finestone, P., & Lowy, A. (1986). Managerial learning: First notes from an unstudied frontier. *Group and Organizational Studies, 11*(3), 169-202.

Kernis, M. H., Cornell, D. P., Chien-Ru, S., Berry, A., & Harlow, T. (1993). There's more to self-esteem than whether it's high or low: The importance of stability. *Journal of Personality and Social Psychology, 65*(6), 1190-1204.

Khadra, B. (1990). The prophetic-caliphal model of leadership: An empirical study. *International Studies of Management & Organization, 20*(3), 37-51.

Kinlaw, D. C. (1993). *Coaching for commitment: Managerial strategies for obtaining superior performance*. San Francisco: Pfeiffer.

Kizilos. P. (1990). Take my mentor, please! *Training, 27*(4), 49-55.

Kluckhohn, F. R., & Strodtbeck, F. L. (1961). *Variations in value orientations*. Westport, Conn.: Greenwood Press.

Kluger, A. N. (1997). Feedback-expectation discrepancy, arousal and locus of cognition. In M. Erez, U. Kleinbeck, & H. Thierry (eds.), *Work motivation in the context of a globalizing economy*, Hillsdale, N.J.: Lawrence Erlbaum.

Kluger, A. N., & DeNisi, A. (1996). The effects of feedback interventions on performance: A historical review, a meta-analysis, and a preliminary feedback intervention theory. *Psychological Bulletin, 119*, 254-284.

Kofodimos, J. (1989). *Why executives lose their balance*. Greensboro, N.C.: Center for Creative Leadership.

Kohls, L. R. (1996). *Survival kit for overseas living: For Americans planning to live and work abroad*. Yarmouth, Maine: Intercultural Press.

Kossek, E. E., & Lobel, S. (1996). *Managing diversity: Human resource strategies for transforming the workplace*. Cambridge, Mass.: Blackwell.

Kossek, E. E., & Zonia, S. C. (1993). Assessing diversity climate: A field study of reactions to employer efforts to promote diversity. *Journal of Organizational Behavior, 14*(1), 61-81.

Kotter, J. P. (1982). *The general managers*. New York: Free Press. （ジョン・P. コッター著／金井壽宏・加護野忠男・谷光太郎・宇田川富秋訳　2009.『ビジネス・リーダー論』ダイヤモンド社）

Kouzes, J. H., & Posner, B. Z. (1987). *The leadership challenge: How to get extraordinary things done in organizations*. San Francisco: Jossey-Bass.

Kram, K. E. (1985). *Mentoring at work*. Glenville, Ill.: Scott, Foresman.（キャシー・クラム著／渡辺直登・伊藤知子訳　2003.『メンタリング―会社の中の発達支援関係』白桃書房.）

Kram, K. E., & Bragar, M, C. (1992). Development through mentoring: A strategic approach. In D. Montross and C. Shinkman (eds.), *Career development: Theory and practice*. Chicago: Thomas.

Kram, K. E., & Hall, D. T. (1989). Mentoring as an antidote to stress during corporate trauma. *Human Resource Management*, *28*(4), 493-510.

Kram, K. E., & Hall, D. T. (1996). Mentoring in a context of diversity and turbulence. In E. E. Kossek and S. A. Lobel (eds.). *Managing diversity: Human resource strategies for transforming the workplace*. Cambridge, Mass.: Blackwell.

Kram, K. E., & Isabella, L. A. (1985). Mentoring alternatives: The role of peer relationships in career development. *Academy of Management Journal*, *28*(1), 110-132.

Lambert, L. (1995). *The constructivist leader*. New York: Teachers College Press.

Langer, E. J. (1989). *Mindfulness*. Reading, Mass.: Addison-Wesley.（エレン・ランガー著／斎藤茂太訳　1989.『心はマインド…―"やわらかく"生きるために』フォー・ユー.）

Langrish, S. (1980). Single sex management training—A personal view. *Women and Training News*, *1*(Winter), 3-4.

Leach, M. M. (1997). Training global psychologists: An introduction. *International Journal of Intercultural Relations*, *21*(2), 161-174.

Lee, R., & Guthrie, V., & Young, D. (1995). The lessons of life at work: Continuous personal development. *Career Planning and Adult Development Journal*, *11*(3), 31-35.

Lepsinger, R., & Lucia, A. D. (1997). *The art and science of 360° feedback*. San Francisco: Pfeiffer.（リチャード・レプシンガー，アントワネット・D. ルシア著／遠藤仁訳　2003.『実戦360度フィードバック』日経BP社）

Leslie, J. B., & Fleenor, J. W. (1998). *Feedback to managers*. (3rd ed.). Greensboro, N.C.: Center for Creative Leadership.

Leslie, J. B., Gryskiewicz, N., & Dalton, M. (1998). Cultural influences on the 360-degree feedback process. In W. W. Tornow and M. London (eds.), *Maximizing the value of 360-degree feedback: A process for successful individual and organizational development*. San Francisco: Jossey-Bass.

Leslie, J. B., & Van Velsor, E. (1996). *A look at derailment today. Europe and the United*

States. Greensboro, N.C.: Center for Creative Leadership.

Levinson, D. J. (1978). *The seasons of a man's life*. New York: Knopf.（ダニエル・レビンソン著／南博訳　1992．『ライフサイクルの心理学〈上〉』講談社学術文庫，講談社）

Lombardo, M. M., & Eichinger, R. W. (1989). *Eighty-eight assignments for development in place: Enhancing the development challenge of existing jobs*. Greensboro, N.C.: Center for Creative Leadership.

London, M. (1995). Can multisource feedback change self-evaluations, skill development, and performance? Theory-based actions and directions for research. *Personnel Psychology*, *48*(4), 803-840.

London, M., & Beatty, R. W. (1993). 360-degree feedback as a competitive advantage. *Human Resource Management*, *32*(2, 3), 357-372.

Lyness, K. S., & Thompson, D. E. (1997). Above the glass ceiling? A comparison of matched samples of female and male executives. *Journal of Applied Psychology*, *82*(3), 359-379.

MacLachlan, M., Mapundi, J., Zimba, C. G., & Carr, S. C. (1995). The acceptability of Western psychometric instruments in a non-Western society. *Journal of Social Psychology*, *135*(5), 645-648.

Martineau, J. (1998). Assessing change using 360-degree feedback. In W. W. Tornow and M. London (eds.), *Maximizing the value of 360-degree feedback: A process for successful individual and organizational development*. San Francisco: Jossey-Bass.

McBroom, P. A. (1992). *The third sex: The new professional woman*. New York: Paragon House.

McCall, M. W. (1997). *High flyers: Developing the next generation of leaders*. Boston: Harvard Business School Press.（モーガン・マッコール著／金井壽宏・リクルートワークス研究所訳　2002．『ハイ・フライヤー——次世代リーダーの育成法』プレジデント社）

McCall, M. W., & Lombardo, M. M. (1983). *Off the track: Why and how successful executives get derailed*. Greensboro, N.C.: Center for Creative Leadership.

McCall, M. W., & Lombardo, M. M., & Morrison, A. M. (1988). *The lessons of experience: How successful executives develop on the job*. Lexington, Mass.: Lexington Books.

McCarthy, B., & Keene, C. (1996). *About learning*. Barrington, Ill.: Excel.

McCauley, C. D., & Brutus, S. (1998). *Management development through job experiences: An annotated bibliography*. Greensboro, N.C.: Center for Creative Leadership.

McCauley, C. D., & Hughes-James, M. W. (1994). *An evaluation of the outcomes of a leadership development program.* Greensboro, N.C.: Center for Creative Leadership.

McCauley, C. D., Lombardo, M. M., & Usher, C. (1989). Diagnosing management development needs: An instrument based on how managers develop. *Journal of Management, 15*(3), 389-403.

McCauley, C. D., Ruderman, M. N., Ohlott, P. J., & Morrow, J. E. (1994). Assessing the developmental components of managerial jobs. *Journal of Applied Psychology, 79*(4), 544-560.

McCauley, C. D., & Young, D. P. (1993). Creating developmental relationships: roles and strategies. *Human Resource Management Review, 3*(3), 219-230.

McCrae, R. R., & Costa, P. T., Jr. (1985). Openness to experience. In R. Hagan and W. H. Jones (eds.). *Perspectives in personality (vol. 1).* Greenwich, Conn.: JAI Press.

McCrae, R. R., & Costa, P. T., Jr. (1987). Validation of the five-factor model across instruments and observers. *Journal of Personality and Social Psychology, 52,* 81-90.

Miller, J. B. (1986). *Toward a new psychology of women.* Boston: Beacon Press.

Millsap, R. E., & Hartog, S. B. (1988). Alpha, beta, and gamma change in evaluation research: A structural equation approach. *Journal of Applied Psychology, 73,* 574-584.

Mink, O. G. (1993). *Developing high-performance people: The art of coaching.* Reading, Mass.: Addison-Wesley.

Moran, R. T., Harris, P. R., & Stripp, W. G. (1993). *Developing the global organization: Strategies for human resource professionals.* Houston: Gulf. （ロバート・T.モラン，ウイリアム・G.ストリップ，フィリップ・R.ハリス著／安室憲一・関西生産性本部監訳　1995.『新グローバル組織論——ダイバーシティを活かすマネジメント』白桃書房）

Morrison, A. M. (1992). *The new leaders: Guidelines on leadership diversity in America.* San Francisco: Jossey-Bass.

Morrison, A. M., Ruderman, M. N., & Hughes-James, M. W. (1993). *Making diversity happen: Controversies and solutions.* Greensboro, N.C.: Center for Creative Leadership.

Morrison, A. M., & Von Glinow, M. A. (1990). Women and minorities in management. (Special issue). *American Psychologist, 45*(2), 200-208.

Morrison, A. M., White, R. P., & Van Velsor, E. (1987). *Breaking the glass ceiling: Can women reach the top of America's largest corporations?* Reading, Mass.: Addison-Wesley. (Revised edition 1992)

Mount, M. K., Sytsma, M. R., Hazucha, J. F., & Holt, K. E. (1997). Rater-ratee race effects in developmental performance ratings of managers. *Personnel Psychology, 50,* 51-69.

Moxley, R. S., & McCauley, C. D. (1996). Developmental 360: How feedback can make managers more effective. *Career Development International, 1*(3), 15-19.

Murray, M., & Owen, M. A. (1991). *Beyond the myths and magic of mentoring: How to facilitate an effective mentoring program.* San Francisco: Jossey-Bass.

NCR Corporation. (1992). *Developing NCR engineers.* Dayton, Ohio: NCR.

Nadler, L., & Nadler, Z. (1994). *Designing training programs: The critical events model* (2nd ed.). Houston: Gulf.

Newman, M. A. (1993). Career advancement: Does gender make a difference? *American Review of Public Administration, 23*(4), 361-384.

Nicholson, N., & West, M. (1988). *Managerial job change: Men and women in transition.* Cambridge, England: Cambridge University Press.

Nkomo, S. M. (1992). The emperor has no clothes: Rewriting "race in organizations." *Academy of Management Review, 17*(3), 487-513.

Noe, R. A. (1991). Mentoring relationships for employee development. In J. W. Jones, B. D. Steffy, & D. W. Bray (eds.). *Applying psychology in business: The handbook for managers and human resource professionals.* Lexington, Mass.: Heath.

Noer, D. N. (1993). *Healing the wounds.* San Francisco: Jossey-Bass.

Northcraft, G. B., & Griffith, T. L., & Shalley, C. E. (1992). Building top management muscle in a slow growth environment. *Academy of Management Executive, 6*(1), 32-40.

Ohlott, P. J., & Hughes-James, M. W. (1997). Single-gender and single-race leadership development programs: Concerns and benefits. *Leadership in Action, 17*(4), 8-12.

Ohlott, P. J., McCauley, C. D., & Ruderman, M. N. (1993). *Developmental Challenge Profile: Learning from job experiences: Manual and trainers guide.* Greensboro, N.C.: Center for Creative Leadership.

Ohlott, P. J., Ruderman, M. N., & McCauley, C. D. (1994). Gender differences in managers' developmental job experiences. *Academy of Management Journal, 37*(1), 46-67.

O'Reilly, B. (1994). 360 feedback can change your life. *Fortune, 130*(8), 93-100.

Orth, C. D., Wildinson, H. E., & Benfari, R. C. (1987). The manager's role as coach and mentor. *Organizational Dynamics, 15*(4), 66-74.

Palus, C. J., & Drath, W. H. (1995). *Evolving leaders: A model for promoting leadership development in programs.* Greensboro, N.C.: Center for Creative Leadership.

Palus, C. J., & Rogolsky, S. R. (1996). *Development of, and development within, a global, feedback-intensive organization.* Unpublished manuscript, Center for Creative Leadership.

Peters, H. (1996). Peer coaching for executives. *Training & Development, 50*(3), 39-41.

Peterson, D. B., & Hicks, M. D. (1996). *Leader as coach*. Minneapolis: Personnel Decisions.

Preskill, H., & Torres, R. T. (1996). From evaluation to evaluative inquiry for organizational learning. Paper presented at the American Evaluation Association annual conference, November, Atlanta, Georgia.

Ragins, B. R., & Cotton, J. L. (1991). Easier said than done: Gender differences in perceived barriers to gaining a mentor. *Academy of Management Journal, 34*(4), 939-951.

Ragins, B. R., & McFarlin, D. B. (1990). Perceptions of mentor roles in cross-gender mentoring relationships. *Journal of Vocational Behavior, 37*, 321-339.

Rhinesmith, S. H. (1993). *A manager's guide to globalization: Six keys to success in a changing world*. Alexandria, Va.: Business One Irwin. (スティーヴン・H. ラインスミス著／斎藤彰悟・池田絵実・藤田薫訳　1999. 『マネジャーのための新グローバリゼーション・ガイド』春秋社)

Richie, B. S., Fassinger, R. E., Linn, S. G., Johnson, J., Prosser, J., & Robinson, S. (1997). Persistence, connection, and passion: A qualitative study of the career development of highly achieving African American-black and white women. *Journal of Counseling Psychology, 44*(2), 133-148.

Rogolsky, S., & Dalton, M. A. (1995). Is that still true: Women recall career shaping events. Unpublished manuscript, Center for Creative Leadership, Greensboro, N.C.

Ronen, S., & Shenkar, O. (1985). Clustering countries on attitudinal dimensions: A review and synthesis. *Academy of Management Review, 10*, 435-454.

Rost, J. C. (1991). *Leadership for the twenty-first century*. New York: Praeger.

Rouillier, J. Z., & Goldstein, I. L. (1990). Determinants of the climate for transfer of training. Paper presented at the meeting of the Society of Industrial and Organizational Psychology, St. Louis.

Ruderman, M. N., Hughes-James, M., & Jackson, S. E (eds.). (1996). *Selected research on work team diversity*. Washington, D.C.: American Psychological Association.

Ruderman, M. N., McCauley, C. D., Ohlott, P. J., & McCall, M. W., Jr. (1993). *Developmental Challenge Profile: Learning from job experiences*. Greensboro, N.C.: Center for Creative Leadership.

Ruderman, M. N., & Ohlott, P. J. (1990). *Traps and pitfalls in the judgment of executive potential*. Greensboro, N.C.: Center for Creative Leadership.

Ruderman, M. N., & Ohlott, P. J. (1994). *The realities of management promotion*. Greensboro, N.C.: Center for Creative Leadership.

Ruderman, M. N., Ohlott, P. J., & Kram, K. E. (1995). Promotion decisions as a diversity practice. *Journal of Management Development, 14*(2), 6-23.

Ruderman, M. N., Ohlott, P. J., & McCauley, C. D. (1996). Developing from job experiences: The role of self-esteem and self-efficacy. Paper presented at the meeting of the Society for Industrial and Organizational Psychology, April, San Diego.

Sayles, L. R. (1993). *The working leader*. New York: Free Press.

Schwartz, S. H. (1994). Beyond individualism/collectivism: New cultural dimensions of values. In U. Kim and others (eds.), *Individualism and collectivism: Theory, methods, and applications*. Thousand Oaks, Calif.: Sage.

Sedlacek, W. E. (1987). Black students on white campuses: 20 years of research. *Journal of College Student Personnel, 28*(6), 484-495.

Seibert, K. W. (1996). Experience is the best teacher, if you can learn from it: Real-time reflection and development. In D. T. Hall & Associates (eds.), *The career is dead—long live the career: A relational approach to careers*. San Francisco: Jossey-Bass.

Seibert, K. W., Hall, D. T., & Kram, K. E. (1995). Strengthening the weak link in strategic executive development: Integrating individual development and global business strategy. *Human Resource Management, 34*(4), 549-567.

Senge, P. (1990). *The fifth discipline*. New York: Doubleday.（ピーター・M. センゲ著／守部信之訳　1995.『最強組織の法則―新時代のチームワークとは何か』徳間書店.）

Sherman, S. (1995). How tomorrow's best leaders are learning their stuff. *Fortune*, (Nov. 27), 90-102.

Simons, G. F., Vazquez, C., & Harris, P. R. (1993). *Transcultural leadership: Empowering the diverse workforce*. Houston: Gulf.

Smith, P. B., & Peterson, M. F. (1988). *Leadership, organizations, and culture: An event management model*. London, England: Sage.

Smith, P. B., & Peterson, M. F. (1995). Beyond value comparisons: Sources used to give meaning to management work events in twenty-nine countries. Paper presented at Academy of Management annual meeting, Aug. 6-9, Vancouver, B.C.

Smither, J. W., London, M., Vasilopoulos, N., Reilly, R. R., Millsap, R. E., & Salvemini, N. (1995). An examination of the effects of an upward feedback program over time. *Personnel Psychology, 48*(1), 1-34.

Spreitzer, G. M., McCall, M. W., & Mahoney, J. (1995). Ability to learn from experience and the early identification of international executive potential. Paper presented at the National

Academy of Management meeting, Aug. 6-9, Vancouver, B.C.

Spreitzer, G. M., McCall, M. W., & Mahoney, J. D. (1997). Early identification of international executive potential. *Journal of Applied Psychology, 82*(1), 6-29.

Steingraber, F. G. (1996). The new business realities of the twenty-first century. *Business Horizons*, Nov.-Dec., 2-5.

Stewart, E. C., & Bennett, M. J. (1991). *American cultural patterns: A cross-cultural perspective*. Yarmouth, Maine: Intercultural Press.

Sutter, S. (1994). Making management development an organizational reality. Society for Industrial and Organizational Psychology Workshop, Apr. 7, Nashville, Tenn.

Tennis, C. N. (1989). Responses to the alpha, beta, gamma change typology. *Group and Organizational Studies, 14*, 134-149.

Terborg, J. R., Howard, G. S., & Maxwell, S. E. (1980). Evaluating planned organizational change: A method for assessing alpha, beta, and gamma change. *Academy of Management Review, 5*, 109-121.

Thiagarajan, S. (1996). Instructional games, simulations, and role-plays. In R. L. Craig (ed.). *The ASTD training and development handbook*. (4th ed.), New York: McGraw-Hill.

Thomas, D. A. (1989). Mentoring and irrationality: The role of racial taboos. *Human Resource Management, 28*(2), 279-290.

Thomas, D. A. (1990). The impact of race on managers' experiences of developmental relationships (mentoring and sponsorship): An intra-organizational study. *Journal of Organizational Behavior, 11*, 479-492.

Thomas, K. M. (1996). Psychological privilege and ethnocentrism as barriers to cross-cultural adjustment and effective intercultural interactions. *Leadership Quarterly, 7*(2), 215-228.

Tornow, W. W., and London, M (eds.). (1998). *Maximizing the value of 360-degree feedback: A process for successful individual and organizational development*. San Francisco: Jossey-Bass.

Tracey, T. J., & Sedlacek, W. E. (1984). Noncognitive variables in predicting academic success by race. *Measurement and Evaluation in Guidance, 16*, 172-178.

Tracey, T. J., & Sedlacek, W. E. (1985). The relationship of noncognitive variables to academic success: A longitudinal comparison by race. *Journal of College Student Personnel, 26*, 405-410.

Tracey, T. J., & Sedlacek, W. E. (1987). Prediction of college graduation using noncognitive variables by race. *Measurement and Evaluation in Counseling and Development, 19*, 177-184.

Triandis, H. C. (1980). Introduction to handbook of cross-cultural psychology. In H. C. Triandis and W. W. Lambert (eds.), *Handbook of cross-cultural psychology*. Boston: Allyn & Bacon.

U. S. Department of Labor, Federal Glass Ceiling Commission. (1995). *Good for business: Making full use of the nation's human capital*. Washington, D.C.: U.S. Government Printing Office.

Vaill, P. B. (1996). *Learning as a way of being: Strategies for survival in a world of permanent white water*. San Francisco: Jossey-Bass.

Valerio, A. M. (1990). A study of the developmental experiences of managers. In K. E. Clark & M. B. Clark (eds.), *Measures of leadership*. West Orange, N.J.: Leadership Library of America.

Van Maanen, J., & Schein, E. H. (1979). Toward a theory of organizational socialization. In B. M. Staw (ed.), *Research in organizational behavior (vol. 1)*. Greenwich, Conn.: JAI Press.

Van Velsor, E., & Hughes-James, M. W. (1990). *Gender differences in the development of managers: How women managers learn form experience*. Greensboro, N.C.: Center for Creative Leadership.

Van Velsor, E., Leslie, J. B., & Fleenor, J. W. (1997). *Choosing 360: A guide to evaluating multirater feedback instruments for management development*. Greensboro, N.C.: Center for Creative Leadership.

Van Velsor, E., & Musselwhite, W. C. (1986). The timing of training, learning, and transfer. *Training and Development Journal, 40*(8), 58-59.

Van Velsor, E., Ruderman, M. N., & Phillips, D. (1989). The lessons of Looking Glass: Management simulations and the real world of action. *Leadership and Organization Development Journal, 10*(6), 27-31.

Van Velsor, E., Ruderman, M. N., & Phillips, D. (1992). The impact of feedback on self-assessment and performance in three domains of management behavior. Paper presented at the annual meeting of the Society for Industrial and Organizational Psychology, April, St. Louis.

Van Velsor, E., & Wall, S. (1992). How to choose a feedback instrument. *Training, 29*(3), 47-52.

Waldroop, J., & Butler, T. (1996). The executive as coach. *Harvard Business Review, 74*(6), 11-119.

Walker, B. A., & Hansen, W. C. (1992). Valuing differences at Digital Equipment

Corporation. In S. Jackson & Associates (eds.), *Diversity in the workplace: Human resource initiatives*, New York: Guilford Press.

Weeks, D. A. (1992). *Recruiting and selecting international managers*. (Report no. 998) New York: Conference Board.

Weick, K. E. (1995). *Sense-making in organizations*. Thousand Oaks, Calif.: Sage. （カール・E. ワイク著／遠田雄志・西本直人訳　2002.『センスメーキング・イン・オーガニゼーションズ』文眞堂）

White, R. P. (1992). Job as classroom: Using assignments to leverage development. In D. H. Montross & C. J. Shinkman (eds.), *Career development: Theory and practice*. Springfield, Ill.: Thomey.

White, M. B. (1997). Changing course: New diversity initiatives at Avon, AT&T and TVA. *The diversity factor*, 5(2), 29-46.

Wick, C. W. (1989). How people develop: An in-depth look. *HR Report*, 6(7), 1-3.

Wills, S., & Barham, K. (1994). Being an international manager. *European Management Journal*, 12(1), 49-58.

Wilson, M., Hoppe, W. H., & Sayles, L. R. (1996). *Managing across cultures: A learning framework*. Greensboro, N.C.: Center for Creative Leadership.

Witherspoon, R., & White, R. P. (1997). *Four essential ways that coaching can help executives*. Greensboro, N.C.: Center for Creative Leadership.

Yeung, A. K., & Ready, D. A. (1995). Developing leadership capabilities of global corporations: A comparative study in eight nations. *Human Resource Management*, 34(4), 529-547.

Young, D., & Dixon, N. (1996). *Helping leaders take effective action: A program evaluation*. Greensboro, N.C.: Center for Creative Leadership.

Yukl, G. A. (1989). *Leadership in organizations*. (2nd ed.). Englewood Cliffs, N.J.: Prentice-Hall.

Zemke, R. (1985). The Honeywell studies: How managers learn to manage. *Training*, 22(8), 46-51.

Zey, M. G. (1991). *The mentor connection*. New Brunswick, N.J.: Transaction.

著者紹介

クレイグ・T. チャペローは，センター・フォー・クリエイティング・リーダーシップ（CCL）の個人向け能力開発商品のプロダクト・マネジャーで，経営幹部が自身の能力開発を方向づけ，影響力を高めていくための心理測定ツールやビジネス・シミュレーション関連を担当している。もともと化学の研究をしていた彼は，1988年にCCLに着任する前，ナショナルスターチアンドケミカル社，グリッデン社，およびバージニア大学で幅広いビジネスの経験を積んでいる。彼は国内だけではなく，イギリス，アイルランド，オーストラリア，ニュージーランド，およびベルギーにおいて，数千人の上級幹部に360度フィードバックを実施した。マクマーレイ・カレッジで理学士，バーモント大学で教育学修士を取得している。

マキシン・A. ダルトンはCCLの研究科学者兼プログラム・マネジャーである。彼女は，バンダービルト大学で看護学の学士，南フロリダ大学でリハビリテーション・カウンセリングの修士，同じく南フロリダ大学で産業組織心理学の修士とPh. D. を取得している。1990年にCCLに着任するまでは，ドレーク・ビーム・モリン社に5年間コンサルタントとして勤務していた。彼女は360度フィードバックプロセスの論文をいくつか書いており，フィードバックの専門家を何千人も養成した。また，多くの個人や集団にもフィードバックを行ってきている。さらに，人材開発の専門家とともに，CCLの概念と手法を用いた能力開発プロセスの実施方法を教えるためのプログラムを運営した経験も持っている。現在の研究の関心は，グローバルなリーダーシップや学ぶための学習といったことに広がっている。

クリスティーナ・A. ダグラスはCCLの研究員である。CCLに来てから，「成長を促す人間関係」の研究を進め，最近は *Formal Mentoring Programs in Organizations: An Annotated Bibliography* を執筆した。またCCLのリーダーシップ開発プログラムのフィードバックの専門家でもある。ゼロックス社で，能力開発や選別システムの実証に関するプロジェクトを担当していた。コーネル大学で心理学の学士，メリーランド大学で産業組織心理学の修士を取得している。パーデュー大学で組織行動学（organizational behavior）および人的資源（HR）のPh. D. を取得している。

ウィルフレッド・H. ドラスは，CCLの研究科学者である。彼はマネジャーを研究するとともに，マネジャーがいかに成長するかを研究し，最近の15年間は，リーダーシップ開発のデザインに参画してきた。最近はリーダーシップの意味の変化や，それがリーダーシップの実践や能力開発にどのような影響があるかについて研究している。彼はチャールズ・パルスとともに *Making Common Sense: Leadership as Meaning-Making in a Community of Practice* および *Evolving Leaders: A Model for Promoting Leadership*

Development in Programs を執筆した。ジョージア大学で英語学の学士を取得している。

　ヴィクトリア・A. ガスリーは，CCL のイノベーティブ・プログラム・イニシアティブのディレクターである。具体的には，CCL の既存のプログラムや将来のプログラム開発を斬新に主導していく責任を担っている。彼女は CCL の三つのリーダーシップ開発プログラム "Leaderlab"，"Leading Down-sized Organizations" および "Leading Creatively" を共同で企画した。さらにヨーロッパ，カナダ，西インド諸島，そして米国の国際的組織向けのカスタム・プログラムを実施した。ロバート・バーンサイドとの共著で，*Training for Action: A New Approach to Executive Development* がある。CCL に着任する前は，ゼロックス社のロチェスター（ニューヨーク）とフィラデルフィアにいた。ギルフォード・カレッジで経営学の学位，ウェイク・フォレスト大学で MBA を取得している。

　マーサ・W. ヒューズ-ジェームズは，CCL の研究員である。彼女は組織の多様性および，人種や性別がマネジメント能力開発に及ぼす影響を研究している。*Selected Research on Work Team Diversity* や *Making Diversity Happen* などマネジメント能力開発に関するレポートや論文をいくつか共同執筆，編集している。ノース・カロライナのグリーンズボローにあるギルフォード・カレッジで心理学の学士を取得している。

　リリィ・ケリー-ラドフォードは，CCL のグリーンズボロー（ノース・カロライナ州）支部のディレクターである。1990 年に CCL に着任する前は，さまざまな CCL ネットワーク協会でリーダーシップ開発プログラムのトレーナーを 7 年間担当していた。CCL に着任してからは，リーダーシップ開発プログラム（LDP）のマネジャーとして，また主任評価者として，CCL のフィードバックの質や完成度を監督してきた。また数ヶ国で研修を行い，国際ビジネスや文化的な問題に対応するプログラムをカスタマイズしている。ジョージア大学で臨床心理学の Ph. D. を取得している。

　シンシア・D. マッコーレイは，CCL の研究科学者である。キング・カレッジで心理学の学士，ジョージア大学で，産業組織心理学の Ph.D. を取得している。彼女は，1984 年からリサーチ・スタッフの一員となり，CCL のマネジメント-フィードバック・ツールである *Benchmarks* および *The Developmental Challenge Profile: Learning from Job Experiences* を共同著作した。CCL のレポートも数編執筆するとともに，『ジャーナル・オブ・マネジメント』誌や『アカデミー・オブ・マネジメント・ジャーナル』誌，『ノンプロフィット・マネジメント・アンド・リーダーシップ』誌，『ジャーナル・オブ・アプライド・サイコロジー』誌，および『リーダーシップ・クォータリー』誌などに論文を掲載している。「360 度フィードバック」，「リーダーシップ開発プログラムの効果」，「仕事の割り当てからの学習」，そして「成長を促す人間関係」

に関する研究を行っている。

　ダナ・G. マックドナルドマンは，CCL のシニア・プログラム研究員である。彼女は，CCL や顧客の職場で「Benchmarks（CCL が開発したフィードバック・ツール）」の取り扱い資格を付与するワークショップを管理するとともに，アセスメント関係のワークショップを支援している。またマネジャーと経営幹部のための一対一フィードバック・セッションを運営している。CCL に着任する前には，パブリック・セクターとプライベート・セクター（官業と民間企業）の両方を経験している。彼女の専門分野は研修の企画，実施，および評価，さらに選抜システムの企画と実施，またマネジメントの評価である。ウェイク・フォレスト大学で心理学の学士，またメリーランド大学，カレッジ・パークで産業組織心理学の修士と Ph.D. を取得している。

　ラス・S. モクスレイは，CCL の非営利組織向け活動のディレクター兼シニア・プログラム研究員である。彼は，国立の非営利組織内のリーダーシップ実践を強化するための戦略を担当している。さらに，国立および地域の非営利組織におけるリーダーシップ開発プログラム活動を取りまとめている。プログラム研究員として，国内外の営利非営利企業のエグゼクティブ・コーチング，トレーナー養成ワークショップ，その他，集中的なフィードバックのワークショップに重点的に取り組んでいる。彼はまた，さまざまな組織がリーダーシップ開発のシステムを作り上げる際の支援を行っている。センターに着任する前は，アルコ社で人事やマネージメント・ディベロップメントのポジションを経験した。ダラスのサザン・メソディスト大学で社会科学の学士と神学士号を取得している。

　パトリシア・J. オーロットは，CCL の研究員である。彼女の研究対象は，女性のキャリア開発，仕事の割り当てが能力開発に与える影響，および組織における多様性のマネジメントに関する問題などである。彼女は「Developmental Challenge Profile」と呼ばれるツールやいくつかの CCL レポートで共著があり，『アカデミー・オブ・マネジメント・ジャーナル』誌，『ジャーナル・オブ・アプライド・サイコロジー』誌，『ジャーナル・オブ・マネジメント・ディベロップメント』誌，『パーソネル・サイコロジー』誌に論文を掲載している。イエール大学で心理学の学士を取得。またデューク大学で組織行動学に重きをおいた経営学の Ph.D.取得に向けて研究中である。

　マリアン・N. ルーダーマンは，CCL の研究科学者である。彼女は，女性のキャリア開発や，マネジメント能力開発プロセスに多様性が与える影響について重点的に研究している。彼女は共同編集者としてスーザン・ジャクソンと共に，*Diversity in Work Teams: Research Paradigms for a Changing Workplace* を著した。彼女はいくつかの CCL レポートを執筆するとともに，『アカデミー・オブ・マネジメント・ジャーナル』誌，『ジャーナル・オブ・アプライド・サイコロジー』誌，『ジャーナル・オブ・

マネジメント・ディベロップメント』誌に論文を掲載している。またCCLのフィードバック・ツールである「Developmental Challenge Profile」を共同著作している。ミシガン大学で心理学の修士とPh.D.を取得している。

エレン・ヴァン・ヴェルサは，CCLの研究科学者である。彼女はこのポジションで，リーダーシップ・アセスメント手法や，その他のアセスメント商品の開発を支援する研究を行っている。彼女は，*Breaking the Glass Ceiling: Can Women Reach the Top of America's Largest Organizations?* および *Feedback to Managers* の1巻と2巻，およびその他多くの章や論文を共同で執筆した。ストーニー・ブルックのニューヨーク州立大学で社会学の学士，フロリダ大学で社会学の修士とPh.D.を取得している。

パトリシア・オコーナー・ウィルソンは，CCLの事業開発のディレクターで，ニューヨークのクライアント・リエゾン・オフィスを統括している。そこで，彼女はCCLの顧客がCCLのさまざまなリソースにアクセスするシステムに関する責任を負っている。また，企業全体の事業開発戦略も担当している。彼女はまた，リーダーシップ・アンド・ハイパフォーマンス・チームを指導し，リーダーシップ開発プログラムのフィードバックの専門家として活躍している。CCLに着任する前は，営業，財務，そして人材育成の仕事に従事していた。彼女は最近，ユージーン・マーローと共同で，*The Breakdown of Hierarchy: Communicating in the Evolving Workplace* を執筆した。研究分野は，能力開発システム，高業績チーム，そして大規模システムの変革である。イリノイ大学（シャンペーン-アーバナ）で人的資源（HR）の学士，バーナード・M.バルーチ・カレッジで経営学と組織行動学のMBAを取得している。

センター・フォー・クリエイティブ・リーダーシップ（CCL）の紹介

　CCL（The Center for Creative Leadership）は国際的非営利の教育機関で，リーダーシップの理解，実践，そして開発を通じて世界各地の社会に貢献することをその使命としている。当センターは1970年スミス・リチャードソン財団によりノースカロライナ州のグリーンズボローに設立され，現在，リーダーシップに取り組む世界最大規模の機関のひとつになっている。グリーンズボロー，コロラド州のコロラド・スプリングス，カリフォルニア州のサン・ディエゴ，ベルギーのブリュッセル，シンガポールのほか，ニューヨーク市にもオフィスがあり，米国および海外の28以上の団体およびその他のパートナーを持っている。

　CCLは公共機関，企業，教育機関，非営利団体のリーダーや組織に対する調査研究，出版物の発行，さまざまな教育プログラムや製品の提供を行っている。そして，そのプログラムを通して，毎年世界の2万7000人以上のリーダーや数千の組織に接している。また当センターは，リーダーシップに関する考え方や創造性の情報センターとしての機能も果たしている。学者や実践家によるカンファレンスやミーティングを定期的に開催し，センターのスタッフも頻繁に海外のカンファレンスでプレゼンテーションを行っている。

　当センターは受講料，製品や出版物の販売，ロイヤリティ，サービス料を主な資金源として活動しており，そのミッションをサポートしていただくために，企業，財団，および個人からの補助金や寄付金をお願いしている。当センターおよびその活動内容に関する詳細については，カスタマー・サービス，eメール：info@leaders.ccl.org，もしくはhttp://www.ccl.orgのホームページをご覧いただきたい。

製品，プログラム，および出版物

　CCLでは，個人，チーム，組織が自らを理解するためのさまざまなアセスメント・ツール，シミュレーション，出版物，およびプログラムを提供している。

アセスメント・ツールおよびシミュレーション

　Benchmarks® は，中・上級マネジャー向けの包括的360度リーダーシップ・ツールである。強みや能力開発ニーズを把握し，将来リーダーの地位に昇進できる可能性に関する指摘（同時に昇進のレールから脱線する可能性の指摘），能力開発ニーズに応じた変化のための戦略と具体的アドバイス，そして同じようなポジションの他のマネジャーと自身の比較に役立つ信頼性のあるデータを提供している。

　Skillscope® は，簡単で効果的な360度フィードバック・ツールで，マネジメント面での強みと能力開発ニーズを測定する。マネジャーやスーパーバイザーが，同僚，部下，先輩，および上司からフィードバックを得るためのチャネルを創り出す。

Prospector™ は，個人の学習する能力，能力開発につながる経験を活かせる能力を測定するものである。これは主に International Consortium for Executive Development Research（ICEDR）の助成金により開発された。この他に，Center for Effective Organizations（CEO），International Business Education and Research（IBEAR）プログラム，および南カリフォルニア大学，ビジネス・スクールの Leadership Institute からもサポートを得ている。このツールは，南カリフォルニア大学ビジネス・スクールの教授陣であるモーガン・マッコール，グレッツェン・スプライツァー，およびジョアン・マホーニーたちの研究に基づいたものである。

EdgeWork® は，ユニークで強力なビジネス・シミュレーションで，これを使ってワークグループは現実に職場に存在する困難な問題（たとえば，変化や葛藤，不確実性など）に，安全で見守られた環境で取り組むことができる。組織の中に，集団の学習や能力開発のための柔軟で質の高いツールを活用できる人材開発の専門家やコンサルタントを養成することを目的としたものである。

LookingGlass, Inc.®（LGI）は効果的なマネジャーになるために重要なレッスンをアクティブに学ぶ機会を提供するシミュレーションである。さまざまなタイプのマネジメント研修や能力開発企画に適応するよう考えられており，参加者が自身の強みや能力開発ニーズを理解するためのアセスメント・ツールとして，問題解決，アジェンダ設定，ネットワーキングなどの特定のスキル学習の支援ツールとして，そして，企業の価値基準や文化を明確に理解し，それらが自身の行動にどのような影響を与えているかを検討するための組織診断ツール，およびチームビルディングのツールとして活用できる。

プログラム

Leadership Development Program は，中・上級マネジャーおよび経営幹部が，さまざまな組織環境でリーダーシップ・スキルを強化し，社員を育成する能力を向上させ，人生のさまざまな側面における優れた点をさらに伸ばすのを支援するものである。

Leadership Development for Human Resource Professionals は，参加者がより効果的，建設的になり，リーダーとして他者の目標達成をサポートすることを支援する。

Tools for Developing Successful Executives は，人事の経営幹部やライン・マネジャー，およびキャリア開発の専門家たち向けに，CCL の研究に基づいた経営幹部開発実習やツールの学習と応用を支援するものである。

Benchmark® *Certification Workshop* は，人事のマネジャーやキャリア開発の専門家，およびコンサルタントが Benchmark を活用できるようになるためのプログラムである。Tools for Developing Successful Executives プログラムのオプションとして使用することもできる。

The Women's Leadership Program は，女性経営幹部が，組織内の自身の役割や昇進に影響するさまざまな問題を検討し，人生やキャリアに影響を与える力への理解を深め，個人として，プロフェッショナルとして，そしてリーダーとして成長するための

戦略を立てることを支援する。

Foundations of Leadership は，明確な方向性のセットとその発信，他者の動機づけ，コーチングとフィードバック，他者の成功支援などの役割が増えてくる 3 ～ 5 年目のマネジャーを支援するものである。

The African American Leadership Program は，中・上級のアフリカ系米国人マネジャーに対して，彼らの職業的なパフォーマンスや昇進に影響を与える力について考え，オープンで率直に話し合える環境を提供する。

Leadership at the Peak は，最高経営幹部たちが，少人数のパワフルな仲間たちの中で，リーダーとして自らを評価したり，彼らや彼らの組織にとって重要なトピックに関する洞察を得たり，リーダーシップのチャレンジに集中的に取り組むといった機会を提供する（このプログラムに参加するには，許可が必要である）。

出版物

Feedback to Managers（3rd）は，25 の 360 度フィードバック・ツールについて深く掘り下げた評価をまとめたものである。各ツールの，対象者，信頼性，妥当性，フィードバック表示形式，採点過程，およびコストについて検討している。

Formal Mentoring Programs in Organizations: An Annotated Bibliography では，初級から上級マネジャーを対象とした，成長を促す人間関係を強化するプログラムに関する実践的およびアカデミックな文献を紹介している。

Helping Leaders Take Effective Action: Program Evaluation は，学習記録の継続，チェンジ・パートナーとの協働，芸術活動への参加といった，行動志向の能力開発活動の有効性を検証するものである。

Making Common Sense: Leadership as Meaning-making in a Community of Practice では，社会的影響過程としての既存のリーダーシップ概念に対する別の見方を提案している。

How to Design an Effective System for Developing Managers and Executives では，能力開発の取り組みを実行するための 6 段階アプローチについて書かれている。

事項索引

英数

3M	152,155
AT & T	068
DDI	068
Earth Ⅱ	079
eメール	066
EQ	313
FIP	069,070,195,234,264
GE	132
hands-in	168
hands-on	168
IBM	202
IQ	003,018
MBA	245,246,329
MBTI	084
MIT	v
NCR	147
NPO	166
OD	390,391,399
off-JT	116
OJD	180
OJT	276,291
ROI	247

あ

アイコンタクト	094
アイスブレーク	075
アイデンティティ	013,307,308,332,346
アイデンティティ集団	318,328
アイデンティティの喪失	201,206,211
あいまいさへの耐性	011
あいまいさを探究する能力	113
アウトドア	090
アウトドア・アドベンチャー	v
アウトワード・バウンド社	v
アクションプラン	241,242,343
アクション・ラーニング	183,362
アクション・ラーニング・プログラム	v
アクション・リサーチ	iii
アジア系米国人	301
アジェンダ	144,334
アジェンダ設定	139
アジェンダの設定と実行	143
アセスメント	006,009,078,121,133,156,164,165,218,228,263
アセスメント・センター方式	068,079
アセスメント・ツール	032
アセスメント・データ	009,010,128,133
アセスメントの方法論	078
アセッサー	078
新しい経験	012
新しい自己認識	276
アフリカ系米国人	301,304,310
アフリカ系米国人のマネジャー	302,305,318,321,322
アプローチ	251,259,260,294
アンケート	283
安定性	256

い

怒り	202
育成的課題プロファイル	148
育成的役割	170,171
居心地のよさ	012
意識調査	074
意思決定に参画させることで他者を動機づける能力	113
一対一セッション	048
一対一のフィードバック・セッション	050
一対一のメンタリング	186,187,190
一致した思考のパターン	392
五つの領域モデル	273
遺伝	005
異動	132,134,137,138,148
イノベーション	021,152,182,226,359
異文化横断チーム	358
異文化横断的	349,353,356
異文化横断的(な)仕事	347,366
イベント	223,230,234,253,272,293
イベント終了時の評価	281,282
イベントベース・アプローチ	025
意味形成	380
意味形成過程	380,385
インストラクター	096
インセンティブ	141
インターネット	066
インタビュー	279,289
インテリジェンス	254
インテリジェンスの役割	254
イントラネット	066
インハウス（企業内）プログラム	103,105
インバスケット演習	080
インフォーマル	092,165,216,233
インフォーマルなアセスメント・データ	010,166
インフォーマルな人間関係	195
インフォーマル（な）ネットワーク	330,333,334
インフォーマルなフィードバック	034,269
インフォーマルなメンタリング	184

う

生まれつきのリーダー	372

え

影響	382,383
影響（効果）の領域のモデル	274
影響力の発揮	113,118
エイボン・プロダクツ	344
エグゼクティブ気質	143,144
エグゼクティブ・コーチ	058
エクゼクティブ・コーチング	186,187,189,197
エグゼクティブ・メンター	195
演劇	089
エンゲージメント	350
円熟したリーダー	220,229
円熟味	200
エンパワーメント	041,112,113,114,121,126,276,309
エンパワーメント評価	294
エンプロイアビリティ	162

お

オーバーロード　140
オープン（開放的）システム　379
音楽　254
オンライン・データ・ベース　147

か

海外駐在　358
海外駐在者　351
海外駐在のマネジャー　349
会計係（アカウンタント）　165,168,171,175
介護　306
外向　084
外向性　100
会社人間　095
外的　258
外的統制　258
解凍　038,212
回答スケール　286
回答の匿名性　046
回答バイアス　037
介入　022,207,217
開発用途　041
外部コーチ　189
カウンセラー　165,169,171,172,175,207,211,239
カウンセリング　169
鏡　072
隠されたアイデンティティ　308
学習意欲　021,122
学習過程　250
学習環境　094,270
学習棄却　114
学習経験　018
学習効果　267,283
学習行動　364
学習コミュニティ　092
学習サイクル　156
学習志向の行動特性　363
学習志向の風土　295
学習手法　021
学習手法のポートフォリオ　021
学習スキル　260
学習スタイル　065,098,107,261
学習するコミュニティ　093
学習する組織　313,379

学習する能力　021,253
学習成果　272
学習成果の自己申告　282,283
学習戦術　251,262,265,266,267,268,277
学習戦術のレパートリー　259,268
学習内容の職場への移転　115
学習ニーズ　150
学習に対する思い込み　258
学習日誌法　099
学習能力　024,267
学習の度合い　282
学習パートナー　103,105,154,341
学習へのアプローチの仕方　259
学習への準備　025
学習方法　023,250
革新マネジャー協会　182
カスケーディング・アプローチ　059
カスタマイズ　044,045,248
カタリスト　304
価値観　018,070,163,385
葛藤　013,015,158,248,252,308
葛藤処理スキル　072
葛藤（対立）のマネジメント　141
活動領域の学習　111
合併　207
活力ある相互関係のパターン　390
家父長制度　307
壁打ち相手　165,166,167,171,172,174,177,196
ガラスの天井　300,301,305
ガラスの天井（目に見えない壁）研究　iii
ガラスの天井を破る　300
カリフォルニア州サンディエゴ市　344
感覚　084
環境変化　233
環境要因　019
関係性　388
観察者　036
感受性と思いやり　212
感情　084,385
感情指数　313
感情的エネルギー　352
感情的関係　333
慣性　247,250,252

慣性との決別　250,264
カンファレンス・ボード　351
完璧主義　011
管理・監督スキル　043
管理用途　041

き

期間を延長したFIP　102
起業家的組織　040
企業の戦略的方向性　232,234
疑似体験学習　117
技術革新　226
基準集団　314
基準データ　312,314,321
規制緩和　233
基礎となる価値観　143,144
キックオフ・セッション　047
規範的　095
基本的前提　vi,399
機密性　061,062,087
機密保持　051
ギャップ　010,011,315
キャラクター　118
キャリア　015,073,130,151,156,157,161,199,201,202,211,213,215,233,262,306,346
キャリアアップ　227,330
キャリア開発　073,164
キャリア開発情報　147
キャリア開発マニュアル　147
キャリアデザイン　243
キャリアと家庭の両立　306
キャリアにおける挫折　205,206,218
キャリア・パス　147,357
究極のスキル群　064,065
給与　337,345
教育　343,344
教育学　254
教育訓練　057
教育訓練ニーズ　040
教育心理学　313
境界の結節点　308
教訓　017,018,143,145,156,201,202,204,205,207,208,211,212,213,252
強制　343
業績管理　235
業績評価システム　191,235
共通言語　106

事項索引

共通の目標 375,376,383
協同型評価 294
共働する人々の互恵的な結びつき 381
業務プロセス 022
共有された意味形成 381
共有された意味形成過程 381,397,399
共有された貢献意欲 382,383
共有された責任 235
共有されたプロセス 378,379
近代的リーダーシップ概念 374,375

く

空間 254
具体的自尊心 255
グループ・インタビュー 194
グループ・コーチング 186,187,190,197
グループセッション 048
グループディスカッション 082,083
グループ・フィードバック・セッション 048
グレイハウンド・フィナンシャル 155
クローズド（閉鎖的）システム 379
グローバリゼーション 088,226,244,312,348
グローバル 349
グローバル組織 347,348
グローバルな仕事の役割要求 349
グローバルな責任 346,349,351,353
グローバル・マネジャー 350,351,352,362,364,366
グローバル・リーダー 351
クロス・ファンクショナル 141,159
クロス・ファンクショナル・チーム 136,168,226

け

経営幹部のアジェンダ 189,190
経営計画 235
計画 156
計画されたイベント 120
経験 001

経験から学習する能力 251
経験からの学習 252
経験からの教訓 iii,146,202,267
経験から学ぶ能力 iii,007,018,064,243,268,353
経験から学ぶ能力の強化 250
経験に対するオープンさ 257
芸術的な活動 087,089
形成された意味 392
継続的（な）フィードバック 057,121,165,354
継続的なモニタリングと評価 191,193
傾聴 207
傾聴スキル 072
ケース・スタディ v,116,117,120
決断力 139
解毒剤 176
限界や盲点の認識 212
謙虚さ 205
権限委譲 040,126,171,205,232
権限委譲スキル 072
権限外での影響力 134,140,148
言語 254
「現実世界」論議 324
現実逃避 208
研修 200
研修ツール 098
研修の楽しさ 282
研修の有益さ 282
謙遜 054

こ

コア・コンピテンシー 182
公開プログラム 103,105
効果測定 100,264,271,272,279,280,286,294,295
効果測定研究 100
効果測定のゴール 272
効果の領域 273
交換的（transactional）リーダーシップ 374
講義 114,116,120
公共事業 233
後継候補者 151
後継者計画 149,151,157,345
講師のスキル 282
交渉 113,118,141
構成概念 044
構造的フィードバック 085

公的規制 350
行動 023,251
行動規範 015,040
行動計画 102,288
行動志向 259
行動（戦術） 259
行動の変化 100,103,281
行動パターン 088
行動レベル 104
行動変革 274,277
行動変容 275,276
行動様式 032
高度な道徳に基づく思考 353
傲慢さ 054
合理化 158
高レベルの責任 134,138,139,148
高レベルの知覚の複雑性 352
顧客志向 040
国際的 349
黒人 310
黒人女性 305
黒人（の）マネジャー 311,313,316
黒人マネジャー育成の4段階のモデル 322
国内的な責任 349
互恵的関係 382,387
心からの関与 374,375,376
心配りのある相互関係化 389
個人コンサルティング 105
個人的資質 251
個人的なトラウマ 207,214
個人による日誌 099
個人の学習法 007
個人分析 127
コスモポリタン 351
子育て 306,328
コーチ 016,057,098,147,148,153,163,200,219,230,239,259,269,354
コーチング 040,125,142,150,173,176,179,180,209,291
コーチング・スキル 179,197
国家論 372
固定観念 304
言葉へのバイアス 047
好み 070,084
「好み」の自己アセスメント 084
コーポレート・ユニバーシティ 194

コミュニケーション
　　　　　　　118, 141, 185
コミュニケーション・システム
　　　　　　　　　　　191
コミュニケーション適応　113
コミュニティ
　096, 136, 140, 164, 308, 329, 336,
　371, 373, 377
雇用　　　　　　　　　041
雇用主の変化　　　　　134
ゴール　　　　　　　　154
ゴール想定コンピテンシー
　　　　　　　　　363, 364
ゴール・レター　　　　077
混合アイデンティティ集団 340
混合集団プログラム　324, 325
コンサルタント
　　　043, 050, 051, 189, 196, 210
コンサルタントの力　　243
コンテンツ　　　　070, 088
コンテンツの適合性　　126
コントロール・グループ　103
コントロールの喪失　　209
コントロールの範囲を超えた状
　況への対処　　　　　213
困難な目標　　　　　　013
コンピテンシー
　v, 045, 133, 146, 150, 152, 184,
　247, 266, 312, 363
コンフリクト　　　　　113
コンフリクト・マネジメント
　　　　　　　　　　　113

さ

再関係づけ　　　　　　396
採点処理　　　　　　　032
再評価　　　　　　　　284
財務面でのパフォーマンス 151
サクセッション・プランニング
　　　　　　　　　　　111
些細な出来事からの学習　268
サーベイ　　　　　　　194
差別　　　　　　　315, 327
サポート
　006, 017, 091, 121, 122, 133, 155,
　164, 169, 178, 211, 219, 228, 251,
　264
参画型の意思決定　　　114
参画型評価　　　　　　294
参加者　　　　　　　　032
参加者による選択と関与
　　　　　　　　　191, 192

参加能力の開発　　　　387
360度アセスメント・ツール
　　　　　　　　　　　165
360度フィードバック
　iii, 022, 029, 031, 032, 071, 225,
　234, 238, 264, 274, 311
360度フィードバック・ツール
　　　　　　　　　038, 043
360度リーダーシップ・アセス
　メント　　　　　　　263

し

ジェスチャー　　　　　090
ジェネラル・マネジャーに関す
　る研究　　　　　　　143
支援的(な)風土　　　　123
士気　　　　　　　　　273
事業戦略　　　　　022, 188
仕組まれた経験
　078, 079, 081, 083, 084, 085, 098
仕組み　　　　　　　　022
自己アセスメント　078, 079
事後アセスメント　　　279
思考　　　　　　　　　084
試行錯誤　　　　　　　124
思考戦術　　　　　　　259
思考の刺激　　　　　　117
事後回顧評価　　　282, 286
自己開示　　　　　094, 095
自己概念　　　　　　　037
自己啓発　　　　　　　026
自己効力感 017, 201, 203, 255, 264
自己申告　　　　　278, 279, 283
事後テスト　　　　　　282
自己洞察　　　　　143, 231
自己洞察力　　　　　　144
仕事経験の効果測定　　291
仕事と生活のバランス　244
仕事の仲介者(アサインメン
　ト・ブローカー)
　　　　　165, 168, 171, 172, 174
仕事の割り当て
　　　022, 125, 130, 131, 234, 238
仕事を通じた『学習』　103
自己内省　　　　　　　362
自己認識
　018, 019, 071, 100, 101, 110, 112,
　144, 212, 255, 269, 273, 274
自己認識の確立　　　　274
自己認識の変化　　100, 274
自己認知　　　　　　　032
自己評価　054, 101, 216, 264, 337

自己への気づき　　　　281
自信　　　018, 019, 112, 269
自信過剰　　　　　　　256
システム　　　　　　　020
システム・アプローチ　237
自然なマネジメントの学習 143
自然発生的な人間関係　178
持続的成長　　　　　　090
自尊心　　021, 255, 265, 268, 269
自尊心が高すぎる人　　256
実験室　　　　　　　　081
実行　　　　　　　　　156
質問票(アンケート)　　282
質問票の活用　　　　　283
シティコープ　　　132, 152
支配　　　　　　　382, 383
支配性　　　　　　　　100
自分の認知　　　　　　031
自分の棚卸し　201, 207, 211
シミュレーション
　075, 078, 080, 116, 119, 120, 122,
　263
社会化　　　163, 182, 183, 186
社会科学　　　　　　　163
社会学習理論　　　　　163
社会的影響としてのリーダー
　シップ概念　　　　　374
社会的学習理論　　　　118
社会的過程　　　　　　399
社会的システムの中で効果的に
　働く能力　　　　018, 020
社会的スキル　　　　　020
社会的相互作用　　　　324
社会的な性役割　　　　317
社交的に関わる能力　　113
ジャスト・イン・タイムの研修
　　　　　　　　　　　126
社内人脈　　　　　　　106
収益性　　　　　　　　277
収益への影響　　　　　272
収益面での効果測定　　293
従業員参画の尊重　　　040
集合研修形式　　　069, 070
終身雇用　　　　　　　162
集団観察　　　　　　　082
集団感受性訓練　　　　v
集団規範　　　　　　　365
集団スキル　　　　　　292
集団の基準　　　　　　163
集団(職場)レベルの変化 293
柔軟性　　　　　　　　213
「重要度」指標　　　　053
手段的関係　　　　333, 334

事項索引　*457*

出世コース　359
出張　357,358
受容　002
修羅場
　014,015,023,199,200,202,207,
　211,214,216,217,218,219,220,
　269
修羅場から学ぶ教訓　212
修羅場の五類型　203
障害物　134,141,148
状況対応リーダーシップ理論
　　276
状況適合理論　iv
状況（context）における個人
　　388
昇進　132
昇進・昇格　041
昇進に対するバリア　303
常態化　319
承認
　300,311,336,337,338,339,342,
　343
情報の機密性　047
情報の所有者　041
情報のフィードバック　048
職業選択　235
職場外トレーニング　116
職場満足度調査　277
助言　002
女性の経営幹部　300
女性のマネジャー　318
ジョブ・スワッピング・プログラム　155
ジョブ・ローテーション
　131,149,161,183
ジレンマ　308
人員削減　176,201,210,211
人員削減の責任を担う　211
人員整理　136
人口学的集団　344
人口学的特性　301
人口セグメント　312
人事情報システム　156,236
人事戦略　188
人種　306,316,326,327
人種差別　320,326
人種的差異　302
人種的バリア　302
人生
　004,005,019,020,029,037,070,
　073,163,171,200,201,201,208,
　209,211,213,215,267
人生経験　020,318

身体運動　254
人脈　305
信頼の絆　092
信頼性
　044,045,078,096,107,287,312
心理学　163,254
心理学的動機　374
心理測定　044
心理的成熟性　352

す

推奨人数　046
垂直稼働　348
スキル
　018,021,023,032,070,110,111,
　165,209,214,251
スキル移転　115
スキル開発　274,276
スキル・ギャップ　122
スキル向上　281
スキル・トレーニング
　022,057,072,108,109,127,128,
　179,265,276
スタンス　095
ステレオタイプ
　　304,317,323,327
ストーリーテリング　244
ストレス
　014,169,183,214,250,252,255,
　267,329
ストレッチ
　011,014,015,206,216,218,225,
　234
スナップ写真　072
スポークスマン　328
スポンサーシップ　244
スマイル・シート　281

せ

性格　007,018
性格検査　074,084,100,263
性格の要素　021
性格特性　100,274,364
性差別　302,320,326
生産性　273,277
成長を促すインフォーマルな人間関係　197
成長を促す経験　006,008,022
成長を促す仕事の割り当て
　132,133,142,143,147,153,156,
　161

成長を促す人間関係
　022,155,163,164,165,171,172,
　177,178,181,234,238,274,330
成長を促すフォーマルな人間関係　194
成長を促すフォーマルな人間関係の類型　185
制度　022
性別　303,306,314,326
世界の見方　094
世界本社　348
積極的傾聴　113,118
積極的な学習者　234
ゼネラル・マネジャー　232
セーフティ・ネット　061
セルフ・アセスメント　010
セレクション　192,197
潜在能力　111,132,304
専制的なリーダーシップのスタイル　317
全体の自尊心　255
センター・フォー・クリエイティブ・リーダーシップ
　　i,003
前提　385
前提を疑う能力　113
先入観　304,315,327,332
戦友　165,170,171,175,196
戦略的思考　144

そ

総括的評価　273,294
相互依存的　377
相互依存的プロセス　380
相互インタビュー　086
総合プロフィール　040
相互観察　086
相互調節　378
喪失の感覚　201
創造性　112,113,117
創造的に考える能力
　　018,020,114
測定　271
組織開発　210,389,398
組織開発ニーズ　039
組織学習　204,294,389,390
組織感覚の欠如　306
組織再編　207
組織システム　191
組織的コンテクスト（背景状況）　006,008,022
組織的成果　292

組織内のシステム	235	
組織内の政治	306	
組織によるサポート	191	
組織の慣行	123	
組織の「慣性」	248	
組織のコンテクスト	231	
組織の戦略的方向性	274	
組織のバリュー	124	
組織風土	123,127,189	
組織風土調査	277	
組織文化	017,022,106,192	
組織分析	127	
組織変革	185	

た

ダイアローグ	389	
代替案を考える能力	113	
体系的思考	111,112,117	
体系的思考と批判的評価	113,114	
体系的なリンク	228	
体験学習	068,071,075,263	
対照群	280,281,296	
対人	254	
対人関係スキル	111,113,140,389	
対人関係トレーニング	389	
対人関係の処理	143	
対人関係のスキル	020	
対人的知能（interpersonal intelligence）	254,255	
態度	023,251	
ダイバーシティ	328,332,338,341,343,344	
対立処理	118,121	
対話の相手（ダイアローグ・パートナー）	165	
対話のパートナー	168,171,173,174	
ダウンサイジング	152	
卓越した対人関係スキル	352	
他者との効果的なやりとり	112	
他者との接触（戦術）	259	
他者の動機づけ	112	
他者の認知	031	
他者評価	054,101	
多数派	304	
タスク	147	
タスク・フォース	005,012,016,125,132,141,145,150,159	
タスク分析	127	

助け合うペア	105	
達成欲求	257,258	
妥当性	044,045,053,078,107,314	
多文化カウンセリング	321	
タペストリー	093	
ダメージ・コントロール	368	
多面評価	025,031	
多様性	299,301	
多様性の増大	312	
多様性を持つマネジャー集団	312	
多様な文化の中での学習方法	369	
多様なマネジャー集団	312	
タレント	151	
単一アイデンティティ集団	319,320,324,325,340	
単一アイデンティティ集団のプログラム	323	
単一アイデンティティ集団向けプログラム	335	
単一アイデンティティプログラム	318	
単一集団プログラム	325	
ダンス	089	

ち

チアリーダー（応援者）	165,170,172,244	
チアリーダー，あるいは補強者	175	
地域的責任	359	
知覚	084	
知識	018,110,111	
知識習得	281	
知識の獲得	100,274	
チーム	390	
チーム実習	082	
チーム・ビルディング	106,113,113,118,126,147,389,390	
チーム・ラーニング・アプローチ	v	
チームワーク	235,261,265	
チャレンジ	001,006,087,121,122,138,141,143,147,150,159,161,164,167,201,218,228,250	
チャレンジングな仕事	200	
注意深いセレクションとマッチング手続き	191,192	
注意深い相互関係化	389	

チューニング	272,273,279	
長期間にわたる介入	104	
調査疲れ	063	
調査票	032,062	
調和（する）	308,310	
直観	084	

つ

追加のチャレンジ	327,330,332,335	
ツール	i	
ツールの選択	042	

て

ディスカッション	117,195	
ディブリーフィング	082,084	
ディレイルメント	054,060,073,144,151,205,206	
適応性	252	
テキサス・インスツルメンツ	344	
デジタル・イクウィップメント	341	
データ解釈	052	
データの収集	046	
データの有効期限	061	
データベース	045	
デプス・インタビュー	279,282,289	
テーマ実習	075,078,081	
伝統的な定義のインテリジェンス	254	

と

討議	082	
動機	007	
動機づけ	153	
動機づけの役割	009	
統制の所在	258	
道徳的思考	366,367,368	
道徳的，倫理的ジレンマ	367	
同類を心地よく感じる	306	
読書	057	
特性論	iv	
匿名性	061,062,087	
トラブル・シューティング	159	
トランジション	159,176,266	
トランスナショナル型組織	348	
奴隷制度	307	
トレードオフ	140,284	

トレーニング 109	能力開発 003,006,223,226,227	パフォーマンス
トレーニング・プログラム	能力開発課題 095	035,043,111,124,177,185,186,
017,024,114,128	能力開発過程 006	189,247,262,282
トレーニング・メソッド	能力開発機会 007,161,166,207	パフォーマンス評価 178
116,119	能力開発計画	パフォーマンス評価に関する性
	055,057,108,147,149,181,185,	差の影響 317
な	224,236	パラダイム 395
	能力開発経験	バランス 213
内向 084	024,125,219,229,231,266,267,	バランスシート 367
内在化 164	273,279,280,288	バリア 300,303,318,322,327,331
内省	能力開発経験の効果測定 271	バリュー 154
002,142,201,215,218,254,289	能力開発システム	判断 084
内省的知能（intrapersonal intel-	025,235,240,244,246,247,248,	反動の恐れ 324
ligence) 254,255	249,269,271,296	反面教師 169
内的 258	能力開発ニーズ	
内的統制 258	017,055,070,110,150,151,152,	**ひ**
内発的動機 375	161,178,184,185,197,226,229,	
ナショナル・セミコンダクター	238,264,291,354	ピア・コーチ 183
188	能力開発のシステム・アプロー	ピア・コーチング
ナショナル・トレーニング・ラ	チ 248,280	186,187,188,190,197
ボラトリー v	能力開発プロセス	比較妥当性 314
七つのインテリジェンス 254	005,058,104,156,164,194,211,	比較ポイント 165,166,173,174
ニーズ・アセスメント 127	233,238,357	非公式な役割 005
日誌 268,282,289,291	能力開発文化 236	非支援的な組織 123
日誌法 010	能力開発目標	ビジネス・コンテクスト 231
	108,150,153,165,168,170,173,	ビジネス・サイクル 360
に	177,226,256,283,354,357	ビジネス上の文脈 237
	能力開発をサポートするビジネ	ビジネス・メンター 194
二文化的な社会 312	ス・システム 235	非従来型のマネジャー 157
二文化併存の人生経験 308		ビジョン 136,142,371,377,378
ニューエイジ 124	**は**	ビジョン創造 112
人間関係戦略 164		ヒスパニック 301
人間関係的アプローチ 310,313	バイアス 312,316,317	否定 202
人間関係のマネジメント 053	買収 207	ビデオ録画 082,083
認識の枠組み 168	配置 345	非認知的変数 313
認識領域の学習 111	白人女性 304,305	批判的評価 111,112,117
認知的能力 021	白人女性のマネジャー 299,302	評価基準書 080
認知的複雑性 352	白人男性 299,300	評価時のバイアス 315
認知的要素 021	パーソナリティ	評価者 032,316
認知レベル 104	071,253,255,257,267	評価者集団 036,278
	パーソナリティ特性 257	評価者の匿名性 046
ね	パーソナル・インタビュー 194	評価的な探求 294
	バーチャルなチーム 359	評価の不一致 054
ネイチャー・ウォーク 090	バックグラウンド	評価バイアス 315,316
ネガティブなロール・モデル	090,162,303,317,330	評価・報償システム 235
169	発展的評価 273,294,295	標準 044
ネットワーク	パートナーシップ 176	標準得点 314
182,264,333,334,335	ハーバード大学ケネディース	表彰 155
ネットワーク関係 333	クール 013	表彰制度 204
	幅広く、全体的な視野から人生	開かれたコミュニケーション
の	を見る能力 020	040
	幅広く、ものごとの全体をとら	ヒーリング 211
能力 018	える視野 018	貧弱なキャリア計画 304

ふ

ファシリテーション　285
ファシリテーション力　217
ファシリテーター
　047,048,050,051,052,053,056,
　061,062,063,084,085,094,097,
　106,322
ファシリテート　099
フィードバック
　002,004,009,029,125,150,166,
　179,233,252,263
フィードバック・インテンシブ・プログラム
　003,022,068,165,230,263,271,
　357
フィードバック解説者
　165,167,174
フィードバック・セッション
　056
フィードバック提供者
　165,166,172,174,239,244
フィードバック・データ　058
フィードバックの授受　118
フィードバックの専門家　098
フィードバック・プロセス
　032,048,050,062,063
フィードバック報告書
　041,062,097
フィードバックを与える能力
　113
フィーリング　261
フィーリング戦術　260,262
フォーカス・グループ・インタビュー　292
フォーチュン　359
『フォーチュン』誌　037
フォーマル　092,165,216,233
フォーマルなアセスメント
　010,291,311
フォーマルな360度フィードバック　032,230
フォーマルな人間関係
　182,183,184,185
フォーマルなネットワーク　333
フォーマルなフィードバック
　269
フォーマルなメンタリングプログラム　335
フォーマルネットワーク　334
フォローアップ
　038,057,103,105,156,276,284,
　288
フォローアップ・ツール　283
フォロワー
　373,374,375,377,378,381
複数のアイデンティティ
　307,332
複数のアイデンティティを操る
　308
複数の文化的世界　308
複数の文化にまたがる役割　347
福利厚生　345
不慣れな課題　133
不慣れな活動　089,090
不慣れな作業　087
フラストレーション
　016,169,170,260
ふりかえり　099,156,195
フリーコメント　046
プレイヤー　118
プレゼンテーション　096,113
プレッシャー　165,173,305
プレ・ポスト　286,292
プレ・ポスト（事前事後）質問票　284
フレームワーク　163,164,178
ブレーン・ストーミング　097
プログラム　075
プログラム・スタッフ
　092,093,107
プログラムのタイミング　126
プロジェクト・チーム
　005,012,132,136,141,159,176
プロセス　223
プロセス・アドバイザー
　098,103
プロセスとしての能力開発　223
ブロックされた（凝り固まった）学習者　260
プロテジェ（弟子）　184
文化的影響　349
文化的差異　366
文化的滋養物　321,334
文化的背景　306
文化的偏執　322
文化的枠組み　364,367
分析的に考える能力　113
文脈の流動性　312

へ

米国独立戦争　373
ベスト・プラクティス
　060,062,105,301
ベル・アトランティック　342
変革的（transformational）リーダーシップ　374,380
変革リーダーシップ論　iv
変化の受容性　101
変化を生み出す　134,138,148
変化を評価するための七つの方法　281
偏見
　303,304,307,315,317,318,322,
　327,341
偏差値　038
ベンダー　044,046,050

ほ

防衛　202
防衛的躊躇　322
防衛的反応　257
報酬　041,155,337,338,341
報酬システム　178,191,235
報奨　337
報償システム　204
補強者　165,170,172
ポジションパワー　226
ポジティブなロール・モデル
　169
ボディランゲージ　090
ポテンシャル　025,152,153
ホロウ・スクエア　082

ま

マイノリティ
　242,243,304,313,319,322,331
マイノリティのマネジャー
　334,336
巻き込み　343,344
マジック・ミラー　082,083
まじめさ　257
マジョリティ　319,324
マジョリティのマネジャー　341
間違いと失敗　202
間違いへの対処の仕方　205
マッチング　192,197
マトリョーシカ人形理論　064
学ぶ能力　369
学ぶ能力のアセスメント　064
マネジメントスタイル　168
マンデル共同基金　195
マンデル・フェロー　195

み

自らのキャリアに責任を持つこと	040
ミステイク・システム	204,216,219,235
ミッション	154
ミッション・ステートメント	136
民族	303

め

メソッド	116
メタファー	090
メンター	016,147,148,155,163,164,168,170,172,184,188,200,219,269,305
メンタリング	172,176,330
メンタリング・サークル	341
メンタルモデル	231

も

目的，期待，および役割の明確さ	191,192
目標管理制度	168
目標設定	102,113,114,288,357
目標設定の報告	105
目標設定や行動計画のフォローアップ	288
目標達成と再構成	100,102
目標や行動計画のフォローアップ	282
モジュール	076,111
モティベーション	017,277
モデル	088
モニタリング	194
ものの見方	069,070,232,275
ものの見方の変化	100,101,274,275,276,281
模範的行動	037
モービル石油	179
モラール	011
問題解決	113
問題のある従業員	209
問題を見抜く能力	113

や

野外活動	087,089,090

ゆ

勇気付け	002
有効期限	051
有色人種	304
有色人種のマネジャー	299
有能なリーダー	215
ユダヤ人連合協議会	195

よ

養育的	309
予算計画	236
欲求に対する洞察	275
予防接種効果	014

ら

ライフイベント	021
ライフスタイル	307,323
ラインからスタッフへの異動	134,138
ライン・マネージャー	180,216,217,218,225,236,244,354

り

リエンジニアリング	136,207
利害や力の多様化	371
リスク	252,253
リスクテイク	021
リストラ	158,176
リソース	008
リソースとしての役割	009
リーダーシップ開発	004,005
リーダーシップ開発過程における他者の役割	164
リーダーシップ開発のアプローチ	372
リーダーシップ開発の鍵となる要素	006
リーダーシップ開発のシステム・アプローチ	223,228,342
リーダーシップ開発プログラム	ii
リーダーシップ開発モデル	006,253,263
リーダーシップ研究	iv
リーダーシップ・コーチ	195,196
リーダーシップ・スキル	206
リーダーシップ・スタイル	280
リーダーシップ能力を明確化するスキル	113
リーダーシップのダイバーシティ	301
リーダーシップのダイバーシティ研究	300
リーダーシップの役割	005
リーダーシップ・プロセス	381
リーダーシップ・モデル	109
リーダーシップ・モデルの進化	375
リーダーとフォロワーの間の平等性	374
リーダーレスグループ討議	075,078,079,080
履歴	156
倫理的ジレンマ	353,366
倫理的，道徳的ジレンマ	368
倫理的矛盾	350

れ

レイオフ（一時帰休）	148,211,212
レイケム社	339
レスポンス・シフト・バイアス	285
レパートリー	118,180
レバレッジ	352
レビュー・ミーティング	246
レポート・カード	294
練習機会の提供	117
連動性とタイミングの問題	059

ろ

老人介護	328
労働環境の悪さ	305
労働省連邦「ガラスの天井」問題委員会	304,337
ローカス・オブ・コントロール	258
ローカル・マーケット	350
ロール・プレイ	112,114,116,118,119,120,122
ロール・モデリング	116,118,119,120,122
ロール・モデル（手本となる人）	057,112,155,165,168,171,172,175,176,177,259,262,305,320,328,354

論理数学	254	ワークショップ	056,180,231,246,265
わ		ワン・マン・バンド	200
ワークグループ	390		

人名索引

あ行

アイチンガー, R. W.　　146,159
アッシャー, C.　　　　　　145
アドラー, N. J.　　　　　352
アリストテレス　　　　　　372
アレキサンダー大王　　　　372
アンダーソン, T.　　　　　029
イーグリィ, A. H.　　　　317
ヴァン・ヴェルサ, E.
　　　　　　001,250,271,300
ウイークス, D. A.　　　　351
ウィザースプーン, R.　　　189
ウィルス, S.　　　　　　352
ウィルソン, M.　　　359,361
ウィルソン, P. O.　　　　223
ウォーカー, B. A.　　　　341
エリオット, T. S.　　　　002
オーロット, P. J.　　　　130

か行

ガスリー, V. A.　　　068,250
ガードナー, H.　　　　　254
ガバロ, J.　　　　　　　160
カンター, R. M.　　　351,360
キャンベル, D. P.　　　　054
キーン, C.　　　　　　　075
クラーク, L. A.　　　　　158
グレイダー, W.　　347,360,367
クロンスキー, B. G.　　　317
ケーガン, R.　　　　　　387
ケリーラドフォード, L.　　068
ゴシャール, S.　　064,348,351
コッター, J. P.　　　　　143
コットン, J. L.　　　　　331
ゴールドスタイン, I. L.　　123
コンガー, J. A.　　　　　110

さ行

シツマ, M. R.　　　　　316
スー, D.　　　　　　　321
スプライツァー, G. M.
　　　　　　　　362,363,364
セドラセック, W. E.　　　313
センゲ, P.　　　　　　　　v

た行

ダグラス, C. A.　　　　　163
ダルトン, M. A.　　　　　346
チェン, C. C.　　　　　316
チャペロー, C. T.　　　　029
チュードン, L.　　　　　362
ディクソン, N.　　102,103,282
ディクソン, N. M.　　　　282
ディケンズ, F. Jr.　　　　322
ディケンズ, J. B.　　　　322
ディトメイス, N.　　　　316
デ・メロード, J.　　　349,352
トーマス, D. A.　　　　　332
ドラス, W. H.　　　　　370
ドルトン, M.　　　　　359,361
ドーン, R. C.　　　　　068

な行

ニールセン, D.　　　　　054

は行

ハイフェッツ, R. A.　　013,380
バーゴイン, J. G.　　　　143
ハズーハ, J. F.　　　　　316
バーソロミュウ, S.　　　　352
バートレット, C.　064,348,351
バーハム, K.　　　　　　352
バレリオ, A. M.　　　　　146
ヒューズ-ジェームズ, M. W.
　　　　　　　　　　　　299
ヒル, L. A.　　　　　　　012
プラトン　　　　　　　　372
ブリスコー, J.　　　　　362
ブルータス, S.　　　　　054
フレノール, J. W.　　　　054
ベアード, L.　　　　　　362
ヘイルマン, M. E.　　　　323
ベル, E. L.　　　　　　　308
ホジソン, V. E.　　　　　143
ホルト, K. E.　　　　　316
ホレンベック, G. P.　　　158
ホワイト, R. P.　　146,189,300

ま行

マウント, M. K.　　　　　316
マクジャニ, M. G.　　　　317
マクドナルドマン, D. G.　109
マッカーシー, B.　　　　075
マッコール, M. W.
　　　054,143,158,169,362,364
マッコーレイ, C. D.
　　　　　　　001,054,145,163
マホーニー, J.　　　　362,364
モクスレイ, R. S.
　　　　　　　　001,199,223
モリソン, A. M.
　　143,169,300,301,303,305,306,
　　329,330,338

や行

ヤング, D.　　　　　102,103

ら行

ライネス, K. S.　　　　　158
ラギンス, B. R.　　　　　331
ランガー, E. J.　　　　　389
ランバート, L.　　　　　380
ルーイリエール, J. Z.　　123
ルーダーマン, M. N.　　　299
レヴィン, C.　　　　　　　v
レバンス, R.　　　　　　　v
ロスト, J. C.　　　　　　380
ロンバード, M. M.
　　　054,143,145,146,159,169

わ行

ワイク, K. E.　　　　　380
ワトソン, T. J.　　　　　202

【監訳者プロフィール】
金井　壽宏〔かない　としひろ〕
神戸大学大学院経営学研究科教授。
専門は，経営管理論。テーマとしては，仕事意欲，キャリア発達，変革のリーダーシップ，創造的なネットワーキング，組織変革，経営幹部の育成，日本型のＭＢＡ教育，人事部の役割変化など。会社やその他の組織のなかで生じる人間にかかわる問題に対して，働く個人にとっても，組織にとっても創造的な活動を促進するという視点から研究を重ねている。最近の関心は，キャリア発達とリーダーシップ開発の融合。
著書・訳書としては，『変革型ミドルの探求』（白桃書房，1991），『企業者ネットワーキングの世界』（白桃書房，1994），『ハイ・フライヤー―次世代リーダーの育成法』（監訳，プレジデント社，2002），『キャリア・アンカー』（訳，白桃書房，2003），『キャリア・デザイン・ガイド』（白桃書房，2003），『企業文化―生き残りの指針』（監訳，白桃書房，2004），『部下を動かす組織人事』（共著，ＰＨＰ新書，2004），『リーダーシップ入門』（日経文庫，2005），『サーバント・リーダーシップ入門』（共著，かんき出版，2007），『入門　ビジネス・リーダーシップ』（共著，日本評論社，2007）など多数。
1978年京都大学教育学部卒業。1980年神戸大学大学院経営学研究科博士前期課程を修了。1989年マサチューセッツ工科大学で経営学博士を取得。1992年神戸大学で博士（経営学）を取得。1994年より神戸大学教授。

【訳者プロフィール】
嶋村　伸明〔しまむら　のぶあき〕
株式会社リクルートマネジメントソリューションズ　組織行動研究所　主任研究員。
1987年リクルート入社。組織活性化事業部，ＨＲＤ研究所などを経て2004年より現職。入社後一貫して人材開発，組織開発サービスの企画開発に従事。リーダーシップ・マネジメント開発，チーム学習，組織変革などをテーマとしたトレーニングプログラムの開発，組織診断や360°アセスメントを活用したワークショップの開発などを担当する。
主な執筆として，「現代日本の管理者に求められるリーダーシップ行動に関する研究」（産業組織心理学会第7回大会，1991），「リーダーシップ開発論　日本への移植の試み」（共著）『Works』47号，リクルートワークス研究所，2001），「企業内教育に求められる視点と再構築の方向性」（『労政時報別冊』労務行政研究所，2005），「経営人材の早期の育成と確保のために」（『Message』Vol.3，リクルートマネジメントソリューションズ，2005）。
早稲田大学第一文学部卒業。ASTD（米国訓練開発協会）会員。

【リクルートマネジメントソリューションズ　組織行動研究所】
理論と研究に基づく研究・開発成果を通じて，「個と組織を生かす」社会の実現に貢献。
＜参加・加盟学会＞
経営行動科学学会，産業・組織心理学会，人材育成学会，組織学会，日本テスト学会，Academy of Management and Organizational Psychology など。
＜研究範囲＞
・組織行動学・産業組織心理学などの学術領域から，企業経営・人材マネジメントなどの実務領域までの，幅広い情報収集・調査および研究。
・アセスメント（テスト・サーベイ・調査）領域での製品開発，品質の維持・向上や，測定・分析技術に関する調査・研究。
・トレーニング（集合研修・ｅラーニング），カウンセリング領域での製品開発，品質の維持・向上や，教育・学習技術に関する調査研究。

▨▨▨リーダーシップ開発ハンドブック
—— The Center for Creative Leadership: CCL ——　　〈検印省略〉

▨▨▨発行日──2011年3月16日　初版発行
　　　　　　2011年4月6日　第2刷発行

▨▨▨監訳者──金井壽宏
▨▨▨訳　者──嶋村伸明
　　　　　　　リクルートマネジメントソリューションズ
　　　　　　　組織行動研究所

▨▨▨発行者──大矢栄一郎
▨▨▨発行所──株式会社　白桃書房
　　　　　　〒101-0021　東京都千代田区外神田5-1-15
　　　　　　☎03-3836-4781　Fax 03-3836-9370　振替00100-4-20192
　　　　　　http://www.hakutou.co.jp/

▨▨▨印刷・製本──藤原印刷株式会社

© Toshihiro Kanai & Nobuaki Shimamura 2011 Printed in Japan
ISBN 978-4-561-24546-9 C3034

本書のコピー，スキャン，デジタル化等の無断複製は著作権法上での例外を除き禁じられています。本書を代行業者等の第三者に依頼してスキャンやデジタル化することは，たとえ個人や家庭内の利用であっても著作権法上認められておりません。
落丁本・乱丁本はおとりかえいたします。

好 評 書

金井壽宏【著】
変革型ミドルの探求 本体 4800 円
―戦略・革新指向の管理者行動

金井壽宏【著】
キャリア・デザイン・ガイド 本体 2100 円
―自分のキャリアをうまく振り返り展望するために

E.H.シャイン【著】金井壽宏【監訳】
企業文化 本体 2800 円
―生き残りの指針

E.H.シャイン【著】金井壽宏【訳】
キャリア・アンカー 本体 1600 円
―自分のほんとうの価値を発見しよう

E.H.シャイン【著】金井壽宏【訳】
キャリア・サバイバル 本体 1500 円
―職務と役割の戦略的プランニング

E.H.シャイン【著】金井壽宏・髙橋 潔【訳】
キャリア・アンカーⅠ 本体 762 円
―セルフ・アセスメント

髙橋 潔【編著】
Ｊリーグの行動科学 本体 3300 円
―リーダーシップとキャリアのための教訓

髙橋 潔【著】
人事評価の総合科学 本体 4700 円
―努力と能力と行動の評価

―――――― 東京 白桃書房 神田 ――――――

本広告の価格は本体価格です。別途消費税が加算されます。